KB212350

부처님 마지막 유언

묘법연화경

妙法蓮華經

김진철 역(譯)

삼제원융중(三諦圓融中)
삼제가 원융한 가운데
실상묘현전(實相妙現前)
실상이 묘하게 앞에 나타나네

법화선원 마하사

나무묘법연화경

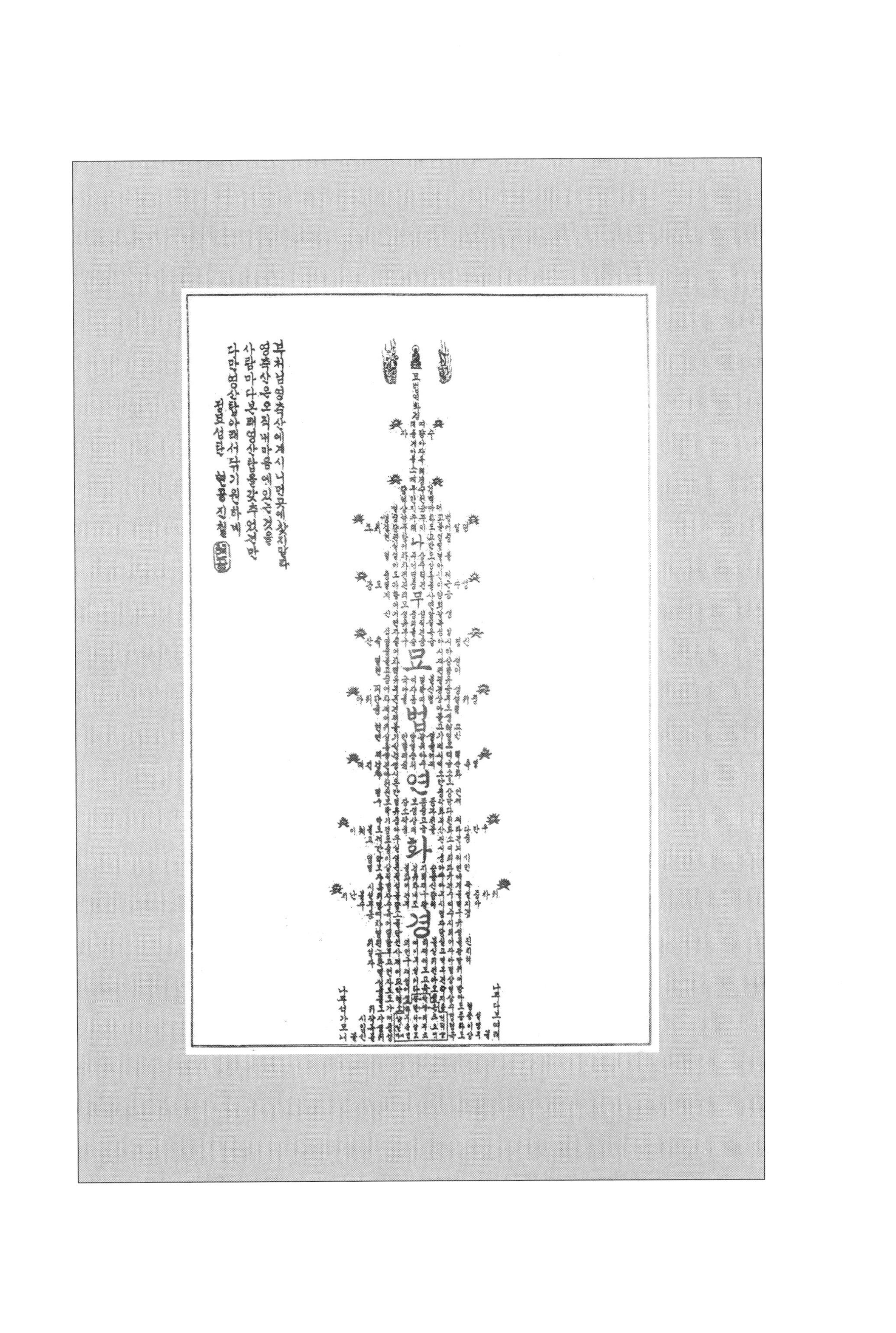

묘법연화경

나무묘법연화경

나무다보여래

나무석가모니불

부처님영축산에계시니먼곳에찾지말라
영축산은오직너마음에있는것을
사람마다본래영산탑을갖추었건만
다만영산탑아래서닦기원하네
원묘심단 진철

4학년. 원교(圓敎)-사회인
화엄경,법화경.

3학년. 별교(別敎)-대학원
반야경(600반야등)

2학년.
통교(通敎)-대학
방등경

1학년.
장교(藏敎소승교
고교이하
4아함경

8만대장경과 수행 단계

믿음이란 아득한 옛날부터 인류가 천재지변과 맹수 등의 삶의 두려움과 고뇌에서 생명을 유지하기 위하여 만물. 일월 성진(星辰). 산. 강물. 고목. 큰 바위 등, 만물의 정령(精靈)을 믿어서 마음의 공포를 없애고 안락을 비는 것이요

종교(宗敎)란 서양의 개념으로는 하늘(하나님. 신-가드 gad)과 결합하는 것, 강령(降靈신이 내리는 것)을 말하고 동양에서는 글자 그대로 종(宗마루. 마니. 으뜸), 교(敎가르침),를 합한 글자로 위대하고 거룩하며 보편타당한 가르침을 뜻한다. 그 가르침을 배워 실천한다는 뜻. 그래서 우리가 안심(安心)하는 것, 입명(立命생활을 바로 잡는 것.바른 삶)하여 삶의 풍요를 찾는 것이 종교의 본뜻이다.

불교란 석가 부처님의 가르침, 곧 팔만대장경을 말하니 곧 인간의 삶의 고뇌를 밖이 아닌 마음 안에서 찾아 안락을 누리라는 말씀이 그 것이다. 십법계가 밖에 있다고 찾는 것이 소승이요 안에 있다고 찾는 것이 대승이다. 한 티끌 속에 시방이 들어있다.(일미진중함시방一微塵中含十方,의상,화엄경)

이 십법계(시방세계.10법계-지옥세계, 아귀, 축생, 아수라, 인간, 천상, 성문, 연각, 보살, 부처님세계)가 우리 마음 밖에 있는 것이 아니요 안에 들어 있으니 그것을 찾아 부지런히 갈고 닦아 그 세계를 알고 좋은 세계를 찾아 살라는 것이다. 그래서 내게 다 있으니 내 마음대로 할 수 있고 내 마음대로 된다. 하는 것이 일체유심조(一切唯心造)다.

그래서 선행(善行)은 선(善좋은)의 세계. 선하지 못한 행(不善行)은 좋지 못한 세계에 살게 된다는 것이다. 말은 쉬우나 그 마음이 워낙 요사(妖邪)를 부려 어느 것이 참 인지 거짓 인지 분별하기가 어려워 8만 가지로 설하여 우리들을 선(善)의 세계로 인도 하시니 그 마지막 가르침이 유언(遺言)에 해당하는 묘법연화경이다.

그래서 나무 묘법연화경의 봉창(奉唱)으로 법화삼매(法華三昧-삼매는 선禪=곧 부처님 마음)에 들어가서 깨달아 극락세계를 찾으라고 하신 것이 마지막 부처님의 유언, 곧 그것이 묘법연화경의 가르침이다.

나무
묘법연화경
팔만대장경의 총결론
부처님의 마지막 유언
인류사상의 보고(寶庫)
인류사상의 최종 귀착점(歸着點)
일만 공덕의 근원 묘법연화 경(法華經)
卍이 경 옆에 두고 때로 익혀 알면(悟)(此經難持)卍
이 몸으로 **부처되고**(도통하고)
이 몸으로**연화화생**하리라.
(이 몸으로 새가 앉듯 연꽃위에 화생함)

卽身成佛
蓮華化生

일심본구(一心本具)일념삼천(一念三千). 본성(本成=本來成佛)의 묘리(妙理) 실상(實相)의 묘혜(妙慧).
자비의 본체.보살도의 본원(本源).
심술(心術)운용의 대원리.불타사상의 결정체.
진심(眞心)사리. 평등대혜. 일승 묘법연화경.
나무 묘법연화경 한 번만 불러도 억겁의 쌓인 죄 소멸되고
이 경과 법사를 비방하는 죄,등에 지고 삼악도(三途)에 윤회하리라.

나, 가정, 사회, 국가, 세계, 평화의 기틀, 공존 공생의 대원리. 실존의 철학. 삼제(三諦)원융(圓融)의 대원리. 삼매에서 깨닫는다. 법화 삼매에서 바로 실상을 본다 삼매는 무념(無念)이다 무념에서 념(念)이 생기면 그것이 실혜(實慧)다 대혜(大慧)다 .
나무 평등대혜(大慧) 실상 묘법연화경.

實智僮僕
曲順萬機

白牛

불,곡순만기 실지동복
佛,曲順萬機 實智僮僕(복-하인,종)

부처님, 만 중생에 굽혀 따르니 진실한

지혜의 종이시도다.(實智↔方便智)

일러두기

1, 이 묘법연화경(법화경)은 세종왕조 국역장경 묘법연화경을 모본으로 하여 당시 고어(古語)체를 다소 현대문으로 수정하였고 각주(脚註)에는 당시 고어를 엿보기 위하여 그대로 넣은 곳도 있다.

2, 묘법연화경(법화경)은 열반경과 함께 부처님께서 49년여 설법에 마지막 70세경에 유언으로 최후 8년간 설법하신 경으로
이해를 돕기 위해 명나라 일여(一如)스님의 각 품 해설과 청나라 계환 스님의 품 해설을 사이에 넣고

3, 어려운 단어는 괄호 안에 단어의 해석을 약간 넣어 이해를 돕게 하였다.

4, 독송 할 때는 작은 글은 읽지 않아도 되나
단 읽으면서 뜻을 알고자 할 때 참고하여 읽기 바랍니다.

8만 대장경의 분류.

부처님 49년 설법을 다섯 시기로 나눈

천태대사의 5시(時)의 가르침

(5시교 五時敎)

제 1시. 화엄시-도를 통한 후 최초 3·7일 (21일)간 설법
화엄경의 이사(理事)무애(無碍)법을 설한 시기.

제 2시. 아함시-12년간 소승경. 장, 중, 잡, 증일 아함경 4아함경 (4제(諦).12인연.8정도.)을 설한 시기.

제 3시. 방등시-8년간 유마경, 사익경, 승만경등 제1. 2. 4, 5.시를 제외 한 모든 대승경을 설한 시기.

제 4시. 반야시-22년 간, 반야경 600반야 등 반야경, 금강경. 반야심경 등을 설한 시기.

제 5시. 법화, 열반시-최후 8년간, (72세후)마지막 유언.
일불승 법화경. 열반경을 설한 시기.
합하여 49년을 설하셨다.

묘법연화경 총과 도표 (妙法蓮華經 總科圖表)

(2문6단은 2부6단원)(1경3단은 3대단으로 분류)

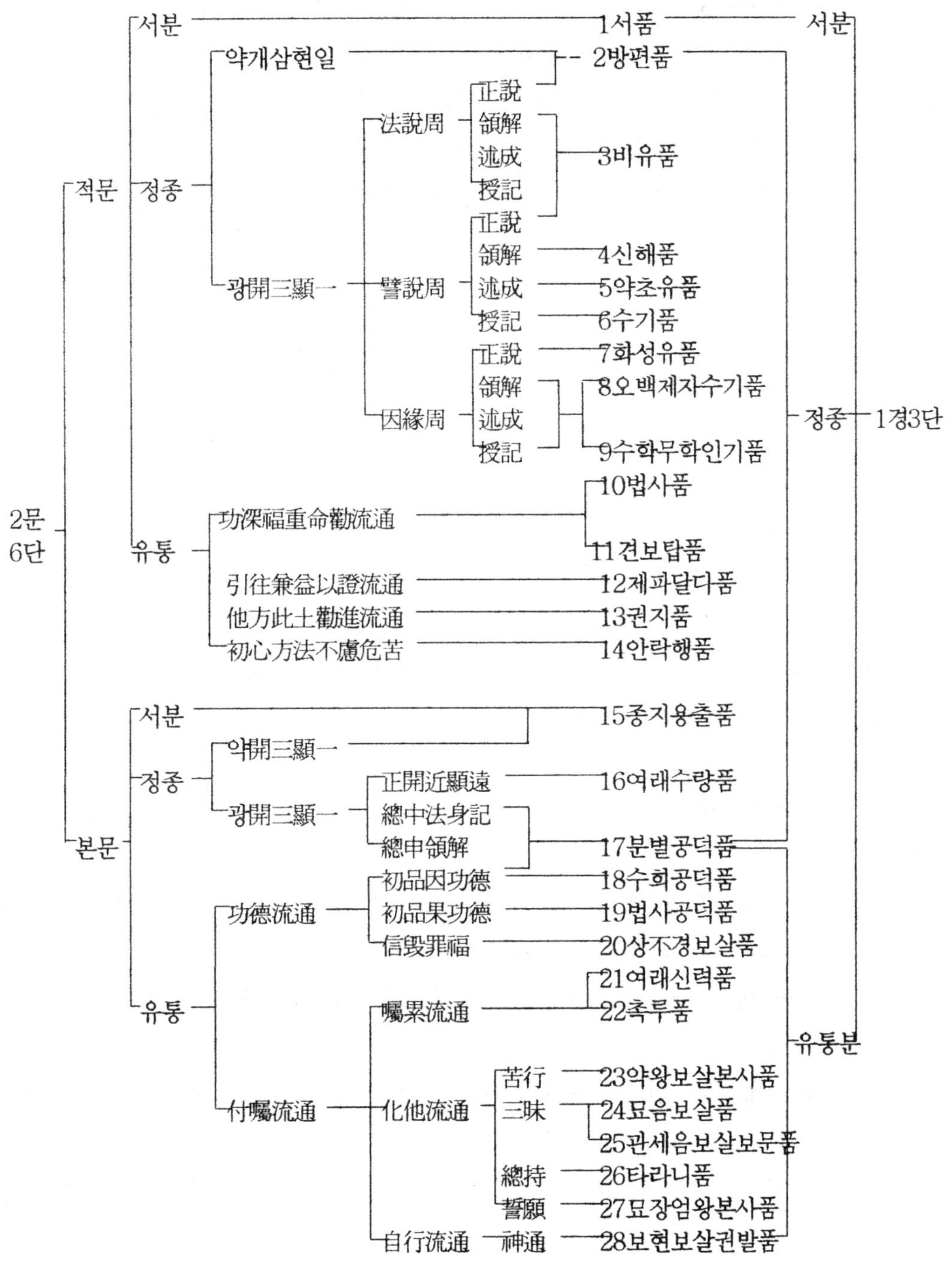

머리 말.

이경은 기마악금(棄麻握金-상인商人이 등에 삼'마麻'을 지고 장사를 하는데 이제 금을 만났으니 삼을 버리고 금을 가지고 장사하는 지혜)의 상인이 아니면 들어오지 못하고 들어와도 이해가 되지 않고 더러는 먼 길을 삼을 짊어지고 지나온 공이 아까워 도로 그 삼짐을 더 굳게 지키려는 이도 있습니다. 그래서 삼을 고집하는 상인처럼 이해하지 못하니 이 경을 아무에게나 함부로 설하지 말라고 누누이 당부하신 경입니다.

저 구원본불(久遠本佛-법신불-수량품)에서 자비를 일으켜 8상(相)성도로 중생에 맞는 열응신(劣應身 장6신)을 나투시어 가야시성(伽耶始成)의 성도(成道)의 자비(慈悲) 옷을 입으시고 태양 같은 대광명의 길로 중생들을 인도하시었습니다.

1. 이경은 부처님 49년여의 설법의 방대한 8만 법장(法藏)을 한 권으로 주려 놓은 경.
2. 이경은 불타의 성도(成道)의 본회(本懷회포)를 남김없이 '열어 보이고, 깨달아 들어가게(개시오입開示悟入)'하신 입멸(入滅)의 마지막 유언의 경.
3. 이경은 2변(邊-단상,유무,장단,음양 등)의 양 극단(極端)에 사로 잡혀 천방(千方)으로 헤매는 중생의 집착을 공가중(空假中) 3제 원융(諦圓融)으로 인도 하 신 경.
4. 이경은 회삼귀일(會三歸一-삼승을 가르쳐 일승으로 인도함)의 지극대승(至極大乘)으로 인도 하신 경.
5. 이경은 평등대혜(平等大慧)의 실상(實相) 묘법을 연꽃에 비유하여 설 하신 경.(방편품)
6. 이경은 3 아승지겁을 수행하여야 성불(成佛부처가 됨)한다, 고 설하신 소승교에서 이 몸으로 바로 성불하는 즉신성불(卽身成佛)의 경.
7. 이경은 후 500세에 광선유포(廣宣流布)하되 아무에게나 함부로 설하 지 말라 고 당부하신 경.
8. 이경은 묘법연화경의 위신력(威神力)으로 바로 법화(法華)삼매에 들어가 여래장(불성)을 보고 바로 성불 하는 경.
9. 이경은 번뇌를 그대로 두고 눈을 감고 '나무묘법연화경'을 외워서 법화삼매에 들어가 성불하는 경
10. 이경은 42년간 들어내어 설하지 못하고(42년 미현진실未顯眞實) 숨겨두었던 비밀법장(秘密法藏-법문)이 들어있는 창고의 열쇄를 최후 유언으로 중생에게 내어

주신, 열쇄, 최상(最上)의 경입니다.

후(後) 500세(5×500=2500년)는 불멸후 약 2500년 이니 바로 지금. 이재야 중생이 성숙하여 이경을 받아들일 수 있도록 성숙하였다는 뜻입니다.

그러나 아무에게나 함부로 설하지 말라 하신 것은 아직도 후 500세 지금에 이르러도 이경은 너무나 높고 넓어 모든 것을 초월한 경지이기에 하열(下劣)한 경지(境地)는 기존의 지견(知見아라한)에 얽매어 도리어 비방하는 이도 있으니 그래서 함부로 설하지 말라고 누누이 당부하신 경입니다.

그것도 그럴 것이 이 법화경은 번뇌를 끊지 않고 그대로 둔 체 나무묘법연화경을 봉창(奉唱)하여 바로 법화삼매에 들어가 즉신 성불하는 경이라. 그래서 의심하여 믿지 못하여 혹은 비방하는 이도 있는 것입니다. 실로 영산회상의 숙연(宿緣-**영산회상의 8만 대중**)이 아니고는 수지(受持), 독송, 해설, 서사(書寫)하기 어려운 경.

지금까지 10 만 억 국토를 지나 서쪽에 있는 서방정토(西方淨土)에 극락세계가 있다고 설 하셨는데 이제 서방정토(西方淨土) 극락세계를 바로 이 사바세계에 옮겨다가 상적광토(常寂光土)[1]로 만들어 놓으시고 여기가 극락정토라고 말씀하시니 믿을 수가 없는 것이라.

그래서 좁은 지혜로는 그 화성(化城)의 방편토(方便土)를 이해할 수 없으니 그래서 믿지도 않고 믿을 수가 없어 비방하게 되는 것입니다.

비방하는 죄보는 바로 지옥이 문을 열려 있으니 그곳이 그들의 갈 곳이라.

삼독(三毒), 오욕(五慾)의 굳은 땅에 묘법의 신통(神通) 묘용(妙用)의 번쩍이는 금강저(金剛杵)로 나무묘법연화경 제목봉창을 부르며 쇠말뚝을 치고 또 쳐서 땅이 갈라질 때 까지. 그 갈라진(열려진) 땅 거기서 금빛 찬란한 무수한 보살이 솟아나와 다 함께 실상의 연화세계로 들어가는 신비의 경.

그렇다! 이 경에는 상적광토(常寂光土)가 있으니 제법의 근본문제를 다 이 한권으로 해결하는 것. 실로 인류 사상의 보고(寶庫)요 귀결처(歸結處) 인 것이다.

갓난아기를 애지중지(愛之重之) 길러서 자기와 같게 하기 위하여 부모는 그토록 애서 기르듯이 부처님은 깨달으신 후에 중생들을 자기와 같게 하시려고 49년여 동안 그 법을 그렇게 설하신 것. 이 경을 설 하실 때에 무량의처(無量意處) 삼매에 드셨다가 조용히(安詳) 일어나서 그 삼매의 힘으로 이 경을 설하신 것이다.

녹원(鹿苑-녹야원)의 황야(荒野)에서 야교진여 등 5인을 삼승교(三乘敎)로 시작하여

1) 상적광토[常寂光土-*이* 세상을 극락정토로 봄.-상(常)이란 법신(法身)이 본래 체(体)에 항상 있다는 것이요. 적(寂)이란 해탈이니 일체 모든 모양이 영원히 고요하다는 뜻이요. 광(光)이란 반야(지혜)이니 모든 모양을 비추는 지혜이다.]

점점 오늘의 이 대승 법화의 고회(高會-고차원의 법회)로 이끄시고 묘법연화경으로 법화삼매(三昧)에 단번에 들어가 깨우치게 하신 경.
부처님이 깨치신 후 무한 신통에 유희(神通遊戲)하시어 서품에서 무한 상서(祥瑞)의 빛을 놓아 중생을 모아 법화삼매(法華三昧)로 인도해 주셨으니 삼매의 강을 넘지 않고는 신통(神通)유희(遊戲)는 할 수 없는 것이다. 그 삼매의 힘으로 불, 보살, 천중(天衆) 인중(人衆)등 모든 대중들(5승)을 모아 놓고 이 경을 설하시니 이 영산회상(靈山會上)에는 빠진 중생은 아무도 없었다. 삼매는 불심(佛心)이다.

초설 화엄의 추상(秋霜)같은 법에서 자비의 열응신(劣應身)으로 화현(化現)하여 가야시성(伽倻始成)의 성도(成道)로 자비(慈悲)의 옷을 입으시고 녹원에서 시작하여 49년 만에 마지막 법화 실상에 이르러서야 그 옷을 벗어 그 열응신을 감추시고 본불, 법신, 승응신(勝應身)으로 돌아가신 위대하신 각만(부처님覺滿-각행원만覺行圓滿)의 본말(本末). 영겁(永劫)의 교화(여래수량품)로 들어가시면서 남기신 진실로 마지막이면서 시작인 묘법연화경, 듣기만 하여도 성불하는 경. 묘법연화경,
이 경으로 이미 성불 된 자기의 모습을 볼 수 있는 경. 묘법연화경.
그것도 모르고 3독(毒), 5욕(欲)이 끓어오르는 중생으로 살아가다 이 경 만나서 자기모습을 보고 참으로 참으로 부끄러워 참회의 눈물이 쏟아지는 경,
그 눈물방울이 떨어지는 그 곳. 방울방울 떨어진 곳, 눈물이 연꽃 되어 피어나는 경. 묘법연화경.

진실로 진실로 미묘한 경. 묘법연화경을 열심히 수지 독송하여 즉신(卽身)성불(成佛)하시어 만화(萬化) 중생하시기 간절히 삼보 전에 빕니다.

나무 묘법연화경. 나무(南無) 실상(實相) 평등대혜(平等大慧)
일승(一乘) 묘법연화경(妙法蓮華經).

불기 2557년(계사 2013) 10월 중추(中秋)
법화선원 마하사에서 역자 씀.

차례

묘법연화경

妙法蓮華經

김진철 역

○**6신통**(六神通)=신통이란 불, 보살의 여섯 가지 초인적인 능력. 선정에서 얻는 무애자재한 초인간적인 불가사의한 작용. 여기에 여섯가지 신통이 있으니 그것이 6신통이다.

종경록 15에 신통을 분류하여 5종통이라 하였다.

1, 도통(道通)-중도의 이치를 깨달아 무심이 되어 능히 사물에 따라 만유를 나타내는 통력(通力).

2, 신통-선정에서 마음이 고요하게 되어 사물을 관찰 사유하여 숙명을 아는 등의 통력.

3, 의통(依通)=약이나 부적, 주문등에 의하는 통력,

4, 보통(報通)-업의 보답=과보로 자연이 얻는 통력.

5,요통(妖通)-요괴(妖怪)한 것이 가지고 있는 통력.

6신통은

(1)천안통(天眼通=세간의 모든 멀고 가깝고 괴로움과 즐거움, 거칠고 미세한 모든 것을 관찰하는 작용. 미래의 일을 환히 볼 수 있는 능력. 하늘 눈이 열리는 것,

(2)천이통(天耳通=세간의 모든 소리를 듣는 작용. 모든 것을 다 들을 수 있는 능력. 하늘 귀가 열리는 것.

(3)타심통(他心通=다른 사람의 마음을 환히 다 알 수 있는 능력.

(4)숙명통(宿命通=과거세의 일, 전생을 다 아는 능력.)

(5)신족통(神足通)=어디든지 갈 수 있는 능력. 자유로이 원하는 곳에 나타날 수 있는 능력.

(6)누진통(漏盡通)=무명=누(번뇌)를 다 끊어 여실(如實)하게 사제(四諦)의 이치를 다 얻어 3계에 미혹(迷)하지 않는 불가사의한 능력, 번뇌를 없애는 능력.

삼명육통(三明,六通)-6신통 가운데 천안, 숙명, 누진통이 3명(明)이다.

묘법연화경 서문(序文)

천태 지자 대사(538-597)

▲**법화문구에** 장안(長安)조사가 이르기를,

"천태(天台)지자(智者)대사,<이름은 지의(智顗) 538-597, 수나라 승려, 천태종의 개조(開祖).제자는 관정(灌頂-호가 장안長安)>가 법화경을 셋으로 나누니

첫 품을 **서분(序分** : 서론)이라 하고

2 방편 품부터 분별공덕품의 19항의 게송(시)에 이르기까지 무릇 15품반을 **정종분(正宗分** : 본론)이라 하고

그 게송 뒤부터 경 끝까지 11품반을 **유통분(流通分** : 결론)이라 이름 하였다.

또 동시에『법화경』을 둘로 나누어

1,적문(迹門)-「서품」에서「안락행 품」까지 14품은 적문의 개권현실(開權顯實 : 방편 법을 　먼저 열어 가르치고 수준이 높아지면 진실을 들어내어 가르침)이요,

<적문迹門 : 자취. 줄기. 곧 뿌리가 있는 곳을 가리키는 법문. 본체(本體). 법신(法身)에서 중생을 제도하기 위하여 출현하신 화신(化身)을 말함>

2,본문(本門)-종지용출품 15부터 경 끝까지 14품은 본문에 대한 개권현실(開權顯實)이라 하였다.

<본문本門 : 석가모니불을 줄기라하면 본문은 뿌리를 말한다. 곧 본지(本地).본원(本願).본체(本體).법신(法身)을 설한 법문>

본문과 적문에 각각 서분, 정종분, 유통분을 나누고 첫 품을 서분이라 하고「방편품」에서「수학무학인기품」까지를 정종분이라 하고「법사품」에서「안락행품」까지를 유통분이라 하였다.

본문에「종지용출품」에서부터 가운데 미륵이 이미 이 일에 대하여 물으니 부처님께서 지금 답하시리라.

"보살마하살이 있었으니 이름을 미륵이라 하는바 석가모니불께서 수기하신 바라 차후에 부처가 되리니 그가 이미 이일을 물었으니 부처님께서 이제 대답하시리라. 너희들은 마땅히 이로 인해 들을 수 있으리라,")까지 반품을 서분이라 이름하고 그 다음 "그때 석가모니불께서 아일다 에게 이르시되,

"착하고 착하다 아일다(Ajita,미륵 이름)야"에서부터 아래 분별공덕품의 19번째 항(行) 게송에 이르기까지를 정종분 이라 이름하고 이후 경 끝까지를 유통분이라 한다

고 하였다. 지금의 이 기록에는 앞의 삼단(三段 : 서, 정종, 유통분)을 따라 경문을 해석한다.

천태, 지자대사 끝

일여 집주의 서문

상천축 강사, 주산비구, 일여 (明, 1418-) 上天竺 講寺, 住山比丘, 一如

妙法蓮華經者,本地甚深之奥藏也.乃一化之根源,五時之極唱,如來出世意,

묘법연화경이란 본지(本地 : 불보살의 몸, 본체, 진리)가 매우 깊은 오묘한 법장(法藏 : 법의 창고)이라. 곧 일대(일생)교화의 근원을 오시(五時 : 華嚴時, 阿含時, 方等時, 般若時, 法華. 涅槃時)로 나누어 다 펴시었다. 여래께서 세상에 나오신 뜻을

欲卽說此經,開示衆生本源覺藏,究竟直指見性成佛故

곧 이 경에 설하시고자 하사 중생에게 본래의 근원을 깨닫는 법장을 열어 보이시고 구경(究竟)에는 성품을 보고 성불하는 것을 바로 가르치심이라. 그러므로

經曰,諸佛惟爲一大事因緣故,出現於世,所謂開示悟入佛之知見是也,

경에 말씀하시되 「모든 부처님은 오직 일대사인연(一大事因緣 : 한 가지 큰일= 나고 죽음 의 인연)을 위한 고로 세상에 출현 하시느니라」 라고 하시니 이른바 부처님의 지견(知見 : 사리를 깨달아 아는 지혜)을 열어, 보여, 깨달아, 들어가게 (개시오입-,開, 示, 悟, 入)한다고 하심이 이것이다.

其奈小機,未堪此聞,聞則生謗墮苦,故經曰,若但讚佛乘,衆生

그 적은 근기는 이 말씀을 듣고 감당하지 못하여 듣고는 곧 비방하여 고통(지옥)에 떨어지느니라. (방편 품에 일승 : 불승을 설하심에 5000의 비구가 자리에서 물러간 것 등)

그러므로 경에 이르되 "만약 다만 불승(佛乘 : 부처가 된다는 가르침. 일승)을 찬탄만 하여도 중생이 (믿을 수 없어 비방함으로)

沒在苦,謗法不信故,墜於三惡道,如來不得已而爲實施權,

고통에 빠질 것이니. 법을 비방하여 믿지 아니하는 고로 삼악도(三惡道 : 지옥, 아귀, 축생)에 떨어질 것 이니라" 라고. 여래께서 부득이하여 진실을 위하여 방편(權)을 펴시어

先以華嚴大敎,擬宜小乘之人,旣不能信受,是以,不動寂場,遊化鹿苑,爲其說三藏敎,

먼저 화엄경의 대승의 가르침으로 소승의 사람에게 견주어 시험함에(擬宜) 이미 능히 믿고 받아들이지 못함이라.

그래서 적장(寂場 : 적멸도량=화엄경을 설한 도량. 그 법을 가지고)을 움직이지 않고 녹원(鹿苑 : 녹야원의 교진여등 다섯 사람에게 아함경을 가르침)에 노니면서 교화하심에 그들을 위하여 삼장교(三藏 : 聲聞藏, 緣覺藏, 菩薩藏)를 설하시고

而又保證眞空故,方須方等彈斥,令其耻小慕大,雖復慕大而執眞之情未忘,

또 진공(眞空)을 보증(保證)하는 고로 바야흐로 모름지기 방등경을 꺼리어 물리쳐 그들이 소승을 부끄러이 여기고 대승을 흠모하게 하시었다. 비록 다시 대승을 흠모하나 진공(열반)을 집착하는 정을 아직 잊지 못함이라.

乃寄,空生,身子,爲之轉敎,廣談空慧之法,而淘汰之,執情破已,然,猶以

이에 공생(空生=수보리) 신자(身子 : 사리불)등에 의지하여 그들을 위하여 전교(轉敎 : 부처님의 교법(敎法)을 다른 이에게 부처님 대신 전해 주는 것)하여 자세히 공의 지혜(空慧)를 관하는 법을 말씀하사 도태시키고 집착하는 정을 깨뜨리었으나 그러나 오히려

實覆權,權掩於實,未開二乘根敗作佛,未顯如來成佛久本,於是,高會鷲峯,

진실로써 방편을 덮고 방편은 진실을 가리어 이승(二乘 : 성문, 연각)의 뿌리를 패하면 부처가 된다는 문을 열지 못하고 여래가 오래 전에 본래 성불한 것을 나타내지도 못함이라, 이에 영축산의 법화회상(法華會上)의 높은 차원의 모임(高會)에 와서

劇談秘要,開方便之權門,示眞實之妙理,發衆聖之權巧,顯本地之幽微,

비밀하고 중요한 것(성불)을 다 말씀하시어 방편의 문(權門)을 열고 진실의 미묘한 이치를 보여 많은 성인의 교묘한 방편법을 내어 본지(本地 : 본체, 법신→本地에서 垂迹함)의 깊고 미묘함을 나타내시었다.

故經曰,正直捨方便,但說無上道,其爲敎也.三乘咸會一乘,九界同歸佛界,

그러므로 경에 말씀하시되 「정직하게 방편을 버리고 다만 위없는 도를 설한다고」 하심이 그것이 이 경의 가르침인 것이다. 삼승(성문, 연각, 보살)이 다 일승(一乘 : 성불)에 모이고 구계(九界 : 지옥, 아귀, 축생, 아수라, 인간, 천상, 성문, 연각, 보살계)가 같이 불계(佛界 : 부처님 세계)로 돌아감이라.

長遠壽量,至此方彰,出世本懷,於今始彰,夫是之謂妙法蓮華經也.

수명(壽量 : 수명의 양)이 길고 멀다는 것을 여기에 이르러서야 바야흐로 나타내고(수량품) 세상에 나오신 본래의 회포(本懷)를 지금에야 비로소 나타내시니 대저 이것을 묘법연화경이라 하느니라.

○ **此經,凡二十八品,所談妙法,不出權實本迹,權謂九界三乘,**

이 경이 무릇 28품이나 말씀 하신 바 묘법(妙法)은 권실본적(權 : 방편,實=진실, 실상, 本은 뿌리, 근원, 迹=자취)에 지나지 아니하니 권은 말하면 구계(九界)에 삼승(三乘)이요.

實謂佛界圓乘,本謂久遠成佛,迹謂果後施化,前十四品,是迹門開權顯實,

진실을 말하면 불계(佛界)에 원승(圓乘 : 원융 한 가르침)이요 본을 말하면 구원성불(久遠成佛 : 태자로써 출가성불 하심이 아니고 오래고 먼 옛날에 이미 성불하심)이요 적(迹)을 말하면 과후(果後 : 佛果를 깨달은 뒤=성불)에 교화를 펴는 것이다.

(28품 중)앞의 14품(서품부터 안락행품 까지)은 이것이 적문(부처님이 자취를 남기신 것)으로 방편을 열어 진실을 나타내신(開權顯實)것이요

後十四品,是本門開迹顯本,然,迹本二門開顯,由機分利鈍,故有三周七喩不同,

뒤의 14품 (종지용출 품부터 보현보살권발 품 까지)은 이것은 본문(本門)으로 방편을 열어 진실을 나타내신 것(開迹顯本)이다.

그러나 적문과 본문 두 문을 열어 나타내심은 근기(機 : 수준)의 영리하고 우둔함의 분별 때문이니 그러므로 삼주(三周세 번 : 적문에서 세 가지 방법으로 성문을 교화한 방법=說法周, 譬喩周, 因緣周) 칠유(七喩=일곱 가지 비유)가 같지 않은 것이다.

三周者,初.法說周,爲上根人,作三乘一乘說,舍利弗一人得悟,卽方便品中所談是也,

삼주란

[1] 설법주(說法周)니

상근기를 위하여 삼승, 일승을 만들어 설하신 것으로 사리불 한 사람이 깨달음을 얻었으니. 곧 방편품 가운데 말씀하신 것이 이것이다.

二.譬說周,爲中根人,作三車一車說,迦葉等四大弟子領解,卽譬喩品中,所說是也

[2] 비설주(譬說周 : 譬喩周=비유의 설법)니

중근기를 위하여 세 가지 수레와 한 가지 수레를 설하시니 가섭 등 네 사람의 큰 제자가 영해(領解 : 요점을 아는 것)하였으니 곧 비유품 가운데 설하신 것이 이것이요.

三.因緣周,位下根人作宿世因緣說,千二百聲聞得記,卽化城喩品,中所明是也,

[3] 인연주(因緣周)니

하근기의 사람을 위하여 숙세(宿世 : 전생)의 인연을 설하시어 1200의 성문(聲聞)들이 기(記 : 記莂=수기=예언)를 얻었으니 곧 화성유품 가운데 밝히신 것이 이것이다.

迹門施化,終於三周,周者,終也,終必對始,故上根始

적문으로 교화를 펴서 삼주(三周)에서 마치시니 주(周)란 마친다는 것이다. 마친다, 하는 것은 반드시 시작에 대한 말이다. 그러므로 상근기(上根)는 처음

於鹿苑稟小,終於法華得記,中根例知,下根始於大通下種,終於因緣開會,故云三周也,

녹야원(아함경)에서 소승을 배우고 법화경에서 수기를 얻어 마치니 중근기는 예를 들어 알 것이다.

하(下)근기는 처음 대통지승여래에게 종자를 심어 인연의 개회<(開會 : 開는 開除니 열어서 없애는 것, 會는 會入-모아 들어간다는 것-이니 방편을 버리고 진실에 들어간다는 뜻, 곧 소승을 버리고 불승, 일승(一乘)에 들어간다는 뜻)>에서 마치니, 그러므로 삼주라고 말한 것이다.

七喩者, 一.火宅喩,喩三界不安隱,如譬喩品

일곱 가지 비유(七喩)란?

[1] 화택유(火宅喩 : 불난 집의 비유)이니 삼계(三界 : 욕계, 색계, 무색계)가 편안하지 못 함을 비유한 것이니 비유품 가운데 밝힌 것이 이것이다.

中所明是也,二.窮子喩,喩小乘無大乘功德法財,如信解品中,所明是也,

[2] 궁자유(窮子喩 : 가난한 아들의 비유)다. 소승에는 대승 같은 큰 공덕의 법의 재물이 없음을 비유한 것이니 신해품 가운데 밝힌 것과 같은 것이 그것이다.

三.藥草喩,喩有漏諸善,皆能除惡而無漏之善爲最,如藥草喩中所明是也.

[3] 약초유(藥草喩 : 약초를 비유한 것)니 유루(有漏 : 번뇌가 있는 것)의 모든 선함이 (상대적인 선=곧 악에 대한 선) 다 능히 악을 없애나 그러나 무루(無漏 : 번뇌가 없는)의 선(절대적인 선)이 제일임을 비유한 것으로. 약초유품 가운데 밝힌 것과 같은 것이 그것이다.

四.化城喩,喩二乘眞空涅槃,能防見思之非,禦死之敵,如化城喩品中,所明是也.

[4] 화성유(化城喩 : 화하여 만든 성)니 이승(二乘)의 진공열반<(眞空涅槃 : 진공은 중도(中途)를 모르는 편진공(偏眞空)의 열반)>이 능히 견사(見思 : 見惑, 思惑)의 잘못 된 것을 막고 생사의 적을 방어함을 비유한 것이니 화성유품 가운데 밝힌 것과 같은 것이 그것이다.

五.衣珠喩,喩王子結緣,下一乘智寶之種,卽了因種,如五百弟子受記品中所明是也.

[5] 옷 속에 보배 구슬을 숨겨 주었다는 비유(의주유(衣珠喩))다. 왕자가 인연을 맺어 아래 일승의 지혜의 보배 종자를 심은 것을 비유함이니. 곧 요인종(了因種 : 보조하는 인연)이다 .오백제자수기 품 가운데 밝힌 것과 같은 것이 그것이다.

六.髻珠喩,喩中道實相極果所宗,如安樂行品中所明是也.已上六喩,皆喩迹門開權顯實也.

[6] 상투 속의 구슬의 비유(계주유(髻珠喩))니 중도실상(中道實相)이 극과(極果 : 불과를 증득 함)의 으뜸(宗)임을 비유함이니 안락행품 가운데 밝힌 것과 같은 것이 그것이다. 이상 여섯 가지 비유는 다 적문의 방편을 열어 진실을 나타냄을 비유한 것이다.

七.醫子喩.喩佛如大醫王,徧療一切衆生之病,如壽量品中所明,此一喩,喩本門開迹顯本也

[7] 의사 아들의 비유(의자유(醫子喩))니 부처님은 큰 의사의 왕이라

두루 일체중생의 병을 치료하심을 비유함이라. 수량품 가운데 밝힌 것과 같다. 이 한 가지 비유는 본문으로 자취를 열어 근본 뿌리를 나타냄 (開迹顯本)을 비유한 것이다.

○ **初.釋首題明五重玄義,一.法喩爲,名,二.實相爲,體,三.一乘因果,爲宗,四.斷疑生信,爲用,五.無上醍醐,爲敎相.法喩爲名者,**

처음 머리에 제목을 해석하여 다섯 가지 중요하고 심오한 뜻(오중현의五重玄義)을 밝혔으니.

[1] 법의 비유(法喩)를 이름(名)으로 하고.

[2] 실상(實相)을 체(體)로 하고.

[3] 일승인과(一乘因果)를 종(宗 : 으뜸, 머리)으로 하고.
[4] 의심을 끊고 믿음을 내는 것(斷疑生信)을 용(用)으로 하고.
[5] 위없는 제호(醍醐)를 교상(敎相 : 가르침의 형식)으로 한다. 법과 비유를 이름(名)으로 하는 것은

法卽妙法,喩謂蓮華,所言妙者,妙名不可思議,乃褒美之辭也.所言法者,

법은 곧 묘법이요 비유(喩)는 연꽃을 말한다. 말하는 바의 묘라는 것은 묘란 불가사의라고 이름 하니 곧 아름다움(美)을 칭찬하는 말이다. 말한 바의 법이란

十界十如,權實本迹之法也,良以妙法難解,假喩易彰,蓮華則華果同時,

십계, 〈十界 : 지옥세계, 아귀, 축생, 수라, 인간, 천상, 성문, 연각, 보살, 불계), 십여<十如=방편품의 여시상(如是相)에서 여시성(如是性)등의 열 가지〉 와 권실본적의 법이다. 진실로 묘법은 알기가 어려워 임시로 비유를 빌리어 쉽게 나타내니 연꽃은 곧 꽃과 열매가 동시에 생기고

妙法則權實一體,故有迹門三喩,本門三喩,

묘법은 곧 방편과 진실(權實)이 일체(一體)라. 그러므로 적문(迹門)에 세 가지 비유가 있고 본문에 세 가지 비유가 있다.

迹門三喩者 1.爲蓮故華,喩爲實施權, 2.華開蓮現,喩開權顯實 3.華落蓮成,喩廢權立實.

● 적문(迹門,迹佛)에 세 가지 비유란 ?

[1] 연실(蓮 : 연밥)을 맺기 위한 고로 꽃이 피니 진실을 위하여 방편(權)을 베푸는 것을 비유함이요.
[2] 꽃이 피어 열매가 나타나니 방편(자취)을 열어 진실(뿌리)을 나타냄을 비유함이요.
[3] 꽃 지고 연실(연밥)이 맺어지니 방편을 없애고 진실을 세움을 비유함이다.

本門三喩者. 1,爲蓮故華,喩從本垂迹 2,華開蓮現,喩開迹顯本 3,華落蓮成,喩廢迹立本,

● 본문(本門-本佛)의 세 가지 비유란 ?

[1] 연밥을 맺기 위한 까닭으로 꽃이 피나니 이것은 뿌리에서 자취가 나타남을 비유함이요.
[2] 꽃피고 연밥이 나타나나니 이것은 자취를 열어 보여 뿌리를 나타냄을 비유함이요.

[3] 꽃 지고 연밥이 맺나니 이것은 자취(줄기)를 없애고 뿌리(근본)를 세움을 비유함이다.

此首題中,蓮華一喩,乃摠喩也.若經文中火宅等七喩,是別喩也.故妙玄云

이 머리의 제목 가운데 연꽃 한 가지 비유는 곧 전체를 비유함이요. 혹은 경문 가운데 화택등 일곱 가지 비유 이것은 개체의 비유이다. 그러므로 묘법연화경 현의(妙玄)에 말하되

七譬,是別.蓮華是摠,擧摠攝別,故冠篇首,摠別雖殊,莫非爲顯權實,本迹之法耳,

일곱 가지 비유 이것은 개체(別)인 것이요, 연꽃 이것은 전체(總)이니 전체를 들어서 개체를 거두어들이는 고로 책머리에 씌운 것이다. 전체와 개체(摠別)가 비록 다르나 방편과 진실 뿌리와 자취의 법을 나타내기 위한 것이 아닌 것이 없다.

經者,法也,常也,十界同軌之謂法,三世不易之謂常,故以法喩,爲此經之名也,

경(經)이란 법이요 항상 함(常)이다. 십계(十界)가 법(軌)을 같이하는 것이 법이요 삼세(三世)에 바뀌지 아니하는 것을 항상 함(常)이라 한다. 그러므로 법유(法喩 : 법과 비유)를 이 경의 이름으로 한 것이다.

實相爲體者,謂十界十如之法,一一離虛妄相,名爲實相,故,龍樹云,除諸法實相,餘皆魔事,然此妙體,

실상을 체로 삼는다는 것은 말하면 십계,십여시(十界十如)의 법이니 하나하나가 허망한 상을 여인 모양이라. 이름 하여 실상(實相)이라 한다. 그러므로 용수가 말하기를 「모든 법의 실상을 제외하고 나머지 다 마(魔)의 일이다. 」라고 그러나 이 묘법의 체는

在迹門,謂之諸法實相,在本門,謂之非如非異,本迹雖殊,妙體是一,故以實相,爲此經之體也,

적문에 있으니 그것을 말하여 제법실상이라 하고 본문에 있는 것을 「같지도 않고 다르지도 않다」 고 말한다. 본문과 적문이 비록 다르나 묘법의 체는 이것이 하나이다. 그러므로 실상을 가지고 이 경의 체로 삼은 것이다.

一乘因果爲宗者,宗卽要義,所謂佛自行因果,爲宗也,

일승인과를 종(宗=으뜸)으로 삼는 것은 으뜸(宗)은 곧 중요한 뜻이니 말하면 부처님 스스로 행하신 인과를 종(宗)으로 삼은 것이다.

云何爲要,無量衆善,言因則,攝無量證得,言果則攝,故以一乘因果,爲此經之宗也.

어떤 것을 요점으로 삼는가? 한량없는 많은 선행이니 원인(因)을 말하면 곧

한량없는 깨달음을 거두어들임이요, 결과(果)를 말하면 곧 거두어들이는 것이다. 그러므로 일승인과를 이 경의 종(宗=근본)으로 삼은 것이다.

斷疑生信,爲用者,用卽力用也,迹門開顯,斷權疑生實信,本門開顯,斷近疑生遠信,故以斷疑生信,爲此經之用也,

의심을 끊고 믿음을 내는 것을 용(用)으로 삼은 것은 용은 곧 역용(力用=힘으로 작용하는 것)이다. 적문의 개권현실(開權顯實)은 방편의 의심을 끊어 버리고 실상의 믿음을 내는 것이요, 본문의 개권현실은 가까운 의심을 끊고 멀리 믿음을 내게 함이라. 그러므로 의심을 끊고 믿음을 내는 것이 이 경의 작용(用)이 된다.

無上醍醐爲敎相者,敎者聖人被下之言也,相者分別同異也,

위없는 제호(醍醐)를 가르침의 형식(교상)으로 한 것은 가르침(敎)이란 성인이 아래중생에 덕을 입히는 말이요. 상(相)이란 같고 다른 것을 분별하는 것이다.

此經純圓,異乎偏小之敎,喩如醍醐上味,不同乳酪生熟酥味,故以無上醍醐,爲此經之敎相也.

이 경은 순수하고 원만한 가르침(원교)이라. 편벽된 소승의 가르침과 다르니 비유하면 제호(醍醐)의 최상의 맛은 젖(乳)과 락(酪 : 우유를 가공한 제품) 생소(生酥=酪을 다시 가공한 것)숙소(熟酥 : 생소를 다시 가공한 것)의 맛과 같지 아니 함이라. 그러므로 위없는 제호를 이 경의 가르침의 모양(敎相)으로 삼은 것이다.

然此五重玄義,皆是經中,所詮之旨,祖師預取,解釋首題者,欲令受持讀誦之人,卽於首題,能了一經之大旨故也.

그래서 이 오중현의(五重玄義다섯가지 중요 한 뜻 : 이름釋名, 본체辯體, 종지明宗, 작용論用, 가르침의 모양敎相,)는 다 이 경 가운데 말한바(所詮)의 취지인데 조사(祖師)께서 미리 취하여 머리의 제목을 해석한 것은 받아 가지고 읽고 외우는 사람으로 하여금 곧 머리제목에서 능히 한 경의 큰 뜻을 알게 하고자 하신 까닭이다.

일여 집주 서 끝.

묘법연화경 권 제 1.

서품 제 1

법을 연꽃에 비유하여 설한 경. 차례와 연유를 설한 품 제1.

【일여 품해설】 서(序 : 서문, 차례)의 뜻(義)에는
○3가지가 있으니,
1,서론(次序)과
2,본론(由序)과
3,해설(述序)이다.
「이와 같이(如是)」라는 등의
○5가지 사실(五事 :
1 이와 같이 나는 들었으니,(如是我聞),
2 한때,(一時),
3 부처님께서.(佛),
4 기사굴 산중(住王舍城耆闍崛山中,)에서
5 비구대중 1만 2천인과 함께 계시었다.(與大比丘衆)는
이 다섯 가지로 경의 머리에 씌움은(冠 : 첫 머리)
1, 서론을 폄(次序차례를 나눔)이요,
○ 6가지 상서로운 모습(六瑞 :
1. 설법하는 상서「무량의 경」을 설한 일,
2. 선정에 드는 상서,
3. 꽃비가 내리는 상서,
4. 땅이 진동하는 상서,
5. 대중이 기뻐하는 상서,
6. 빛을 놓는 상서로 빛을 놓음(放光)은 실마리(端 : 단서)를 일으켜내어
2, 본론을 폄이요(由序연유를 설 한 것),

질문과 대답(問答)은 의심을 풀어 정설(正說 : 正宗分본론)에 마음껏 끌어들여(弄引)
3, 해설을 편 것(述序-叙述한 것)이다. 이 3가지 의미(三義)를 구비한 때문에 서(序)라고 칭한다.

「품(品)」이란, 범어(梵語 : 인도어)로는 발거(跋渠 : varga)인데 여기(중국)서는 품(品)이라고 번역한다. 의미(義)가 같은 부류(部類=갈래)끼리 한 문단(一段 : 第1大段)에 모아둔 고로 명칭이 품(品)이다.

오직 약왕보살본사 품(藥王菩薩本事品)만은 부처님이 친히 말씀한 것이나 나머지는 혹 모아 엮은(結集) 이가 배치(置)하였거나 번역한 사람이 더(足) 첨가(添)했을 것이다. 모든 품의 시작인 때문에 제1(第一 : 서품 제1)이라고 말한다.

그러나 통서(通序 : 모든 경의 첫 머리에 공통적인 서술)와 별서(別序 : 통서 다음의 개별적인 서술)를 두었다.

[1] 통서(通序) -「이와 같이(如是)」에서부터「물러나 한 면에 앉았느니라.(却(退)坐一面)(搃結衆集)」까지는 통서(通序 : 여러 경전에 공통된 서문)이니 모든 경의 처음(初 : 시작)에 동일하게 여시(如是)등의 5종의 일(五事 : 1如是我聞, 2一時, 3佛, 4住, 5與)을 둔 때문이다.

[2] 별서(別序) -「그때 세존께서(爾時世尊)」에서부터 이 품(品)끝까지는 별서(別序 : 한 경에만 국한된 서문)이다.　　일여 끝

서 품 제 1

① 이와 같이(如是 : 法體-법의 몸) 내가 들었사오니 한 때(인연이 합 한 때) 부처님(3계, 3제법을 아는 이)이 왕사성(중인도 마갈다국 고대 수도) 기사굴 산중(영취산)에 머무사 큰 비구 대중 12000 인과 함께 계셨으니, 이들은 다 아라한이라. 모든 번뇌가 이미 다하여 다시 번뇌가 없으며, 제 이로움(自利-아라한.智,斷功德을 이루는 것,)을 얻었으며 중생(제유諸有)의 번뇌(결結)[2]를 다하여 마음에 자재(자유)함을 얻은 이들이니,

그 이름을 말하면 아야교진여와 마하가섭과 우루빈나가섭 가야가섭과 나제가섭과 사리불과 대목건련과 마하가전연과 아누루다와 겁빈나와 교범바제와 이바다와 필능가바차와 박구라와 마하구치라와 난타와 손타라난타와 부루나미다라니자와

수보리와 아난과 라후라와

이 같이 모두 아는 대 아라한(나한)들이요, → 아래 7 쪽 뒤에 연결

◉**우루빈나가섭** (불을 섬기는 외도로 500제자를 이끌고 부처님께 귀의 함. 3가섭의 1인)
가야가섭(우루빈나가섭,나제가섭의 동생) **나제가섭**(앞의 삼가섭의 1인)
사리불(지혜제일) **대목건련**(신통제일) **마하가전연**(논의제일) **아누루다**(아나율,천안 제일)
겁빈나(천문제일) **교범바제**(牛王,해률(解律)제일) **이바다**(좌선제일)
필능가바채[여습餘習 : 남은 습기라 하는데, 500세(世)에 바라문(婆羅門)이 되었는지라 남은 습기(氣)가 아직도(猶) 공고(貢高 : 거만함. 자랑스럽게 여김. 자존심)하여 항하수

2) ◉ 결(結맺힘 : 九結 : 결박,맺힘, 번뇌)이 아홉이니,- (1)탐욕과 (2)성내는 마음, (3)남 업신여김과 (4)무명(無明)과 (5)봄, 즉 견해(見)와 (6)가짐과 (7)의심과 (8)시샘(질투=새옴)과 (9)아낌. 이 아홉이 번뇌로 체를 삼아 서로 굳어져 헐기가 어려움에 결(結)이라 하니, 결은 맺는 것이라. 결(結) 【고어(古語)로 (결(結)은 겨를 씨오(겨루는 것) 가(跏)는 더을 씨오(더하는 것) 부(趺)는 발등이오 좌(座)는 안잘씨니(앉는 것) 결가부좌란 왼 녁(쪽) 발등을 올한 녁 무루페 언고(오른 쪽 무릎에 얹고) 올한 녁 발등을 왼역 무루페 언어 서루 겨러 안잘씨라=오른 쪽 발등을 왼쪽 무릎에 얹어 서로 얽고 앉음)】

(恒水)를 건너가서(過)탁발 하려고 강가에서 손가락을 튕기며 강물귀신(河神)에게 꾸짖어(叱) 이르되,

"소비(小婢 : 물귀신 이름 婢여자종 비)야, 물의 흐름을 멈추어라(駐流)!"라고 하니, 강물귀신은 물을 두 갈레(兩沠)로 갈라지게 하여 그 사이로 건너갔다. 나중에

그 물 귀신은 필능가차에게 꾸지람을 맞고(被叱) 마침내 부처님께 가서 호소(往訴)하니 부처님께서 여습에게 참회하고 사과(懺謝)하라 하니, (여습이) 즉시 합장(合掌)하고

"소비(小婢)야, 성내지 말라! 지금 너에게 사과한다." 고 말하니, 대중들이 크게 웃으며 무슨 사과가 다시 꾸짖는 것인가? 라고 하였다. 강물귀신(河神)이 "참회하는 게요 다시 꾸짖는 게요?" 라고. 하니 부처님께서 강신(江神)에게 너는 필릉이 손을 모으고 사과하는 것을 보았느냐? 사과는 오만(傲慢)이 아니다.

이 말을 하는 것은 악하지 않음을 알 수 있다. 이 사람은 500세를 바라문(인도 4성중에 최고에 있는 종족)에 태어나서 사람을 경시하였는데 습관으로 입으로 그렇게 말할 뿐 마음에는 교만심이 없느니라.

이 같은 아라한들은 비록 번뇌를 끊었어도 습관이 남아 있다. "근본 습기(本習)라는 것이 이와 같으니라. 사실은 자존심(高心)이 없느니라." 라고 말씀하였다.(지도론 2)라고 하였다.

박구라(홀로 있는 데 제일). '선용(善容 : 좋은 용모)'이라 하니 용모(容貌)가 단정(端正)한 때문이다. 나이 160세로 병도 없었고 요절(夭)함도 없었다.

옛적 "살생하지 말라(不殺)"는 계(戒)를 지닌 때문에 91겁(劫)동안 수명(命)이 중간에 요절함(中夭)이 없었다. 옛적 한 개의 하리륵(訶梨勒 : 호도 같으며 쓴맛이 있고 약에 쓰인다) 과실(果)을 스님(僧)께 보시(施)한 때문에 몸이 항상 병이 없었다(無病).

마하구치라 [사리불(舍利弗)의 외숙부(舅)다.]

누나(姊)인 사리(舍利)와 논의(論議 : 토론)함에 같지 않으니(不如 : 누나의 상대가 안됨), 구치라(拘絺羅)가 사유(思惟 : 개념, 판단, 추리로 생각함)한 생각으로 말하되 "그렇게 논을 잘하는 것은 누나의 능력(力)이 아니다. 반드시 지혜로운 사람을 회임(懷임신)하여 어미(누나)의 입에 붙어(寄) 말하는 것이다. 아직 태어나지 않고도 그러한데 태어나 자라 크면(長大) 어찌 이렇게 당할 것인가?" 하고 즉시 집을 버리고 남천축(南天竺)에 가서 18경(經)을 읽었다.

그 당시 사람들이 웃으며 "누세(累世 : 累代)에도 (경은) 통하기 어려워(難通) 일생(一生)에는 통달하기를 바라지도 않는다." 라고 하니, 이에 탄식하며 말하되 "집에

있을 때(在家)는 토론하여 누나가 승리하게 되고 밖에 나와서는(出外) 남이 경멸하는구나." 라고.

맹서하여 쉬지 않고 읽어 손톱 깎을(剪爪) 겨를도 없었으니, (손톱이 길어) 그 당시 사람들이 "손톱 긴 범지(장과범지長瓜凡志)" 라고 부르게 되었다. 뒤에 부처님께 의탁(投)하여 출가하여 법안이 청정함(法眼淨)을 얻었다.

난타 ('목우난타牧牛難陀.-세종왕조 법화경에는 방우(放牛)라 한 것은 오자(誤字)이다?)'라고도 한다. 여기(중국)서는 선환희(善歡喜)라고 한다.

묘락(妙樂)이 이르되「처음부터 도를 사모함을(慕道) 이름으로 삼았으며, 환희하는 중에 가장 뛰어난 고로 '선(善)'이라고 하였다.」라고.

손타라난타 (여기-중국)서는 '호애(好愛좋아서 사랑 함)'라고 하는데 처(妻)의 이름이다. 난타(難陀)는 여기서는 '환희(歡喜)'라고 하는데 자신의 이름(號)이다. (바로 위의) 목우난타(牧牛難陀)와 다르게 분간(揀)하기 위하여 처의 이름(妻名손타라)을 (앞에) 표시(標)한 것이다.

부루나미다라니자 (설법제일. '만원滿願)'이라 번역하는데 이는 아버지의 이름이고, 미다라(彌多羅)는 '자(慈)'라고 번역하는데 이는 어머니의 이름이다. 니(尼)란, 천축 여인(天竺女人)의 일반적인 이름(通名)이다.

부모(父母)를 따라 이름을 얻었기 때문에 이름이 만자자(滿慈子)다.

증일아함경(阿含經)에 이르되「나의 아버지 이름은 만(滿)이며 나의 어머니의 이름은 자(慈)인데, 범행(梵行)하는 사람들이 드디어 나를 부름에 만자자(滿慈子)라 하였다.」라고.

수보리 (解空제일. '공생空生)'이라 한다. 또 '선길(善吉)'이라고도 하며 또는 선업(善業)이라고도 한다. 그가 태어나든 날에 집안에 창고(庫藏)가 일체가 다 비었는지라(空) 그래서 이름(字)이 공생(空生)이다.

창고가 빈 때문에 부모가 기이하여 놀라(驚異) 점치는 사람(占者)에게 물었다. 점치는 이가 "길(吉)하다." 고 말하니 그로 인하여 이름이 선길(善吉)이다.

또 그가 출가해서는 공을 보고(見空) 도를 얻어(得道) 겸하여 자비로운 마음(慈心)을 닦아 무쟁삼매(無諍三昧싸움 없는 삼매)를 얻었으며, 이로써 항상 능히 중생을 보호하는 마음을 가지니 그래서 이름이 선업(善業)이다.

부처님이 도리천(忉利天)에서 내려오니 온 나라(率土)가 폭주(輻湊 : 온통 몰려듦)하여 먼저 다투어 정례(頂禮 : 이마를 땅에 대고 공경을 표하여 예배함)하는데 오직 수보리만은 석실(石室)에 단정히 앉아 제법이 공함(諸法空)을 념(念)하여 활연(豁然)히 도를 깨달으니(悟道), 그러므로 공을 앎이 제일(解空第一)이라 한다.

아난(제바달다의 동생,)과 불타의 사촌, 다문(多聞)제일. '환희(歡喜)'라 하고 혹은 '경희(慶喜)'라하며 혹은 '무염(無染)'이라고도 한다.

부처님이 성도하든 날에 태어나 거국(擧國)적으로 기뻐 경하(欣慶)한 때문에 이름이 환희(歡喜)며 또 경희(慶喜경사롭고 기쁨)라 이름 한 것이다.

아난(阿難) 부처님을 따라 하늘사람이 거처하는 곳이나 용궁(天人龍宮)에 들어가니, 하늘사람이나 용녀(龍女)가 마음이 물들어 집착함이 없음을 보고, 그래서 무염(無染)이라 이름 했다.

부처님이 멸도한 후에 가섭(迦葉)이 대중에게 찬탄하여 말하되 "얼굴(面)은 밝은 보름달(淨滿月) 같고 눈(目)은 푸른 연꽃(靑蓮華) 같으며, 불법(佛法)의 큰 바닷물(大海水)이 아난의 마음에 흘러들었다." 라고.

그가 멸도에 들 때 항하(恒河)중에서 풍분신삼매(風奮迅三昧 : 바람으로 몸을 각 부분으로 나누는 삼매)에 들어 몸을 나누어 4등분하여 하나는 천상(天上)에 주고 하나는 용궁(龍宮)에 주고 하나는 비사리국(毘舍離國)에 하나는 아사세왕(阿闍世王)에게 주었다.

증일아함경(增一阿含經)에 이르되 「때를 알고(知時) 사물에 명철(明物)하여 닿은 것은 다 알아 의심이 없고 기억한 것은 잊지 않고 많이 듣고 널리 통달하여 (부처님의 가르침을) 받들어 지니는 것을 감당하는 데는(堪任) 아난이 제일이다.」 라고.

라후라 (부처님의 아들.) '부장(覆障 : 덮어 막음)'이라 한다. 부처님의 친 아들이다.

지난 옛적의 인(因)은 쥐구멍(鼠穴)을 막은(塞) 것과 또 바라문(婆羅門)을 6일간 만나보지(看) 않은 것이다.

『야수다라가 지난 옛적 아이(라후라)를 시켜 쥐구멍을 6일 동안 막았다 고 한다. 대지도론17에 라후라가 전생에 왕이 되었는데 5신통을 얻은 선인(仙人=바라문)이 나타나서 자기를 벌하여 주기를 청하였다.

무슨 죄가 있느냐고 물으니 왕의 나라에 들어와서 물을 마시고 양지(楊枝=버드나무로 만든 치솔)를 썼으니 이것은 주지 않은 것을 가진 것임으로 도둑질에 해당한다고 하였다.

왕이 웃으면서 그런 것은 누구에게나 보시하는데 무슨 죄가 되느냐? 고 했으나 그렇다 해도 그런 줄 모르고 가진 것이라 죄가 되니 처벌해 달라는 것이다.

왕은 잠깐 내전(內殿)으로 들어갔다 올 것이니 잠깐 기다리라 하고 갔는데 이 일을 엿새 동안 잊어버렸다. 선인은 궁의 뜰에서 굶주렸고 이것이 처벌이라고 여겼다.

나중에 정원에 나타난 왕은 선인을 보고 사과를 마지않았다.』

그 까닭에 6년이나 태(胎)에 있었다. 이로 인하여 이름이 부장(覆障덮여 있다)이다. 처음 부처님이 태자(太子)때에 출가(出家)하기를 바랐으나 부왕(父王)은 허락하지 않고(不許) 이에 말하되,

"네가 만약 아들이 있다면 너의 출가를 허락하리라." 라고 하니, 태자는 즉시 손가락(指)으로 태자비(妃)의 배(腹)를 가리키며 말하되 "(내가) 물러간 후 6년 만에 너는 반드시 사내아이(男)를 낳으리라." 라고.

태자가 이미 출가하고 나서 야수다라(耶輸)는 임신(娠)하고 있었다. 모든 석씨문중은 다 진노(瞋)하여 그가 올바르지 않다고 의심하였다.

야수다라(耶輸)는 마침내 불구덩이(火坑)를 설치(設)하고 맹서하여 말하되 "내가 만약 비리(非)를 저질렀다면 모자(母子)가 함께 죽을 것이나, 만약 진실이라면 남겨준 몸(遺體)을 하늘이 반드시 증명(證)하리라." 하고는, 인하여 아들을 품은 채 불구덩이에 투신(投坑)하니, 구덩이는 변하여 못(池)이 되고 연꽃(蓮華)이 몸을 받들고 있으니(捧體) 왕과 나라의 인민들(國人)이 비로소 다시는 의심하지 않았다.

이에 부왕(父王)이 기뻐하며 말하되 "비록 그 아들은 잃었을지언정(출가한 것) 그에게서 손자(孫)는 얻었도다. 손자가 금륜왕(金輪 : 전윤성왕의 금은동철의 4륜 중 으뜸인 금륜)이 되면 내 또한 무엇을 한탄(恨)하겠는가!" 라고.

그 후에 부처님이 (라후라가) 출가할 길을 찾았으나 부왕(父王)이 허락하지 않는지라 야수다라(耶輸)가 (아들을) 높은 누각(高樓)에 데리고 올라가자 목련(目連)이 공중에서 날아와 뺏어갔다.

부처님이 득도(度)시켜 출가하여 사리불(舍利弗)의 제자(弟子)가 되었으며 밀행(密行 : 비밀히 하는 수행, 선행)에는 제일이다.

◉부처님 십대제자

1. 사리불(舍利弗;sariputra) - 사리자(舍利子), 추로자(鶖鷺子), 신자(身子) 라고도 한다. 마가다국의 브라만 출신으로 지혜가 뛰어나 지혜(智慧)제일이라고 불린다. 목건련과 더불어 육사(六師)외도의 한 사람인 산자야(sanjaya)의 수제자였다.

7일 만에 산자야의 가르침을 통달할 만큼 총명하였다고 한다. 그러나 고(苦)를 끊지 못하였다. 석가의 제자인 아설시로 부터 석가모니 부처님의 제법무아(諸法無我)의 가르침을 전해 듣고 250명의 도반과 함께 석가모니 부처님의 제자가 되었다. 부처님보다 나이가 많았으며, 나중에 고향 나알라다 촌에 돌아가 동생의 간호를 받다가 입적(入寂)하였다.

2. 목건련(目犍蓮maudgalyana) - 보통 줄여서 목련(目蓮)이라고 부른다. 마가다국 왕사성 밖의 콜리타촌 사람으로 바라문족 출신이다. 신통력이 대단히 뛰어나 신통(神通) 제일이라고 불린다. 어느 날 신통으로 지옥을 보니 그곳에 자신의 어머니가 고통 받고 있었으므로, 부처님의 가르침을 받아 천도했다고 한다.(목련경)

사리불과 더불어 산자야의 제자였으며, 함께 석가모니부처님의 제자가 되었다. 마가다국의 브라만 출신이며, 석가모니 부처님보다 나이가 많았다. 나중에 탁발하는 도중에 브라만교도들이 던진 기왓장과 돌에 맞아 죽었다고 한다. 일설에는 수행 중에 브라만교도들이 던진 돌에 맞아 죽었다고도 한다.

3. 가섭(迦葉kasyapa) - 보통 마하가섭이라고 부른다. 가섭바(迦葉波)라고도 하며 대음광(大飮光), 대구(大龜)라고 번역한다. 마가다국에서 태어났으며 수행을 엄격하게 하고 소욕지족(少欲知足욕심을 적게 하고 만족할 줄 앎)하였으므로 두타(頭陀)제일이라고 불린다. 원래 브라만의 여인과 결혼했으나 세속 생활을 싫어해서 함께 출가하였다.

가섭은 다자신처(多子神處)에서 부처님의 교화를 받고 8일 후 바른 지혜를 내어서 자기의 승가리(僧迦梨 승복)를 벗어 부처님께 드리고 부처님께서 주신 분소의(糞掃衣)를 받아 입고 곧 아라한과를 증득 했다.

석가모니부처님 열반 후 칠엽굴(七葉窟)에서 제1차 불전(佛典) 결집(結集)을 주도하였다. 가섭을 부처님 도통을 이은 제1대 제자로 보는 사람이 많다.

4. 수보리(須菩提subhuti) - 수부제(須扶提)라고도 하며 선(善), 선실(善實) 등으로 번역한다. 공(空)을 가장 잘 이해해서 해공(解空)제일이라고 불린다. 그래서 공사상을 주된 내용으로 하는 반야부(제4 반야시) 경전에는 항상 수보리가 등장한다. 사위국의 브라만 출신이다. 수보리 존자는 지혜가 총명하여 그 누구도 따를 자가 없었다고 한다.

그러나 처음에는 성품이 악하여 모든 것에 성을 잘 냈다고 한다. 수보리는 부모친족이 자신을 싫어하자 집을 떠나 산속으로 들어갔고 여기서 선인을 만나 부처님께 인도되어 불법에 귀의 했다.

5. 부루나(富樓那purna) - 만원자(滿願子), 만자자(滿慈子)등으로 번역한다. 브라만 출신으로 설법을 잘 하여 설법(說法)제일이라고 불린다. 생년월일이 부처님과 같다고 한다. 녹야원에서 부처님의 설법을 듣고 제자가 되었다. 그는 수로나국의 사람들이 포악하다는 말을 듣고 부처님의 허락을 얻어 그곳에 가서 오백 명의 우바새들에게 설법해서 그들을 교화 했다고 한다.

가장 난폭한 수로나국 사람들마저도 교화할 만큼 부루나 존자의 언변과 설법은 감동적이고 훌륭했다고 한다. 부루나 존자의 설법을 듣고 불법에 귀의한 수로나국 사람들은 500

개의 사원을 세웠다고 한다. 주로 인도 서부지역에 불법을 전파하다가 거기서 입적하였다.

6. 아나율(阿那律;aninuddha) - 천안(天眼)제일이라고 불린다. 아니루타(阿尼樓陀)라고 하며 무멸(無滅), 여의(如意)등으로 번역한다. 석가모니부처님의 사촌으로 부처님께서 득도 후 고향에 가셨을 때, 아난과 난타 등과 함께 출가하였다.

사위국을 지나는 길에 어느 과부의 집에 머문 적이 있었는데 과부는 그를 보고 음의(淫意)를 일으킴에 부처님께서 그의 비법(非法)을 훈계하였으니 이것이 부인동숙계(婦人同宿戒)가 정해진 동기라고 한다.

후에 부처님 앞에 앉아 졸다가 부처님에게 꾸중을 들은 일이 있었다. 아나율은 그 후 밤낮으로 자지 않고 수도 정진하다가 그만 눈이 멀었다. 그러나 그는 육신의 눈은 잃었지만 참 지혜의 눈인 천안통(天眼通)을 얻었다고 한다.

7. 가전연(迦旃延;katyayana) - 가연자(迦延子)라고도 한다. 아반타국의 크샤트리아(4성중 하나) 출신이다. 왕명으로 석가모니부처님을 모시러 갔다가 출가하여 깨달음을 얻었으며, 귀국하여 부처님의 가르침을 전파하였다.

교리에 밝아 논의(論議)제일이라고 한다. 그는 불법에 귀의한 뒤 뛰어난 언변과 말솜씨로 논리 정연하게 상대방의 주장을 꺾음으로써 논의제일이라고 칭송받았다. 가전연 존자는 바로 이들 외도와의 교리 논쟁에서 지는 법이 없었으며 뛰어난 말솜씨로 널리 불법을 폈다고 전한다.

8. 우바리(優波離;upali) - 우파리(優婆梨)라고도 하는데 근취(近取) 또는 근집(近執)이라 번역한다. 노예 계급인 수드라 출신이다. 석가족의 이발사였다. 아난과 난타, 아나율 등이 출가할 때 머리를 깎아주러 갔다가 부처님의 제자가 되었다.

부처님께서는 세속에서는 지위의 고하와 종성(種姓종족,성)의 차별이 있지만 일단 불문(佛門)에 들어오면 차별 없이 평등하다고 말씀하셨다고 한다. 계율을 잘 지켜 지계(持戒)제일이라고 하며, 부처님 열반 후 왕사성 밖 칠엽굴(七葉窟)에서 불전 결집을 할 때 계율에 대한 모든 사항을 암송(暗誦)하여 율장성립에 크게 기여하였다.

9. 라후라(羅睺羅;rahula) - 석가모니부처님께서 출가하기 전에 낳은 아들이다. 석가모니부처님께서 깨달으신 후 고향에 갔을 때 사리불과 목건련을 스승으로 하여 출가하였으므로 최초의 사미가 되었다. 지켜야 할 것을 스스로 잘 지켰으므로 밀행(密行)제일이라고 한다.

10. 아난(阿難;ananda) - 환희(歡喜), 무염(無染) 등으로 번역한다. 부처님의 사촌이며, 역시 부처님이 깨달은 후 고향에 가셨을 때 출가하였다. 늘 부처님 옆을 지키면서 많

은 설법을 들었을 뿐 아니라 기억력이 대단히 뛰어나 다문(多聞)제일이라고 한다. 또 부처님께 여러 번 간청하여 이모 마하파자파티가 출가하도록 허락을 얻었다. 이로써 여성 출가가 가능하게 되었다. 제1차 불전결집 때 가섭과 더불어 주도적인 역할을 하였다. 불경에서 여시아문(如是我聞)이라고 시작되는 아(我)는 아난을 가리킨다.

끝.

② 또 학(學배우는 사람)과 무학(無學다배운사람)[3] 2000 인과 비구니 권속 6000 인과 함께 있었으며 라후라의 어머님 야수다라 비구니도 또 권속과 함께 있었으며,

③ 보살마하살[4] 8만 인이

1) 다 아뇩다라삼먁삼보리(깨달음.)에서 물러나지 아니 하고(정진)
2) 다 다라니(진언)와
3) 말 잘하는 변재(辯才)를 얻어서
4) 물러나지 않는 법륜을 굴리시며(설법하며)
5) 끝이 없는 백 천의 여러 부처님을 공양하여
6) 여러 부처님 계신 곳에서 많은 선근(덕의 뿌리)을 심어서
7) 항상 여러 부처님께서 일컬어 찬탄하심이라.
8) 자비로서 몸을 닦아
9) 부처님의 지혜에 잘 들어가서
10) 큰 지혜를 통달하여
11) 저 피안(彼岸)에 이르러서
12) 이름(名稱)이 무량세계에 널리 들리어
13) 무수한 백 천 중생을 능히 제도하시는 이라. (이상이 보살의 13가지 공덕)

---

3) 학(學 : 소승 삼과(三果)를 배우는 이). 무학(無學 : 4아라한과를 얻어 다 배운 이). 마하파사파제(부처님의 이모, 대애도, 교담미).

4) 보살마하살(보리살타는 유정(有情). 마하살타는 대유정(大有情). 십지(十地) 이상의 보살은 마하살)
문수사리 보살(부처님 좌보처 : 지혜문) 관세음보살(아미타불 좌보처 : 자비문)
득대세(대세지 : 아미타불 우보처 : 지혜문)

그 이름이 문수사리보살과 관세음보살과 득대세보살과 상정진보살과 불휴식보살과 보장보살과 약왕보살과 용시보살. 보월보살. 월광보살. 만월보살. 대력보살. 무량력보살. 월삼계보살. 발타바라보살. 미륵보살. 보적보살. 도사보살과 이렇듯 많은 보살마하살 8만인이 함께 있었으며,(이상은 보살대중)

④ 그때 석제환인(재석천)이 그 권속 2만 천자(天子)와 함께 있었으며, 또 명월천자(달)와 보향천자(별)와 보광천자(해)와 (셋은 재석의 內臣). 사대천왕(외신(外臣))이 그들의 권속 만 천자와 함께 있었으며, 자재천자(제5화락천)와 대자재천자(6타화자재천)와 그의 권속 3만 천자(천자는 하늘의 권속)와 함께 있었으며,

사바세계의 주인 범천왕인 시기대범(初禪 三梵天왕)과 광명대범(二禪 三光天왕) 등이 그들의 권속 만 2천의 천자와 함께 있었으며(이상은 천용 8부중 天衆)
여덟 용왕이 있었으니 난타용왕과 발난타용왕과 사가라용왕과 화수길용왕과 덕차가용왕과 아나바달다용왕과 마나사용왕과 우발라용왕 등이 각각 약간 백 천의 권속과 함께 있었으며(이상은 龍衆),
네 긴나라(緊那羅 : 人非人)왕이 있었으니 법긴나라왕과 묘법긴나라왕과 대법긴나라왕과 지법긴나라왕이 각각 약간의 백 천 권속이 함께 있었으며,(이상 긴나라중)
네 건달바왕이 있었으니 악건달바왕과, 악음건달바왕과 미건달바왕과, 미음건달바왕이 각각 약간 백 천의 권속과 함께 있었으며,(이상 건달바 중)

네 아수라왕이 있었으니 바치아수라왕과, 거라건타아수라왕과, 비마질다라아수라왕과, 나후아수라왕이 각각 약간 백 천(百千)의 권속과 함께 있었으며,(이상은 아수라중)
네 가루라왕이 있었으니 대위덕가루라왕과, 대신가루라왕과, 대만가루라왕과, 여의가루라왕이 각각 약간 백 천(百千)의 권속과 함께 있었으며, (이상은 가루라 중)

⑤ 위제희의 아들 아사세왕이 약간 백 천(百千)의 권속과 함께 와 각각 부처님 발에 예배하고 물러나 한 쪽에 앉으니라.
(이상은 인왕(人王사람과 왕)등의 무리 중에 인중(人衆사람)

⑥ 그때 세존께 사부대중이 오른 쪽으로 세 번 돌아 예를 올리고(圍繞) 공양, 공경, 존중, 찬탄을 받으시고, 모든 보살을 위하여 대승경을 설하시니 이름이 무량의경(無量義經)이니 보살을 가르치는 법이며 부처님께서 보호하시고 생각하시는(호념護念) 바라.
부처님이 경을 설하여 마치시고 가부좌(結跏趺坐)를 맺으시고 무량의처 삼매에 드시어 몸과 마음이 움직이지 아니 하시니
이때 하늘에서 만다라화(華)와 마하만다라화와 만수사화와 마하만수사화를 뿌리어 부처님 오른 쪽과 또 모든 대중에게 뿌리며 넓은 부처님 세계가 여섯 가지로 진동 하거늘.
그때 회중(會中 : 모인 가운데) 비구 비구니와 우바새 우바이와 하늘과 용과 야차와 건달바와 아수라와 가루라와 긴나라와 마후라가.

인비인(人非人사람인 듯 아닌듯한 이)과 또 모든 소왕(小王)과 전륜성왕과 이 모든 대중이 일찍 있지 아니한 것(미증유)을 얻어 환희하여 합장하고 한 마음으로 부처님을 뵈옵드니

⑦ 그 때 부처님이 미간 백호(白毫) 상(相)으로 빛을 놓아 동방 1만 8천세계를 비추시어 두루 미치지 아니한 데 없게 하시니,
아래로 아비지옥에 이르고 위로 아가니타천에 이르기까지 이 세계에서 저 땅에 육취(六趣)중생을 다 보며 또 저 땅에 현재 제불을 뵈오며 또 제불 설하신 바의 법문(經法)을 들으며,
아울러 저 모든 비구, 비구니, 우바새, 우바이가 여러 가지로 수행하여 도 얻는 이를 보며 또 모든 보살 마하살이 가지가지 인연과 가지가지 믿어 앎과 가지가지 모습(양자)으로 보살도를 행하시는 이를 보며 또 제불이 반열반(般涅槃) 하시는 이를 보며
또 제불의 반열반 하신 후에 부처님 사리로 칠보 탑을 세우는 이를 보더니.

⑧ 그때 미륵보살이 이런 생각을 하시되
'오늘 세존이 신통변화의 모습을 나타내시니 어떤 인연으로 이런 상서가 있으신가?
오늘 부처님 세존이 삼매에 드셨으니 이 불가사의 한 희유(稀有)한 일을 나타내시니 반드시 (이것을)누구에게 물으며 누가 능히

대답 하려노?' 하고
또 이런 생각을 하시되
'이 문수사리 법왕의 아들은 이미 지나간 옛날 무량한 여러 부처님을 친근 공양 하였사오니 반드시 이 희유(稀有)한 모습을 보아 오셨으리니 내 이제 반드시 물어 보리라.' 하시드니
그때 비구, 비구니, 우바새, 우바이와 또 여러 하늘, 용, 귀신들이 다 이 생각을 하되 '이 부처님 광명과 신통한 모습을 이제 반드시 누구에게 물을 것인가?' 하더니,

⑨ 그때 미륵보살이 자기 의심을 해결 하고자 하시며 또 사부대중인 비구, 비구니, 우바새, 우바이와 여러 하늘, 용, 귀신 등 모든 모인 이의 마음을 보시고(관觀) 문수사리께 물어 말하되,
'어떤 인연으로 이런 상서(祥瑞)가 계시어 신통의 모습이 큰 광명을 놓아 동방 1만 8 천 국토를 비추시어, 저 부처님 나라의 경계의 장엄함을 다 보도록 하시나이까?' 하니

⑩ 이에 미륵보살이 이 뜻을 거듭 펴려(宣) 하사 게송으로 이르시되

문수사리시여 부처님(도사導師)께서는 어찌하여
미간 백호에서 큰 광명을 널리 비추시며
만다라와 만수사 꽃비를 내리며

전단향의 바람이 모든 마음을 기쁘게 하시니
이 인연으로 땅이 다 장엄하고 청정하며
이 세계가 여섯 가지로 진동하거늘,
그때 사부대중이 다 환희하여
몸과 뜻이 상쾌하여 미증유함을 얻었나이다.

⑪ 미간광명이 동방 1만 8천 토를
비추시어 다 금빛이 같으시니,
아비지옥에서부터 위로 유정천(색계4天)에 이르기 까지
여러 세계 중에 육도중생의
나며 죽어 가는 곳, 선악 업연(業緣)으로
과보 받는 좋고 나쁨 여기서 다 보나이다.

⑫ 또 보니 부처님은 성인들 중 주인이신 사자께서
미묘하고 제일인 경전(화엄경)을 펴 설 하시되,
청정하고 부드러운 소리 내시어
모든 보살 무수 억 만 가르치시니,
범음(청정한 음성)이 깊고도 미묘하시어 사람이 즐겨 듣게 하시나이다(초설 화엄시).

⑬ 각각 세계(18000국토)에서 정법을 강설(講說)시되

가지가지 인연과 한량없는 비유로서
불법을 밝게 비춰 중생(어리석음)을 열어 깨치게 하시되,
사람이 괴로움 만나 생 노 병 사 싫어하면,
열반을 설하시어 여러 고통(苦際) 없애시며,(소승-아라한)
사람이 복이 있어(聲聞乘) 일찍 부처님께 공양하여
수승한 법(緣起) 구해오면 연각(緣覺)법을 설하시며(중승中乘-12 인연법),
만약 불자가 가지가지 행을 닦아
위없는 지혜를 구하면 청정한 도(道)를 설하나니(대승-육도(六度)),

⑭ 문수사리시여, 내 여기 머물러서
보고 들음 이 같으며, 천억 가지 일들이
이같이 많으니 이제 간략히 설 하리이다.
내 보니 저 땅에 항하(간지스강) 모래 같은 보살
가지가지 인연으로 부처님 도(道) 구하나니,
혹 보시 행하되 금, 은, 산호,
진주, 마니, 차거(자거), 마노,
금강(金剛금강저,다이아몬드)의 여러 보배, 노비(남,여종)와 수레(車乘)와
보배로 꾸민 수레(輦輿 輿, 가마)를 환희하여 보시하여
불도에 회향하여 삼계 제일인 이 승(乘가르침,대승)을
얻고자 원하오니 모든 부처님들께서 찬탄하시는 바라,

⑮ 혹 보살이 네 말이 끄는 보배 수레와
난간(欄干) 판자(楯가로 놓인 판자), 빛난 일산(蓋 : 양산), 꾸민 수레(軒)
보시하며,
또 보니 보살이 몸의 살과 손, 발,
처자를 보시하여 위없는 도를 구하시며,
또 보니 보살이 머리, 눈, 몸, 즐겨 주어(보시)
부처님 지혜 구하도다.

⑯ 문수사리시여, 내 보니 여러 왕이
부처님께 나아가서 위없는 도를 묻고
좋은 나라와 궁전, 신하와 첩을 곧 버리시고
수염(鬚)과 머리 깎고 법복(승복)을 입으시며,
혹 보니 보살이 비구가 되어서
한가롭고 고요한 땅. 홀로 있으면서
경전을 즐겨 외며,

⑰ 또 보니 보살이 있어 용맹 정진하여
심산에 들어가 부처님 도 생각하며,
또 보니 욕심 여의고 비고 한가한 땅에 항상 있으면서
선정을 깊이 닦아 5신통을 얻으시며,

⑱ 또 보니 보살이 편안히 참선 하며 합장하고
천만 게송(詩)으로 모든 법왕(부처님) 찬탄하며,
또 보니 보살이 지혜 깊고 뜻이 굳어
여러 부처님께 묻고 들어서 모두 다 받아 가지며,

⑲ 또 보니 불자가 선정, 지혜 구족하여
무량한 비유로 중생을 위하야 법을 강론하오시며,
즐겨 설법하여 여러 보살 교화하며
마(魔)의 병사들을 께뜨리고 법고를 치며,

⑳ 또 보니 보살이 고요히 명상(연묵宴默=默想) 즐겨
하늘, 용이 공경해도 기뻐하지 아니하며,
또 보니 보살이 숲에 살며 광명 놓아(放光)
지옥 고(苦)를 제도하여 불도에 들게 하며,

㉑ 또 보니 불자가 잠깐도 자지 않고
숲속에서 경행(經行참선 중 걷는 수행)하며 부지런히 불도 구하시며,
또 보니 계(戒) 갖추어 위의(威儀)가 빠진데 없어
깨끗함이 보주(寶珠) 같이 부처님 도 구하시며,

㉒ 또 보니 불자가 인욕의 힘에 머물러서

증상만의 사람들이 모질게 욕하고 쳐도
다 능히 참고 부처님 도 구하시며,

㉓ 또 보니 보살이 농담 웃음.
어리석은 권속 다 여의고 지혜로운 자 친근하여
일심으로 어지러움 없애고 숲(山林)에 생각을 잡아(섭념攝念)
억 천만 세로 부처님 도 구하시며,

㉔ 또 보니 보살이 맛있는 음식과 (효찬)[5]
백가지 탕약으로 부처님과 스님에게 보시하며
이름 난 옷 최상의 옷값이 천 만 량(싸니)되는 것과
혹 값 매길 수 없는 옷으로 부처님과 스님께 보시하며,
천 만 억 가지 전단과 보배로 지은 집과
온갖 묘한 침구를 부처님과 스님께 보시하며,
청정한 동산 숲에 꽃과 과실 무성하며,
흐르는 샘 목욕하는 연못을 부처님과 스님께 보시하여
이러 한 각가지 미묘한 것을 보시하되
환희하여 싫어함 없이 위없는 도(無上道)를 구하며,

㉕ 또 보살이 적멸 한 법(열반) 설하여서
가지가지로 무수한 중생 가르치며,

5) (효찬 : 肴饌=효란 곡식 외의 차반, 찬은 좋은 차반이라. 차반=반찬)

또 보니 보살이 모든 법의 성품이

두 모양 없이 허공 같음을 보시 오며,

또 보니 불자가 마음에 집착 없어

미묘한 지혜로 무상도(無上道)를 구하였나이다.

㉖ 문수사리시여 또 어떤 보살은

부처님 멸도하신 후 사리에 공양하사오며,

또 보니 불자가 여러 탑묘6)를

무수히 항하사만큼 만들어

나라경계를 엄숙히 꾸미시니

보탑이 높고 미묘하여 5천 유순(1유순=약30리)이며

길이 넓이 꼭(정히) 같이 2천 유순이며

하나하나 탑묘에는 각각 천개의 당번(기)이

구슬이 뒤섞여 빛나며(交露)7)

보배 방울이 평화롭게 울리며,

모든 하늘, 용과 귀신 사람과 사람 아닌 이가

향과 꽃 음악으로 항상(상내)공양하시었나이다.

문수사리시여, 모든 불자들이

---

6) 【(탑묘(塔廟)=불골 : 佛骨겨신되를 이름을 탑파(塔婆)라 하니 중국서 뜻으로 번역하되 영묘(靈廟)니 묘는 모양(양재)이니 할아버지(한아배)의 모습 있는 땅이라.】

7) 【(교로交露- 교(交)는 얽어매다. 로(露)는 밖에 들어남이라.】

사리에 공양 위해 탑묘를 장엄하게 꾸미시니,
나라경계(國界)가 자연히 특별히(殊特-기특히) 아름다워(妙好)
하늘 나무의 왕(수왕樹王 : 큰 나무.=파리질다라나무) 꽃이 핀 듯 하였나이다.

㉗ 부처님이 한 빛 놓으시니 나와 모인 대중(衆會)이
나라경계(국경)의 가지가지 아름다움을 보며,
여러 부처님의 신통력과 지혜 희유하사
한 청정한 빛 놓으시어 무량 국을 비추시니,
우리들이 이를 보고 미증유를 얻었나이다.

㉘ 불자 문수시여, 원컨대 대중의 의심 풀어 주소서.
사부대중 우러러 인자(仁그대)[8]와 나를 보나니,
세존이 어떤 이유로 이 광명을 놓으시나이까?
불자 문수시여, 대답하여 의심 풀어 기쁘게 하여 주소서!
어떤 이익 주시려고(饒益) 이 광명을 놓으시나이까?
부처님 도량에 앉으사 얻으신 묘법을
이를 말씀하시려고 하시나이까?
반드시 수기(예언)주시려 하시옵니까?
여러 불토가 온갖 보배로 엄숙하고 깨끗함을 보이시며
또 여러 부처님 뵈옴이 작은 인연이 아니옵니다.

8) ◉ 【인자(仁 : 당신=仁은 ᄂᆞᆷ 어엿비 너길씨니 仁德 두겨시니롤(두어계신 이를.있는 이를) 仁이라 이름(號)ᄒᆞᄂᆞ니라)】

문수시여, 반드시 아시옵소서. 사부대중. 용과 신이 인자(仁者)를 보시나니, 어떤 말씀을 하시려 하나이가?

㉙ 그때 문수사리께서 미륵보살마하살과 여러 대사(보살)께 말씀하시되, '선남자들아, 내 생각에는 지금 부처님 세존이 큰 법을 설하시고자 하시며 큰 법 비를 내리시고자 하시며 큰 법 소라를 부시고자 하시며 큰 법 북을 치시고자 하시며 큰 법의 뜻을 펴고자(演) 하시는 도다.

선남자들아, 내 과거 여러 부처님의 이런 상서를 일찍 보오니,

이 광명을 놓으시면 곧 큰 법을 설하시었나니,

이러므로 반드시 알라. 지금 부처님께서 광명을 나타내심도 또 이와 같아 중생이 일체 세간에서 믿기 어려운 법을 다 들어 알게 하고자 하시어, 그래서 이 상서를 나타내심이라.

㉚ 선남자들아, 과거 한량없고 가없는 불가사의 아승지(無數)겁에 그때 부처님이 계시되, 호는 일월등명, 여래(如來), 응공(應供), 정변지(正遍知), 명행족(明行足), 선서(善逝), 세간해(世間解), 무상사(無上士), 조어장부(調御丈夫), 천인사(天人師), 불세존(佛世尊) 이시라.

㉛ 정법을 펴 설하시되 처음(시간)도 좋고 중간(뜻의 심오함)도 좋고

끝(뒤,끝-말씀의 교묘함)도 좋으셨으니, 그 뜻이 깊고 멀며(심원深遠) 그 말이 교묘(巧妙)하시며 한 가지로 순수하여(純一) 섞인 것이 없으시며 청백한 범행(梵行)의 모습이 구족하시어 성문을 구하는 이를 위하여 4제법(諦法)을 응하여 말씀하시어 나며 늙으며 병들며 죽음을 벗어나 마침내(究竟) 열반에 들게 하시며,9)

벽지불(辟支佛)을 구하는 이를 위하여 12 인연법을 응하여 말씀하시며, 모든 보살을 위하여 육바라밀을 응하여 설하여 아뇩다라삼먁삼보리를 얻어서 일체종지를 이루게 하시더라.

㉜ 다음 또 부처님이 계시되 또 이름이 일월등명(日月燈明)이시며, 다음 또 부처님이 계시되 또 이름이 일월등명이라.

이같이 2만 부처님이 다 한 가지로 한 이름(字 : 이름, 副名)이라. 호가 일월등명이시며, 또 한 가지로 한 성(姓)이라 성이 파라타 이었으니,

미륵아, 반드시 알라. 처음 부처님과 뒤의 부처님이, 다 한가지로 한 자(字)라, 이름이 일월등명 십호(十號) 구족하시고 설하시는 법은 처음과 중간과 끝이 좋으셨느니라.

㉝ 최후 부처님 출가 아니 하고 계실 제 여덟 왕자(8정도)가 있었으니 첫째 이름은 유의, 둘째 이름은 선의, 셋째 이름은 무량의, 넷

---

9) 【고어로 해설 한 것-마음이 생(生)이 이시면 곧 어루(가이) 멸함이(멸홀쭈리) 이시려니와 마음이 본래 생이 없으니 실로 멸할 것(멸홀쫄)이 업스니 생 없으며 멸 없음이 이름이 열반이라. 구(究)는 다다름(다드롤씨오). 경(竟)은 다함이라(다올씨니.) 삼세 진로(塵勞)망염(妄念)이 본래생멸 없는 것이니(업슬쎄니) 말한 구경열반이라】

째 이름은 보의. 다섯째 이름은 증의, 여섯째 이름은 제의의(除疑意), 일곱째 이름은 향의, 여덟째 이름은 법의라.

이 여덟 왕자 위덕이 자재하야 각각 4 천하를 거느리더니 이 왕자들이 아버지가 이미 출가하여 아뇩다라삼먁삼보리(도)를 얻으시었다고 듣고 다 왕위를 버리고 또 따라 출가하여 대승에 뜻을 내어 항상 범행(梵行)을 닦아 다 법사가 되니, 이미 천만 부처님께 여러 가지 선근(善)을 심었느니라.

㉞ 이때 일월등명불이 대승경을 설하시니, 이름이 무량의(경 : 법화경의 開經)니 보살을 가르치시는 법이며 부처님이 보호하시고 생각(護念)하시는 바라.

이 경을 설하시고 곧 대중 가운데서 가부좌를 맺으시고(結跏趺坐)앉으사 무량의처삼매에 드시어 몸과 마음이 움직이지 아니하시더니.

이때 하늘에서 만다라 꽃과 마하만다라 꽃과 만수사꽃과 마하만수사꽃을 뿌리어 부처님 위와 모인 대중에게 흩으며,

넓은 부처님의 세계가 여섯 가지로 진동하거늘.(無明의 6識을 깨뜨림)

그때 모인 가운데 비구, 비구니, 우바새, 우바이와 하늘, 용, 야차, 건달바, 아수라, 가루라, 긴나라, 마후라가, 사람인 듯 아닌 듯 한 이와, 또 모든 작은 왕과 전륜성왕(큰 나라 왕)들, 모든 대중이 일찍 있지 아니하던 것(미증유)을 얻어서 환희 합장하여, 한 마음으로 부처님을 보더니,

그때 여래 미간의 백호상의 광명을 놓으시어 동방으로 1만 8천 불국토를 비추시어 두루 하지 아니한 데가 없으시니, 오늘 보는 이 여러 부처님의 나라와 같더라.

㉟ 미륵아, 반드시 알라. 그때 모인 중에 20억 보살이 있어 즐겨 법을 듣고자 하더니,
이 모든 보살이 이 광명이 불국토를 널리 비추심을 보고 미증유를 얻어서 이 광명이 위하시는(목적하는) 인연을 알고자 하더라.

㊱ 그때에 보살이 있으되 이름이 묘광이니 팔백 제자를 두었더니,
이때 일월등명불이 삼매로부터 일어나 묘광보살로 인하여 대승경을 설하시니, 이름이 묘법연화(경)니, 보살을 가르치는 법이며 부처님이 호념(護念 : 보호하고 생각함)하시는 바라.
육십 소겁을 자리에서 일어나지 아니하였거늘, 그때 모여 듣는 사람도 또 한 곳에 앉아 육십 소겁을 몸과 마음이 움직이지 아니하고 부처님 말씀을 듣되 (한 끼)밥 먹는 순간같이 여기더니,
이때 대중 가운데 한 사람도 몸으로나 마음으로나 게으름을 내는 이가 없더라.
일월등명불이 60 소겁(小劫겁 : 무량세월. 小, 中, 大겁)동안 이 경을 설하시고 곧 범천(색계주인), 마구니(욕계주인), 사문, 바라문(외도의 출가 수행자)과 또 하늘과 사람, 아수라 무리 가운데 이 말을 이르시되, 여래가 오늘

밤중에 반드시 남은 것 없는(무여) 열반에 들리라. 하시니
그때 보살이 있으되 이름이 덕장이니 일월등명불이 곧 수기를 주시고 여러 비구에게 설하시되, "이 덕장보살이 다음에 반드시 부처 되어 이름이 정신. 다타아가도(여래). 아라하(응공). 삼먁삼불타(정변지)이리라." 라고.
부처님이 수기 하시고 곧 밤중에 무여(無餘)열반에 드시니라.

㊲ 부처님이 멸도하신 후에 묘광보살이 묘법연화경을 지니고 80소겁이 차도록 남을 위하여 펴서 설하더니,
일월등명불의 여덟 아들이 다 묘광을 스승으로 삼거늘 묘광이 교화하여 아뇩다라삼먁삼보리에 견고하게 하였으니,
이 왕자들이 한량없는 백 천 만억 부처님을 공양 하옵고 다 불도를 이루시니 그 최후에 불도를 이루신 이 이름이 연등이시니라.

㊳ 팔백 제자 가운데 한 사람이 있으되 이름이 구명(求命)이라, 이익(利-利養 : 名利)을 탐착하여 비록 또 많은 경을 읽어 외워도 잘 통하지(通利 : 훤히 통함) 못하고 잊어버리는 것이 많은지라. 이름이 구명이라.
이 사람도 또 여러 가지 선근 인연을 심은 까닭으로 한량없는 백 천 만억 여러 부처님을 만나 공양공경하며 존중 찬탄하시니라.
미륵아, 반드시 알라. 그때 묘광보살이 어찌 다른 사람 이리요 .

내 몸이 그이요. 구명보살은 네 몸이 그이라.

㊴ 오늘 이 상서를 보니 본래와 다르지 아니하니 이런고로 헤아려 보니 오늘 여래께서 반드시 대승경을 설하시리니, 이름이 묘법연화(경)니 보살을 가르치는 법이며 부처님이 호념(護念)하시는 바라.

㊵ 그때 문수사리(보살)가 대중 가운데서 이 뜻을 다시 펴려 하여 게송을 설하시되,

내 생각하니 과거의 무량 무수한 겁에
사람 가운데 존귀하신 일월등명불이 계셨으니,
세존이 법 설하시어 한량없는 중생과
무수 억 보살을 제도 하여 부처님 지혜에 들게 하셨고.
부처님 출가 전에 낳으신 여덟 왕자는
대성(大聖 : 부왕) 출가하심을 보고 따라 범행(청정행) 닦았도다.

㊶ 그때 부처님이 대승을 설하시니
경 이름은 무량의(경)라.
모든 대중(大衆) 가운데서 널리 분별하시니라.
부처님이 경을 설하시고 나서 곧 법좌 위에서

가부좌로 삼매에 드시니 이름 무량의처삼매라,
하늘에서 만다라 꽃을 내리며 하늘 북 저절로 울며
여러 하늘과 용과 귀신이 인중존(人中尊사람 가운데 어른)을 공양하며,
일체 여러 불국토가 즉시 크게 진동하며
부처님이 미간(眉間)에서 광명을 놓으사
여러 가지 희유한 일을 나타내시니,

㊷ 이 광명 동방 만 팔천 불토 비추사
일체중생 생사 업보 받는 곳을 보이시니,
보니 모든 불 국토가 많은 보배로 장엄하니
유리, 파리 빛이니 부처님 광명 비추신 탓이라.
또 보니 여러 하늘, 사람, 용, 귀신, 야차들과
건달바와 긴나라가(8부중) 각각 부처님께 공양하오며,
또 보니 모든 여래가 자연히 불도 이루어
몸 빛 금산(金山) 같으시어 단엄하고 미묘하사
깨끗한 유리 안에 진금(순금)상이 나타난 듯
세존이 대중 가운데서 깊은 법의 뜻을 펴시니(敷演)
하나하나의 불 국토에 성문대중이 수 가 없어
부처님의 광명 비추심으로 인하여 저 대중을 다 보니라.

㊸ 혹시 여러 비구들은 산림 속에 있으면서

정진하며 청정한 계를 지키되 마치 밝은 구슬 보호하듯 하며,
또 보니 여러 보살 보시 인욕 등을 행하되
그 수 항하사 같으니 부처님 광명 비춘 탓이라.
또 보니 여러 보살 모든 선정 깊이 들어
몸과 마음이 고요히 위없는 도를 구하며,
또 보니 모든 보살이 법의 적멸상을 알으시고
각각 그 국토에서 설법하여 부처님 도 구하시더니.

㊹ 그때 사부대중들이 일월등명불께서
큰 신통력 나타내심을 보고, 그 마음 다 환희하여
각각 서로 묻되. 이 일이 어떠한 인연일가?
하늘과 사람이 받드는 세존께서 마침 삼매로부터 일어나시어
묘광보살을 찬탄하시되, 네 세간의 눈이 되리니
일체가 귀의하여 믿을 것이라. 능히 법장을 받들어 가지되
내 설한 법 같이 하라. 오직 너만이 증명하여 알리라,
세존이 이미 찬탄하사 묘광을 환희하게 하시고,
이 법화경을 설하시되 60 소겁이 다 차도록
자리에서 일어나지 아니하시거늘 설하신 최상의 묘법을
이 묘광법사가 다 능히 받아 지니시니라.

㊺ 부처님께서 이 법화(경) 설 하사 많은 사람 환희하게 하시고

이어서 곧 이날 하늘과 사람 대중에게 이르시되.

모든 법의 실상(實相)의 뜻 이미 너희 위해 설하였으니,

내 오늘 밤중에 반드시 열반에 들리라. 네 일심으로 정진하여 반드시 방일(放逸)을 여의라.

모든 부처님 매우 만나기 어려워서 억겁에 때로 한번 만나느니라.

하시거늘 세존의 모든 제자들이 부처님 열반에 드신다는 말씀 듣고 각각 슬프고 괴로운 뜻을 품고

부처님 멸도하심이 어찌 이렇게도 빠르신고? 하더니,

㊻ 성주(聖主 : 성인의 주인)이신 법왕 무량중생 편안하게 위로하시되

내 만약 멸도 할 때 너희들이 슬퍼 두려워 말라.

이 덕장보살이 번뇌 없는 실상에서

마음 이미 통달하였으니 다음 반드시 부처 되어

호가 정신(淨身)이요 또 무량중생 제도하리라. 하시고,

㊼ 부처님 이날 밤에 멸도 하사 섶이 다 타고 불이 꺼지듯 하거늘,

모든 사리 분포하여 무량 탑을 세우고

비구, 비구니 그 수 항하사 같아,

배(倍)로 더욱 정진하여 무상도를 구하더라.

㊽ 이 묘광법사 부처님 법장(法藏) 받들어 지니고

80 소겁(小劫)동안 널리 법화경을 펴더니,
이(諸 : 어조사) 여덟 왕자는 묘광이 열어 교화한 바라.
무상도에 뜻이 견고하여 마땅히 무수한 부처님 뵙고
여러 부처님 공양하고 나서 순히 따라 대도를 행하여
서로 이어 성불하사 차례로 바꾸어 수기하시니,
최후의 천중천(天中天 : 부처님)이 이름 연등불이시니,
신선들의 도사(導師)이시며 무량중생 제도(도탈度脫) 하시니라.

㊾ 이 묘광법사 그때 한 제자가 있었는데
항상 게으름을 품고 명리(名利)를 탐착하더니,
명리 구함이 싫지 않아 명문(족성族姓)집에 많이 놀며,
배우고 외움 버리고, 잊어서 통하지 못한지라,
이 인연 때문에 이름이 구명(求名)이라.
많은 선업 행하여서 무수한 부처님을 찾아뵙고
여러 부처님 공양하고 순히 따라 대도를 수행하여
육바라밀(6도) 갖추어 석사자(석가모니불)를 뵙고,
그 후에 반드시 부처 되어 이름이 미륵이리라.
모든 중생을 널리 제도하여 그 수 셀 수 없으리라.
그 부처 멸도 후에 게으른 이는 네요
묘광법사는 지금 이 내 몸 이라.

㊿ 내 등명불 본래 빛난 상서 이 같으심을 보고
이로써 지금 부처님이 법화경을 설하시고자 하심을 아노라.
지금 모습 본래상서와 같으시니 이는 여러 부처님의 방편이시라.
이제 부처님 광명을 놓아 실상의 뜻을 도와 발심케 하시나니,
모두 이제 마땅히 알리니 합장하고 한 마음으로 기다리라,
부처님 반드시 법 비 내려 도 구하는 이 뜻 충족케 하시리니,
모든 삼승 구하는 이 만약 의심과 뉘우침이 있으면[10)]
부처님께서 마땅히 끊어 없애어 다하여 남김 없게 하시리라.

서 품 제 1 끝

10) (소승이 대승을 의심하던 것을 뉘우쳐 고칠 사람이 있으면)

방편품 제 2

상근기를 위해 편리한 방법으로 중생을 교화하는 품. 제 2

【일여 품 해설】 방편에 3가지 뜻이 있으니,

[1] 방(方 : 법=법술=법칙=正)이란 법이요, 편(便)이란 작용이다,

잘 편법(偏法)을 써서 중생에게 맞추어(逗會) 교화함이니, 곧 3교(教 : 3승)의 방편을 사용하신 것이다.

이 뜻으로 다른 경전들은 해석할 수 있을 것이나, 이 품(방편품)의 취지는 아니다. (아직 열지(開權) 아니한 까닭으로 지금 품의 뜻이 아니다. 이품은 방편이면서 진실인고로 이 뜻이 아니라고 한 것이다)

【4구(句)로 분별하면

(1)스스로 방편(方便)이 권(權)을 깨는 것,

(2)권이 방편을 깨는 것,

(3)방편이 권을 닦으며 권이 방편을 닦는 것,

(4)방편이 권이며 권이 곧 방편인 것인데

앞의 3구로는 다른 경을 해석 할 수 있으나 제 4구(4)가 이 방편품의 뜻이다.】

[2] 방편이란 문(門)이다.

또 문(門)은 능히 통하게 하는 것(能通 : 문)을 이름 하나니, 통해지는 것(所通 : 드나드는 것, 사람 물건)을 통과하게 한다.

방편의 지혜(方便權略)는 다 진실을 위하여 (일부러)문을 만든 것이다.

진실이 나타날 수 있는 것은, 그 공(功)이 방편 때문이니, 능히 나타내는 작용을 따라 이름을 얻었으므로, 문의 뜻을 가지고 방편을 해석한다.

경에서「방편의 문을 열어 진실의 상(相)을 보인다.」고 하신 것과 같다.

이 뜻으로 다른 경전을 해석할 수는 있으나, 이품의 뜻은 아니다.

[참고 : 방편은 옛날에는 편벽하다는 문(偏門)의 이름만 얻고 비밀로 하고 설하지 않았는데, 지금은 그 편벽한 문을 여니 곧 원만한 곳이다(圓所 : 隨他意의 집착(執)을 없애고 隨自意 의 진실을 말한 것이다). 그러므로 비밀하고 교묘하다(秘妙)라고 한다. 지금품의 뜻은 권(權방편)이 곧 실(實진실)임을 나타내니 비묘(秘妙=비밀하고 교묘함) 방편이라 한다.]

[3] 방(方)이란 비밀(秘)요, 편(便)이란 묘(妙)다.

묘가 방(方비밀)에 통하니, 곧 진정한 비밀이다. 옷 속에 매달아 준 값 매길 수 없는 구슬(500제자수기품)과 왕의 정수리 위 상투 속에 오직 하나 뿐인 구슬(안락행품)과 둘도 없고 다름도 없으며, 머슴살이하는 사람(궁자)을 가리켜 보이며 이는 장자의 아들이라 하니 또한 둘도 없고 다름도 없다. 이 같은 말들이 바로 비밀이요 바로 묘다.

경에서 「오직 내가 이 상(相)을 알고, 시방제불 또한 그러하시니라. 그만두라. 다시 설할 것이 없나니, 내 법은 미묘하여 생각하기 어려우니라.」 고 말씀하신 것과 같다. 그러므로 비밀(秘)로 방(方)을 해석하고 묘로 편(便)을 해석한다, 이는 바로 이것이 이품의 뜻이다. 그러므로 방편품이라 말하는 것이다. 일여

①그때 세존께서 (무량의처)삼매로부터 조용히 일어나사 사리불에게 이르시되,

모든 부처님 지혜(一心三智. 權實二智)[11]는 매우 깊고 끝이 없어, 그 지혜문은 알기가(十住) 어려우며 들어가기가(十地) 어려워서 일체 성문이나 벽지불(자연이치를 홀로 깨닫는 이)[12]은 능히 알지 못 할 바라.

어째서 이옵니까?

부처님은 일찍 백 천 만억 무수한 여러 부처님을 친근 하사, 여러 부처님의 한량없는(無量) 도법(道法)을 다 행하고, 용맹정진 하여 이름(명칭)이 널리 들리며, 매우 깊은 일찍 있지 아니하던 법을 이루어 근기(마땅함. 수준)따라 설법하신(방편 설) 것이라. 이 뜻을 알기 어려우니라.

② 사리불아, 내가 성불한 이래(진여실상에서 오시어 성불함)

가지가지 인연과 가지가지 비유로 말하여 가르침을 널리 펴며, 무수한 방편으로 중생들을 인도하여 여러 집착을 여의게 하노라.

왜나 하면? 여래는 방편, 지견바라밀(방편의 지혜로 저 언덕에 이르는 법)을 다 이미 갖추었느니라.

사리불아, 여래께서는 지견(知見-지혜)이 광대(廣大)하고 심원(深遠깊고 멀어)하여 4무량(無量 : 慈悲喜捨)과 4무애변(無碍辯)[13]과 10력(

11) 부처님 지혜(一心三智. 權實二智)

12) 벽지불(자연이치를 홀로 깨닫는 이)

13) 4무애변4無碍辯, 4無碍智, 1.법무애(法無礙-가르침에 막힘없음) 2.의무애(義無碍-뜻에 막힘없음) 3.사무애(辭無碍-여러 지방언어에 통달하여 막힘없음) 4.요설무애(樂說無礙-앞의 세 가지에 막힘이 없이 설법 하는 것), 불 보살의 경지.(碍=礙의 속자)

力)[14]과 4무소외(無所畏)[15]와 선(禪-4선)[16]과, 정(定)[17]과 8해탈(解脫)[18]과 삼매(三昧)에 끝없는데 깊이 들어가 일체 미증유(未曾有-희유한)한 법을 이루었느니라.

사리불아, 여래께서는 능히 가지가지로 분별하여 모든 법을 교묘히(巧) 설하나니 말씀이 부드러워 모든 이의 마음에 기쁘니라.

사리불아, 요점을 잡아 말하건 대 한량없고 끝없는 미증유한 법을 부처님께서 다 이루었느니라.

③ 그만두라. 사리불아, 구태여 다시 말할 것이 아니니라. 왜냐하면, 부처님께서 이룬 제일의 있기 드문 알기 어려운 법은 오직 부처와 부처만이 이에 능히 모든 법(방편)의 실상(實相진실)을 다 아시느니라.

이른바 모든 법(諸法)의,

[1] 이와 같은 모양(如是相 : 겉모양)과,

[2] 이와 같은 성품(如是性 : 안의 모양)과,

[3] 이와 같은 몸(如是體 : 바탕,본체)과,

---

14) 부처님의 10력.1.처비처지력(處非處智力 : 도리에 맞고 어긋남을 판별하는 힘), 2.업지력(業智力 : 業異熟지력), 3.선정력(定力 : 靜慮, 解脫, 等持, 等至지력), 4.근력(根力 : 根上下智力), 5. 5욕력(五欲力 : 種種勝解지력), 6.성력(性力 : 種種界지력), 7.지처도력(至處道力 : 遍趣行지력), 8.숙명력(宿命力 : 宿住 隨念지력), 9.천안력(天眼力 : 死生지력), 10.누진력(漏盡力 : 누진지력)))

15)1.一切智무소외(제법을 바로 깨닫고(正覺) 제법을 평등하게 깨달아(等覺)두려움을 없애 줌), 2.漏盡무소외(모든 번뇌의 누(漏)를 배워 다 끊어 두려움을 없애 줌), 3.說障道무소외(막힌 법이 장애가 되는 것을 없애어 두려움을 없애 줌), 4.說盡苦道무소외(고(苦)에서 벗어나 두려움을 없애 줌))

16) 선(禪 : 實相禪=근본 선을 통달하면 곧 실상이며 達禪이라함),

17) 정(定) : 수능엄정으로 본성에서 상을 일으킨 것)과 8해탈(解脫)과 삼매(三昧왕삼매.삼매중의 왕.=삼매왕삼매라고도 한다)

18) 8해탈 : 1.안에 색(色)이 있음을 보고 밖에 또 색을 보는 해탈(안을 보고 밖을 보는 것), 2.안에 색 없음을 보고 밖에 또 색을 보는 해탈(밖을 보고 안을 보는 것), 3.내외 모든 색의 해탈(있고 없음이 다 청정함), 4.공무변처해탈(空無邊處 : 인연한 색이 허공 같음), 5.식무변처해탈(識無邊處 : 三世의 識이 보임), 6.무소유처해탈(色緣이 없음이 없음), 7.비비상처해탈(非非想處 : 相이 끊어져 묘가 일어남), 8.멸수상정해탈(滅受想定 : 마음의 數法을 다 앎))

[4] 이와 같은 힘(如是力 : 功能=능력)과,

[5] 이와 같은 작용(如是作 : 힘의 작용)과,

[6] 이와 같은 원인(如是因 : 習因, 과거 인)과,

[7] 이와 같은 인연(如是緣 : 인을 돕는 연)과,

[8] 이와 같은 결과(如是果 : 習果)와,

[9] 이와 같은 갚음(如是報결과)과,

[10] 이와 같은 근본(如是本)과 끝(말末)이, 구경(究竟)[19]이 같으니라(等등).

④ 그때 세존께서 이 뜻을 다시 펴려 하사 게송으로 말씀하시되

세웅(世雄삼세시방의 영웅-세존)은 가히 헤아리지 못 함이라, 모든 하늘과
세간사람
일체중생들은 부처님 알 자 없으리라,
부처님의 힘(十力)과 두려움 없음(4무소외)과 해탈과 모든 삼매
모든 남은 법(방편 법)을 능히 헤아릴 자 없느니라.

⑤ 본래 무수한 부처님을 따라 모든 도 구족히 행하여
매우 깊은 미묘한 법, 보기도 어려우며 알기도 어려워서
무량억겁에 이 여러 도, 행하고 나서

---

19) 여시,본,말,구경: 근본(如是本 : 처음 모양,) 끝(말末 : 끝-後報=최후의 과보), 구경(究竟 : 마지막 돌아갈 곳)

도량(보리수)에서 과(果 : 佛果)를 이루었으니 내가 이미 다 아노라.

⑥ 이 같은 큰 과보와 각가지 성품과 모양의 뜻
나와 시방불은 이에 이 일을 능히 아느니라.
이런 법은 보이지 못하며 말의 길도 끊어져서
모든 나머지 중생 종류는 능히 알 수 없느니라.
모든 보살대중 믿는 힘이 굳은 이는 제외하노라.
모든 불자들은 일찍 모든 부처님께 공양하여
일체 번뇌(누漏)가 이미 다해(생사를 받지 않는)최후 몸에 머무는 이
이 같은 모든 사람 그 힘으로도 감당하지 못 할 것이라.

⑦ 가령 세간 가득한 이가 다 사리불과 같이
다 생각하여 함께 헤아려도 능히 부처님의 지혜 알지 못하며,
시방에 가득한 이가 다 사리불 같으며
또 남은 여러 제자들도 또 시방 국토(시방찰)에 가득하여서
다 생각하여 함께 헤아려도 또 다시 능히 알지 못하리라.

⑧ 벽지불 날카로운 지혜 누(漏-번뇌) 없는 최후 몸이
시방세계에 가득하여 그 수 대숲 같은 이들
이들이 함께 일심으로 억(億)의 무량 겁 동안
부처님의 참된 지혜 생각하여도 조금도 능히 알지 못하며,

⑨ 새로 발심 한 보살들이 무수한 부처님께 공양하여서
여러 가지 뜻을 통달하여 알며 또 능히 잘 설법하는 이들이
벼와 삼과 대, 갈대와 같이 시방세계에 가득한 이가
한 마음으로 미묘한 지혜로 항하사 겁 동안
다 함께 생각하여도 부처님 지혜는 알지 못하며,

⑩ 불퇴전(不退轉)의 모든 보살 그 수 항하사 같은 이들이
일심으로 같이 생각하여 구하여도 또 능히 알지 못하리로다.

⑪ 또 사리불께 말하노니, 누(번뇌)없는 불가사의한
매우 깊은 미묘한 법(一乘實相)을 내 이제 이미 갖추어 얻었으니
오직 나만 이 모양 알고 시방의 부처님도 또 그러하시니라.

⑫ 사리불아, 반드시 알라. 부처님들의 말씀 다름없나니,
부처님 설하신 법에 반드시 크게 믿는 힘을 낼지니라.
세존의 법은 오랜 뒤에야 마땅히 진실을 설하느니라.

⑬ 모든 성문중과 연각승 구하는 이들
내가 고통의 속박 벗어나 열반을 얻을 사람에게 이르노니,
부처님 방편력으로 삼승의 가르침을 보임은
중생이 곳곳에 집착함에 인도하여 벗어나게 함이니라.

⑭그때 대중 가운데 여러 성문 번뇌(누漏)가 다한 아라한 아야교진여 등 1200 인과 또 성문과 벽지불의 마음을 낸 비구 비구니 우바새 우바이가 있어 각각 이런 생각을 하되, 오늘 세존께서 어떤 까닭으로 간절히(慇勤 : 慇懃=부지런히, 은근) 방편을 일러 찬탄하사 이 말씀을 하시되,

'부처님이 얻으신 법이 매우 깊어 알기 어려우며 이르신 말씀이 뜻을 알기 어려워서 일체 성문이나 벽지불이 능히 미치지 못할 바라' 하시는가?

부처님께서 말씀하신 한 가지 해탈이란 뜻을 우리도 또한 이 법을 얻어 열반에 다다랐으나 오늘 이 뜻 가시는 데(취지)를 알지 못하리로다. 하더니,[20]

⑮ 그때 사리불이 사부대중의 의심을 알며 자기도 알지 못하여 부처님께 사뢰되 '세존이시여, 어떤 인(因=씨앗) 어떤 연(緣=밭, 환경)으로 모든 부처님의 제일의 방편과 매우 깊고 미묘하고 어려운 법을 간곡히 일컬어 찬탄하시나이가?

내 옛 부터 내려오면서 일직 부처님을 좇아와도 이 같은 말씀을 듣지 못 하였나이다. 오늘 사부대중이 다 의심하고 있사오니 오직 원 하옵건대 세존께서 이 일을 더 설해(敷衍부연,설명)주소서.

세존께는 무슨 연고로 매우 깊고 미묘하고 이해하기 어려운 법을 간곡히 일컬어 찬탄하시나이가?'

---

20) 3장교三藏教의 3인이 동일한 해탈인줄 알았는데 삼승은 방편이라 함에 의심이 생김.

⑯ 그때 사리불이 이 뜻을 거듭 펴고자 게송으로 아뢰되,

'지혜의 태양이신 대성존께서 오래 계시다 이제 이 법을 설하시나니,

스스로(佛) 말씀 하시되, 이 같은 힘과 두려움 없음과 삼매와

선(禪)[21]과 정(定)[22]과 해탈 등 불가사의한 법을 얻었노라. 고.

도량에서 얻은 법을 묻는 이 없으며,

'내 뜻이 가히 헤아리기도 어렵다' 고 하셔도 또한 능히 묻는 이가 없거늘 묻는 이가 없어도 그러나 스스로 설 하사 행하신 도를 일컬어 찬탄하시되

지혜 심히 미묘하여 제불이 얻은 바라. 하심에.

번뇌(누) 없는 나한들과 또 열반 구하는 사람이

이제 모두 의심(그물)에 떨어져 왜 이렇게 설하시는고? 하며,

그 연각을 구하는 이, 비구 비구니와

여러 하늘 용 귀신 또 건달바 등이

서로 보며 유예(猶豫의심)하는 마음[23]을 품어 양족존을 우러러 보며,

이 일이 무슨 까닭이옵니까? 원컨대 부처님께서 해설해 주소서. 하니

---

21) 선-dhyana의 음역.선나로 음역.정려(靜慮)로 번역.마음을 집중하여 사유하는 것.

22) 정(定)-마음을 집중하여 산란하지 않게 안정하는 것. 삼마지(三摩地samadhi삼매)의 음역. 일반적으로 선,정을 같이 쓰나 엄밀하게는 둘로 나누어 해석한다.

23) 유예(猶豫 : 망설임, 未定, 猶는 원숭이 이름, 의심이 많아 어떤 소리라도 들으면 미리 나무에 올라가 사람이 없어야 내려오며 소리 없어도 오르곤 할 새, 의심하여 결정치 못하는 사람을 유예라 함)

⑰ 모든 성문들께 부처님이 이르시되 "저(사리불)를 제일이라 하시지만 내 이제 내 지혜에 의혹하여 능히 알지 못 하나이다.
이것이 구경(究竟)법 이옵니까? 이것이 행할 바의 도(道)이옵니까?

⑱ 부처님 입에서 난 아들(제자)이 합장하고 우러러 보고 기다리오니, 원컨대 미묘하신 소리(법음)를 내시어 이제(時) 실답게 설해주소서."
"여러 하늘과 용과 귀신 그 수가 항하의 모래와 같으며
성불 바라는 보살들이 큰 수(大數) 8만이오며
또 여러 만 억 국의 전륜성왕이 와서
합장하여 공경하는 마음으로 구족한 도(圓頓法) 듣고자 하나이다."

⑲ 그때 부처님께서 사리불에게 말씀하시되
"그만두라, 그만두라. 구태여 다시 말하지 말지니라.
만일 이 일을 말하면 일체세간 여러 하늘과 사람이 다 반드시 놀라 의심하리라."

⑳ 사리불이 다시 부처님께 여쭈되.
"세존이시여, 오직 원하오니 (그것을) 일러주소서. 오직 원하오니. 일러주소서.

왜냐 하오면, 이 모임에 무수한 백 천 만억 아승지 중생이 일찍 모든 부처님을 뵙고 여러 근(根6근-눈,귀 등)이 사납고 날카로우며(猛利) 지혜 밝으니, 부처님의 말씀을 듣자오면 곧 능히 공경하여 믿으오리다."

㉑ 그때 사리불이 이 뜻을 다시 펴려 하사 게송으로 아뢰되,

"법왕 위없이 존귀하신 분이시여 오직 설하시되 원하옵건대 염려 마소서.
이 모임에 무량한 중생들이 능히 공경하와 믿을 자 있으오리다."

㉒ 부처님께서 다시 사리불을 만류(挽留) 하시되, 만일 이 일을 설하면 일체세간 하늘과 인간과 아수라들이 다 반드시 놀라 의심할 것이며, 증상만(거만한) 비구는 장차 큰 구렁에 떨어지리라. 라고

㉓ 그때 세존이 또 다시 게송으로 말씀하시되,

"말라, 말라. 구태여 설하지 아니하리라.
나의 법이 미묘하여 생각하기 어려워.
모든 증상만 들으면 반드시 공경하여 믿지 아니하리라."

㉔ 그때 사리불이 다시 부처님께 사뢰되

"세존이시여, 오직 원컨대 (그것을) 설하소서. 오직 원컨대 설 하소서, 오늘 이 모임 중에 우리 같은 이 백 천 만억이 세세에 이미 일찍 부처님을 따라 교화를 받았사오니, 이 같은 사람들이 반드시 능히 공경하고 믿사와 (무명의)긴 밤에 편안하여 이익(饒益)함이 많으오리다."

㉕ 그때 사리불이 이 뜻을 다시 펴고자 하여 계송으로 사뢰되

"위없는 양족존이시여! 원컨대 제일 법을 설하옵소서.
내 부처님 맏아들(長子)이오니 오직 분별하여 설해 주소서.
이 모임에 무량한 대중들이 능히 이 법 공경하여 믿으오리다.
부처님께서 이미 일찍 세세에 이 같은 이들을 교화하시었으니,
다 일심으로 합장하고 부처님 말씀 듣고 받드오리다.
우리 1200과 또 다른(남은) 성불하기 바라는 사람들
원컨대 이 대중 위하시는 까닭으로 오직 분별하여 설해 주소서.
이들이 이 법을 듣고 곧 크게 환희심을 내오리다." 하니

㉖ 그때 세존이 사리불 에게 이르시되,

네 이미 간곡히 세 번이나 청하니 어찌 설하지 아니하리오.

네 이제 자세히 들어 잘(이대) 생각하라. 내 마땅히 너를 위하여 분

별하여 해설하리라.

이런 말씀을 하실 때에 모임 중에 비구, 비구니, 우바새, 우바이 5000 인들이 있었는데 곧 자리에서 일어나 부처님께 예배(예수禮數) 하옵고 물러났으니, 무슨 까닭이뇨?

이 무리 죄 뿌리 깊고 무거우며 또 증상만이라 아직 얻지 못한 것을 얻었다 하며, 아직 증득하지 못한 것을 증득하였다고 하여, 이 같은 허물이 있음에, 이 까닭에 (자리에)있지 못 하거늘, 세존이 잠잠(묵묵)하사 말리지 아니하시니라.

㉗ 그때 부처 사리불에게 이르시되,

"내 이제 (남은)이 대중에는 다시 가지나 잎이 없고 순전히 바른 (정貞 : 正=바른) 열매만 있도다.

사리불아, 이 같은 교만한 사람이 물러간 것도 또 좋다.

네 이제 잘 들어라, 반드시 너를 위하여 설하리라."

사리불이 사뢰되,

예.(唯 : 공경하여 대답함) 세존이시여, 원하옵건대 즐겨 듣겠나이다.

㉘ 부처님께서 사리불에게 말씀하시되 "이 같은 묘법을 모든 부처님 여래께서 때가 되어야 설하시나니 우담발화 꽃이 때가 되어야 한 번 피는 것과 같으니라.

사리불아, 너희 반드시 부처님의 말씀하신 바를 믿으라. 말씀이 허망하지 않느니라(거짓이 없다).

㉙ 사리불아, 모든 부처님들이 마땅함(수준)을 따라 설법함이 뜻이 알기 어려우니라.
왜냐하면 내 무수한 방편과 가지가지 인연과 비유와 말로 모든 법을 펴 이르노니, 이 법이 생각(思量)하여 가리어 능히 알 수가 없으니 오직 모든 부처님만이 계시어 이에 능히 이것을 아시느니라.

㉚ 무슨 까닭이냐? 모든 부처님 세존은 오직 한 가지 큰일(생사일대사 一大事. 일승묘법)의 인연 까닭으로 세간에 출현하시느니라.
사리불아, 어찌 이름을 "모든 부처님 세존이 오직 하나의 큰일(일대사)의 인연 까닭으로 세상에 출현하시는 것"이라 하는가?
모든 부처님 세존이 중생으로 하여금 부처님의 지견(知見)을 열어(開) 청정함을 얻게 하고 자 하시는 고로 세상에 나와 출현하시며,
중생에게 부처님의 지견을 보이려(示) 하시는 고로 세상에 출현하시며,
중생으로 하여금 부처님의 지견을 알게(悟) 하고자 하시는 고로 세상에 출현하시며,
중생으로 하여금 부처님 지견의 도에 들게(入)하고 자하여 세상에 출현하시느니라.
사리불아, 이 모든 부처님이 일대사(一大事)인연 까닭으로 세상에

출현하시느니라."

㉛ 부처님이 사리불에게 이르시되,
"모든 부처님 여래는 오직 보살을 교화하심이라. 여러 가지 하는 일이 항상 한 가지 일을 위하나니, 오직 부처님의 지견을 중생에게 보여 알게(悟깨닫게) 하느니라.

사리불아, 여래는 오직 일불승(一佛乘한 가지 성불의 가르침) 까닭으로 중생을 위하여 설법하시나니, 다른 법(남은 승)이 혹은 2승, 혹은 3승이 있을 수 없느니라.

사리불아, 일체 시방 모든 부처님의 법이 또 이 같으니라.

㉜ 사리불아, 과거의 모든 부처님이 한량없고 수 없는 방편과 가지가지 인연과 비유와 말로 중생을 위하여 모든 법을 펴 말씀하시니, 이 법이 다 일불승(一佛乘)을 위하는 까닭으로 이 모든 중생이 부처님을 따라 법을 들어 마침내 다 일체종지(一切種智)를 얻으리라.

㉝ 사리불아, 미래의 모든 부처님이 반드시 세상에 나와 또 한량없고 수 없는 방편과 가지가지 인연과 비유와 말로 중생을 위하여 모든 법을 펴 말씀하시리니, 이 법이 다 일불승을 위한 까닭으로 이 모든 중생이 모든 부처님을 따라 법을 듣고 마침내 다 일체종

지(果智)를 얻느니라.

㉞ 사리불아, 현재하신(계신) 시방의 한량없는 백 천 만억 불 국토 중에 모든 부처님 세존이 요익(饒益)하게 하심이 많아 중생을 편안하고 즐겁게 하시나니, 이 모든 부처님도 또 한량없고 수가 없는 방편과 가지가지 인연과 비유와 말로써 중생을 위하여 모든 법을 펴 말씀하시나니, 이 법이 다 일불승을 위한 까닭으로 이 모든 중생이 부처님을 따라 법을 들어 마침내 다 일체종지를 얻으리라.

㉟ 사리불아, 이 모든 부처님이 오직 보살을 교화하사 부처님의 지견을 중생에게 보이고저(示) 하시는 까닭이며,
부처님의 지견을 중생이 알게(悟깨닫게)하고 자 하시는 까닭이며
중생으로 하여금 부처님의 지견에 들어가게(入)하고자 하시는 까닭이니라.

㊱ 사리불아, 나도 이제 또 이와 같아서 모든 중생에게 가지가지 욕망과 깊은 마음에 집착한 곳을 알아, 그 본성을 따라 가지가지 인연과 비유와 말과 방편의 힘으로 (그들을)위하여 설법하노니.
사리불아, 이 같은 것이 다(중생들이) 일불승 일체종지(一切種智)를 얻게 하기 위한 까닭이니라.

㊲ 사리불아, 시방 세계 중에 오히려 2승도 없는데 어찌 3승이 있으리오.

사리불아, 모든 부처님께서 5탁(濁) 악세(惡世)에 나시나니, 말하면 겁탁(劫濁-天災, 전쟁, 기근)과 번뇌탁(煩惱濁-삼독)과 중생탁(衆生濁중생 질이 낮음)과 견탁(見濁사상이 사악함)과 명탁(命濁단명)이니,

이 같이 사리불아, 겁탁 어지러운 시절에 중생이 때(업) 무거워 아끼며 탐하며 시샘하며, 시기하며, 여러 가지 좋지 아니한 뿌리(불선(不善)의 뿌리. 악업)를 키움으로 모든 부처님이 방편의 힘으로 일불승에서 나누어 셋(3승)을 말씀 하시느니라.

㊳ 사리불아, 만일 내 제자들이 스스로 아라한이나 벽지불이라 여기는 자는 모든 부처님 여래가 오직 보살 교화하시는 일을 듣지 못하며 알지 못하면 이는 부처님의 제자가 아니며 아라한이 아니며 벽지불도 아니니라.

또 사리불아, 이 모든 비구 비구니가 아라한을 이미 얻었다고 스스로 생각하며 이것이 최후의 몸(생사해탈한 몸)이요 구경열반(究竟涅槃마침내 열반)이라 하고, 곧 다시 아뇩다라삼먁삼보리를 뜻으로 구하지 아니하면 이 무리는 다 이 거만한 사람인 줄 반드시 알지니 까닭이 무엇이냐?

만일 비구가 있어 참으로 아라한을 얻고 만약 이 법(일승)을 믿지 아니한다면 이런 이치가 있을 수 없느니라.(참 아라한이라면 일승을 믿으리라.)

㊴ 부처님이 멸도한 뒤에 현전(현세)에 부처님이 없을 때는 제외하나니 왜냐하면, 부처님이 멸도한 뒤에 이 같은 경들을 받아 지녀 읽고 외우며 뜻을 아는 이, 이런 사람 얻기 어려우니, 만일 다른 부처님(여불餘佛)[24]을 만나면 이 법 중에서 곧 결단(決斷)하여 앎(了깨달음)을 얻으리라.

사리불아, 너희 반드시 한 마음으로 믿어 알아서. 부처님의 말씀을 받아 가지라.

모든 부처님 여래 말씀이 허망함이 없나니 다른(여남은) 승(법)은 없고 오직 일불승뿐이니라."

㊵ 그때 세존이 이 뜻을 다시 펴고자 하사 게송을 설하시되,

"비구, 비구니 증상만(增上慢)을 품은 이와
아만(높은 체 함)의 우바새(남자) 신심 없는(不信) 우바이(여자)와
이 같은 사부대중 5000이 여기 있더니,
제 허물을 스스로 보지 못하고 계(戒)에도 결함 있어,
그 허물을 보호하여 아끼더니(감춤),
이 작은 지혜(소승) 이미 나갔으니
모든 무리 중에 찌꺼기, 등겨 드니.

---

24) 여불(餘佛 : 방편토의 부처님. 석가가 다른 나라에서 부처 되어 다시 다른 이름이 있을 것이니 이름이 여불(餘佛-남은 부처)이시라, 여불은 방편유여토의 부처님이니 제불(諸佛)이 중생 이익 하는 차별 상(相)이 무량무변하시지만 이제 줄여서 넷을 만드니
1,은 염정국(染淨國)이니 범성(凡聖)이 같이 살고 2,는 유여국(有餘國)이니 방편의 사람이 살고
3,은 과보국(果報國)이니 순수한 법신이 살고 4,는 상적광(常寂光)이니 곧 묘각(妙覺)이 사시는 곳이라. 잘 공교(工巧)하게 닦아 이기니 방편이요, 무명이 다하지 못하니 유여(有餘)라. 이승(二乘)이 비록 삼계에서 벗어나지 못하나 계(界)밖에 정토가 있어 법성신(法性身)을 받나니 곧 방편유여토(方便有餘土)니라.)

부처님 위덕으로 다 나갔으니
이 사람들 복덕이 적어 이 법 감당하지 못함이라.
남은 대중에는 가지나, 잎이 없고 오직 바른(충실한) 열매만 남았나
니.

㊶ 사리불아, 잘 들어라. 모든 부처님이 얻으신 법(權法)을,
무량한 방편으로 중생 위해 설하시되
중생 마음의 생각(현재의 희망). 갖가지 행하는 도와
약간의 욕망과 성품(過去習) 지난 세상 선악 업을
부처님께서 이미 다 알고 나서 모든 인연과 비유와
말과 방편으로 일체를 다 기쁘게 하여,
혹 수다라(경)와 가타(고기송=노래체)와 본사[25]와
본생(불타의 전생)과 미증유(불가사의 한 일)를 말씀하시며,
또 인연과 비유와 아울러 기야(중송 : 詩歌)와 우바제사경[26]을 설하
느니라.

㊷ 둔한 근기 작은 법(소승) 즐겨 생사에 탐착하여
모든 무량불의 깊고 미묘한 도 행 하지 아니하여
온갖 고통 받아 어지러울 새, 이들 위해 열반을 설하시니라.
내 이런 방편 만들어서 부처님 지혜에 들게 하나니

25) 본사(부처님이 제자, 보살, 성문, 연각 등에게 과거 행한 업을 설한 것)
26) 우바제사경 : 12부경의 하나인 우바제사를 말함,論議 經,法說등으로 번역.

너희 반드시 성불하리라 일찍 말하지 아니 하였으나,
일찍 말하지 않은 까닭은 설 할 때가 되지 아니한 까닭이라.
지금 바로 이때라. 결정하여 대승을 설하노라.

㊸ 내 이 9부(部) 법(12부경 중 9)은 중생을 순히 따라(수준) 설하여서
대승에 드는 것을 근본 삼으니, 이런 고로 이 경을 설하노라.
불자 마음 청정(淨)하고 부드럽고 날카로운 근기가,
한량없는 부처님 처소에서 깊고 미묘한 도를 행하여,
이 모든 불자 위해 대승경을 설하노니
내 이 같은 사람에 수기 주되, 오는 세상 불도 이루리라. 고
깊은 마음 부처님 생각하면서 청정한 계율 닦아 지닌 까닭이라.
이들 부처 된다 말을 듣고서 큰 기쁨 몸에 가득하리니
부처님 저들 마음 행함을 아시고 그래서 대승을 설하노라.
성문이나 혹은 보살들이 내 설한 법을 들음에
한 게송만 들어도 다 성불할 것 의심 없으리라.

㊹ 시방불토 중에는 오직 일승법 뿐
2승도 없고 또 3승도 없나니 부처님 방편의 말씀은 제외하노라.
오직 가명(假名)으로 중생을 인도하여
부처님 지혜 설하려는 까닭이라. 모든 부처님 이 세간에 오심이
오직 이 한가지 일(일승)이 진실이요 남은 둘(이승)은 곧 진실이

아니니라.
마침내 소승으론 중생을 제도 아니 하노라.

㊺ 부처님이 스스로 대승에 머물러 그 얻은 법(모든 부처님과)이 같고
선정, 지혜, 힘이 장엄함으로 이로서 중생을 제도하노라.
스스로 위없는 도 대승의 평등법 증득하시고,
만약 소승으로 한 사람만 교화해도
내 곧 (대승법을)아끼고 탐함에 떨어짐이라. 이 일이 옳지 못 함이라. (과감히 소승을 버리고 대승으로 인도한다)
만약 사람이 믿음으로 오면 여래 속이지 아니하며
또 탐하고 질투하는 뜻이 없으니 여러 가지 법 중에 악을 끊었음에, 그러므로 부처님은 시방에서 홀로 두려울 곳 없느니라.
내 엄숙한 몸으로 광명을 세간에 비추어서
무량중생이 존경하는 바라. (그들을)위하여 실상인(實相印법의 진실한 모습)을 설하노라.

㊻ 사리불아, 반드시 알라. 내 본래 세운 서원(맹서)은
일체 중생이 나와 같이 평등하여 다름없게 하고자 함이니,
내 옛날 소원함과 같아져서 이제 이미 만족하여
일체 중생을 교화하여서 다 불도에 들게 하노라.

㊼ 만약 내 중생 만나 불도를 가지고 다 가르치면,
지혜 없는 사람 착난(錯亂)하고 미혹하여 가르침 받지 아니하리라.
나는 아노라. 이 중생이 잠깐도 선의 근본(선행) 닦지 않고
오욕 굳게 집착하여 어리석은 사랑으로 슬픔이 생겨
온갖 욕심 탓에 삼악도에 떨어지며,
육취(육도)중에 윤회하여 온갖 고초 다 받으며,
태속에 작은 형상 받아 세세(世世)로 항상 더 자라나서
덕 얇고 복 적은 이 많은 고통 핍박 받아
삿된 견해는 빽빽한 수풀(여러 가지 생각)같아 혹은 있다, 혹은 없다,
하는 생각에 빠져들며
이런 여러 견해 62견(見=그 당시 62종의 사상, 생각.) 다 갖추어
허망한 법 깊이 집착하여 굳게 받아들여 버리지 못 하도다.
아만(我慢)으로 스스로 높아 아첨(阿諂)하고 굴곡 되어 마음이 부실(不實)하여,
천 만 억겁 지나와도 부처님 이름조차 듣지 못하며,
정법도 듣지 못해 이 같은 사람들은 제도하기 어려우니.

㊽ 그런고로 사리불아, 내가 방편 만들어서
고통 다할 도를 설해 열반을 보이나니,
열반을 설하여도 참된 열반(滅)은 아니니
모든 법이 본래부터 항상 스스로 적멸한 상(寂滅相)이라.

불자가 도를 행하고 나면 오는 세상에 부처되리라.

㊾ 내가 방편의 힘이 있어 삼승법을 열어 보이니,
일체 모든 세존 다 일승도(一乘道)를 설하느니라.
이제 모든 대중 의혹을 다 없애어라.
부처님 말씀 다름없어 오직 하나(일승)뿐 이승(二乘)이 없느니라.
지나간 무수겁에 멸도하신 무량 불이
백 천 만억. 그 수효 헤아리지 못하리니,
이 같은 모든 세존 가지가지 인연과 비유와.
무수한 방편력으로 모든 법의 모습(相)을 설하시되,
이 모든 세존들이 일승법을 설하시어
무량 중생 교화하사 불도에 들게 하고
또 모든 대 성주(聖主부처님)께서 일체 세간의
하늘과 사람 온갖 중생들의 깊은 마음의 욕심 아르시고
다시 다른 방편으로 제일의(第一義 : 실상)를 도와 나투셨 네.

㊿ 만일 어떤 중생이 모든 과거 부처님 만나
만약 법 듣고 보시하며, 혹 지계와 인욕과
정진과 선정 지혜 등으로 가지가지 복과 지혜를 닦은
이와 같은 사람들은 다 이미 불도를 이루었느니라.

51 모든 부처님 멸도 한 후 만약 어떤 사람이 마음 착하고 부드러우면

이와 같은 모든 중생은 다 이미 불도를 이루었느니라.
모든 부처님이 멸도 하시고 나서, 사리에 공양 하는 자가,
만 억 가지 탑을 세우되 금과 은과 파리와
자거와 마노와 매괴(붉은 구슬)와 유리구슬 등으로
청정하게 널리 장엄하게 꾸미고 여러 탑에 꾸미며,
혹은 돌로 사당(석탑)을 세우며 전단향과 침수향과
목밀(향나무)과 다른 재료, 기와(지새), 벽돌, 진흙 등으로
만약 넓은 들 가운데 흙을 쌓아 불묘(탑)를 세우거나,
어린애가 놀이하며 모래 모아 불탑을 만드는 이는,
이 같은 사람들은 다 이미 불도를 이루었느니라.

52 만약 어떤 사람이 부처님 위한 까닭으로 여러 가지 형상을 세우되,
새기고 다듬어 여러 모양으로 만든(이룬)이는
다 이미 불도를 이루었으며,
혹은 칠보로 이루며 놋쇠와 붉고 흰 구리(백동),
백납(납과 구리 합금=땜납)과 납과 주석과 쇠와 나무 및 진흙으로,
혹 베에 옻칠한 것으로 엄숙하게 꾸며 불상 만든 이는,
이와 같은 사람들은 다 이미 불도 이루었으며,
채색으로 그린(畫) 불상, 백복(百福)이 장엄한 상 만들되
자기가 만들거나 혹은 남 시키는 이는 다 이미 불도 이루었으며,

아이들 놀이로 풀, 나무, 붓이거나
혹은 손가락 손톱으로 그려(畫) 불상 만든 이는,
이와 같은 여러 사람(人一) 점점 공덕 쌓아
대비(大悲)심 갖추어(行一) 다 이미 불도(理一) 이루었고
다만 모든 보살 교화하여(敎一) 무량 중생 제도(도탈) 하리라.

53 만약 어떤 사람이 탑묘(탑)와 보배 불상(寶像보배로 장식한 불상)
그림의 불상에 꽃과 향과 번개(幡蓋)로서 공경하는 마음으로 공양
하거나,
만약 사람 시켜 음악(풍류)을 하되 북치며 대평소(나팔) 소라 불며
퉁소, 피리, 거문고, 공후(箜篌현악기), 비파, 징, 바라(자바라)와
이와 같은 온갖 아름다운 소리를 다 가지고 공양하거나,
혹 기쁜 마음으로 노래와 찬송(歌唄범패)으로 부처님 덕을 기리되
이에 작은 소리로도 칭찬한 이는 다 이미 불도를 이루었으며,
만약 사람이 산란한 마음으로 한 송이 꽃을 가지고
그린 불상(탱화)에 공양하는 이는 점점 수 없는 부처님을 보며,
혹은 어떤 이가 절하거나 혹 또 다만 합장만하거나
한 손을 들거나(한 손만 들거나), 혹 또 조금만 머리 숙여
이로써 형상(불상)에 공양하는 이는 점점 한량없는 부처님 뵙고
스스로 위없는 도 이루어서 무수한 중생을 널리 제도하고
남은 것 없는 열반에 들되 섶이 다 해 불 꺼지듯 하리라.

혹은 사람이 산란한 마음으로 탑묘 안에 들어가
나무불 하고 한 번만 불러도 다 이미 불도를 이루었으며
모든 과거 부처님이 세간에 계실 때나 혹 멸하신 뒤에
만약 이 법을 들은 이가 있으면 다 이미 불도 이루었느니라.

㊴ 미래에 모든 세존 그 수 헤아릴 수 없으리니
이 모든 여래들도 또 방편으로 설법하여,
일체 모든 여래 한량없는 방편으로
모든 중생을 제도하여 해탈하게 하여 부처님 무루지(無漏智청정한 지혜)에 들게 하나니,
만약 법들은 이 있으면 하나도 성불 못할 이는 없으리라.
제불의 본래 서원은 내가 행한 불도를
중생이 다 같이 얻게 하고 저 하심이라.

㊵ 미래세에 모든 부처님 비록 백 천억
수 없는 모든 법문 설하여도 그 실은 일승을 위하심이라.
제불 양족존(兩足尊복,지혜 둘이 구족하신 세존)이 법에 항상 성품 없음을 아시건만
부처님의 종자(中道無性)는 연(緣)을 따라 일어남에. 이런 고로 일승을 설하시나니,
이 법이 법의 자리에(법위法位) 머물며 세간 모습(세간상世間相)

이 항상 머무나니[27)]

도량(開權顯實)에서 아시고 나서 도사 방편으로 설 하나니라.

㊻ 하늘 사람이 공양 하옵는 현재의 시방 부처님이

그 수가 항하사 같이 세간에 출현하사

중생 편안케 하시고 이 같은 법을 설하시나니,

제일 적멸함(理一 : 佛性)을 아시건마는 방편 까닭으로

비록 갖가지 도 보이시나 그 실 불승을 위하심이라.

중생의 여러 행, 깊이 마음에 생각하는 것과

과거 배운 업과 욕망의 성품, 정진의 힘

또 모든 근기 날카롭고 둔함을 아시고 가지가지 인연과

비유와 말로 따라서 방편으로 설하시나니,

이제 나도 이와 같아 중생 편안을 위한고로

가지가지 법문으로 불도를 펴 보이며,

내 지혜의 힘(權智의 힘)으로 중생의 성욕(性欲)[28)]을 알아

방편으로 제법을 설해 다 환희하게 하노라.

㊼ 사리불아, 반드시 알라. 내가 부처님 눈으로 살펴 보건대,

6도 중생 빈궁하여 복과 지혜 없어

---

27) ◉이 법이(染淨의 법.染은 중생. 淨은 정각). 하나하나가 다 진여 법의 위치에 있는(住) 고로 이법이 법의 자리에 있다, 머문다. 고함) 법의 자리에(법위法位=眞如法性. 중생과 正覺이 一如한 자리. 삼라만상이 실상이다.) 머물며 세간 모습(生住異滅相)이 항상 머무니(산하대지 당체의 참된 모습(眞相).실상)

28) 성욕(性欲) : 과거의 습성習性과 현재의 樂欲

생사의 험로에 들어서서 상속하여 고통이 끊이지 않고

5욕에 깊이 탐착 남방 물소가 꼬리 사랑하듯이[29],

탐애(貪愛)로 눈이 멀어(瞑×→冥○) 보이는 것이 없어

큰 세력 부처님과 고통(苦) 끊는 법을 구하지 않고,

사견에 깊이 들어 고(苦)로써 고를 버리려 하니

이런 중생 위해 대비심을 일으키노라.

㊽ 내 처음 도량에 앉아 (보리수)나무 보며 두루 다니며(經行)

3,7일[30] 간 이 같은 일을 생각을 하되,

내 얻은 지혜 미묘하고 제일이라

중생은 근기(根) 둔하고 오욕 집착하여 어리석고 눈이 멀어,

이와 같은 무리들을 어떻게 제도 할 가? 하니

㊾ 그때 모든 범왕. 모든 제석천(도리천의 임금=석제 환인)

세상 보호하는 사천왕, 또 대자재천과

아울러 다른 하늘대중 권속 백 천만이

공경합장 예배하여 나에게 설법 청하더니,

내 스스로 생각하되 오직 불승만을 찬탄하면

고통 속에 빠진 중생 능히 이 법 못 믿어서

---

29) 물소 같음=꼬리를 사랑하나 사람이 긴 꼬리를 기(旗)를 만드는데 쓰기 위해(기봉) 잡음으로 꼬리 때문에 죽음. 오욕 탓에 고통 받는 중생이 이 같음을 비유함.

30) [깨친후 3,7-21일의 **1-7일**-내 법의 미묘한 것을 누가 받을까? **2-7일**-중생은 상중하근기가 있다. **3-7일**-누가 먼저 법을 들을까? 라고 생각함. 소승의 해석=초 7일 법설주, 2, 7 비설주, 3, 7일 인연주.
대승의 해석=초 7일 원교, 2, 7 별교, 3,7 일 통교]

법 헐뜯으며 믿지 않아 삼악도에 떨어지리니,

내 차라리 설법 말고 열반에 속히 들려다가,(초설 화엄경)

⑥ 이윽고 과거불의 방편력을 생각하고

내가 오늘 얻은 도(道)도 삼승을 설해야 옳도다. 하고

◉ 【일여의 해설】 이윽고(미조차.이어서) 생각한다(尋念)는 것은 이에 그들 중생이 비록 대승을 감당할 근기가 될 수 없으나 영원이 버려서는 아니 될 것이니, 반드시 방편으로 그들을 제도하여 뫼어내리라. 생각하나 전혀 삼승을 여는 것을 알지 못해서가 아니라 이끌어 제불과 같은 법으로 제도하려 하시는 고로 "미조차(이어서) 생각 한다." 고 하신 것이다.

이렇게 생각 할 때 시방 부처님이 다 나타나서

범음(청정한 소리)으로 나를 위로하여 깨우쳐 주시되,

"좋도다. 석가문(모니) 제일의 도사시여! 이 위없는 법 얻었으니

모든 일체 부처님 따라 방편력을 쓰시려 하시느뇨.

우리도 또 미묘한 제일 법을 얻었으되 중생 위해 가리어 삼승법을 설하였노라,

작은 지혜는 작은 법(소승)을 즐겨하여 자기가 성불함을 믿지 못함에.

방편으로 가리어 여러 과(果:깨침)를 설 했노니,

비록 삼승을 설하나 오직 보살 가르치기 위함이니라." 라고

⑥① 사리불아, 반드시 알라. 내(석가)가 성사자(앞줄의 시방 부처님)의 깊고 좋은(맑은)
미묘한 소리 듣고 "모든 부처님께 귀의 합니다." 라고 말하고,
또 이같이 생각하되 "내 탁하고 악한 세상 태어났으니
제불의 하신 말씀 나도 또 순종하여 따라 행하리라." 라고
이 일을 생각하고 나서 곧 바라나(녹야원)에 나아가니
모든 법 적멸한 모양은 말로 펴지 못 할 것을
방편의 힘 까닭으로 5 비구(최초 5비구) 위해 설하였으니,
이름이 전법륜이라(초전법륜) 곧 열반의 소리와(열반법)
또 아라한, 법, 승려라는 차별된 이름 있느니라.(여러 가지 설한 법)
오랜 먼 겁으로부터 열반법을 찬탄하여 보이되
생사의 고통 길 다 한다고 내 항상 이같이 설하였노라.
(그래서 한 게송으로 두개의 의심을 해석한 것이다.)

⑥② 사리불아, 반드시 알라. 내 보니 불자들이
부처님 도 구할 사람 한량없는 천 만억이
공경하는 마음으로 부처님 처소에 다 와서
일찍 모든 부처님 따라 방편 설법 들었으니
내 곧 이런 생각을 하되 '여래께서 (세상에) 나오신 까닭은
부처님 지혜를 설하기 위함이니 지금 바로 그 때로다.' 라고

⑥③ 사리불아, 반드시 알라. 둔한 근기, 지혜 작은 사람

상(相겉모양)에 집착한 교만한 사람 능히 이 법을 못 믿나니,
이제 내 기뻐 두려움 없어 보살들 가운데서
정직히 방편 버리고 오직 위없는 도 설 하노니,
보살이 이 법 듣고 의심 이미 없앴으니
1200 나한도 또 마땅히 부처되리라.
삼세의 모든 부처님 설법하는 의식(儀式) 같아,
나도 이제 또 이 같아서 (권실이)분별없는 법 설하노라.

⑥④ 제불의 출세는 아득히 멀고멀어 만나기 어려우며,
바로 세상에 나와도 이 법 설하기 또 어렵고
무량 무수겁에도 이 법 듣기 더 어려우며
이 법을 들을 자, 이런 사람도 또 다시(만나기) 어려우니,
비유하건데, 우담발화 꽃 일체가 다 사랑하고 즐기며
하늘, 사람에게도 희유 한 것이 때로(時時)한번 피어나듯이,
법을 듣고 환희하며 한 마디만 찬탄해도
곧 이미 삼세제불을 공양한 것이니라.
이런 사람 우담발화 보다 더 함이라.

⑥⑤ 너희들 의심 말라. 내 모든 법의 왕(父는 人王, 子는 世尊, 법왕)이 되어서
모든 대중에게 널리 고하노니, 오직 일승도(一乘道=一佛乘의 도)로써
모든 보살 교화할 뿐 성문(聲聞)제자는 없느니라.

너희들 사리불과 성문과 또 보살은
반드시 알라. 이 묘법은 제불의 비밀한 요점이라.
오탁악세에는 오직 여러 욕심 즐겨 집착해(즐거움에 집착함은 魔의 법을 행함이다).
이런 중생들은 끝내 부처님 도(道) 구하지 아니하며,
내세(來世)에 악한 사람 일승의 설법 듣고
미혹해 믿지 않고 법을 헐뜯고 악도에 떨어지리니,
(그런 중에)부끄러워하며 청정하게 불도를 구하는 이
마땅히 이들 위하여 일승도를 널리 찬탄하라.

⑯ 사리불아, 반드시 알라. 모든 부처님 법 이와 같아서
만 억 가지 방편으로 수준 따라 법을 설하시나니,
배우지 않은 이는 알지(깨닫지) 못 하거니와,
너희는 이미 모든 부처님 세간의 스승이
마땅함을 따르는 방편의 일을 알았으니. 다시 모든 의혹 없애고
큰 환희 심을 내어서 마땅히 성불 할 것을 스스로 알라!

방편 품 제 2 끝. 방편으로 설 하신 품 제 2 끝.

권2 비유 품 제 3

중근기에 깊은 뜻을 얕은데 비유하여 설한 비유 품 제 3

【일여 품 해설】 비유로 깨우쳐 주는 것. 비(譬)란 비교하는 것이요(比況 : 같은 류를 가지고 비교하는 것). 유(喩)란 깨우쳐 가르치는 것이다.(曉訓 : 열어서 훤히 깨닫게 하는 것.開曉領悟)

이것에 의탁하여 저것을 비유하며 얕은데 기탁하여 깊은 뜻을 가르친다. 앞의 법설주(法說周)에 3승(乘)을 열어 1승(乘)을 드러내는 설법을 하여 자세히 5불(五佛 : 방편품의 시방제불, 과거 제불, 미래제불, 현재제불, 석가모니불)의 개삼현일(廣開三顯一 : 방편품의 세 번째 게송 끝에 이시세존 고사리불 에서부터 방편품 끝까지)을 밝히시니, 상근기(上根機)는 지혜가 날카로워 원만하게 듣고 깨달음을 얻고 중간 근기(中根機)와 하근기(下根機)의 무리는 미혹함을 안고 버리지 않아(未遺 : 宋本. 未達-문구) (3승에) 집착하던 마음이 움직여 대승에 의심을 내고(動集生疑) 갈림길에서 머뭇거리니,
이런고로 다시 3 대의 수레 1대의 수레로 요약하여 비유로 설법하여 그들을 깨달아 알게 하심이라. 그러므로 비유품이라 한다.

같은 류(類)로서 비교함(比況)을 비(譬)라 하고 열어서 훤히 깨닫게 하는 것(開曉令悟)을 유(喩)라 한다. 일여 끝

[◉ 법설(法說)에 5단(段 : 법설단法說, 영해領解, 술성述成, 수기授記, 환희歡喜단)의 경문이 있으니, 그 하나(正說 : 법설)가 비로소 끝나고 4는(신자의 영해, 술성, 수기와 4중衆의 영해) 아직 끝나지 않았다.

◉ 이 품은 마땅히 제천(諸天)이 게(偈)를 설한 뒤 화택(火宅)의 비유 앞에 있어야 하는 데 경을 편집하는 사람(出經)이 책(卷)을 조정하는 과정에 영해단(領解段)의 초(初)에 놓은 것뿐이다.] -문구(文句)

◉ 영해(領解)는 영(領)은 밖으로 부처님 말씀을 깨닫는 것(領-알아들을 영, 外領佛說) 해(解)는 안으로 부처님의 뜻을 받아들인 것(內受佛意) -말씀과 뜻을 깨달아 아는 것이다.— 문구기(文句記)

①그때 사리불이 뛸 듯이 기뻐 곧 일어나 합장(權實合. 權即實)하야 존안을 우러러 보고 부처님께 사뢰되,

"이제 세존을 쫓아와 이 법음(설법)을 듣자옵고 마음에 뛸 듯이 기뻐 미증유(未曾有)함을 얻었나이다.

왜냐 하오면? 내가 옛 부터 부처님을 쫓아와 이 같은 법을 듣자옵고, 모든 보살은 수기를 받아 부처됨을 보되, 우리들은 이 일(수기)에 참예 하지 못하여 심히 스스로 마음이 메어 아파하며 여래의 한량없는 지견을(듣지 못하고) 잃었구나 하였나이다.

② 세존이시여, 제가 항상 산림(山林) 나무아래 홀로 있으면서 혹은 앉거나 혹은 다님에 매양 이 생각을 하되,

우리들도 (보살과) 한가지로 법성에 들어 있거늘 어찌하여 여래께서는 (우리들을)소승 법으로 제도하시는가 하였더니, 이는 우리들 허물이요(迷權 : 아직 미숙하여 방편에 미혹함,). 세존 탓이 아니옵니다.

어째서 이옵니까? 만약 우리가 인연 할 곳(등정각을 이룰 곳)을 말씀하시기를 기다려 아뇩다라삼먁삼보리를 이룰진대, 반드시 대승으로써 제도하여 해탈을 얻을 것이거늘,

그러나 우리방편으로 마땅함(근기)을 따라 말씀하시는 것을 알지 못하와 처음 불법을 듣고 만나 곧 믿고 받아서 생각하여 깨달음(증證=小乘果,나한과)을 얻었다라고 생각하였나이다.

③ 세존이시여, 제가 옛 부터 오면서 날이 저물고 밤이 끝나도록 매양 스스로 매우 책망 하였더니,

이제 부처님을 쫓아와 듣지 못하였던 바의 미증유한 법을 듣고 여러 의심과 후회를 끊어 몸과 뜻이 태연하여 상쾌하고 안온함을 얻어 오늘에야 이에 진실한 불자(佛子)[31]라.
부처님의 입에서 나서(生) 법으로부터 화하여 나서(化生-홀연히 태어 남. 법으로 태어남) 부처님 법의 일부분(지견)[32]을 얻은 줄 알았나이다."

④ 그때 사리불이 이 뜻을 거듭 밝히려 하사 게송으로 설하되

"내가 이 법음(法音) 듣자옵고 미증유 얻어
큰 환희심이 나서 의심 그물 다 없앴나이다.
예로부터 부처님 가르침 입사와 대승을 잃지 않았아오니,
부처님 소리(말씀) 매우 드물어 중생의 서러움(번뇌) 없애시나니,
내 이미 누(번뇌)다하여 듣고 또한 근심 걱정 없앴나이다.

⑤ 내 산골에나 혹 수풀 나무 아래 있거나
혹은 앉거나 혹은 두루 다님에 항상 이 일을 생각하여
탄식하며(嗚呼) 깊이 자책하되 어찌 내 몸을 속이느냐 [33]고

우리 또한 불자라. 같이 무루법에 들어 있으되
능히 미래에 무상도를 연설하지 못하오며,

---

31) 불자(佛子) : 만약 가정을 이어서 서로 계승하는(系家相承) 뜻으로는 아들이란 종족을 끊지 않고 이어감을 말하는 것이다. 그래서 불자라고 한 것이다.

32) 부처님 법의 일부분 (불법분佛法分 : 불법의 부분-문구기에 분(分)은 곧 초주(初住)의 분진위(分眞位)다.

33) 완전한 대승에 들어가지 못하여 32상 80종호를 얻은 대자비의 대성(大聖)이 되지 못하여 장차 법을 설하지도 못하겠구나. 라고 참회 함.

금색의 삼십이상(32상), 십력(十力)과 모든 해탈
같은 한 법속에서, 이 일을 얻지 못하며
80종호와, 18불공법[34)]
이들의 공덕을 내 다 이미 잃었구나 하며,
내 경행(經行)할 때 부처님이 대중 가운데 계시사
명성이 시방에 가득 하사 널리 중생 요익하심을 보옵고
내 생각하되, 이런 이익을 잃으니 내가 내 몸을 속인 것이 되었도다. 하였나이다.

내 항상 주야(생사는 밤. 열반은 낮)로 매양 이 일을 생각하여
이로써 세존께 여쭙고자 하되, "(이일을)잃은(失) 것인 가? 잃지 않은 것 인가?" 하였사오며,
나는 항상 세존께서 모든 보살을 일컬어 칭찬하심(기리심)을 보고
이로써 내 밤낮으로 이 같은 일을 헤아려 보았더니,
이제 부처님 음성(말씀) 듣자오니 마땅함(수준)을 따라 법을 설하사
번뇌(루漏)를 없애심은 생각하기 어려우나(수의설법으로)대중들을 도량(깨달음)에 이르게 하시나이다.[35)]

【일여집주】 사견(邪見)은 범부의 집착, 법성에 들어감은 이승(二乘)의 집착이다.
범부는 처음 사견에 집착함에 세존이 그들을 위하여 진공(眞空)의 법을 설하시어

34) 80종호(80가지 묘한 상호), 18불공법(열여덟 가지 (중생이)같이 못하는 법)80가지 묘호(妙好-미묘하고 좋은 모습)한 것은 여러 모양이 사이에 있는데 다만 모양(相)은 전체(總)요 그리고 좋은 것(好)은 개별적인(別) 것이다. 모양이 만약 좋은 것(好)이 없으면 곧 원만하지 못하다. 이런고로 윤왕(輪王), 석범(釋梵)이 다 또한 그것이 있어도 좋은 것(80종호好)이 없는 까닭으로 상(相)이 미묘하지 못하다. 대성(大聖)은 자비로 몸을 닦아 이 청정하고 기묘(奇妙)한 상호(相好)를 받았다(感) -(冠註)]

35) 이제야 마땅함을 따라(근기 따라) 설하심이 다 누(漏번뇌)없애는 법이라. 바로 가이 (이 무루법으로)도를 깨달을 것을 알도다. 계환해설(解))
※(방편으로 중생의 수준을 따라 설법하심이 번뇌를 없애는 무루법(열반법-방편의 화성(化城))이라 가이 생각조차 하기 어려운 법이라. 그 법으로 대중을 도량(깨달음-보배 있는 곳)에 이르게 하시나이다.

그 사견을 뽑고 이승은 이미 진공을 증득하였으니 그러한 때를 당하여 스스로 이미 구경열반을 얻었다고 말하지 아니 함이 없었다. 그러므로 범부, 이승은 함께 대승 법을 듣지 못한 것이다. 끝.

⑥ 내 본래 사견에 집착하여 모든 범지(바라문)의 스승이 되었더니
세존께서 내 마음을 알으시고 사견을 뽑고 열반을 설하시거늘,
내 사견 다 없애고 공법(空法)을 깨달아서
그때 마음에 생각하되 '멸도 얻었도다.' 라고 하였더니,
오늘에야 이것이 진실한 열반(멸도) 아닌 줄 스스로 알았나이다.
만약 부처될 때 32상이 갖추어져
하늘과 사람 야차 무리와 용과 귀신들이 공경하여야,
이제야 이에 길이 다 멸하여 남을 것이 없다. 할 것이옵니다.

⑦ 부처님 대중 가운데에서 나를 반드시 부처되리라 말씀하시니,
이 같은 법음(말씀)듣자옵고 의심과 뉘우침을 다 이미 없앴나이다.
처음 부처님 말씀을 듣자옵고 마음에 크게 놀라 의심하되,
마(魔)가 부처 되어 내 마음을 뇌란(惱亂고민하여 어지럽힘) 하는 것이 아닌가 하였더니,
부처님께서 가지가지 인연과 비유로 교묘히 말씀하시니,
그 마음 편안함이 바다 같아서 저는 듣고 의심이 끊어 졌나이다.

⑧ 부처님 말씀하시되 과거세에 한량없는 멸도하신 부처님이

방편 가운데 편안히 머물러서 또 다 이 법을 설 하셨느니라. 하시며,

현재와 미래 부처님(五佛)이 그 수 헤아릴 수 없어

또 여러 방편으로 이 같은 법 연설 하시리라. 하시며,

오늘 세존이 나서부터 출가하여

도 얻으사 법륜을 옮기시되 또 방편의 설법으로

세존께서 진실한 도 설하시지마는 파순(마왕)에게는 이런 일이 없사옵니다.

이로써 내 결정코 마귀가 부처님이 된 것이 아님을 알았사오나

내 의심의 그물에 떨어진 고로 마(魔)의 짓이라 여겼나이다.

⑨ 부처님 부드러우시고 심원(深遠)하고 매우 미묘하신

청정법을 설하심(演暢)을 듣고 내 마음에 크게 환희하여

의심과 뉘우침이 영원이 이미 다 하여, 참된 지혜 가운데 편안히 머무니

내 결정코 반드시 부처 되어 하늘과 사람의 공경함이 되며

무상 법륜 설하여 모든 보살 교화 하리이다. "라고

⑩ 그때 부처님께서 사리불에게 이르시되,

"내 이제 하늘, 사람, 사문, 바라문 등 대중에게 말하노니, 내가 옛적 일찍이(아래) 2만 억 부처님 처소에서 위없는 도(圓道)를 위한

까닭으로 항상 너를 교화하였거든, 너 또한 (무명의)긴 밤에 나를 따라 배웠으니 내 방편으로 너를 인도한 고로 내 법 가운데 태어났느니라.

⑪ 사리불아, 내 옛적에 너를 불도를 이루는데 뜻의 서원을 세우라 (성불의 뜻을 세우라) 가르쳤거늘, 네 이제 다(대승, 中道를) 잊고 곧 스스로 생각하되 이미 멸도(小乘果)를 얻었노라 함에,
내 이제 도리어 너를 본래 원하여(큰 서원) 행하던 도를 기억하여 생각하게 하고자 하여, 모든 성문 위하여 이 대승경을 설하노니,
이름이 묘법연화니 보살을 교화하는 법이며 부처님께서 호념(보호하여 지켜주심)하시는 바니라.

⑫ 사리불아, 너는 미래세에 한량없고 끝없는 불가사의한 겁을 지나 약간 천 만 억 부처님을 공양하여 바른 법을 받들어 지녀 보살이 행하는 도를 구족하여 반드시 부처가 되어 이름을 말하되, 화광여래, 응공, 정변지, 명행족, 선서, 세간해, 무상사, 조어장부, 천인사, 불세존이라 하리니,

⑬ 나라 이름은 이구요, 그 땅이 평정(평평)하며 청정하고 엄숙히(씩씩히) 꾸며 안은(安隱편안)하고 풍요하고 즐거우며, 하늘과 사람들이 불 같이 왕성하며 유리로 땅을 만들고 여덟 교차로(8거리=8정도)

뻗은 길이 있으며 황금으로 노(실,줄)를 만들어서 그 곁에(경계) 느리고 그 곁에 각각 칠보 가로수(항수行樹)가 있어 항상 꽃과 과일[36]이 있으며, 화광 여래께서 또한 삼승으로 중생을 교화 하리라.

사리불아, 저 부처님이 나오신 때가 비록 나쁜 세상은 아니나 본원(本願본래의 서원)의 연고로 삼승법을 설하리라.

⑭ 그 겁의 이름은 대보장엄겁 이리니 어떠한 연고로 이름이 대보장엄 인고?

그 나라 가운데는 보살을 큰 보배로 삼는 연고라. 저 모든 보살이 한량없고 끝이 없는 불가사의(不可思議)라. 산수(算數)나 비유로도 능히 알지 못 하리니, 부처님 지혜의 힘이 아니면 능히 알자가 없느니라.

만약 다니고자할 때면 보배 꽃이 발을 받들리니, 이 모든 보살이 처음 뜻을 낸 것이 아니라. 다 오래 덕의 뿌리(밑)를 심어 한량없는 백 천 만 억 부처님 처소에서 깨끗이 범행을 닦아 항상 여러 부처님이 일컬어 찬탄하시며,

항상 부처님의 지혜를 닦아 큰 신통력을 갖추어 일체 모든 법문을 잘 알며, 진실로 곧아 거짓 없어 뜻과 생각이 굳은 이 같은 보살이 그 나라에 가득하리라.

⑮ 사리불아, 화광불의 목숨(수명)은 12소겁이리니, 왕자가 되어 아

36)꽃과 과일 : (五種설법-방편설법, 수의(隨宜)설법. 법문(法門)설법. 대자(大慈)설법. 언음(言音)설법 등 5종)

직 부처님이 되지 않았을 때는 제외 하느니라. 그 나라 사람의 목숨은 8 소겁이리라.

화광 여래는 12소겁을 지나서야 견만 보살에게 아뇩다라삼먁삼보리의 수기를 심겨(주고), 모든 비구에게 이르시되, '이 견만 보살이 다음에 반드시 부처되어 이름이 화족안행 여래(다타아가도) 응공(아라하=아라한) 정변지(正遍知삼먁삼불타)라 하리니 그 부처님의 국토도 또한 이와 같으리라.

사리불아, 이 화광불이 멸도 한 뒤에 정법이 세상에 있음은(머뭄은)32 소겁이요 상법(정법과 비슷한 법)이 세상에 머무름도 또한 32 소겁이리라.'

⑯ 그때 세존께서 이 뜻을 다시 펴고자 게송으로 말씀하시되,

"사리불이 오는 세상(뒤)에 지혜 넓은 세존 되어
이름이 화광이라. 반드시 무량 중생 제도하리라,
수 없는 부처님을 공양하고 보살행과
십력(十力)등 공덕 갖추어 위없는 도를 증득 하리라.
무량 겁 지나서 겁명(劫名)은 대보장엄,
세계의 이름은 이구, 청정하여 때가 없고
유리로 땅 만들고 금줄 쳐서 경계삼고,
칠보 색 섞인 나무에는 꽃과 과실 항상 있고,

⑰ 그 나라의 모든 보살 뜻과 생각 항상 꿋꿋하여
신통 바라밀이 다 이미 구족하고
무수한 부처님께 보살도를 잘 배우니
이 같은 대사(큰 보살)를 화광불이 교화하리라.

⑱ 부처님 왕자 되었을 때 나라와 세상 영화 모두 다 버리시고
제일 끝 후신(後身마지막 몸 받아)에 출가 성도하심이라.
화광불 세간에 머물 수명은 12소겁,
인민 대중의 수명은 8소겁이리라.
부처님이 멸도한 후에 정법이 세간에 있음은
32소겁, 모든 중생들을 널리 제도하다가
정법이 멸하면 상법(像法)도 32소겁이요,
사리를 널리 유포하여 하늘과 인간이 널리 공양하리니,
화광불의 하심이 그 일이 다 이와 같으니라.
그 양족(戒定, 權實, 福慧를 구족함)의 성존(세존) 가장 높아 짝할 이 없으니,
그가 곧 이 네 몸(사리불)이니 스스로 기뻐 경하함이 옳으니라."
라고.(초환희地에 들어감).

⑲ 그때 사부대중 비구, 비구니, 우바새, 우바이와 하늘, 용, 야차, 건달바, 아수라, 가루라, 긴나라, 마후라가 등 대중이 사리불이 부처님 앞에서 아뇩다라삼막삼보리의 수기를 받는 것을 보고, 마음에

크게 기뻐 한량없이 뛰며 각각 몸에 입었던 웃옷을 벗어 부처님께 공양하며, 석제환인(제석천)과 범천왕들이 무수한 천자와 또한 하늘의 미묘한 옷과 하늘의 만다라꽃 마하만다라꽃 등으로 부처님께 (흩어)공양하니, 흩은 하늘 옷이 허공중에 머물러서 스스로 감돌며 모든 하늘의 기악(음악) 백 천만 가지가 허공중에 일시에 함께 울리며, 많은 하늘 꽃을 내리며 (그들이)이런 말을 하오되,
부처님이 옛적 바라나(베나레스 북녹야원)에서 처음으로 설법하시고 오늘 이에 또 위없는 가장 큰 법륜을 설하시나이다." 라고

⑳ 그때 모든 천자(천왕)들이 이 뜻을 거듭 펴려고 게송으로 설하되

"옛적 바라나에서 사제법(苦集滅道)을 설하사
모든 법(제법=五陰), 오중(五衆=오온5蘊)의 생멸 분별하여 설하시고,
오늘 다시 가장 미묘한 위없는 큰 법(륜)을 설하시나니
이 법 매우 심오해 능히 믿을 사람이 적으리다.
우리 옛 부터 오며 세존의 말씀 자주 들었사오나
이 같은 깊고 미묘한 높은 법을 일찍 듣지 못 하였더니,
세존이 이 법을 설하시니 우리 다 따라 기뻐하나이다.

㉑ 큰 지혜 사리불이 이제 높은 수기 받사오니
우리들도 또 이 같아 마땅히 부처 되어

일체세간에서 가장 높아 그 위에는 (아무도) 없어 오리다.
불도란 생각으로 의논하지 못할 것이라. 방편으로 수준 따라 설하시나니,
내 소유한 복업(福業) 금세나 과거세나
또 부처님 뵈온 공덕. 다 불도에 회향하나이다."

㉒ 그때 사리불이 부처님께 사뢰되 "세존이시여, 나는 이제 다시는 의심과 후회가 없어서 친히 부처님 앞에서 아뇩다라삼먁삼보리의 수기를 받았거니와,
이 모든 1200 마음 자재하는 이(아라한) 옛적에 배우는 땅(學地)에 있었거늘 부처님이 항상 교화하사 이르시되,
'내 법이 능히 나고 늙고 병들고 죽는 것을 여의어 마침내 열반하리라' 하시거늘, 이 학(學) 무학(無學)의 사람(성문)도 또 각각 스스로 아견(我見나라는 견해)과 유무견(有無見-斷見, 常見)등을 이미 여의고 열반을 얻었다 하더니, 오늘 세존 앞에서 듣지 못한 법을 듣고 다 의혹에 떨어졌나이다. 37)
거룩하신 세존이시여, 원하옵건대 사부대중을 위하여 그 인연을 말씀하사 의심과 후회를 여의게 하옵소서."

㉓ 그 때 부처님께서 사리불에게 이르시되,
"내가 먼저 모든 부처님 세존이 가지가지의 인연과 비유와 말로 방

37) 삼승이 구경인줄 알다가 지금 일승이 진실이라고 함을 듣고 의심 함.

편 법을 설한 것이 다 아뇩다라삼먁삼보리를 위함이라 말하지 않았더냐.

이 여러 가지 말이 다 보살을 교화하기 위한 때문이니라.

㉔ 그러나 사리불아, 이제 반드시 또 비유로 이 뜻을 다시 밝히리니, 지혜 있는 이들은 비유로 알리라.

사리불아, 나라(實報土)나 고을(方便土)이나 마을(同居土)에 ,

큰 장자(부자, 여래)있으되, 그 나이 쇠약하고 늙어 재물 부유함이 한량없으며(萬德) 전답(선정)과 가옥(實智)과 또 종(방편지견)들을 많이 두었더니 그 집(삼계)이 넓고 크되,

오직 한 문(일승)만 있고, 사람들이 많아서 일백 이백(人, 天 등) 오백 사람(五道중생)이 그 안에 있더니,

당(堂 : 욕계) 각(閣 : 색계, 무색계)이 썩어 낡으며(無常) 담(墻)과 벽(바람 : 壁=四大)이 무너지며(滅損) 기둥뿌리(수명)는 썩어 헤어지며

대들보(보마리 : 意識)가 기울거늘(傾危=변함) 두루 함께(俱時) 문득 불이 일어나(생사의 불) 집(舍宅)을 태우거늘,

장자의 아들들이 혹은 열(보살의 子)이며 스물, 혹 서른(이승의 子)에 이르는 이가 이 집안에 있더니,

㉕ 장자는 이 큰불(五濁, 八苦)이 사면에서 일어나는 것을 보고(身, 受, 身, 法=八苦가 생김), 곧 크게 놀라고 두려워서, 이 생각을 하되,

내 비록 능히 이 불붙는 문에서 편안히 나왔으나, 아들들은 불붙는 집안에서 놀이를(노릇을) 즐겨(世間의樂)집착하여 깨닫지 못하며(불각不覺), 알지 못하며(부지不知), 놀라지도 아니하며(불경(不驚), 두려워하지도 아니하고(불포不怖)[38] 불이 와 몸(身)에 닿아(逼) 고통이(苦痛) 몸에 다가오되(가깝되,切己) 마음에 싫어하여 근심(시름)하지 아니하고 벗어 나오려는 뜻이 없도다.

㉖ 사리불아, 이 장자(長子)는 이런 생각을 하되
내 몸(신통)과 손(지혜)이 힘이 있으니 반드시 꽃 담는 그릇(衣裓=知見)이나 혹은 의자(几 : 無畏)나 책상(案 : 十力)으로(의지하여) 집에서 내오리라 하다가, 또 다시 생각하되
이 집이 오직 한 문(一佛乘의 車門)만 있고 또 협소하니(二乘), 모든 아들이 어려서 아는 것이 없어 놀이(노릇)하는 곳(땅)을 사랑하여 집착할 새, 혹 반드시 떨어져서 불에 타게 되리니 내가 반드시 그들을 위하여 두렵다고 말하되 이 집이 이미 타나니 이제 빨리 나와야 불에 타는 해를 입지 않으리라.
이 생각을 하고 생각함과 같이 하여 모든 아들에게 다 이르되 너희 빨리 나오라 하니,

㉗ 아비 비록 어여뻐 여겨 좋은 말로 달래어도 모든 아들들이 놀이

38) (고통에서 나오고자 하는 뜻이 없도다). [잠간도 불이 있다 말하지 아니함으로 이름이 불각(不覺)이요, 불이 뜨거운 법인지 알지 못함으로 이름이 부지(不知)요, 불이 능히 몸을 해칠 것을 놀라지 아니함으로 이름이 불경(不驚)이요, 불이 능히 생명(命) 끊을 것을 두려워하지 아니 함으로 불포(不怖)라.]

즐겨 집착하여 믿고 받아들이지 아니하며, 놀라지도 아니하며 겁내지도 아니하여 끝내 나올 마음이 없으며, 또 다시 어느 것이 이 불이며 어느 것이 집이며 어느 것이 그릇됨 인지 알지도 못하고 오직 동서로 달리며(달아=生死往還) 놀이하며 아비를 보기만 할 뿐이라.

㉘ 그때 장자는 곧 이런 생각을 하되, 이 집이 이미 큰불에 타니 나와 모든 아들들이 만약 이제 나가지 아니하면 반드시 불에 타게 되리니, 내 이제 마땅히 방편을 펴서 모든 아들들이 이 피해를 면하게 하리라 하고.

아버지는 모든 아들이 먼저 마음에 각각 좋아하는 것이 있는 것을 알아서 가지가지의 보배 노리개(玩)와 기이한 것을 마음에 좋아 할 것이다, 라고 생각하고 이르되

너희들이 좋아하는 노리게는 귀한 것이라. 얻기 어려우니 네 만약(지금)가지지 아니하면 뒤에 반드시 후회하리라.

이 같은 여러 가지 양의 수레(聲聞), 사슴의 수레(緣覺), 소의 수레(보살승)가 이제 대문 밖(三界밖)에 있으니 놀며 장난 할 수 있으리니,

너희 이 불타는 집에서 빨리 나와야 하니 너희 하고자하는 것을 다 반드시 주리라. 하니

㉙ 그때 모든 아들들이 아버지가 말한 진귀한 노리개가 (있다고)들

고 제 원하든 것과 맞음이라(聞), 마음에(思) 각각(30子) 용맹하고 날래게 서로 밀치면서(修) 함께 달려서 불타는 집에서 다투어 나오니라.

이때 장자는 모든 아들이 편안히 나와 다 네거리 길(四諦)가운데 한데(맨땅: 三界思惑) 앉아, 다시 걸림 없는 것(見思惑盡, 眞諦理顯)을 보고(자유로운 것을 보고) 그 마음이 편안(견사(見思)에 걸림 없음)하여 기뻐(생멸을 벗어남) 뛰더니

그 때 모든 아들들이 각각 아비에게 이르되, 아버지 먼저 허락하신 장난감 양의 수레, 사슴의 수레, 소의 수레(三乘의果)를 원컨대 지금 주소서. 라고.

㉚ 사리불아, 그때 장자는 모든 아들에게 같은 큰 수레(大乘)를 각각 주니

그 수레(술위: 一乘)는 높고 넓고 많은 보배(萬行)로 꾸미고 난간(叢持)을 두르고(萬善으로 악을 막음) 사면에 방울을 달고(四무애변재) 또 그 위에 헌개(幰蓋휘장과 일산.幰=수레 위에 비단을 까는 것) 펴고(자비) 또 귀하고 기이한 여러 가지 보배로 장엄하게 꾸미고(진실한 萬善으로 慈悲를 장엄함), 보배 줄로 얽어매고(四弘誓願) 여러 가지 빛나는 영락을 드리우고(四攝, 신통)

빛나는 돗자리 겹겹이 펴 깔고(모든 情) 붉은 베게 놓고(十乘通塞) 흰소(청정) 수레를 메우니(무루반야로 三敎를 인도함) (말이)살빛이 충실하

고 깨끗하며(煩惱無染) 얼굴이 고우며(無惡) 큰 힘줄(五根)에 힘(五力)이 있으며,

걸음이 평정(편안)하며(定慧균등) 그 빠름이 바람 같거늘(빨리一切智에 이름) 또 많은 종이 따라 모시니라.(방편바라밀),

왜나하면? 이 큰 장자 재물(천량) 부요함이 한량없어 가지가지 모든 창고에 다 가득하여 넘쳐서(福慧원만).

㉛ 이 생각을 하되 내 재물이 끝이 없으니 변변치 못한

작은 수레(소승)를 모든 아들(중생)에 줌이 옳지 못하도다.

이제 이 아이들이 다 이 내 아들이라.

사랑에 편당(偏黨 : 기운 당.한 쪽에 기울어짐) 없으니 나에게 이와 같은 칠보로 된 큰 수레가 있는데 그 수 한량없으니(一體敎法) 응당 평등한 마음(等心)으로 각각 주되 차별함이 옳지 못 하도다.

왜나? 내 이것(물건)으로 한 나라(사람에게)에 다 주어도 오히려 다하지(없어지지) 아니할 것인데 어찌 하물며 모든 아들들에 주는 것이랴!

이때 모든 아들이 각각 큰 수레를 (얻어)타고 희유한 것을 얻었으니 본래는 바라던 것(작은 세 수레)이 아니었더라(一乘得佛).

㉜ 사리불아, 너의 뜻에 어떠하뇨? 이 장자가 모든 아들에게 진귀한 보배의 큰 수레를 같이 준 것이 어찌 허망(거짓)함이 있느냐? 없

느냐?

사리불이 아뢰되 없나이다. 세존이시여, 이 장자가 오직 모든 아들이 불난리를 능히 면하여 그 몸 목숨을 보전하게 함도 허망함이 아니 되리니

왜냐? 만약 몸 목숨이 온전하면 곧 이미 진귀한 장난감을 얻은 것(대승교)이 되거늘,

하물며 또 방편으로 저 불타는 집(소승교)에서 빼내어 건짐이 옵니까?(八苦의 불을 면하고 계,정,혜,해탈,해탈지견의 五分의 몸(법신)이 온전함)

세존이시여, 만약 이 장자가 가장 작은 한 개의 수레를 주지 않아도 오히려 거짓말(허망)이 아니니 왜냐 하오면?

이 장자가 먼저 이런 뜻을 생각하되, 내 방편으로 아들을 능히 나오게 하리라 고 하였으니 이 인연으로써도 거짓이 없는데(잘못이 없으니),

어찌 하물며 장자는 스스로의 재물 부요(富饒)함이 한량없음을 알고 모든 아들을 요익케(풍요) 하고자 하여, 똑 같이 큰 수레를 줌이오리까.?"

㉝ 부처님께서 사리불에게 이르시되

『 좋다. 좋다 네가 말한 바와 같으니라. 사리불아, 여래도 또한 이와 같아 곧 일체세간의 아버지라.

여러 가지 두려우며 쇠하여 서러우며 근심과 무명(無明)의 어두움

의 가림에서 영원히 다 하여 남음이 없어서,
한량없는 지견과 힘과 두려움 없음을 다 성취하고 큰 신통력과 지혜력이 있으며 방편과 지혜의 바라밀을 갖추어,
대자대비로 항상 게으름이 없어서 항상 좋은 일을 찾아 일체(五道중생)를 이익하게 하느니라.
삼계의 썩어 낡은 불난 집(생로병사)에 태어나서 중생의 나고 늙고 병들고 죽으며 근심하고 슬퍼하며 고뇌하며 어리석음에 아득히 가린 삼독의 불에서 제도하기 위하여 교화하여 아뇩다라삼먁삼보리를 얻게 하느니라.

㉞ 보건대 모든 중생이 나고 늙고 병들고 죽고 근심하고 슬퍼하고 고뇌에 타고 삶은 바(燒煮)가 되며, 또 오욕과 재물의 이익 때문에 가지가지 고통을 받으며, 또 탐내고 애착하며 쫓아 구하는 연고로 현생에 많은 고통 받다가 후세에는 지옥, 축생, 아귀의 고통을 받으며,
만약 천상에 나거나 또는 인간에 태어나도 빈궁하여 서러운 고통과 사랑하는 이 이별하는 고통과 미운이 만나는 고통, 이와 같은 가지가지 많은 고통에 중생이 그 중에 빠져서 즐겨 놀며, 장난하며, 깨닫지 못 하며, 알지 못하며, 놀라지도 않으며, 두려워하지도 않으며,
또 싫은 뜻 내지도 않으며 벗어나기를 바라지도 아니하고, 이

삼계화택(불난 집)에서 동서로 달리며 비록 큰 고통을 만나도 근심하지 아니하도다.

㉟ 사리불아, 부처님이 이것을 보고 나서 곧 이런 생각을 하되, '내가 중생의 아버지가 되었으니 마땅히 그 고난을 뽑아 한량없고 끝없는 부처님 지혜의 낙(一乘業樂)을 주어 그들로 하여금 놀며 장난하게 하리라.'라고

사리불아, 여래는 다시 이런 생각을 하되, '만일 내가 다만 신통력과 지혜의 힘으로써 방편을 버리고 중생들을 위하여 여래의 지견과 힘과 두려움 없음(일승의 體)을 칭찬만하면 중생이 능히 이것으로써는 제도를 얻지 못 하리라.(수준에 맞지 않아)

왜냐하면? 이 모든 중생들이 나고 늙고 병들고 죽고 근심하고 슬퍼하고 고뇌함을 면치 못 하여, 삼계의 불난 집에서 타게 되니 어디에서 능히 부처님의 지혜를 알리오.'

㊱ 사리불아, 저 장자가 비록 또 몸과 손에 힘이 있어도 그것을 쓰지 않고 다만 은근히 방편으로 모든 아들을 불타는 집의 난리에서 힘써 구제한 그런 후에야 각각 보배의 큰 수레를 줌과 같이, 여래께서도 또한 다시 이와 같아서 비록 힘과 두려움 없음이 있어도 그것을 쓰지 아니하고 다만 지혜 방편으로써 삼계의 불타는 집에서 중생들을 빼내 건지려고 삼승(三乘)인 성문승, 벽지불승, 불승

(佛乘)을 그들을 위하여 설하노라,

그리고 이렇게 말하되 '너희들은 삼계의 불타는 집에 즐겨있지 말며 거칠고 낡은(멸텁고 헌) 색(물질), 성(소리), 향, 미(맛), 촉(촉감)을 탐하지 마라.

만약 탐하고 집착하여 사랑하면 곧 불에 타게 되리라. 네 삼계에서 빨리 나오면 마땅히 삼승인 성문, 벽지불, 불승을 얻으리니,

이제 내가 너희들을 위하여 이 일을 보증하여 맡으리니(보임-보증) 마침내 헛되지 아니하리니, 너희 오직 마땅히 부지런히 닦아 정진하라. 여래께서는 이방편으로써 중생들을 달래어 (화택에서)나오게 하느니라.

㊲ 또 이런 말을 하시되

『'너희들은 반드시 알라. 이 삼승법은 다 이 성인이 일컬어 찬탄하는 것이라. 자재하여 매인데 없으며 의지하여(붙어) 구할 것이 없으니,

이 삼승을 타면(배우면) 누(번뇌) 없는 5근[39]과 5력[40]과 깨달음(七覺支)[41]과 도(八正道)[42]와 선(四禪)[43]과 정(九次第定)[44]과

39) 5근(五根 : 眼, 耳, 鼻, 舌, 身). 5근(五根 : 신근(信), 정진근(進), 념근(念), 정근(定), 혜근(慧))

40) 5력(力) : 신력(信力-신앙) 근력(勤力-노력).염력(念力-억념憶念).정력(定力-선정력).혜력(慧力-지혜력)

41) 7각지(覺支=

(1) 염각지(念覺支)는 정혜(定慧)를 알아 평등하게 하여 한 생각도 뜨고 잠김이 있는 것을 보지 못함이요,

(2) 택(擇)각지는 진실하며 거친 법을 능히 잘 분별함이요,

(3) 진(進)각지는 정진 수행하여 사행(邪行)을 여읨이요,

(4) 희(喜)각지는 마음에 좋은(선한)법을 얻어 기쁨이 일어남이요,

(5) 경안(輕安)각지는 각심(覺心)이 움직일 때 곧 제하여 없애버려 법미(法味)를 얻어 몸과 입에 거친 것을 없애니 가볍고 빠르고 편안함이라.

8해탈45)과 모든 삼매 등으로써 스스로 즐겨 곧 한량없이 편안한 (안은安隱) 쾌락을 얻으리라.'

㊳ 사리불아, 만일 중생이 안으로 지혜의 성품46)이 있어, 부처님 세존을 따라 법을 듣고 믿고 받아서 부지런히 정진하여 삼계에서 빨리 나오려고 스스로 열반을 구하는 이를 성문승이라 하니,

저 모든 아들이 양의 수레47)를 구하기 위하여 불타는 집에서 나

---

(6) 정(定)각지는 선정이 앞에 나타나 견애(見愛)가 일어나지 아니 함이요.

(7) 사(捨)각지는 여러 가지 경계의 그릇된 것을 버리어 진실을 찾는 것이라. 지(支)는 갈라지는 것이다

42) 8정도와(正道=

(1) 정견(正見)은 4제(諦)를 밝게 보는 것.

(2) 정사유(正思惟)는 무루지(無漏智)를 생각하여 헤아림이요.

(3) 정어(正語)는 입으로 삿된 말 아니함이요.

(4) 정업(正業)은 여러 가지 좋은 업을 닦는 것.

(5) 정(正)정진(精進)은 사곡(邪曲)한 고행을 여읨이요.

(6) 정정(正定)은 누(漏)없는 선정을 구함이요.

(7) 정념(正念)은 도를 바르게 돕는 것을 생각함이요. 바르게 돕는 도(正助道)는 37품의 이치를 인연하여 혜행(慧行)을 이룸이 정도(正道)요. 가지가지를 상대하여 다스리는 것과 여러 가지 선정을 이룸이 조도(助道)요, 인지(忍智)와 무애(無礙) 해탈이 정도(正道)요, 방편으로 대하여 다스리는 37품이 조도(助道)라.

(8) 정명(正命)은 다섯 가지 사곡한 명(5邪命)을 여읨이니

다섯 사(5邪)는

1) 이 이양(利養-이익 된 삶,이익)을 위하여 거짓된 일로 기이하고 특별한 일을 나타내는 것이요.

2) 이 이양((利養)을 위하여 자기 공덕을 말함이요.

3) 이 이양((利養)을 위하여 관상(相)이나 길흉(吉凶)을 점(占)처서 남 을 위하여 법을 말함이요.

4) 이 이양(利養)을 위하여 큰 소리로 위엄을 나타내어 남을 적게 함이요.

5) 이 이양((利養-삶)을 위하여 자기가 얻은 이양을 말하여 남의 마음을 움직임이라. (저곳에서 이양을 얻으면 이곳에서 칭찬하고 이곳에서 얻고는 저곳에서 칭찬하여 이양(이익)을 취하는 것)

4선정(禪),과 9차제정과(次第定=초선(初禪)과 2선(禪)과 3선과 4선과 공처정(空處定)과 식처정(識處定)과 무소유처정(無所有處定)과 비비상처정(非非想處)과 멸진정(滅盡定)이 9라.)

43) 4선(禪) : 초선(初禪), 2, 3, 4선(禪)

44) 9차제정(九次第定 : 삼매에 들어가는 단계. 4禪, 4空과 滅受想定)

45) 8해탈(八解脫 : 1.안에 색(色)이 있음을 보고 밖에 또 색을 보는 해탈(안을 보고 밖을 보는 것), 2.안에 색 없음을 보고 밖에 또 색을 보는 해탈(밖을 보고 안을 보는 것), 3.내외 모든 색의 해탈(있고 없음이 다 청정함), 4.공무변처해탈(空無邊處 : 인연한 색이 허공 같음), 5.식무변처해탈(識無邊處 : 三世의 識이 보임), 6.무소유처해탈(色緣이 없음이 없음), 7.비비상처해탈(非非想處 : 相이 끊어져 묘가 일어남), 8.멸수상정해탈(滅受想定 : 마음의 數法을 다 앎))

46) 지혜의 성품 : 전생에 삼승을 익혀 그 지혜를 이룬 고로 부처님이 삼승의 가르침을 배품.

온 것과 같으니라.

㊴ 만일 어떤 중생이 부처님 세존을 따라 법을 듣고 믿고 받아서 부지런히 정진하여 자연의 지혜를 구하며 홀로 있기 즐겨 잘 고요하여지며(선정), 모든 법의 인연을 깊이 아는 이는 이 이름을 벽지불승이라 하니,
저 모든 아들이 사슴의 수레[48]를 구하기 위하여 불타는 집에서 나온 것과 같으니라.

㊵ 만약 중생들이 부처님 세존을 따라 법을 듣고 믿고 받아서 부지런히 정진하여 닦아 일체지(一切智보살지)와 부처님 지혜(佛智)와 자연지(自然智.=무공용지(無功用智자연이 아는 부처님의 일체종지(一切種智))[49])와 무사지(無師智스승 없이 얻은 부처님 지혜)와 여래의 지견(知見)과 힘과 두려움 없음을 구하여, 무량 중생을 가엽게 생각하여 편안히 즐겁게 하여 하늘과 사람을 이롭게 하여 일체를 제도하여 해탈 시키는 이는 이 이름이 대승보살이니, 이런 승(가르침)을 구하므로 이름이 마하살이라 하니,
저 모든 아들이 소의 수레(참고 잘 운반하는 고로 보살승에 비유)를 구하기 위하여 불타는 집에서 나온 것과 같으니라.

---

47) 양의 수레 : 양은 뒤의 무리를 돌아보지 않은 고로 비유.

48) 사슴의 수레 ; 사슴은 뒤돌아보는 자비가 있는 고로 비유.

49) 자연지(自然智) : 무공용지(無功用智자연이 아는 부처님의 일체종지(一切種智)

㊶ 사리불아, 저 장자의 모든 자식들이 불타는 집에서 편안히 나와 두려움 없는 곳에 이른 것을 보고 자기가 생각하되, 재물 부요함이 한량없어, 같은 큰 수레를 자식들에게 주는 것과 같이

여래도 또한 이와 같아 일체 중생의 아버지가 되어, 만약 한량없는 억 천의 중생이 부처님의 교화하는 문으로 삼계의 괴롭고 두려운 험한 길에서 나와 열반의 낙(樂)을 얻는 것을 보면, 여래 그때 곧 이런 생각을 하되,

'나는 한량없고 가없는 지혜와 힘과 두려움 없는 등의 모든 부처님 법의 창고가 있으니,

이 모든 중생이 다 이 나의 아들이라. 한 가지로 대승을 주어 사람이 홀로 멸도를 얻지 못 하게 하여 다 여래의 멸도로서 멸도하게 하리라' 하고.

이 중생들 중에 삼계를 벗어난 이를 다 모든 부처님의 선정, 해탈 등 즐길 감(기구)을 주나니,

다 이 한 모양(실상) 한 종류(반야)라. 성인께서 (이법을)일컬어 찬탄하시는 것이며 능히 깨끗하고 미묘한 제일의 낙(해탈)이 생기느니라.

㊷ 사리불아, 저 장자가 처음에 세 개의 수레로써 모든 자식을 달래어 인도한 후에 오직 큰 수레. 보물로 장엄하여 편안함이 제일 좋은 것을 주나, 그러나 저 장자는 허망(虛妄거짓)한 허물이 없듯이

여래도 또 다시 이와 같아 허망함(거짓말)이 없나니, 처음에 삼승을 설하여 중생을 인도한 뒤에 오직 대승으로 제도하여 해탈케 하나니,

왜냐하면, 여래께서는 무량한 지혜와 힘(力)과 무소외와 모든 법의 창고가 있어서 능히 일체 중생에게 대승의 법을 주건마는 다만 (그들이) 능히 다 받지 못 하느니라.

사리불아, 이런 인연으로 마땅히 알라. 모든 부처님께서는 방편의 힘 까닭에 일불승에서 분별하여 삼승을 설하느니라.』

㊸ 부처님께서 거듭 이 뜻을 펴고자 게송(偈시)을 설하시되

비유컨대 장자는 하나의 큰 집이 있어
그 집(삼계)이 오래되어 낡고 또 헐어서(五濁이 모임)
집(집堂=색계. 집舍=욕계)이 높아 위태롭고(떨어짐), 기둥뿌리(두 발)썩어 꺾어지며(生異滅)
들보(梁棟용마루 밑 도리=意識) 기울며(諸苦所壞) 터의 섬돌(過去行業)은 무너지며(衰老),
담과 벽(四大)은 헐어지며 바른 진흙(피부)떨어지며
덮은 이엉(떠풀 지붕)들이 어지럽게 떨어지며(筋骨老弱, 支, 節이 완전치 못함)
추녀와 서가래(힘줄, 뼈)는 어긋나 빠지면서(五識이 총명치 못함),
두루(六識이)막혀(六根이) 굽었는데(識이 根을 인연하여 경계를 취하는 것이 어려움)

온갖 더러움이 그 속에 가득 한데(根이 물듦),
오백 사람(五道중생)이 그 가운데 살고 있어

㊹ 솔개(鴟)와 올빼미(梟) 수리(鵰), 독수리(鷲), 까마귀(烏), 까치(鵲),
산비둘기(鳩), 집비둘기(鴿-八鳥)[50] 와,
독사(蚖), 살모사(蛇), 전갈(蝮蝎), 지네(蜈蚣), 그리마(蚰蜒瞋使에 비유)[51].
도마뱀(守宮)과 백족충(百足 : 발 많은 벌레)과 족제비(鼬), 살쾡이(貍),
생쥐(鼷), 쥐(鼠)와
온갖 모진 벌레 들이 뒤섞여 달리며(癡使다),[52]
오줌 냄새나며 깨끗하지 못한 것이 흘러서 넘치거든
말똥구리 온갖 벌레 그 위에 모여들며,
여우, 이리, 야간이들(여우 이리와 닮은 짐승) 씹으며 짓밟으며
시체 물어뜯어 (물너지고 허물어져.=貪使) 뼈와 살이 낭자(狼藉-),[53] 하며
이로부터 뭇 개들이 다투어 잡으면서,
주리고 여위며 겁을 먹고 곳곳에 먹이 찾아(貪使)
붙어 싸우면서 이를 드러내고 으르렁대며 짖더니(疑使=未定),
그 집이 두렵게 변한 모양이 이와 같음이라.

---

50) 8조八鳥 : 慢使다,=8만 八慢의 비유=높이 날아 아래를 내려다 봄)

51)진사(瞋使) : 5 둔사(鈍使)의 하나, 사(使)는 번뇌의 다른 이름. 곧 성냄의 번뇌다.

52) 치사(癡使) : 5 둔사(鈍使)의 하나, 어리석음의 번뇌.

53) 낭자하며(狼藉-고어-헤드렛 거든-흩어져 어지럽거늘)

㊺ 곳곳에 이매망량(魑魅魍魎 도깨비 : 산, 물, 나무, 돌의 정령(精靈))
야차와 악귀들이 사람 고기 먹으면서
독한 벌레 무리들과 온갖 악한 금수(禽獸날짐승 길짐승)들이
알 까며 낳아 젖 먹이며 각자 숨겨 보호하니(호지護持),
야차가 달려와 다투어 잡아먹고
먹고는 이미 배가 불러 악한 마음 더욱 성해
싸우는 소리가 매우 겁나 두려운데(邪見),
구반다 귀신이 흙더미에 걸터앉아
혹 때로 땅에서 한자 두자 식 뛰어 오르며,
갔다 왔다 놀아나며 마음껏 장난하며(마음껏 놀이함-戒取見),
개의 두발 잡고 받아쳐서 소리도 못 지르게
다리를 목에 얹어 개에 겁을 주며 스스로는 즐겨 하며

㊻ 또 귀신(귀것)들이 그 몸이 길고 크며
발가벗고 검고 야윈 것이 항상 그 가운데 있음이라.
큰 모진 소리 내어 울며 먹이 찾고(身見),
또한 여러 귀신들이 목구멍이 바늘(구멍)같고(見取見),
또 많은 귀신이 머리가 소머리라.

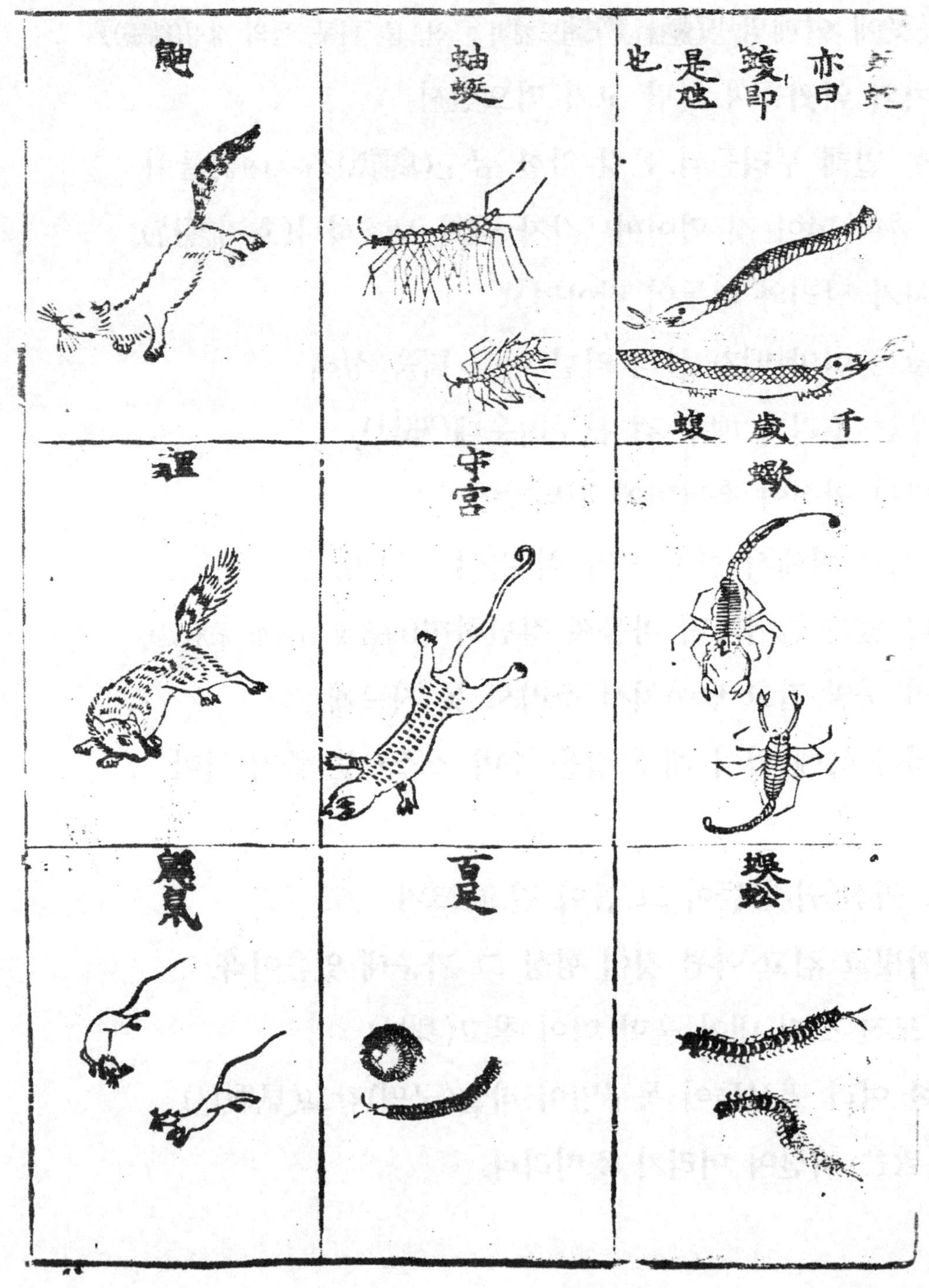
鼬
蚰蜒
赤目蝮即是虺也
守宮
千歲蝮
蠍
鼷鼠
百足
蜈蚣

혹은 사람 고기 먹고 혹은 개를 잡아먹고
머리털이 흩어져서 죽이며 해치며(殘害) 흉(兇)하고 험악(險)하며
기갈에 시달리어 울면서 달아나며(邊見),
야차, 아귀(利使)와 온갖 사나운 새 짐승들(鳥獸사나운 새, 짐승들-鈍使)
굶주림 급하여서 사방으로 향하여 틈(창유(窓牖)창문)[54] 으로 엿보더니
이와 같은 여러 난리에 두려움이 한없더라.

㊼ 이 썩어 낡은 집이(삼계) 한 사람(佛)에 속했으니,
그 사람이 가까이 나가(외출=滅) 오래지 않은 사이에
(얼마)뒤에 집(宅=삼계. 舍=五陰)에서 홀연히 불이나
사면(생로병사)이 일시에 그 불(삼독의 불)이 다 성하여,
마룻대, 들보, 석가래, 기둥, 툭툭 소리나 진동하며 찢어지며
꺾여 떨어지며 담과 벽이 무너지거늘(四大亡),
모든 귀신(신식. 정신)들이 소리 높여 크게 울며
수리, 독수리와, 온갖 새, 구반다(사람정기를 먹는 귀신=삼독)등이
우왕좌왕 두려워서 능히 스스로 나오지 못함이라,
모진 짐승, 독한 벌레 구멍(四禪八定)[55] 으로 숨어들며(鈍使)
비사사 귀신(시체를 먹는 악귀) 또한 그 가운데 머물더니(利使),

---

54) 창유(窓牖) : 窓=집문, 牖=담 사이 문.利鈍使를 함께 맺음. 창문으로 엿보더니-먹이 찾아 4방을 향하여 나무사이 틈으로 먹이를 찾는 모습.

55) 4선(禪) 8정(定) : 색계의 4선(禪)과 무색계의 공무변처(空無邊處). 식무변처(識無邊處) 무소유(無所有)처(處).비상비비상(非想非非想)처(處)를 말 함.

㊽ 복덕이 엷은 고로 불이 닥쳐와서,
다 서로 해치고 피 마시고 고기 먹고,
야간(欲界貪)의 무리 다 이미 먼저 죽었거늘(욕계 未到定에서 욕계貪을 끊었음),
여러 크고 악한 짐승들이 다투어 와서 먹으며
더러운 냄새 연기같이 자욱(蓬㶿은 연기 모양)히 사면(四倒八苦)에 가득 하며
지네, 그리마. 독사(瞋)의 무리들이
불에 타게 됨에 다투어 달려서 구멍에서 나오거늘[56]
구반다 귀신들이 쫓아와 뺏어 먹고,
또 여러 아귀들은 머리 위에 불이 붙고
주리며 목마르며 뜨겁고 괴로워서
두루 들볶이어 치달리더니
그 집이 이와 같이 심히 두려워
독의 해(害), 화재, 뭇 재난, 한 가지가 아니더라,

㊾ 이때 집주인이 문밖에 서있는데,(삼계를 벗어나신 부처님)
어떤 사람 말하기를 '너의 아들들이
먼저 노는 놀이에 빠져 이 집에 들어와서
어려서 아무것도 모르고 놀이에 빠져 즐기고 있도다.' 함을 듣고,
장자는 듣고 놀라 불타는 집에 들어가
맞는 방법(방의方宜)[57]으로 구제하여 건져 불에 타는 해(燒害)가 없

56) 색계가 싫어 무색계를 향함. 瞋使는 삼계에 통하여 있음

게 하려고

여러 아들에게 타일러서 많은 환난(患難)을 말하되

모진 귀신 독한 벌레와 재해의 불이 만연하여

많은 고통(受苦) 차례로 이어져 끊어지지 아니하며,

독사와 살무사와 또 모든 야차(夜叉)와

구반다 귀신과 야간과 여우와 개와

수리와 독수리, 솔개, 올빼미와 백족충(지네등)의 무리

기갈로 고통 받아 위급하고 매우 두려우니

이런 고통과 어려움이 있는 곳에 하물며 다시 큰 불이 났다 하였거늘.(見思惑),

아들들 무지하여(無大小志) 비록 아버지 가르침을 듣고도

오히려 여전하게 즐거움에 집착하여 장난을 계속하니.

㊿ 이때에 장자 이렇게 생각하되

「모든 아들이 이 같이 내 걱정(시름)을 더하나니

지금 이 집이 하나도 즐거울 것 없건만

아들들이 장난에 빠져 즐기며

내 말 듣지 아니하니 장차 불의 재앙 입으리다.」 라고

곧 생각하여 여러 가지 방편을 베풀어서

모든 아들에게 말하되 「내게는 가지가지

진귀한 장난감을 갖춘 미묘한 보배의 좋은 수레가 있는데(방편)

---

57) 맞는 방법(방의方宜) ; 擬宜=중생이 받아들일 수 있을 가, 없을 가 고찰함.

양의 수레, 사슴수레, 큰 소의 수레가
이제 대문밖에 있으니[58] 너희들은나오너라.
내가너희들을위하여이 수레를 만들었으니(방편)
(너희)뜻에 좋아하는 대로 가지고 놀 수 있으리라.」 라고.

⑤① 모든 아들이 이 같은 여러 수레를 말하는 것을 듣고,
즉시 분주하게 다투면서 달려 나와
빈 땅에 이르러 모든 고난을 여의거늘.
장자 아들이 화택에서 나와
네거리(四諦)에 머문 것을 보고 사자좌에 앉아서
스스로 경하(慶賀)하여 말하되 내 이제 쾌락(快樂)하도다.
이 여러 아들 낳아 기르기가 심히 어렵거늘(人身難得),
미혹하고 어려 앎이 없어(愚小無知) 험한 집에 들어가 있음이라.
여러 가지 독충(毒蟲) 많고, 도깨비(魑魅)도 무서우며
큰 불 맹렬한(매운) 불이 사면에서 다 일거늘,
이 여러 아들(중생) 즐거움(낙樂오욕락)에 빠져 놀이하더니
내 이미 구하여 어려움에서 벗어나게 하였으니,
이런 고로 사람들아, 내 이제 쾌락하도다(快樂).」 라고 .

⑤② 그때 아들들이 아버지가 편안하게 앉아 계심을 알고
다 아버지께 가서 하는 말이,

58) 4제를 보여 세간을 벗어나는 법을 알게 함

'원하오니 우리들에게 세 가지 보배 수레를 주시되
앞에서 허락하신 것과 같이 주소서. 아들들이 나오면
마땅히 세 개의 수레를 네 하고자 하는 대로 주리라 하시었으니
지금이 바로 그 때이니 내려 주시 옵소서'

㊸ 장자는 큰 부자여서 여러 창고가 많아
금, 은, 유리, 자거, 마노
많은 보배 물건(因果법)으로 여러 큰 수레(대승)를 만들어
엄숙히(씩씩히) 꾸미고, 난간을 두르고
사면에 방울 달고 금줄로 섞어 얽고(因果법)
진주 그물 그 위에 펴고,
금꽃과 영락들을 곳곳에 드리우고
많은 빛난 것을 섞어 꾸민 것을 두루 두르고(자비)
부드러운 비단(깁)과 솜으로 요를 만들고,
으뜸가는 미묘한 가는 모직 값이 천억인 곱고
희고 깨끗한 것으로 그 위에 덮고,
크고 흰 소 살찌고 굳세고 힘이 세며
몸체가 고운 것으로 보배 수레 매우고,
많은 종이[59] 모시고 호위하여(侍衛)
이런 아름다운 수레(술위)를 모든 아들에게 같이 주니.
아들들이 이때에 기뻐 뛰며(나솟아)

59)많은 종이(儐從 : 앞에 선이가 儐 뒤에 따르는 이가 從)

이 보배 수레 타고 사방으로 노닐면서

장난하며 쾌락하게 자유로워(일체 법에) 걸린데 없더라.

○ **삼장교(三藏教)에서는**

[1] 유문(有門)은 아공(我空) 법유(法有)-나는 공하고 법은 있다.

[2] 공문(空門)은 아공(我空) 법공(法空)-나는 공하고 법도 공하다.

[3] 쌍역문(雙亦門)은 유(有) 이기도 공(空)이기도 하다.

[4] 쌍비문(雙非門)은 유(有)도 아니요 공(空)도 아니라고 보는 것.

○ **통교(通教)에서는**

[1] 유(有)문은 허수아비 같은 존재라 한다.

[2] 공문(空門)은 유(有)는 공(空)이라 공(空)과 유(有)가 불가분의 관계다.

[3] 쌍역문(雙亦門)은 유(有), 공(空)이 공존(共存)한다.

[4] 쌍비문(雙非門)은 유(有)로 공(空)을 부정하고 공(空)으로 유(有)를 부정한다.

○ **별교(別教)에서는**

[1] 유문(有門)은 십계(十界)의 연기의 모양(緣起相)을 관(觀)하는 것.

[2] 공문(空門)은 그 연기에서 무생(無生)을 관하는 것.

[3] 쌍역문(雙亦門)은 연기(緣起)와 무생(無生)을 함께 관하는 것.

[4] 쌍비문(雙非門)은 연기와 무생을 함께 부정(否定)하는 것이다. 그러나 쌍역문을 주로 한 것이 별교의 특색이다.

○ **원교(圓教)에서는**

[1] 유문(有門)은 법의 본유(本有)를 관하는 것.

[2] 무문(無門)은 법의 무생(無生)을 관하는 것.

[3] 쌍역문(雙亦門)은 법의 본유와 무생을 함께 주장하는 것.

[4] 쌍비문(雙非門)은 법의 본유와 무생을 함께 부정(否定)하는 것이다.

○ 삼장교(三藏教)는 유(有), 공(空)을 달리 보고

통교(通教)는 유(有), 공(空)은 불가분이요

별교(別教)는 유(有), 공(空)이 다르나 서로 평등하다.

원교(圓教)는 유(有), 공(空)이 분리되지 않고 유(有)가 곧 공(空)이요, 공(空)이 곧

유(有)라고 보는 것이다.】

【사종사제 (四種四諦 : 사제의 네 종류→

[1] 생멸(生滅)사제四諦 - 고집(苦集)의 인과(因果-번뇌가 원인이 되어 생사(生死)등의 고(苦)를 받는 것)는 세간(世間)에 속하고 멸도(滅道)의 인과(因果-팔정도가 인이 되고 열반이 과다.)는 출세간(出世間)의 법인데 인(因)과 과(果)가 하나하나 실유(實有)로써 대립(對立)관계로 본다.

[2] 무생(無生)사제 - 인(因), 과(果)가 함께 공(俱空)이라 생멸(生滅)이 없다고 보는 것.(體空觀))

[3] 무량(無量)사제 - 공에서 다시 차별적인 현실로 나와 고집멸도에 각각 무량한 모양이 있는 것을 관하는 것. 진여(眞如)와 무명(無明)의 훈습(薰習)에 의하여 한량없는 미(迷), 오(悟), 인(因), 과(果)의 모든 현상을 드러내는 것이므로 사제에도 한량없는 모양이 있다는 것이다.(別敎)

[4] 무작(無作)사제 - 앞의 세 가지 4제는 고집의 생사의 인과와 멸도라는 열반의 인과를 다르게 보는 데 원교(圓敎)에서는 번뇌(煩惱)와 보리(菩提)가 상즉(相卽)하여 끊을 번뇌도 증득(證得)할 과(果)도 없음으로 원융(圓融)하여 무작(無作 : 지을 것이 없다)이라 한다.(생사가 열반이다)

이 4제가 장, 통, 별, 원교의 내용을 이룬다.】

【41위 : 십주(十住), 십행(十行), 十회향(回向), 십지(十地), 등각(等覺)(이상 41위)이 인(因)이고 묘각(妙覺)은 과(果 : 성불)다】

【계환 해설】 1승(乘)의 묘용(妙用)을 얻으면 한 모퉁이(一隅)에도 걸리지 아니함에 그러므로 4방에 노닌다고 하시고 모든 법에 매이지 아니하니,

그러므로 놀이(장난)하며 유쾌히 즐겁다 하시니 대개 놀이 하는 사람이 사물에 뜻 없으며(무의無意) 일정(一定 : 하나에 고정함, 결정함)이 없어(無必 : 반드시 결정된 것이 없음) 조화롭거든 응하며(調而應) 어울리면 모여(偶而會) 매인 집착(縛着)한 마음이 잠간도 없으니,(無意無必,調而應,偶而會,曾無縛着之心-뜻도 없고 결정된 것도 없고 조화롭게 응하고 어울려 모이며 매여 집착하는 마음이 잠간도 없다)

<u>도인(道人)이 일체 법에서 장난(嬉戱) 같아야 능히 자재하여 막은데(막힌데) 없으리라.</u> (道人於一切法,若嬉戱然,乃能自在無礙)

⑭ 사리불에게 말하노니, 나도 또한 이와 같아

많은 성인 중 어른이며(尊) 세간의 아버지니,

【일여집주】 위의 두 구절은 직위와 이름(位号)을 합한 것이고 아래 두 구절은 이름과 덕행을 합한 것인데 겸(兼)하여 덕을 칭찬한 뜻에 합치하였다.
여래는 이 7방편(方便)의 현성(賢聖) 중에 어른이요 9종(種)세간(지옥계, 아귀, 등 불계(佛界)를 제외한 세계)의 아버지다.

묘락이 이르되 「9종세간이란 다만 이것이 9계(界)일뿐이다. 7방편을 9세간에서 바라보고 다만 사취(四趣 : 지옥, 아귀. 축생, 수라)만을 제외한다.」 라고

삼교(三教) 보살을 열어(開三) 여의게 하였으니(삼교보살을 삼승으로 열어 그것(삼승)을 여의게 함) 아들이란 뜻과 통함으로 그래서 세간(正因의 아들, 정인불성을 아들로 본 것)은 9세간을 따르는 것이다.

결연(結緣 : 緣因의 아들, 연인불성을 아들로 본 것)은 뜻에 국한하는 까닭이요, 방편은 오직 7종뿐이다.

【3인(因)불성(佛性)- 3불성.

[1] 정인(正因)불성- 중생에 본래 진여(眞如)의 이치를 갖추고 있고.

[2] 요인(了因)불성-진여의 이치를 비추어 나타나게 하는 지혜.

[3] 연인(緣因)불성-지혜를 일으키는 연(緣)이 되는 선행(善行).

선행(善行 : 연인)이 종자가 되어 지혜(요인)를 이루고 진여(정인)를 이루는 것이다 (아들이란 뜻은 因, 열반은 과-果)】

일체 중생이 다 나의 아들이니

세간 낙(樂)에 집착하여 지혜로운 마음 없으며

삼계가 편안함 없음이 마치 불타는 집 같아서,

많은 고통 가득하여 심히 두려워서,

항상 생로병사에 근심하고 걱정하며

이와 같은 불이 성해 꺼지지 아니하니.

㊺ 여래는 이미 삼계의 화택(불난 집) **벗어나서**
고요히 한가롭게 임야(林野)에 편안히 있음이라,
오늘 이 삼계는 다 내가 둔 것이며(내 것)
그 가운데 중생이 다 내 아들이라,
오늘 이곳이 여러 가지 환난 많아,
오직 나 한 사람만이 능히 구호하느니라.
비록 또 가르치나 믿고 받지 아니하니
욕망(욕념欲染)에 물이 들어 탐착 깊기 때문이라.

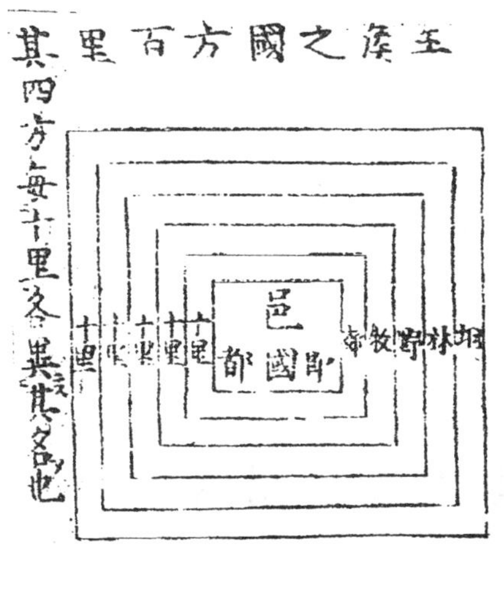

●經 寂然 義纘曰無生死分段
離諠動稱寂然閑居智德森繁
如林蕭然放曠譬如四野如來
居之恬靜名安處 四之四十
●林野 爾雅曰邑外曰之 國都
郊郊外謂之牧牧外謂之野野
外謂之林林外謂之坰 六之八

㊻ 이 방편으로 삼승을 설하여서
모든 중생들이 삼계 고(苦)를 알게 하여,
세간 벗어날 도 열어 보여 연설하니,
이 모든 아들들이 마음에 결정하면

삼명(三明)과 육신통[60]을 모두 다 구족하여
연각을 얻고 나서 불퇴(不退) 보살 되리라.

㊼ 너 사리불아, 내 중생위해
이런 비유로써 일불승(부처되는 길)을 설하노니,
너희들이 만약 이 말을 믿을 진댄
모두 다 반드시 부처님 도 이루리라.

㊽ 이 가르침(是乘)은 미묘하여 청정함이 제일이라.
모든 세간에서 그 위는 없음이라
부처님이 기뻐하고 일체 중생이
마땅히 칭찬하고 공양하고 예배할 지니라.

㊾ 무량 억 천의 모든 힘과 해탈
선(禪), 정(定), 지혜와 부처님의 다른 법(남은 법)등,
이 같은 승(법) 얻으면 모든 아들들은
밤 낮 수 겁(겁수劫數오랜 세월)으로 항상 유희(遊戱)하며
모든 보살 성문의 대중들과
이 보배 수레 타고 도량에 바로 가리.(妙覺에)
이 인연으로 시방 살펴 구하여도

60) 삼명(三明)육통(六通) : 6신통. 1천안통(天眼通)-하늘 눈이 열리는 것, 2천이(天耳)통-하늘 귀가 열리는 것. 3타심통(他心通)-남의 마음을 아는 것 4신족통(神足通)-자유로이 원하는 곳에 나타날 수 있는 능력. 5숙명(宿命)통-과거의 일을 아는 것. 6누진(漏盡)통-번뇌를 없애는 능력. 이 가운데 천안, 숙명, 누진통을 3명(明)이라 한다.

부처님의 방편은 제외하고 다른 법(승乘가르침)은 없느니라.
(방편으로 하신 설법은 제외하고는 다른 법은 없다)

⑥⓪ 사리불에 말하노니, 너희 모든 사람들이
다 내 아들이요 나는 곧 아버지니,
너희들 누겁(累劫쌓인 겁)동안 많은 고통 시달림에,
내가 다 건져내어 삼계를 벗어나게 함이라.
내 비록 너희들에 멸도 먼저 설법하나
(멸도는)생사가 다한 것 뿐 실제 멸도 아니니라,
이제 마땅히 할 일이란 부처님의 지혜(를 알게 함)그 뿐이니,
만일 보살은 대중에서 일심으로 부처님의 진실한 법을 들어라.
모든 부처님 세존께서는 비록 방편으로
중생을 교화하시나 이들은 다 보살이니라.(보살로 교화 한다)

⑥① 어떤 사람 지혜 적어 애욕 깊이 집착하면
이들을 위한 고로 고제(苦諦고통이란 진리)를 설하나니,
중생 마음 기뻐서 미증유한 법 얻도다.
부처님이 설하시는 고제는 진실하여 (법과)다름이 없느니라.

⑥② 혹 어떤 중생들은 고(苦)의 근본을 알지 못해
고의 원인(고 그 자체에)에만 깊이 집착하여 잠시도 못 버리니,
이들을 위한 까닭으로 방편으로 도를 설하나니

모든 고통 그 원인은 탐욕이 근본이라,

㊸ 만일 탐욕을 없애면 의지할 곳 없으리니
온갖 고통 다 멸함이 이름이 제3제(3諦-멸제)요,
멸제(멸하는 진리) 위한 까닭으로 도(4道도제)를 닦아 행하나니
얽매인 고통 벗어남이 이 이름 해탈이라.

㊹ 이 사람이 어디에서 해탈을 얻으리오.
다만 허망함을 벗어나면 이름이 해탈이나
그 실은 일체 해탈 얻은 것이 아니니라.
부처님 이르시되 이 사람은 참된 멸도가 아니라고
이 사람 위없는 도 얻지 못 한 고로
내 뜻에 멸도에 이르렀다고 하고자 아니 하노라.

㊺ 나는 법왕이 되어 법에서 자재하여
중생 편(안온)케 하려고 세간에 나왔으니,
너 사리불아, 나의 이 법인(法印실상인)은
세간을 이익하려 그래서 설하노라.
아무 곳에서나 함부로 선전 말라.
만일 듣는 사람 수희하고 이마로 받든다면
마땅히 알라. 이 사람은 물러서지 않는 이(아비발치)라.

만약 이 경법(經法)을 믿고 받을 자 있으면
이 사람은 이미 일찍 과거 불을 뵙고
공경 공양하여 이 법문을 들었음이라.
만일 너의 말을 믿는 이가 있으면
곧 나를 보는 것이 되며, 또한 너와
또 비구승과 모든 보살을 함께 보는 것이니라.

⑥⑥ 이 법화경은 지혜 깊은 이를 위해 설한 것이라.
얕은 지식은 들고도 미혹하여 알지 못 하나니,
일체 성문, 벽지불, 이 경에는 (그들의)힘 미치지 못 하리라.
너 사리불도 오히려 이 경에서는
신심으로 능히 들어오건만 하물며 다른 성문들이랴.
그 다른 성문들 부처님 말씀 믿는 까닭으로
이 경 따라 순종할 뿐 자신의 지혜의 분(分분수, 몫)은 아니니라.

⑥⑦ 또 사리불아, 교만하고 게으르며
아견(我見나)을 헤아리는 이 이 경전 설하지 말 것이며,
범부는 지식 얕아 오욕에 깊이 집착
들어도 알지 못 하리니 또 한 설하지 말지니라.

⑥⑧ 만약 사람이 믿지 않고 이 경 헐뜯으면

곧 일체 세간의 부처님 종자 끊게 되며
혹은 또 찡그리며 의혹 품는다면
너희들도 마땅히 들어라. 이런 사람 죄의 과보 말 하리라.
만약 부처님이 세간에 (살아)계시거나 만약 멸도하신 후거나
이 경전을 비방하는 이 있어서,
이 경을 읽고 외우며 쓰며 지니는 이를 보고
가벼이 천히(날나이) 여기며 미워 샘내어(새와)
한을 맺어 품으면 이 사람의 죄보를 너는 다시 들어보라.

⑲ 그 사람 죽어서 아비지옥 들어가서
1 겁을 다 채우고 겁이 다 하고는 또 다시 태어나서
이 같이 옮기고 옮겨(반복하여) 무수겁에 이르리니
지옥에서 나오면 반드시 축생에 떨어지되
개나 야간이 되며 그 모양이 털 빠지고 여위며
검으며 옴 오르며 진디 먹어(라癩문둥 병)떨어져 사람들에 시달리며
(괴롭힘을 당함),
또 다시 사람에게 미움 받고 천시 되며
항상 피곤하여 굶주리고 목마르며 뼈와 살이 야위고 말라
살아서는 고초(楚毒 아픈 고통)받고 죽어서는 기와(지새),돌에 묻히리니,
부처님 종자 끊은 고로 이런 죄보 받으리라.

⑳ 만일 낙타나 혹은 나귀로 태어나면
항상 무거운 짐을 지고 온갖 매를 맞으면서
다만 물과 풀만 생각나고 나머지는 모르리니,
이 경을 헐뜯고서 이 같은 죄 받으리라.

㉑ 또 야간(野干들개)이 되면 마을에 들어와서
몸에는 옴과 비루 또 한 눈의 외눈박이
모든 아이들에 이리저리 얻어맞고
여러 가지 고통 받아 혹 죽기도 하며,
여기서 죽어서는 또 다시 뱀이 되어
그 모양이 길고 커서 오백 유순(由旬) 되리로다.
귀먹고 미혹하고 발도 없이 꾸물꾸물 배로 기어 다니면서
온갖 작은 벌레들에 물고 뜯기면서,
밤낮으로 고통 받아 쉴 사이 없으리니
이 경 비방한 고로 죄 얻음이 이 같으리라.

㉒ 만약 사람 되면 온몸(6근)이 암둔(闇鈍)하며
키 짧고 천하고 곱배팔이, 절름발이, 맹인, 귀머거리, 등 굽어
하는 말은 사람들이 믿어주지 아니하며,
입에 항상 냄새나고 귀신들이 따라 붙고
빈궁하고 하천하여 남의 부림 받으면서

병 많고 또 야위어 의지할 곳 전혀 없고,
비록 남에게 친근해도 남들이 무시하며
얻는 것이 혹 있어도 뒤쫓아 망실하며,

혹은 의원 되어 약방문대로 병 고쳐도
다른 병만 더 생기며 혹은 도로 죽게 되며,
자신이 병 얻으면 구료(救療) 해줄 사람 없고
좋은 약 먹더라도 도리어 더 심해지며,
혹은 남에게 반역. 노략질, 겁탈, 절도(일버슴)
이 같은 죄들로 횡액(.橫罹-뜻밖에 둘러싸다.)에 걸리리니
이 같은 죄인들은 영영 부처님 못 보리라.

많은 성인의 왕(부처님) 설법 교화하시어도
이 같은 죄인들은 항상 어려운 곳(八難) 태어나서,
미치고 귀가 먹고 마음이 산란하여 영원이 불법 못 들으리.
항하사 같은 수없는 겁을
나면 곧 귀 먹고 벙어리 되어 모든 근(온 몸)이 불구되며,
항상 지옥 있는 것이 동산 누각(원관園觀=園은 동산,觀은 樓觀.) 놀듯 하며,
다른 악도를 제 집 같이 드나들며,
약대(낙타), 나귀, 돼지, 개가 있는 곳이 그가 갈 곳(태어 날 곳)이라.
이 경전 비방하면 죄 받음이 이 같으리.

⑬ 만약 사람 되면 귀먹고 눈멀고 벙어리 신세 되며
빈궁하고 쇠약함을 스스로 장엄하며,
몸이 붓고 마르는 소갈 병(수종(水腫)), 옴, 문둥병, 악창(옹저 : 큰 종기)
이 같은 병으로 옷을 삼으며,
몸은 항상 더러운 곳 때 묻고 더러워 부정(不淨)하며,
나란 소견(我見) 깊이 집착 노여움을 더하면서
음욕이 치성하여 금수(禽獸)를 가리 잖고,(不擇가려내지 않고)
이 경을 헐뜯은 고로 죄 받음이 이 같으리.

⑭사리불에게 말하노니, 이 경 비방한 자
그 죄 말할 진댄 겁이 다하여도 다하지 못 하리라,
이런 인연으로 일부러 너에게 말하노니
지혜 없는 사람에겐 이 경 설하지 말라.

⑮ 만약 근기(6근) 날카롭고 지혜가 명료(明了)하여
많이 듣고 잘 알고(强識) 부처님 도 구하는 이
이 같은 사람에야 이에 가히 설해 주며,
만약 일지기 억 백 천 불 찾아뵙고
여러 선한 근원(뿌리) 심어 마음 깊고 견고하면
이런 사람에야 이에 가히 설해 주며,
만약 사람 정진하여 자비심 항상 닦아

신명(身命) 아끼지 않으면 이에 가히 설해 주며,
만일 사람이 공경하여 다른 마음 본래 없고
범부 어리석음 다 여의고 홀로 산택(山澤산과 연못)에 살면
이런 사람에야 가히 설할 것이니라.

⑯ 또 사리불아, 만일 보되 어떤 사람이
악지식(나쁜 지식, 나쁜 스승) 버리고서 착한 벗을 친근하면
이와 같은 사람에야 이에 가히 설해 주며
만일 보되 불자가 지계하고 맑고 정결하여
맑고 밝은 구슬 같이 대승경을 구한다면
이런 사람에야 이에 가히 설해 주며,
만약 사람 성냄 없이 곧고 부드러워
항상 중생 어여삐 여기며 부처님들 공경하면
이 같은 사람에야 이에 가히 설해 주며,

⑰ 또 불자 있어 대중 가운데서
청정한 마음으로 가지가지 인연과
비유와 말로 법을 설해 막힘없으면
이런 사람에야 이에 가히 설해주며,
만일 어떤 비구 일체지(佛智)를 위하여서
사방에 법 구하여 합장 공경하여 이마로 받들면서

대승경전 만을 수지하기 좋아하며
다른 경 한 게송도 받아들이지 아니하면
이 같은 사람에야 이에 가히 설해주며
만일 사람이 지극한 마음으로 부처님 사리 구하듯이
이 같이 경을 구해 얻고 나서 이마로 받들면서
그 사람 다시는 다른 경전 구하지 않으며
잠깐도 외도의 전적(典籍글) 생각지도 않는다면
이러한 사람에겐 이에 가히 설할 것이니라.

⑱ 사리불에게 이르노니 내가 설한 이런 모습을
불도 구하는 이에게 겁(劫)이 다 하여도 다 설하지 못하리니,
이와 같은 사람들은 능히 믿고 알 것이니(신해信解)
너는 마땅히 그들 위해 묘법연화경을 설할 것이니라.

비유품 제 3 끝.
법을 비유로 설하신 품 제 3 끝

신해품 제 4

앞 비유품의 설법을 듣고 환희하여 믿고 깨닫는 품 제 4

【일여 품 해설】 대저 근기(根器 : 타고난 능력)에는 날카롭고 둔함(利鈍)이 있고 미혹(迷惑 : 別惑)함에 두텁고 얕음(厚薄)이 있으며, 설법에는 법(法 : 진리)과 비유(譬)가 있고 깨달음에는 먼저 깨닫고 뒤에 깨닫는 것(前後)이 있다.

이승(二乘)은 법화경 이전에는 다만 공(空) 무상(無相) 무원(無願)을 생각하고 보살(菩薩) 법에 대해서는 전혀 한 생각도 좋아하는 마음이 없었으나 법화회상(法華會上영축산 부처님 마지막 법화경을 설하는 모임)에 이르러 처음으로 간략한 설법(略開三顯一 : 방편품의 처음부터 세 번째 게송 끝의 則生大歡喜까지)을 듣고 상근기(上根機)는 비록 깨달았으나 중근기는 알지 못하여 (소승에)집착하든 마음을 움직여 의심을 내더니(動集生疑)

자세히 5불(廣聞五佛 : 五佛章=방편품에서 시방 제불, 과거 제불, 미래 제불, 현재 제불, 석가모니불의 開三顯一)의 설법을 듣고 몽롱(朦朧)하여 알지 못 하다가 지금 비유품을 듣고 뛸 듯이 기뻐하며 신심을 내어 앎이 생기고 의심이 없어져 이치가 밝아졌다. 그러므로 신해품이라 한다.

또 중근기(中根機)의 사람은 비유(譬喩)의 설법을 듣고 처음 의혹을 깨뜨리고 대승(大乘)의 견도위(見道位 : 수도의 단계로 四諦를 관 한다=三道→견도 위, 수도위, 無學道位)에 들어간다. 그러므로 믿는 다고 하고 나아가 대승의 수도위(修道位)에 들어간다. 그러므로 안다(解)고 한다.

경문(신해품 게송)에 이르되 「우리들이 오늘에야 진실로 성문(聲聞 : 부처님 말씀을 듣고 깨달아 그 말씀을 다른 사람에게 전하여 듣게 함. 대승의 眞位=十住)이 되었음이라. 불도의 소리(부처님의 가르침)로서 모든 이(중생)에게 (삼먁삼보리를) 듣게 한다.」 고 하신 것이다.

원교(圓敎 : 空과 假를 초월한 中道觀의 원만한 가르침=법화경)를 듣고는 원위(圓位 : 소승의 단계가 없이 바로 불도를 성취하는 위치)에 들어간다. 그러므로 신해품이라 한다. 일여(一如)

① 그때 혜명 수보리(나이와 덕과 지혜가 제일)와 마하가전연(論議제일)과 마하가섭(頭陀=고행 제일)과 마하목건련(신통 제일)이 부처님께 쫓아와 미증유한 법과 세존이 사리불에게 아뇩다라삼먁삼보리 수기 주심을 듣고 희유 한 마음을 내어 뛸 듯이 기뻐하며 곧 자리에서 일어나 의복을 가지런히 하고 오른 어깨 기울게 메고(偏袒右肩 : 한쪽 오른 어깨를 들어내고)

오른 무릎 땅에 대고 일심으로 합장하여 몸 굽혀 공경하여 존안(尊顔)을 우러러 보며

② 부처님께 아뢰되,

우리 승(僧=中=승려)의 (우두)머리에 있으며 나이 다 늙어 스스로 생각하되 이미 열반을 얻었노라하고, 더 감당하여 맡을 것(배울 것)이 없어 다시 아뇩다라삼먁삼보리를 나아가 구하지 아니하였나이다.

③ 세존께서 지난 옛날 설법을 이미 오래하셨거늘, 내 그때(그제) 자리에 있어 몸이 피로하여(갓바) 다만 공(空)과 무상(無相)과 무작(無作)만을 생각하고 보살법과 신통에 놀며 오락함과 부처님 국토를 좋게 함(깨끗함)과 중생성취(대승으로 인도하는 것)는 마음에 즐기지 아니 하였나니,

어찌하여 그렇게 하였는가 하오면? 세존께서 우리들로 하여금 3계(욕, 색, 무색계)에서 나와 열반의 깨달음(열반증)을 얻게 하시며, 또

오늘 우리 나이 이미 늙었음에 부처님께서 보살교화하시는 아뇩다라삼먁삼보리에 한 생각도 즐거운 마음을 내지 아니하였나이다.

④ 우리 오늘 부처님 앞에서 성문에게 아뇩다라삼먁삼보리 수기 주신다는 말씀 듣잡고 마음이 매우 기뻐 미증유를 얻었나이다.
생각지도 않았는데, 오늘 문득 희유한 법을 듣고 깊이 스스로 경행(慶幸경사롭고 다행함)하나이다. 크고 훌륭한 이득을 얻었으니, 한량없는 진귀한(법의)보배를 구하지 아니하고 저절로 얻었나이다.

⑤ 세존이시여, 우리 오늘 비유로써 즐거이 말씀드리어 이 뜻을 밝히오리이다.
비유하건데 어떤 사람이 나이 적게 먹어 어려서 아버지를 버리고 도망하여 가서 다른 나라에 오래 살되 혹 10(天道) 20(人道) 50 해(五道)가 되었더니,
나이는 이미 장대하였는데(어른 되어) 더욱 또 곤궁하여 사방에 다니며 옷과 밥 구하며, 점점 놀며 다니다가 본국(방편유여토)으로 마침 향하니,

⑥ 그 아버지(부처님) 먼저 와서 아들(중생)을 찾다가 못 찾아 한 성 가운데(화엄경 : 同居土, 實報土) 머물렀더니, 그 집(實相)이 가장 부자여서(萬德) 재물(천량) 보배(財寶) 헤아릴 수 없어 금(金), 은(銀),

유리(琉璃), 산호(珊瑚), 호박(琥珀), 파려(玻瓈 : 수은), 구슬(珠:三十七조도품)들이 그 여러 창고(선정)에 다 가득하여 넘치며,

시종(侍從: 이승, 통교보살, 별교(三十心))과 신하(臣:十地)와 보좌하는 이(佐:十向) 아전(吏:관리=十行) 백성(民:十住)이 많으며, 코끼리, 말, 타는 수레와 소, 양(五乘)이 수 없거든, 내며 드리며(出入) 이자를 늘이는 것이(利息-이자) 다른 나라(三土)61)에 까지 가득하며 상인(商估.)도 또 심히 많더니,

⑦ 그때 빈궁한(대승공덕의 재물이 없음) 아들이 여러 마을(五陰)에 노니며, 나라(18界)와 고을(12入)을 지나다가 드디어 아버지 있는 성(열반)에 다다르니,

아버지(佛)는 매양 아들을(大乘 근기가 있음을)생각하대 아들과 이별한 지 50여년(5道 유랑)이로되 잠깐도 남을 향하여 이 같은 일(아들의 근기)을 말 못하고, 오직 스스로 생각하고 마음에 뉘우치며 한(恨)을 품고 내(스스로) 생각하되 늙고 쇠하나 재물을 많이 가져 금, 은, 보배 창고에 가득하여 넘치나 자식이 없으니 하루아침에 죽으면 재물을 흩어 잃어버리리니 맡겨 둘 데(맛 둘 때) 없도다. 하고, 이러므로 은근히(慇懃) 매양 제 아들을 생각하며, 또 이 생각을 하되, 내 만약 아들을 찾아 재물을 맡기면 마음이 평안하고 쾌락하여 다시는 근심 없으리로다. 하였나이다.

---

61) 다른 나라(三土에 다니며 非道를 행하는 것)에 까지 가득하며 상인(商估. 商 : 다니며 하는 장사, 估=앉아서 하는 장사)

⑧ 세존이시여, 그때 궁자(빈궁한 아들)는 머슴살이나 품팔이로 옮기고, 옮겨 다니다가(展轉) 아버지 집에 마침 우연히 다다라 문(대승의 문) 곁에 서서,

멀리서 보니 제 아버지가 사자의 평상(師子床 : 法身)에 걸터앉아 보배로 된 궤(實諦)에 발(定慧)을 받치고 있는데, 많은 바라문(등각 보살)과 찰리(九地보살) 거사(三十心)가 다 공경하여 둘러 서 있으며 진주영락(계, 정, 혜, 다라니- 4영락)이 값이 천만(四十地의 공덕-법신을 장엄함)이나 되는 것으로 그 몸을 장엄하며,

관리와 백성 굽실거리는 시종이 손에 흰털의 불자(拂子)를 잡고(權智의 用) 좌(假) 우(空)에 모시고 섰으며,

보배 장막(진실, 자비) 덮고 여러 가지 꽃(4攝法)과 번(幡-신통)드리우며 향 물을 땅에 뿌리고(法水로 보살 心地를 씻음) 많은 이름난 꽃(7淨華)을 흩으며, 보물을 벌여놓고 내어주며 들이며 가지고 주며(받고 주어. 自行化他) 이런 가지가지로 장엄하게 꾸며 위덕이 특별히 높거늘,

⑨ 궁한 아들(소승)이 아버지가 큰 세력(智大, 神通大) 있음을 보고, 곧 (대승에)두려워 이곳에 온 것을 뉘우쳐 가만히 이 생각을 하되, 이 분이 혹시 왕이거나 혹시 왕과 같은(마왕)이라. 내가 머슴이나 품팔이로 물건(품삯)을 얻을 곳이(땅이) 아니니[62]

가난한 마을(小智.小乘)에 가면 힘 펼 곳이 있으리니 (그 곳에 가서) 옷(行行), 밥(慧行)을 쉽게 얻는 것만 같지 못 하도다. 만약 여기에

62) 작은 근기는 큰 교화를 능히 받지 못한다(小機不能受大化)

오래 머물다가 혹 핍박당하며(혹사당하며) 억지로 나를 부려 일을 시키리라.
이렇게 생각하고 나서 빨리 달아나려 하는데(捨大取小대승 버리고 소승을 취함),

⑩ 그때 부한 장자는 사자좌(법신,第一義空)에서 아들을 보고 문득 알아차리고, 마음에 가장 기뻐(大慈與樂故) 곧 이 생각을 하되, 내 재물 창고를 이제 맡겨 둘 때가 있도다. 라고
내 항상 이 아들을 생각하였으나 볼 수가 없었는데 문득 스스로 오니 내 소원에 심히(꼭) 맞도다. 내 비록 나이 늙었으나 아직 옛같이 (아들을) 탐하여 아끼노라 하고, 곧 그(아들) 곁에 사람을 보내어 빨리 뒤쫓아 가(菩薩神通) 그를 데려오라(入菩提) 하거늘,

⑪ 그때 사자(使者시자.심부름꾼)이 빨리 따라가서 잡으니, 궁한 아들(갑자기 대승 듣고 놀라)이 깜짝 놀라 원수여 하고 소리치며 크게 부르짖되, 내 잘못(범하지) 아니 했거늘 어찌해서 잡아 가는 가? 하거늘, 사자(使者) 그를 잡되 더 다급하게 강제로 끌어 데리고 돌아오거늘,

그때 궁자 스스로 생각하되 죄 없이 잡혀 가둠(生死지옥)을 당하니, 이제 반드시 결정코 죽게 되었구나. 하고, 더욱 다시 두려워 갑자기 죽어(기절.답새 죽어) 땅에 슬어지거늘(삼악도에 떨어짐).

아버지가 멀리서 보고 사자(使者)에게 말하되, 구태여 이 사람을

강제로 데려오지 말고 찬물(방편의 理水)을 얼굴에 뿌려 깨우고 다시 같이 말하지 말라 하였나니,

무슨 까닭인가? 아버지가 제 아들은 뜻이 낮고 졸렬함(二乘)을 알고 자기는 호걸스럽고 귀하여 아들이 어렵게 여기는 것을 알고, 그가 아들임을 자세히 알되 방편으로 다른 사람들에게 말하되, 이 내 아들이라 아니하고 사자로 하여금 그에게 가서 말하되

내 이제 너를 놓아주니 마음대로 가게 하노라. 라고 하니

궁자 기뻐 미증유함을 얻어 땅에서 일어나 가난한 마을에 가서 옷과 밥을 얻었나이다.

⑫ 그때 장자는 장차 제 아들을 달래어 데려오고자 하여(이 아래는 녹원의 방편이다) 방편을 써서 가만히 두 사람(二乘) 모양(양자)이 초췌(憔悴시들고)하고 품위(위덕) 없는 이를 보내되, 너 거기 가서 궁자에게 조용조용히 말하되 여기에 일할 곳이 있으니 네의 품값을 배를 주리라고 하라. 그래서

궁자가 만약 허락하거든 데려와 일하게 하되 만약 말하되 무슨 일을 하느냐? 고 하거든 곧 그에게 말하되, 너를 써서 똥을 치게 하리니 우리 두 사람(權人, 實人)도 또 너와 함께 일하리라고 하라. 라고

그때 두 사자가 곧 궁자를 찾아가 이미 그를 만나고는 위의 일을 다 일렀는데,

그때 궁자 먼저 그 (품)값을 받아 가지고 이웃고 같이 똥(苦集)을 치거늘, 그 아버지 아들보고 어여삐 여겨 기이하게(怪) 여겼나이다.

⑬ 또 다른 날에 들창문(偏見)에서 아들의 몸이 여위고(因을 닦을 智力이 적음) 초췌(憔悴 : 因을 닦을 福力이 적음)하고 똥, 흙(四住혹), 먼지 묻어(無知) 더러워 깨끗하지 못한 것을 멀리서 보고,
곧 영락(寂滅忍)과 가늘고 부드러운 웃옷(大小相海)과 엄숙히 꾸민 것을 벗고, 거칠고(멀트럽고,거친옷—丈六形) 헌(生忍, 法忍) 때 묻은 옷으로 갈아입고 먼지를 몸에 무치고(번뇌), 오른 손(右權左實)으로 똥치는 그릇 잡고, (겉)모양을 두렵게 하여 모든 일하는 사람에게 말하되, "너희 부지런히 일하여 게을러 쉬지 말라(勤修四念處)" 하며 방편으로 아들에게 능히 가까이 하고(正正勤 : 바르게 선법을 닦아 부지런히 정진함),

⑭ 후에 또 말하되 아 !(돌때—警覺경각심) 남자야(궁자야), 네 항상 여기서 일하고 다시 다른데 가지 말라. 네 (품)값을 더 줄 것이니 여러 가지 (필수품)구함에 동이, 그릇, 쌀, 밀가루, 소금, 초(醋)에 속한 것을 쓰되 네 의심하여 어렵게 여기지 말라.
또 늙은 일꾼도 있으니 필요하면 도와주리니, 네 뜻을 좋게 편안히 가지라. 나는 네 아버지와 같으니 다시 우려하지 말라. 라고

어찌하여 그러한고? 어느 듯 내 나이 늙고 너는 젊고 굳세니 네 항상 일할 때(作時) 속이며 게으르며 성내며 원망하거나 한탄하는 말이 없고 너는 이 여러 가지가 다른 일꾼 같은 나쁜 점을 전혀 못 보노니, 오늘부터 이후는 내 낳은 아들 같이 하리라 하고, 곧 장자가 다시 이름 지어주어 이름을 '아이'라 하니,

⑮ 그때 궁한 아들은 비록 이 대우가(遇) 기쁘나 오히려 옛 같이 손님으로 일하는 천인(賤人)이로다. (라고) 스스로 생각함에 이런 까닭에 20년[63] 동안 항상 똥(이승의 번뇌)을 치게 하더니
이렇게 지난 후에 마음에 서로 믿어(체신體信=몸으로 믿음) 출입에 어려움 없으나, 그러나 있는 거처는 아직 본래 있든 곳(밑 곳- 문 옆방-,羅漢의 위치)에 있었나이다.

⑯ 세존이시여, 그때 장자가 병이 있어 장차 죽음이 오래지 아니함을 스스로 알고 궁자에게 말하되, 내 이제 금(金:별교), 은(銀:통교) 진귀한 보배가 많이 있어 창고에 차 넘치니 그 중에 많고 적음과 응당 주고(化他) 받을 것(自行)을 네가 다 알아서 하라.
내 마음이 이 같으니 반드시 이 뜻을 실행(體)하라.
왜나하면? 이제 나와 너와 다르지 아니하니 마땅히 더 마음을 써서.(재물이)새어 나감(漏失잃음)이 없도록 하라. 하니
⑰ 그때 궁한 아들이 곧 분부(勅:敎令을 내는 것, 분부)를 받고서 많은

63) 20년一無碍, 一解脫, 斷見九無碍 ,九解脫斷思, 합이 20년)

물건 금. 은. 진귀한 보배와 여러 창고(고장庫藏: 곳집)를 맡아서 (영領: 처리) 처리하되, 한 그릇의 밥도(조금도) 구하여 가질 뜻이 없었으나 그러나 거처하는 곳은 아직 본래 있든 곳(밑 곳)에 있으며 낮고 용렬한 마음을 또 능히 버리지 못 하더니,

또 얼마 후(대승의 뜻이 발할 때) 아버지는 아들의 뜻이 점점 서로 통하여 편안하여져서(通泰) 큰 뜻(대승의 뜻)을 이루어, 먼저 (소승의)마음을 스스로 더럽게(비열하게) 여기는 줄(自鄙先心)알고, 자기는 벌써 죽을 때가 다다라 그 아들(2만억 佛계신 곳에서 교화 받은 무리)에 분부하여 친족(아삼: 分身.)과 국왕(十地)과 대신(9地)과 찰리(8地)와 거사(7地)들을 아울러 다 모이게 하였는데 다 이미 모였거늘,

곧 스스로 펴 말씀하되 제군(諸君-여러분)들은 반드시 알라.

이는 내 아들이라. 나의 소생(所生)이라. 아무 성중(法身地)에서 날(대승) 버리고 도망하여 달아나 방랑하며 고생(신고辛苦: =入生死)함이 오십 여년(6도윤회)이 되었는데,

그 본래의 이름은 아무개요 내 이름은 아무개(아모 甲)인데, 옛 본래 성(法身)에 있으면서 근심하고 찾았더니(推尋) 홀연히 요사이에 만나 찾았으니 이 진실로 내 아들이요 나는 진실로 제 아버지라,

이제 내 소유(所有) 일체 재물이 다 이 아들의 소유(所有)이며 먼저 출납(출납出內) 한 것도 이 아들이 알던 것이니라 하거늘,

⑱ 세존이시여, 이제 궁한 아들이 아버지의 이 말을 듣고 곧 크게

기뻐 미증유함을 얻어 이 생각을 하되, '내 본래 구할 마음이 없더니 오늘 이 보장(寶藏보배창고, 법의 창고)이 자연히 이르렀도다.' 하니,(홀연히 受記 作佛 함을 들음)

⑲ 세존이시여, 가장 부자인 장자는 곧 이 여래이시고 우리는 다 불자와 같사오니 여래께서 항상 우리를 이르시되 아들이라 하시나이다.
세존이시여, 우리 세 가지 괴로움(三苦)64) 때문에 생사 중에 여러 뜨거운 고뇌(熱惱)를 받아 미혹하여 앎이 없어 적은 법(소승)을 즐겨 집착하였더니,
오늘 세존께서 우리로 모든 법의 희론(戱論농담)의 똥(찌꺼기見思惑)을 생각하여 버리게 하심에 우리 이 가운데에서 부지런히 더 정진하여 능히 열반에 이르러서 하루 값(삯 : 열반)을 이미 얻고 나서 마음에 가장 기뻐 스스로 만족을 삼아 곧 스스로 말하되,
'부처님 법 중에 부지런히 정진한 까닭으로 얻음이 크고 많았다.' 고 하였나이다,

⑳ 그러나 세존께서 먼저 우리의 마음이 흐트러진 욕심(弊欲)에 집착하여 작은 법을 즐기는 줄을 아시고,
곧 버려두시고 (그들을)위하여 분별하여 너희 반드시 여래 지견의 보배 창고(知見寶藏-곳집)의 부분(몫)을 가졌느니라. 아니하시고,

64) (三苦 : 苦苦-몸과 마음과 일체의 괴로운 일, 懷苦-좋아 하는 대상이 없어지는 고, 行苦-행하는 고, 세상사 바뀌는 고)

세존께서 방편력으로 여래 지혜(열반)를 말씀하시거늘, 우리 부처님을 좇아와 열반을 얻고 하루의 (품)값을 크게 얻었노라 하고, 이 대승을 구할 뜻이 없었으며, 우리 또 여래 지혜로 인하여 모든 보살을 위하여 열어 보여 연설 하였는데, 나는 이에 뜻이 없었더니 (나는 뜻이 없었는데) 어찌하여 그러한고?

부처님께서 우리의 마음에 작은 법(소승)을 즐기는 것을 아시고, 방편력으로 우리를 따라(수준에 맞춰) 말씀하시거늘 우리 진실로 이 불자인줄 알지 못 하였는데

㉑ 오늘에야 우리들은 세존께서 부처님 지혜에서 아낌이 없으신 줄 처음 알았사옵니다. 무슨 까닭인가? 하오면 우리들은 예로부터 내려옴에 진실한 불자로되 오직 작은 법을 즐겼더니, 만약 우리 큰 법 즐길 마음이 있었다면 부처님이 곧 우리를 위하여 대승 법을 설하시었을 것입니다.

㉒ 이 경 가운데 오직 일승만을 설하시고, 옛 보살 앞에 성문의 소승법 즐기는 이를 꾸짖으시더니, 그러나 부처님께서는 실로 대승으로 교화하시었나이다.

이런고로 우리 아뢰오되 '본래 마음에 (대승을)바라는 것이 없었는데, 오늘 법왕의 큰 보배(일승)가 자연히 이르러 불자가 마땅히 얻을 것을 다 이미 얻은 것 같나이다.'

㉓ 그때 마하가섭이 이 뜻을 다시 펴려 하사 게송을 설하되,

우리 오늘 부처님 음성의 가르치심을 듣잡고
기뻐 뛰며 미증유함을 얻었나이다.
부처님께서 말씀하시되, 성문도 반드시 부처님 되리라 하시니,
위없는 보배 덩이(寶聚)를 구하지 아니하고 저절로 얻었나이다.

㉔ 비유하건대 동자가 유치(幼稚)하여 아는 것 없어
아버지를 버리고 도망가, 다른 곳에 멀리 가서
여러 나라(삼계)에 두루 다님이 50여년 되었거늘(50여년=6道),
그 아버지 근심스럽게 생각하며 사방(4生)으로 찾았는데
찾다가 이미 지쳐서(피곤疲困) 갑자기 한 성에 머물러
집(舍宅=舍는자비의 집 宅은 性空의 집)짓고 오욕으로 스스로 즐기다가,
그 집이 가장 부자(무량공덕)며 여러 가지 금, 은,
차거, 마노, 진주, 유리,
코끼리, 말, 소, 양, 수레(輦輿연여,가마), 타는 수레가 많으며
논, 밭, 하인과 인민(人民-백성)이 많으며,
내며 들이며 불리며(이자,利息) 이익이 다른 나라에까지 가득하며,
행상하는 상인, 앉아 장사하는 사람이 있지 않은 곳이 없으며
천만억 대중이 에워싸고 공경하며
항상 왕이 사랑하여 생각해주며,

여러 신하와 호족(豪族)이 다 어른으로 중히 여기더니(宗重 : 마루,으뜸,),

㉕ 여러 일(인연)까닭으로 가고 오는 사람이 많아
호걸스러운 부자 이 같이 큰 세력이 있었는데,
나이 늙어 더욱 아들을 근심하고 생각하여
아침 일찍부터 밤까지 오직 생각하되 '죽을 때가 장차 이르거늘
어린 아들이 날 버리고 나간 지 50여 해 되니
창고(곳집)에 감춘 물건들을 반드시 어찌 할까? 하더니

㉖ 그때 궁한 아들이 의식(衣食) 찾아 구하면서
이 고을(根塵) 저 고을, 이 나라에서 저 나라(十八界)로 다니면서
혹 소득이 있기도 하고(有漏善) 혹 소득이 없기도 하니(無漏善)
굶주려(대승을 얻지 못함) 여위어(공덕의 작용이 없음) 몸에 부스럼. 옴(見思惑)
이 올라
점점 차차 다니다가 아버지 성에 다다라서,
품삯(傭賃 : 머슴과 품팔이)을 받으며 다니다가 드디어 아버지 집에 이
르렀는지라,
그때 장자 그 문안에서
큰 보배 장막을 치고 사자좌에 앉아서
권속이 에워싸고 많은 사람이 모시고(시위侍衛)
혹 금·은·보물을 셈하여

재산(천량)을 내며 들이며 문서(장부)에 주달아(注=註달아. 장부함) 기록
하더니,
궁자가 아버지의 호화롭고 귀하고 존엄함을 보고
생각하되, '이분은 국왕이거나 국왕과 같은 이로다' 하고
놀라 두려워 스스로 기이하게 여기며 어떤 까닭으로 내가 여기에
까지 왔는가 하고.
뒤집어 스스로 생각하여 말하되, 내 만약 오래 머물면
다구 쳐 강재로 일 시키리라.
이렇게 생각하고 나서 도망하여 달아나서
가난한 마을을 물어(借問 : 물어봄,)찾아가서 품팔이 하고자 하거늘,

㉗ 장자가 이때 사자좌에 있으면서
제 아들을 멀리서 보고 묵묵히 알아보고,
곧 사자(使者)에 명하여 좇아가 잡아 데려오라 하니,
궁자(잡혀 와서) 놀라 소리치며 답답하여 땅에 쓰러지며(기절),
이 사람들이 나를 잡아 가서 반드시 죽일 것이니
어찌 의식(衣食) 구하려고 내가 여기에 까지 이르렀는고. 하였거늘.

㉘ 장자가 아들이 어리고 좁고 용렬하여
내말 믿지 아니할 것이며
내가 아버지인 것도 믿지 아니할 것을 알고,

곧 방편으로 다시 다른 사람을 보내되
애꾸(偏空), 난장이, 더러워 위덕 없는 이(소승)를 보내되,
네가 가서 그 에게 말하되 '반드시 서로 품팔이로
똥거름 치면 네 품값을 배로 주리라(방편)'라고 하라.
궁자 듣고 기뻐 따라와
똥거름을 치며 여러 방(6根)과 집(5陰)을 깨끗이 하거늘,

㉙ 장자 창(牖)에서 항상 자기 아들을 보고
아들이 어리석고 용렬(庸劣)하여 더러운 일을 즐겨한다고 생각하고,
이에 장자가 헌 때 묻은 옷을 입고
똥치는 도구를 가지고 아들 곁에 가서,
방편으로 가까이 다가가 부지런히 일하라. 고 말하되,
이미 네 값(품삯)과 발에 바를 기름을 함께 주며
음식을 충족히 하며 까는 돗자리도 두터이 따뜻하게 해주리라.
이같이 간절히 말하되(苦言) "네 반드시 부지런히 일하라(4正勤)" 하고,
또 부드러운 말로 "내 아들과 같다"라고 하니라.
㉚ 장자 지혜 있어 점점 드나들게 하여
스무 해(二乘,般若)가 지나도록 집일을 맡아 하게하여
금·은·진주·파려를 보이고,

모든 물건을 내며 들임을 다 알아서 하게 하되,
아직 거처만은 문밖에 짚으로 덮은 집에 기거하며(용열한 마음을 버리지 못 한 고로),
스스로 가난한 일을 생각하여 "나는 이것도 없도다." 라고 하더니.

㉛ 아버지 아들 마음이 점점 이미 커진 것(大乘機動)을 알고
재물을 물려주고 자, 곧 친족(아삼)과
국왕· 대신과 찰리· 거사를 모아
이 대중에게 이르되, "이는 내 아들인데
날 버리고 다른데 가서 쉰 해가 지났는데
(옛날)아들 본지(헤어 진지) 이미 20 년이니(이승에서 성불을 느낄 때까지),
옛 아무 성에서 이 아들을 잃고
두루 다니며 찾았더니, 드디어 여기 왔으니,
무릇 내가 소유한 집과 사람을
다 이미 맡겨 쓰는 것을 마음대로 하게 하노라" 하니,
아들이 옛 가난을 생각하여 뜻이 낮고 용렬하다가
이제 아버지 처소에서 큰 진귀한 보배와
아울러 또 집과 일체 재물(천량)을
크게 얻고 매우 크게 기뻐하여 미증유를 얻었나니.

㉜ 부처님 또한 이 같으시니 나의 작은 것(소승) 즐겨 함을 아시고

너희가 부처님이 되리라. 라고 조금도 말씀하시지 아니하시고,
우리 모든 무루법(無漏法)을 얻어 소승을 이룬 성문 제자라고 만
말씀하시었나이다.

㉝ 부처님 우리에게 분부(칙勅)하사 가장 높은 도를 말씀하시되,
"이를 닦아 익히는 자는 마땅히 성불하리라."라고 하시거늘,
우리 부처님 가르치심을 받자와 큰 보살위해
여러 가지 인연과 비유와
혹은 말로 무상도(無上道)를 설 하였나이다.
모든 불자들은 나를 따라 법을 듣고
밤낮으로 생각하며 정성껏 부지런히 닦아 익혔거늘,
이때 모든 부처님이 곧 수기를 주시되
"너희들은 오는 세상(뒤) 반드시 부처되리라." 하시니,
일체 모든 부처님의 비밀히 감춘 법을
오직 보살 위해 그 진실한 일(법)을 설하시고,
우리를 위해서는 이 참된 요점을 말씀 아니 하셨나이다.
저 궁자(窮子) 아버지에게 가까이와
비록 모든 것(재물)을 아나 마음에 바라서 가지려고 아니함과 같이,
우리들이 비록 불법(의 보장寶藏)을 (남에게) 설하나
제 스스로는 뜻에 원함이 없는 것(바라지 않음)도 또 다시 이와 같나이다.

㉞ 우리 안으로 (번뇌)멸하고 (삼계 見使惑) 스스로 만족하게 여겨,
오직 이 일(소승)만을 알고 다시 다른 일은(소승 외는) 없다하여,
우리 만약 부처님 국토를 청정하게 하는 것과
중생교화 함을 듣고도 전혀 즐거움이 없었나니
왜냐 하오면(적은 지혜를 갖춘 고로 큰 지혜를 좋아하지 않아) 일체 모든 법이
다 비어 고요하여 생(生)도 없으며 멸(滅)도 없으며
큰 것도 없고 작은 것도 없으며 샘도 없고(無漏) 함도 없다(無爲)
이같이 생각하고 기뻐(대승에)즐거운 마음을 내지 않았나이다.

㉟ 우리 (무명의)긴 밤(오욕에 얽힌 삶, 긴 세월 동안)에 부처님 지혜에
탐함도 없고 집착도 없어 다시 뜻에 원함도 없고
내 법 이것이(이법이=공적,열반이) 구경이라 여겼나이다.
우리 (무명의)긴 밤에 공법(空法)을 닦아 익혀
삼계의 고뇌 근심 다 벗어나서
최후의 유여(有餘몸 남은 것 있는)열반에 머물러서,
부처님 교화로 도를 얻음이 헛되지 아니하다, 하고
곧 이미 부처님 은혜를 갚았다.(得道가 報恩이라고 여김)여겼나이다.
㊱ 우리 비록 모든 불자들을 위하여
보살 법을 설하여 불도 구하게 하였으나,
이 법(대승)에 길이 원하여 즐겨함이 없음에
도사(導師)께서 버려두심은 내(우리) 마음을 보시는 까닭으로

처음에 권하여 나아가게 하여 진실한 이로움이 있다고 설하지 아니하시었나이다.(정진을 권하지 아니 함)
부자인 장자가 아들의 뜻이 용렬함을 알고
방편력으로 그 마음을 부드럽게 복종시키고 나서
그 후에 이에 일체 재물을 맡기는 것 같이,
부처님도 또 이 같아서 희유한 일을 나타 내사
적은 법 즐길 사람을 아시고 방편력으로
그 마음을 조복 시키고 나서 이에 큰 지혜를 가르치시니

㊲ 우리 오늘날에야 미증유(있기 드문 것)를 얻사와
앞에 바라지 않았든 것을 오늘 저절로 얻었사오니,
저 궁자가 무량한 보배를 얻은 것과 같나이다.
세존이시여, 우리 이제 도(實相道)얻고 과(大乘習果) 얻으사
셈이 없는 법(무루법) 청정한 눈을 얻었사오니
우리 긴 밤에 부처님 청정한 계를 지니다가
비로소 오늘에야 그 과보를 얻었으며,
법왕의 법 중에서 범행 오래 닦다가
이제야 무루(無漏) 무상(無上)의 큰 과보 얻었사오니,
우리 오늘에야 진실한 이 성문이라.(十信未眞, 十住是眞)
불도(佛道)의 소리로써 일체(중생)가 듣게 하며,(부처님 말씀을 중생이 듣게 하다)
우리 오늘에야 진실한 아라한(無生.殺賊)이라.

여러 세간. 하늘. 사람. 마(魔)와 범천에
널리 그 가운데서 공양 받음이 마땅 하오리다.

㊳ 세존의 큰 은혜는 희유한 일로써
어여삐 여겨 교화하사 우리를 이익하게 하시니,
한량없는 억겁에 뉘 능히 (은혜)갚으리오!
손발로 공급 하며 머리 정수리로 절하여 공경 하옵고
일체 공양으로도 능히 다 갚지 못 할 것이며,
만약 머리에 이며 두 어깨에 메고
항하사 겁에 마음을 다하여 공경하오며,
또 좋은 차반과 무량한 보배 옷과
또 모든 와구(침구)와 가지가지 탕약과
우두전단(향나무)과 또 여러 진귀한 보배로
탑묘(탑) 세우고 보배 옷을 땅에 펴며(그 위를 건게 함)
이 같은 일로 써서(用)
항하사(恒沙)겁을 공양 하여도 또 능히 갚지 못 하리.

㊴ 모든 부처님은 희유하사 한량없고 끝이 없고
불가사의한 큰 신통력 있으시며 셈이 없고 함이 없는 모든 법의 왕이시되,
능히 낮고 용렬한 이 위하사 이 일(一大事)을 참으시고

형상을 취하는(취상(取相)) 범부에 맞게 설하시니.

모든 부처님이 법에 자재함을 얻으사,
모든 중생의 가지가지 욕락과
또 뜻의 힘을 알으사, 능력 따라 맡기고
무량한 비유로 법을 설하시며,
모든 중생의 지난 세상 선근을 따르시며,
또 성숙함과 성숙하지 못 한(미성숙) 자를 아시고,
가지가지로 헤아리어(주량籌量) 분별하여 아시고
일승도에 맞게 따라 삼승을 설하시었습니다.

권 2 신해품 제 4 끝.

믿고 이해하는 품 제 4 끝

권 제 3　약초유품 제 5

대 근기는 보살(나무), 중근기는 성문(풀)을 약초에 비유하여 설한 품. 제 5

【일여 품 해설】 이 품에는 산천(山川)과 구름과 비를 다 갖추었는데 홀로 약초라고 만 이름을 나타낸 것은 토지는 능히 생겨나게 하고(能生직접,인) 구름과 비는 능히 윤택하게(能潤간접,연) 하는 것이다.

초목은 생겨 난 것(所生). 윤택하여 지는 것(所潤 : 불어나는 것, 자라나는 것)인데. 생겨 난 것(所生)과 윤택하게 하는 것(所潤)은 통틀어 다 작용(用)이 있는 것으로 약초가 작용이 강한 것이다. 유루선(有漏善 : 새어나가는 것이 있는 것=번뇌. 범부가 행하는 5 戒,10 善등의 선행)의 모든 선행이 다 능히 악을 없애지만 무루의 선(無漏善 : 번뇌, 때, 욕심이 없는 선)이 제일이다.

무루의 지혜를 얻은 대중(無漏衆)가운데 4대 제자(사부대중)가 장자(부자 : 부처님)와 궁자(窮子 : 나그네, 일꾼, 중생)의 비유로서 부처님의 화택(火宅 : 불난 집)의 비유를 알게(領解)되니 깊이 성심(聖心 : 부처님 마음)에 들어맞음이라.

지금 여래께서 그들이 알아들었음(解)을 기술하고 그 사람을 비유하기 때문에 약초유품이라 말한 것이다.

묘락대사(荊溪,湛然)가 말하되,

「질문 - 만약 부처님께서 서술하신 것을 따르면 응당히 초목과 땅, 비도 말하여야 할 것인데 지금 품은 이미 이루어 진 글(述成 : 제자의 깨달음을 여래가 승인하는 것. 결론)인데 이품은 어떻게 다만 성문(聲聞)가운데 풀만을 가리켜 네 명의 큰 제자 등이라 하시었느냐?

대답 - 진실로 질문 한 바와 같이 말은 통하나 뜻은 다르기 때문에 약초만 말씀하신 것이다. 말은 다르나 뜻은 통하니 성문을 가리킨다.」　　　　일여

① 그때 세존께서 마하가섭과 모든 큰 제자에게 이르시되
"좋다, 좋다! 가섭이 여래의 진실한 공덕을 잘 이르나니, 진실로 말한 것과 같으니라."
여래 또한 무량무변 아승지 공덕이 있나니 너희는 만약 헤아릴 수 없는 억겁을 (그 공덕을)설하여도 능히 다 못하리라.

② 가섭아 반드시 알라! 여래는 이 모든 법의 왕이라 만약 설하는 바가 있으면 다 헛되지 아니하니, 일체 법(7방편)에 지혜의 방편으로 풀어서 설하나 그 설한 법이 일체지의 경지(실상)에 다 다다르게 하느니라.
여래는 일체 모든 법의 돌아가는 곳(귀취歸趣)을 보아 알며(權智로 능히 권을 비추는 것), 또 일체 중생의 깊은 마음이 행하는 것을 알아서 통하여(사무처) 막힌 데 없으며,
또 모든 법을 궁구하여 다 밝게 알아(實智로 능히 진실을 비춤) 모든 중생에게 일체지혜를 보이시느니라.

③ 가섭아 비유컨대 삼천대천세계(중생세간)의 산천과 계곡(溪 : 물 있는 골. 谷 : 물 없는 골. 산천계곡 : 5음 세간)과 토지에서 난 초목 수풀(총림(叢林)[65])과 또 여러 가지 약초 종류가 약간(若干) 이름과 빛이 각각 다른데.
빽빽한(특특한) 구름이(三密) 가득 펴져 삼천대천세계를 다 덮어

65) 총림(叢林) : 풀모인 것이 叢, 나무모인 것이 林

일시에 같이 비를 퍼부어(口密의 八音 四辯의 法雨를 솟다) 그 젖음이 넓게 흠뻑 젖으면, 풀 나무(卉木 : 훼목)와 수풀(叢林)과 여러 가지 약초의 작은 뿌리 작은 줄기와 작은 가지 작은 잎과 중간 뿌리 중간 줄기 중간가지 중간 잎과 큰 뿌리 큰 줄기와 큰 가지 큰 잎(信-根, 戒-莖, 定-枝, 慧-葉)과

여러 나무 크고 작은 상중하(7종 중생)에 따라서 각각(비를) 받는 것(법비에 젖음)이 있어, 한 구름에서 비 옴에 그 종류들의 성품(種性)에 다 맞게 나서 자라게 되어 꽃(習果)과 과실(報果)이 피며 여무나니.

비록 한 땅(일지一地)[66]에서 난 것이며 한 비로 적시나(一音平等敎) 그러나 모든 초목[67]이 각각 차별이 있느니라.

④ 가섭아 마땅히 알라. 여래도 또한 다시 이와 같아서 세간에 출현하심은 큰 구름이 일어나는 것과 같이, 큰 음성으로 세계(世界)의 하늘과 사람과 아수라에 널리 닿음은 저 큰 구름이 삼천대천국토에 다 덮는 것과 같음이라.

대중 가운데에 이 말을 이르되 '나는 이 여래, 응공, 정변지, 명행족, 선서, 세간해, 무상사, 조어장부, 천인사, 불세존이로니,

제도되지 못한 사람을 제도하며 알지 못하는 사람을 알게 하며 편안하지 못한 사람을 편안케 하며 열반 못한 사람을 열반을 얻게

66) 한 땅(일지一地) : 心地=道前은 等覺以前. 道後는 初地이상.

67)모든 초목 : 작은 출(小草=人天). 중간 풀(中草=二乘) 큰 풀(上草=藏敎보살). 작은 나무(小樹=通敎보살.) 큰 나무(大樹=別敎보살)

하리라.' 라고
지금 세상과 뒤 세상을 실답게 알아[68] 나는 이 일체를 아는 이며(三智)[69], 일체를 보는 이며(五眼) 도를 아는 이며, 도를 여는 이며, 도를 말하는 이로니, 너희 하늘과 사람 아수라 대중이 다 마땅히 여기에 오라(三善道). 법을 듣기 위한 연고로다 하는데,
그때 셀 수 없는 천만 억 종류의 중생(십법계 중생)이 부처님 계신데 와서 법 듣거늘,

⑤ 여래는 이때 이 중생의 모든 근(근기)의 날카롭고 둔함과 정진하고 게으름을 보아, 그 감당할 수 있는바(능력)를 따라 설법하여 가지가지 헤아릴 수 없는 (중생을) 다 즐겁게 하여 상쾌히 좋은 이익(법의 이익)을 얻게 하나니.
이 모든 중생이 이 법을 듣고 현세에 편안하며 후세에 좋은 곳에 태어나 도(道)로써 즐거움을 받으며, 또 능히 법을 들어서 이미 법 듣고 모든 장애를 여의어 모든 법 가운데 힘의 능력에 따라 점점 능히 도에 들어가나니,
저 큰 구름이 모든 것에 비를 내리면 풀과 나무와 숲과 또 여러 약초 그 종류와 성품이 구족하게 젖어 각각 나서 자라는 것과 같으니라.

68) 실답게 알아 : 숙명통으로 과거. 천안통으로-미래. 누진통으로-현재를 통달하니 이것이 三達 또는 三明이다.

69) 삼지(三智) : 도종지(道種智-보살이 중생을 교화 할 때 세간, 출세간, 유루, 무루의 도를 말하는 지혜). 일체지(一切智-모든 법의 총채를 아는 지혜=보살지(菩薩智). 일체종지(一切種智-모든 법의 평등상에서 차별상을 아는 지혜=불지(佛智). 살파야해(薩婆若海 : 일체지 즉 과지(果智))라고도 한다.

⑥ 여래의 설법은 한 모양(중생심이 같은 진여상이요, 一地이다) 한 맛(일승법은 一理요, 一雨이다.)이니 이른바 해탈의 모습과 여의는 모습과 멸하는 모습이니, 구경에는 일체종지에 이르느니라.

그 중생이 여래 법 듣고 만약 지니고 읽고 외워 말한 대로(말다이) 수행하여도 얻는 공덕을 스스로 알지 못하나니.

까닭이 무엇이냐? 오직 여래가 계시어 이 중생의 종자류(種)와 모양(相)과 바탕(體)과 성품(性)70)(10여시)에

"어떤 일을 기억(염念과거)하며 어떤 일을 생각(思현재)하며 어떤 일을 닦으며(미래) (念何事하며 思何事하며 修何事하며)

"어떻게 기억(念)하며 어떻게 생각하며 어떻게 닦으며"(念은 念慧의 體. 셋이 三慧의 体)

---

70) **종자(種)**란 삼도(三道 : 惑, 業, 苦)는 이것이 삼덕(三德=법신, 반야, 해탈)의 종자가 되는 것이다.

정명경(淨名經-佛道품)에 이르되 「일체번뇌의 무리(儔)를 여래의 종자로 삼는다.」라고 하였으니, 이것은 번뇌도(道)로 말미암아 곧 반야가 있음을 밝힌 것이다. "5무간(無間)지옥이 다 해탈상(解脫相)을 낳는다." 고 하였으니, 이것은 불선(不善)으로 말미암아 곧 선법(善法)의 해탈이 있는 것이다. 일체중생은 곧 열반의 모습(相)이라. 다시 멸할 수 없다고(보살품 미륵장) 하였으니 이것은 곧 생사가 그대로가(卽) 법신이기 때문이다. 이것은 상(相)을 대(對)하는 데 대하여 종자를 논한 것이다.(相對 : 相은 타고난 性德의 모양에 대하는 것)

만약 같은 종류(類 : 닦아서 얻는 덕의 종류-修得의 종류)에 대하여 종자(種)를 논하면 일체의 머리를 숙이거나 손을 드는 것이 다 해탈의 종자요, 일체세간의 지혜와 삼승의 이해하는 마음(解心)은 곧 반야의 종자이다.

대저 마음이 있는 자는 다 마땅히 부처가 될 것이다(열반경25) 함은 곧 법신의 종자다(다 법신을 가지고 있음으로). 여러 종자의 차별을 여래는 능히 아신다. 일체종자는 다만 한 가지 종자로써 곧 이것이 무차별임을 여래는 능히 아신다.

모양, 바탕, 성품(相體性)을 십법계(十法界)의 십여시(十如是)중에 대하여서 해석한다.

만약 차별을 논하면 곧 10법계의 모양(相)이요, 만약 무차별을 논하면 곧 일불(一佛)세계의 모양(相)이다, 차별과 무차별을 여래는 능히 아시니 차별이 곧 무차별이요, 무차별이 곧 차별임도 여래는 또한 능히 아신다. 체와 성품(體性)은 그런 예로써 알 것이다. ["삼도(三道)는 이것이 삼덕(三德)의 종자가 되는 것이다." 라고 하는 것은 곧 성종(性種 : 성품의 종자)이다. 생기는 성품이 있는 까닭이니 그러므로 종자(種)라고 한다. 생길 때 이 종자가 순수하게 변하는 것이 닦는 것이 되니 닦는 것과 성품이 하나라. 다시 다른 체(體)는 없다. **상대(相對)**라고 말하는 것은 당체(當體)를 따라 맞대응하여 서로 뒤집게 되니(敵對相飜) 곧 사리(事理), 인과(因果), 미오(迷悟), 박탈(縛脫) 등이 시종(始終)이 이치는 하나다. 그러므로 성품(性)이라 한다. 파도와 물의 뜻에 준하면 알 것이다. 파도가 물의 종자니 어찌 믿지 않으랴?

만약 같은 종류(類 : 닦아서 얻는 덕의 종류-修得의 종류)에 대하여 종자(種)를 논하면(若就類論種) 류(類)는 같은 예(類例 :)를 말하니 곧 수덕(修德)이다. 중생은 무시이래로 항상 삼도(三道)에 살면서 그 안에서 누가(어느 것이) 한 티끌 만한 종자의 종류(種類 : 修德)가 없으리오.[(하나라도 결연(結緣)한 것(닦는 인연)이 없었겠느냐?-冠註]

"어떤 법으로 염(念)하며 어떤 법으로 생각하며 어떤 법으로 닦으며"
"어떤 법으로써(因) 어떤 법을 얻는가(果)를 알아,"
"중생이 가지가지 경지(地 : 차별=7방편의 7位=수준)에 머무름을 오직 여래가 계시어 실답게 보고 밝게 알아 막힌데 없으시나."
"(중생은)저 풀, 나무, 숲 모든 약초들이 상중하의 성품을 스스로 알지 못하는 것과 같으니라."

⑦ 여래는 이 한 모습 한 맛인 법을 아시나니, 이른바 해탈의 모습과 여의는 모습과 멸하는 모습과 구경열반의 항상 적멸한 모습이라. 마침내 빈대로 돌아가니(무차별-차별이 없는 세계)
부처님께서 이것을 아시나 중생 마음의 하고자함(心欲-소승)을 보시고 도와서 그것을 보호 할 새. 그러므로 곧 위하여 일체종지를 설하지 아니하였거늘,
너희 가섭 등은(2승 버리고 진실에 들어옴이) 심히 희유하여 능히 여래가 마땅함(수준)을 따라 설법하시는 것(소승 법을 설하시는 것)을 알아 능히 믿고 능히 받아들이도다.
왜냐하면 모든 부처님 세존이 (중생에) 맞게 따라 설법하시는 것이 이해하기 어렵고 알기 어려우니라.(방편 법을 알기 어려움)

⑧ 그때 세존께서 이 뜻을 거듭 펴시려 하사 게송으로 말씀하시되,

유(有25삼매로 25有,)를 깨뜨린 법왕이 세간에 출현하여
중생이 하고자함(5욕)을 따라 가지가지 법을 설하느니라.
여래 존중(尊重높고 중함)하여 지혜는 깊고 심원(深遠)하여
중요한 것을 오래 침묵하여(42년 침묵함-42年未顯眞實-72세 설법. 80세 열반) 빨리 설하기를 힘쓰지 아니하나니,
지혜 있는 이는 만약 들으면 능히 믿고 알 것이지만
지혜 없는 이는 의심하여 길이(영원히 대승을) 잃게 됨이라.
이런고로 가섭아 힘을 따라 설하여
가지가지 인연으로(대승의) 바른 견해(正見)를 얻게 하나니라.

⑨ 가섭아 마땅히 알라! 비유하건대 큰 구름이
세간에 일어나 일체를 두루 덮듯이,
지혜구름(應身) 윤택(습기)함을 머금고(12부경을 구족 한 고로) 번개 빛이 빛나며
우레 소리 멀리 진동하여 많은 사람 기쁘게 하나(열예悅豫법듣고 환희함),
햇빛이 가려서 땅위는 서늘하며(98見思의 熱을 없앰)
구름 짙게 드리워 펴지어 가히 손에 잡힐 듯하여,
그 비 넓게 고루 사방에 다 내리어
한량없이 쏟아 부어(8音 4辯의 法雨) 온 땅(率土)이 다 흡족하면
산천 험한 골 그윽하고 깊은데서 자라는
초목, 약초와 크고 작은 모든 나무와

백곡(通教)의 싹(苗:안 핀 곡식)과 곡식(稼:핀 곡식=五乘)과 감자(사탕수수=선정), 포도(지혜)가

비에 젖음에 풍족치 않은 것이 없으며 (마음 있는 자 다 이익 함)

마른땅에 널리 흡족하여 약초와 나무가 다 무성하나니.

그 구름에서 나온 한 맛의 물에

초목과 숲이(총림叢林) 분수에 따라 윤택하니

일체 모든 나무 크기가 상, 중, 하 등이

그 크고 작음에 맞게 각각 생장하여

뿌리, 줄기, 가지, 잎과 꽃, 열매, 빛 색깔이

한 비에 젖음(미침)에 다 윤택하여

그 체질, 모양, 성분이 크고 작으나

젖음은 한가지라 각각 더 무성하나니.

⑩ 부처님도 이와 같아 세간에 출현하심이

비유하건대 큰 구름이 일체 널리 덮는 것과 같으니라.

이미 세간에 나오시어 중생들을 위하여

모든 법의 실상을 분별하여 연설하나니.

큰 성인 세존께서 여러 하늘, 사람.

일체 중생 가운데 이렇게 말씀 하시도다.

나는 여래요 양족(복덕과 지혜 둘이 구족함)존이라.

세간에 출현함은 마치 큰 구름과 같아

일체의 말라 여윈 중생들을 가득히 적시어(1.誓願度)
다 괴로움을 여의어(2.誓願斷) 안온한(편안한)낙과 세간의 낙(3.誓願學)과 열반낙을 얻게 하나니(4.誓願成). (4홍서원)
모든 하늘, 사람들이 일심으로 잘 듣고서
다 여기 와서 위없이 높은 이(무상존無上尊)를 뵈어라!

⑪ 나는 세존이라, 능히 (나를)미칠 자가 없으리니
중생 편안케 하려 그래서 세간에 출현하여서
대중을 위하여 감로의 맑은 법을 설하노니.
그 법은 한 맛으로 해탈과 열반이라
한결같은 묘음(妙音미묘한 소리)으로 이 뜻을 연설하며
항상 대승 위하여 인연을 짓느니라.

⑫ 내 일체를 보되 널리 다 평등하여
나다(此=有機근기가 있거나). 너다(彼=無機=근기가 없거나). 사랑하고, 미워하는 그런 마음 없고
탐내고 집착하는 마음도 없고, 또 (어떤)한계나 막힘도 없어
항상 일체 위해 평등이 설법하되,
한 사람 위하듯이, 많은 이에 그러하여

⑬ 항상 부연(敷衍)하여 법을 설하고 잠시도 다른 일(魔事)은 없어

가나오나 앉으나 섬에 피곤하고 싫어함 없이
세간을 충족함이 비 젖듯이 하여,
귀하거나 천하거나 높거나 낮거나 지계나 파계나
위의(威儀)가 구족하거나 또 구족하지 못하거나
정견(正見)이나 사견(邪見)이나 날카로우나 둔한(利鈍) 근기에
평등하게 법 비 내려 게으름이 없느니라.

⑭ 일체 중생이 내 법 듣는 이는
힘(수준,능력) 따라 받아서 여러 땅(경지)에 머무르되,
혹은 인간, 하늘, 전륜성왕과
제석천, 범천의 모든 왕으로 있는 이는 이 모두 작은 약초요(모두 혹을 끊지 못함),
무루법(번뇌를 여읜 청정한 법)을 알아서 열반을 능히 얻어
육신통 일으키고, 삼명(三明천안,숙명,누진통)을 얻어
홀로 산 숲에 있어 항상 선정 수행하여
연각 증득 한 이는 중간의 약초요(이승은 智德, 斷德이 있음으로),
세존 경지(處=果) 구하여 나도 반드시 부처 되리라. 하고
정진하여 선정 수행하는 이는 최상의 약초라.

⑮ 또 모든 불자가 불도에 전심(專心)하여
항상 자비를 행하여 스스로 부처 될 것 알아

결정코 의심 없는 이는 이 이름이 작은 나무(通教보살)요,
신통에 편안히 머물러서 불퇴전의 법륜 설해
한량없는 억 백 천의 중생을 제도하는
이 같은 보살은 이름이 큰 나무라(別教보살=自行化他),

⑯ 부처님의 평등한 말씀은 한 맛의 비 같거늘,
중생의 성품 따라 받는 것이 같지 않아
저 초,목들의 받아드림이 각각 다른 것과 같으니라.
부처님께서 이 비유로 방편을 열어 보여
가지가지 말씀으로 한 법을 연설하시나,
부처님 지혜에 (비하면) 바다에 한 방울 물 같으니라.
내가 법 비 내려 세간(십법계의 30종 세간) 충만 하였거늘,
한 맛의 설법을 힘 따라 수행함은(법은 一味나 수행은 같지 않은 고로)
저 총림(수풀)에, 약초와 모든 나무
크고 작은 대로 점점 더 무성하여 좋아짐과 같으니라.
모든 부처님 법은 항상 한 맛으로
모든 세간들이 널리 다 구족하여
점차로 수행하여 다 도과(道果: 깨침)를 얻게 하나니라.

⑰ 성문, 연각이 산과 숲에 있으면서
최후 몸에 머물러서 법 듣고 과(果) 얻는 이,

이 이름이 약초로 각각 더 자라나고,

만약 모든 보살 지혜가 견고하여

삼계를 요달(了達 통달하여 앎-혹이 끊어짐)하여 최상승(일승)을 구하는 이

그 이름은 작은 나무가 증장(增長나라남)함을 얻음이요,

또 선정에 머물러 신통력을 얻어서

제법의 공함을 듣고(十住에 修空) 마음에 크게 환희하며

무수한 광명 놓아 모든 중생 제도하는 이(10행, 修假),

이 이름은 큰 나무가 더 자라는 것과 같으니라.

⑱ 이같이 가섭아, 부처님 설하시는 법은

비유컨대 큰 구름 같아 한 맛의 비(위의 무차별을 송함)로

사람 꽃(꽃을 사람에 비유)을 적시되 각각 열매를 맺게 하느니라.(위의 차별을 송함).

가섭아, 반드시 알라. 여러 인연과

갖가지 비유로써 불도 열어 보이나니

이것이 방편이며 모든 부처님도 또 그러하시니라.

⑲ 오늘 너희 위하여 가장 진실한 일(진실은 무차별, 방편은 차별)을 이르노니

모든 성문 대중은 다 멸도가 아니거니와, 너희들 행함이야 이것이 보살도니

점점 닦아 배우면 다 반드시 성불하리라.

약초유품 제 5 끝.

법을 약초에 비유하여 설한 품. 제 5 끝.

수기품 제 6

미래에 성불하리라 수기(예언)하신 품. 제 6.

[수기 : 수기(授記). (수기)受記 수결(受決), 수기(記莂=기별記別). 수(授)는 준다는 뜻, 수(受)는 얻는다, 받는다)는 뜻, 기(記)는 사실을 기록한다는 뜻, 결(決)은 결정하는 것, 별(莂)은 요별(了莂-시간, 국토, 불명佛名), 수명(壽命)등을 낱낱이 예언하는 것].

【일여 품 해설】 범어(梵語)에 화가라(和伽羅)를 한자로 수기(授記)라 한다. 성인이 말씀해 주시는 것을 수(授준다)라 하고 결과를 마음에 약속하는 것을 기(記기록,기약)라 한다.

그러나 기(記)에 여러 가지가 있으니 만약 전체적인 수기(通記-공통의 수기)를 말하면 법사품 초에 '법화경 한 구절이나 한 게송을 듣거나 나아가 한 생각으로 따라 기뻐하는 (隨喜)이는 내가 다 수기를 주어 아뇩다라삼먁삼보리를 얻게 하리라.' 고 한 것과 같은 것이다.

만약 개별적인 수기(別記)는 삼주(三周)설법 가운데 법설주 뒤에 (상근기)사리불에게 수기하시고 비설주(譬說周)뒤에 (중근기)네 제자에게 수기하시고 인연주(因緣周)뒤에 (하근기)오백 제자들에게 수기하시는 것과 같은 것이다.

【삼주(三周 : 상, 중, 하, 근기의 제자를 일승으로 이끌기 위하여 3회에 걸쳐 설법하신 것.

1, 설법주=상근기 사리불을 위하여 제법실상의 10여시를 설하여 일승으로 이끄는 것(방편품)

2, 비설주=중근기 가섭 등을 위하여 불난 집(火宅)과 세 수레의 비유로 일승으로 이끄는 것.

3, 인연주=하근기 부루나를 위하여 대통지승여래의 인연을 설하여 일승으로 들어가게 하신 것이다. 3주에 각각 정설(正說), 영해(領解), 술성(述成), 수기(授記)가 반복된다.)】

혹은 정인기(正因記 : 바른 인연의 수기)는 상불경보살이 "나는 감히 그대들을 가벼이 하지 않는다. 그대들은 마땅히 부처 되리라." 고 말한 그것과 같은 것이다.

만약 연인기(緣因記 : 정인을 도와 바른 지혜가 생기게 하는 것)는 법사 품에 꽃, 향, 등 열 가지로 공양하니 "마땅히 알라. 이 사람은 큰 보살이라. 아뇩다라삼약 삼보리를 성취하리라." 라고 하신 것과 같은 것이다.

만약 요인기(了因記 : 전체적인 수기)는 삼주설법(三周)으로 세 근기에 수기를 주시는 것과 같은 것이다.

혹은 정인기(正因記)는 곧 (범위가) 넓고 연인, 요인의 수기는 곧 좁다. 혹은 수기의 효과가 느린 것은 성문과 같고 수기의 효과가 빠른 것은 용여(龍女 : 용왕의 딸)가 성불 한 것과 같다.

혹은 부처님의 수기는 이 경문(수기품)과 같고 혹은 보살의 수기는 상불경보살품과 같다.

비록 겁수와 국토는 화성유품과 같이 현재의 제자를 위하여 '곧 이 모든 사람들이 마땅히 이 법으로 점점 불도에 들어가리라.' 고 하시고 미래 제자를 위해서는 '곧 그 국토에서 부처님의 지혜를 구하리라.'고 하신 것 등이다.

【(국토=어느 때 어느 국토에서 성불 하리라.고 하는 것)을 결정 한 것은 없으나 또한 수기를 얻었다 하리라. 현기(懸記=먼 후에 성불하리라 한 것)】

다른 경에는 다만 보살에게만 수기하시고 이승(二乘)에게는 수기하시지 아니하고, 다만 선한 사람에게만 수기하시고 악한 사람에게는 수기하시지 않았고, 다만 남자에게만 수기하시고 여자에게는 수기하지 않았고, 다만 하늘과 사람에게만 수기하시고 축생에게는 수기하지 아니 하셨다. 지금 이경에는 모두 수기하셨다.

수기(授記)란 또 수기(受記) 수결(受決) 수별(受莂)이라고도 하는 데 수(授)는 부처님이 주신다는 뜻이요, 수(受)는 중생이 받는다는 뜻이다. 기(記)는 사실을 기술한다는 뜻이요, 결(決)은 결정하는 것이요, 별(莂)은 요별(了莂 : 구별하여 아는 것)이다.

네 사람의 큰 제자가 법설주, 비유주의 이주(二周두 번)의 개삼현일(開三顯一 : 삼승을 열어서 일승을 나타냄)을 듣고 구족하게 앎에(領解) 여래가 술성(述成 : 제자가 깨달은 것을 여래가 승인하시는 것)하셨다. 스스로 부처 될 것을 알지라도 그러나 그 시기와 그 때의 일(時事)이 자세하지 않았다.

만약 부처님이 진실한 말씀으로 미래의 결과(當果)를 수기하여 주심을 입어 어떤 겁, 어느 국토(劫國)를 결정하여 가깝고 먼 것을 구별하여 알면(了莂) 곧 크게 환희 하리라.

지금 부처님으로부터 (여러 가지 수기의 이름 가운데서) 수기(授記)하여 주신다고 하는 (授與)뜻의 이름을 얻었으므로 수기품(授記品)이라 한다. 일여 끝.

① 그때 세존께서 이 게송을 설하시고 나서 여러 대중에게 알리어 이 같은 말씀으로 이르시되,
나의 이 제자 마하가섭이 오는 세상에 반드시 300만억 모든 불세존을 능히 받들어 뵙고 공양하고 공경하며 존중하고 찬탄하여 제불의 한량없는 큰 법을 널리 펴다가,
최후의 몸(윤회가 끝나는 몸)으로 부처되어, 이름이
광명 여래① 응공② 정변지③ 명행족④ 선서⑤ 세간해⑥ 무상사⑦ 조어장부⑧ 천인사⑨ 불세존⑩이라 하리니,
나라 이름은 광덕이요 겁의 이름은 대장엄 이리라.
부처님의 수명은 12소겁(세월)이요 정법이 세상에 머물기는 20소겁이요, 상법(정법과 비슷한 법)도 또한 20소겁을 머물리라.

② 나라 경계는 장엄하게 꾸며 여러 가지 더러운 기와(지새), 돌, 가시와 똥, 오줌 부정한 것이 없으며, 그 땅이 평정(평평)하여 높고 낮거나 구릉, 언덕이 없고 유리로 땅을 만들고 보배나무 늘어섰고, 황금으로 줄을 만들어 길가에 느리고(경계 삼고) 여러 보배 꽃을 흩어서 두루 다 청정하리라.
그 나라 보살이 한량없는 천억이며 여러 성문 대중도 또한 무수하며 마귀의 일(마귀가 일으키는 일)이 없어 비록 마(魔)나 마(魔)의 백성이 있어도 다 부처님의 법을 보호하여 가지리라(護=護持).

③ 그때 세존께서 이 뜻을 다시 펴시려 하사 게송(偈)을 이르시되,

모든 비구에게 이르노니 내 부처님의 눈으로
이 가섭을 보노니, 미래 세상에
무수 겁(세월)지나 반드시 능히 부처 되리니,
오는 세상에 300만억 모든 부처님 세존을 공양하여 받들어 뵙고
부처님의 지혜 이루기 위하여 깨끗이 범행을 닦아
가장 위인 이족존(二足尊양족존)께 공양하고 나서,
일체의 위없는 지혜를 닦고 익혀
최후의 몸에 능히 부처님이 되리니,

④ 그 땅이 청정하여 유리로 땅을 만들고
많은 보배나무 길가에 늘어섰고
금줄로 길에 경계(境界)하여 보는 사람 환희하며,
항상 좋은 향기 나며 많은 이름난 꽃을 흩어
가지가지 기묘하게 장엄하며,
그 땅이 평정하여 언덕과 구렁 없고,

⑤ 모든 보살 대중들을 가히 헤아리지 못하리니(不可稱計)
그 마음이 고르고 부드러워 큰 신통 얻고
제불의 대승경전 받들어 지니며,

여러 성문 대중 샘(漏=번뇌)이 없는 최후 몸인
법왕의 아들도 또한 (그 수를)헤아리지 못하리라.
이에 천안(天眼)으로도 능히 세어 알지 못하리라.
그 부처님 당(當=받은)한 수명은 12소겁이요,
정법이 세간에 머물기는 20소겁 이오,
상법 또한 20 소겁을 머물리니,
광명세존의 그 일이 이 같으리라.

⑥ 그때 대목건련과 수보리와 마하가전연들이 다 두려운 마음으로 합장하여 존안을 우러러 보사와 눈을 잠시도 깜박이지 아니하고, 곧 함께 같은 소리로 게송으로 아뢰되,

큰 영웅 용맹하신 세존 모든 석씨 족의 법왕이시니,
우리를 불쌍히 여기사 부처 음성을 주시옵소서.
만약 우리의 깊은 마음을 아시고 수기를 주시오면
감로수 뿌려서 열을 없애고 시원함을 얻음과 같으오리다.

⑦ 굶주린 나라에서 와 문득 대왕의 차반(만찬) 만나서
마음에 오히려 의심과 두려움 품어 감히 곧 먹지 못하다가,
만일 다시 왕의 가르침(허락, 먹으라고 분부함)을 들은 그런 후에야 감히
먹는 것 같이,

우리도 또한 이와 같아 매양 소승의 허물만 생각하여
반드시 어떻게 하여야 부처님의 위없는 지혜를 얻을지 알지 못하더니,
비록 부처님 음성으로 「우리들도 부처되리라」는 말씀은 들었사오나,
마음에 오히려 근심과 두려움을 품어 감히 곧 먹지 못하듯이,
만일 부처님의 수기를 주신다면 곧 상쾌하고 안락 하오리다.
큰 영웅 용맹 하신 세존 항상 세상 편안케 하려 하시나니
원하오니 저희에게 수기를 주소서. 굶주린 사람에게 먹으라는 말씀과 같사오리다.

⑧ 그때 세존께서 모든 큰 제자들의 마음에 생각하는 바를 아시고 모든 비구들에게 말씀하시되,
이 수보리는 마땅히 오는 세상에 300 만억 나유타 부처님을 받들어 뵙고 공양하고 공경하며 존중하고 찬탄하여, 항상 범행을 닦아 보살의 도를 갖추어 최후의 몸에 부처되어, 이름은 명상여래, 응공, 정변지, 명행족, 선서, 세간해, 무상사, 조어장부, 천인사, 불세존이리니, 겁의 이름은 유보요 나라이름은 보생이리라.

⑨ 그 땅이 평평하고 파리(玻璃)로 땅 만들고 보배나무로 장엄하고 여러 두들(언덕)과 구릉과 모래와 돌과 가시와 똥, 오줌 같은 더러운 것이 없고 보배 꽃이 땅을 덮어 두루 널리 청정하니.
그 땅 사람이 다 보배 대(臺=자리)와 진귀하고 묘한 누각에 살며 성

문제자 한량이 없고 끝없어 산수로나 비유로도 능히 알 수 없으며, 여러 보살대중도 무수한 천만 억 나유타이리라.

부처님의 수명은 12소겁이요, 정법(正法)이 세간에 머물기는 20소겁이요,

상법(像法)도 또 20소겁 머물리니, 그 부처님은 항상 허공에 계시며 많은 사람을 위해 설법하여 한량없는 보살과 성문들을 제도하여 해탈케 하리라.

⑩ 그때 세존께서 이 뜻을 다시 펴시려고 게송으로 말씀하시되,

모든 비구들아. 이제 너희들에 이르노니
다 반드시 일심으로 내 말을 들으라.
나의 큰 제자 수보리는
반드시 능히 부처되어 이름이 명상이리니,
반드시 수 없는 만억 모든 부처님을 공양하고
부처님 행하신 바를 따라 점점 큰 도 갖추어서
최후의 몸에 32상 얻어서
단정하고 곱고 아름다운 마치 보배 산과 같으리니,

⑪ 그 부처님 국토 엄숙하고 깨끗함이 제일이라.
중생이 보는 이는 사랑하고 즐겨하지 아니 할 자 없으리니,

부처님 그 가운데서 무량 중생 제도하리라.
그 부처님 법 중에 보살들이 많되
모두 다 날카로운 근기라 물러나지 아니하는 법을 설하리니,
그 나라는 항상 보살로 장엄하리라.
여러 성문중도 가히 수(數)로써 헤아리지 못하리니
다 삼명(三明)얻고 육신통(六神通)을 갖추며
8해탈에 머물러서 큰 위덕 있으리라.

⑫ 그 부처님 설법하심에 한량없는
신통변화를 나타내어 불가사의하심이라.
모든 하늘과 인민(人民) 그 수 항하사 같아,
다 같이 합장하고 부처님 말씀 들으리라.
그 부처님 당한(받은) 수명 12소겁이요,
정법(正法) 세간에 머물기는 20소겁이오,
상법(像法)도 또한 20소겁 머물리라.

⑬ 그때 세존께서 다시 모든 비구 대중에게 말씀하시되,
내 오늘 너희들에게 이르노니, 이 대가전연은 마땅히 오는 세상에 여러 가지 공양물로써 8천억 부처님을 공양하고 받들어서 섬겨 공경하고 존중하다가,
모든 부처님 멸도 하신 뒤 각각 탑묘(塔廟)를 세우되 높이가 1000

유순(1유순 : 40, 60, 80리)이며 길이, 넓이가 똑같이 5백 유순(由旬)이리니 금, 은, 유리, 자거, 마노, 진주, 매괴, 칠보로 합하여 이루고 많은 빛난 영락과 바르는 향, 가루 향, 태우는 향, 비단일산과 당번(기)으로 탑묘에 공양하리니,
이 일이 지난 후에 마땅히 다시 2만 억 부처님을 공양하되 또 다시 이같이 하여, 이 모든 부처님께 공양하고 나서 보살도를 갖추어 마땅히 능히 부처되어 이름은 염부나제금광여래, 응공, 정변지, 명행족, 선서, 세간해, 무상사, 조어장부, 천인사, 불세존이리니,

⑭ 그 땅은 평정(平正 : 평평함)하고 파리(頗梨)로 땅을 만들고 보배나무로 장엄하고 황금으로 노(줄) 만들어 길가에 느리고(경계삼고) 아름다운 꽃으로 땅을 덮어 두루 널리 청정하니,
보는 사람 환희하며 네 가지 악도인 지옥, 아귀, 축생, 아수라의 도(道)는 없고 하늘과 사람(天人 : 飛天-천상의 有情.)이 많이 있으며 여러 성문들과 또 무량한 만억의 모든 보살이 그 나라를 장엄하리라.
부처님의 수명은 12소겁이요, 정법이 세간에 머무름은 20소겁이요, 상법(정법 지난 뒤 천년)도 또 20소겁을 머물리라.

⑮ 그때 세존께서 이 뜻을 다시 펴시려 하사 계송으로 말씀하시되,

모든 비구들아 다 일심으로 들어라.
나의 설법은 진실하여 (법과)다름없나니
이 가전연은 반드시 갖가지로
미묘하고 좋은 공양구로 제불을 공양하다가,
제불(諸佛)이 멸도한 뒤 칠보로 탑 세우고
또 꽃과 향으로 사리에 공양하며
그 최후의 몸으로 부처님 지혜 얻어
등정각(깨달음)을 이루리라,

⑯ 국토는 청정하며
한량없는 만억 중생을 제도하여 해탈케 하여
시방(十方)이 다 공양하게 되며
부처님의 광명을 능히 이길 자가 없으리니,
그 부처님 이름은 염부금광이요
일체 유(有 : 번뇌)를 끊은(윤회를 끊음)보살, 성문이
무량하고 셀 수 없이 그 나라를 장엄하리라.

⑰ 그때에 세존께서 다시 대중에게 말씀하시되
내 오늘 너희들에게 말하노니, 이 대목건련은 반드시 가지가지 공양거리로써 8천의 모든 부처님께 공양하여 공경하고 존중하다가 여러 부처님들이 멸도하신 뒤에 각각 탑묘를 세우되 높이 1천 유

순이요,

세로 가로가 똑같이 5백 유순이리니 금, 은, 유리, 차거, 마노, 진주, 매괴, 칠보로 어울러 이루고 많은 빛난 영락과 바르는 향, 가루 향, 태우는 향, 비단일산과 당번을 공양하리니,

이 일이 이미 지난 후에 반드시 다시 2백 만억 모든 부처님을 공양하되 또한 다시 이와 같이 하여, 반드시 성불하여 이름은 다마라발전단향 여래, 응공, 정변지, 명행족, 선서, 세간해, 무상사, 조어장부, 천인사, 불세존이리니,

겁의 이름은 희만이요, 나라이름은 의락이리니,

⑱ 그 땅이 평정하고 파리로 땅을 만들고 보배나무로 장엄하고 진주꽃을 흩어 두루 널리 청정하여, 보는 사람 환희하며 하늘과 사람들이 많으며 보살과 성문이 그 수가 한량없으리라.

부처님 목숨은 24소겁이요, 정법이 세간에 머물기는 40소겁이오, 상법도 또 40소겁을 머물리라.

⑲ 그때 세존께서 이 뜻을 거듭 펴시려고 게송으로 설하시되,

나의 이 제자 대목건련은
이 몸 버리고나서 8천2백 만 억
여러 부처님 세존을 뵙고,

불도 (이루기)위한 고로 공양하고 공경하며
모든 부처님 처소에 항상 범행(청정행) 닦아
한량없는 겁 동안 불법 받들어 지니다가,
제불이 멸도 후에 칠보로 탑 세우되,
탑 꼭대기(금찰金刹-찰간刹竿=구륜상九輪相의 금장식)를 길게 표하고 꽃, 향,
음악(기악)으로
모든 부처님 탑묘에 공양하며,
점점 보살도 갖추고 나서는,
의락국에서 능히 부처 되어
이름이 다마라발전단향이리니,
그 부처님의 수명은 24겁이리라.
항상 하늘, 사람 위하여 불도를 연설(演說)하며

⑳ 성문이 헤아릴 수 없어 항하 모래 수 같은 이들이
삼명, 육신통으로 큰 위덕 있으리라.
보살도 무수하여 뜻이 굳게 정진하여
부처님 지혜에서 다 물러나지 않으리라.
부처님 멸도 후에 정법은 반드시
40소겁 머물고 상법도 또한 그러하리라.

㉑ 나의 모든 제자 위덕 구족한 이들이
그 수 5백이니, 다 반드시 수기 주되

미래 세상에는 다 성불하리라. 하노라.

㉒ 나와 너희들의 지난 세상 인연을
내가 이제 마땅히 설하리니 너희들 잘 들어라.

수기품 제 6 끝.

화성유품 제 7

신통력으로 변화하는 성을 만들어 묘법을 비유하여 설한 품. 제 7

【일여 품 해설】 화성유품의 화(化)란 신통력으로 변화하여 나타내시는 일이다. 신통력으로 없었는데 갑자기 있게 하는 그것을 이름 하여 변화(化)라 하는 것이다. 잘못된 무리를 막고 적을 막는 것(防非禦敵)을 성(城)이라 한다.

만약 법에 맞는 것(合法 : 合譬=화성의 비유와 합함)은 이승(二乘)열반이니 권지(權智방편의 지혜)가 하는 것(화성도, 이승 열반도 방편 설이므로)이다. 권지의 힘으로 없는 것(無)을 있다고(有) 설하며 방편 교를 사용하여 교화하고(用教爲化) 사혹(思惑)을 막고 견혹(見惑)을 막는 것(防思禦見)을 열반이라 이름 한다. 비유하면 화성과 같다.

만약 교(教)에 의하여 해석하면

삼장교(三藏 : 소승교,장교)의 이승(二乘)은 열반에서 안온(安穩)한 멸도(滅度)를 하였다는 생각을 내고

통교(通教)의 이승도 또한 그러하나 보살은 그렇지 아니하니 서원하여 남은 습기를 가지고(扶習 : 삼계의 습기를 끊으면 삼계를 떠나게 되는 까닭에 일부러 중생을 위하여 습기를 남겨둠) 생사에 (일부러)들어오되 그러나 공(空)을 가지고 증득(證得 : 깨달음)을 삼지 아니한다.

별교(別教)는 성이 변화한 것과 같다고 말하지 아니하고 성을 사용하여 방편으로 써서 견혹, 사혹(見思惑 : 번뇌)을 끊고 성문의 경지를 지나가되 이것을 최상의 경지(極果)라 하지 아니한다.

원교(圓教)는 도적도 병도 없다는 것을 아나니 또한 성(城)도 필요 없다. 그래서 화성이라 한다. 지금은 원교의 뜻이기 때문에 제목을 화성유품이라 한다.

질문 : 이품은 인연의 일을 설하여 하근기가 깨달음을 얻으니 마땅히 숙세품(宿世品전생)이라 이름 함이 옳을 것이 아니냐?

대답 : 품의 처음에 널리 인연을 설하였고 끝에 결론을 맺어 화성을 비유하였다. 만약 앞부분을 따르면 숙세품이라 함이 옳다. 지금은 끝 부분을 따르는 까닭에 화성유품이라 한 것이다.

문 : 화성은 방편(權)이요, 보배가 있는 곳은 진실인데 어떤 뜻으로 진실을 버리고 방편을 따르느냐?

답 : 성이 화하여 된 것임을 앎으로 말미암아 그로 인하여 곧 보배가 있는 곳이 진실임을 알게 된다. 그러므로 화성을 나타내나 진실을 상실하지 아니하였다.

묘락(妙樂)대사가 이르기를 "삼장보살은 아직 완전히 길을 떠나지(發足) 않았으니 논하지 아니한다. 통교(通敎)보살은 같이 성에 이르러 들어갔다 할지라도 능히 나온다.

별교(別敎)의 십주(十住)보살은 열반에 이르렀으나 그러나 들어가지 아니하는 까닭에 지나간다(經過)고 이름하고 극과(極)라 말하지 아니하니 소승에 대하여 설한 것이다."고 하였다. 일여.

① 부처님께서 여러 비구들에게 말씀하시되, 지나간 과거 한량없고 가없는 불가사의 아승지 겁에 그때 한 부처님이 계시되,
이름이 대통지승여래 응공. 정변지. 명행족. 선서. 세간해. 무상사. 조어장부. 천인사. 불세존이었는데 그 나라의 이름은 호성이요, 겁의 이름은 대상이니.

② 비구들아, 저 부처님 멸도하시고 내려옴이 매우 크게 오래고 머니, 비유할 것 같으면 삼천대천세계에 있는 땅(地種:大種=별)을 가령 어떤 사람이 갈아 먹(가루를)을 만들어서, 동방으로 1000국토를 지나 한 점을 떨어뜨리되 크기는 작은 먼지 같고, 또 1000 국토를 지나 또 한 점을 떨어뜨리어 이와 같이 옮기고 옮겨가며 땅 종류(地種)의 먹(먹 가루가)이 다 한다면 너의 뜻에 어떠하나?
이 모든 국토를 만약 셈 잘하는 스승(수학자)이나 스승의 제자가 능히 끝(답)을 얻어서(셈을 완료하여) 그 수를 알 수 있겠느냐? 모르겠느냐?
모르겠나이다. 세존이시여!

③ (세존께서) 비구들아, 이 사람이 지난 국토를 만약 점찍거나 점 아니 찍거나 다 모아 부수어 티끌로 만들어 한 티끌을 한 겁으로 헤아려도,
저 부처님께서 멸도하시고 지나옴이 또 이 수보다 더하여 한량없

고 끝없는 백 천 만억 아승지 겁이리라.

나는 여래의 지견의 힘 때문에 저 오래고 먼 것을 보되 마치 오늘 같이 보노라.

④ 그때 세존께서 다시 이 뜻을 거듭 펴시려고 게송으로 말씀하시되,

내 생각 하니 지난 세상 한량없고 끝없는 겁에
부처님 양족존이 계셨으니, 이름이 대통지승이라.
어떤 사람이 힘으로 삼천 대천 국토의
이 모든 땅(땅의 종류 : 별등)을 다 갈아서 먹(가루를)을 만들어
1000 국토를 지나면서 한 점의 먼지 알(塵點)을 떨어뜨려, 이같이
옮기고 옮겨가며 점찍어 이 모든 먹 가루가 다하고,
이같이 모든 국토에 점찍거나 점 안 찍은 것 등을
또 다 부수어 먼지를 만들어서 한 알의 먼지로 한 겁을 삼아도,
이 모든 먼지 수보다 그 겁이 또 이보다 많음이라.

그 부처 멸도하신지가 이같이 한량없는 겁이라.
여래의 무애지(無碍智걸림 없는 지혜)는 그 부처님 멸도와
또 성문 보살을 알되 오늘 멸도를 보는 것과 같으니라.
모든 비구야! 반드시 알라! 부처님 지혜 청정하고 미묘하여
샘이 없고 막힘없어 무량겁을 다 통달하느니라.

⑤ 부처님께서 모든 비구들에게 말씀하시되, 대통지승 부처님의 수명이 540 만억 나유타 겁이라.

그 부처님께서 본래 도량에 앉으사 마군(魔軍)들을 깨뜨리시고 아뇩다라삼먁삼보리를 거의 얻게 되었는데(垂 : 장차 이르리라), 모든 부처님 법이 앞에 나타나지 아니 하더니(아직 부처님 법이 완전히 나타나지 아니 함, 성불이 안 됨),

이같이 1소겁으로부터 10소겁에 이르도록 가부좌를 맺고 앉아 몸과 마음이 움직이지 아니하여도, 모든 부처님의 법이 아직 앞에 나타나지 아니 하더니(인연이 성숙되지 않아. 도를 통하지 못하다가).

그때 도리천(忉利)의 모든 하늘이 먼저 그 부처님을 위하여 보리수 아래 사자자리를 펴되 높이가 1유순 이라, 부처님께서 여기에 옮겨 앉으사 아뇩다라삼먁삼보리를 반드시 얻으시리라.

⑥ 마침 이 자리에 앉으시거늘, 그때 여러 범천왕이 많은 하늘 꽃을 뿌리되 면(4면)마다 (넓이)1백 유순에 이르고, 향기로운 바람이 때로(때에 맞게) 와서 말라 시든 꽃을 불어버리고 다시 새로운 것을 뿌리어, 이같이 멈추지 아니하고 10소겁이 차도록 부처님께 공양을 하시 오며, 이에 멸도에 이르기까지 항상 이 꽃을 뿌리며

사천왕과 여러 하늘이 부처님께 공양하기 위하여 항상 하늘 북(붑)치며 다른 여러 하늘도 하늘 풍류(음악)를 울려 10소겁을 차며 멸도에 이르러도 또 이같이 하더라.

여러 비구들아! 대통지승 부처님께서 10소겁(小劫)을 지나서야 모

든 부처님의 법이 이에 앞에 나타나 아뇩다라삼먁삼보리(성불)를 이루시니라.

⑦ 그 부처님 출가 아니 하실 때 열여섯의 아들이 있었으니 그 첫째 이름이 지적이니라.
모든 아들이 각각 갖가지 보배롭고 기이하고 보기 좋은 노리개가 있더니, 아버지가 아뇩다라삼먁삼보리를 이루셨다고 듣고, 다 보배로운 것을 버리고 부처님 계신 곳에 가거늘, 모든 어머니(諸母-養母왕자 기르던 양모) 눈물을 흘리며 울며 따라가 보내드니(전송).
그의 한 아버님(할아버지)인 전륜성왕이 1백 대신과 또 다른 백 천 만 억의 인민이 다 둘러싸고 따라 도량에 나아가, 다 대통지승여래를 친근하고 자 하여 공양 공경하오며 존중 찬탄하사 와서는 머리와 얼굴로 발에 (대어)절하고 부처님을 돌기를 마치고, 일심으로 합장하고 세존을 우러러보면서 게송으로 말씀하되,

⑧ 큰 위덕(갖춘) 세존께서 중생 제도하시는 까닭으로
한량없는 억 년 만에 그때야 성불 하셨도다.
여러 소원이 이미 구족하시었으니
좋으실 서! 길(吉)함이 위 없으시도다!
세존은 매우 희유하사 10소겁을 한 번 앉아
몸과 손발이 고요하고 편안하사 움직이지 아니하며,

마음 항상 편안하사(담박憺怕) 잠깐도 산란 없고,
마침내(구경究竟) 영원이 적멸하여 무루법(無漏法)에 안주(安住)하심이라.
오늘 세존께서 편안히 불도 이루심을 보오니
우리 좋은 이익(선리善利)을 얻어서 경하(慶賀)하여 크게 환희하나이다.

⑨ 중생 항상 고뇌하고 눈멀고 도사(導師인도하는 스승) 없어
고통 끊을 도(道) 모르고 해탈 구할 법도 몰라,
긴 밤에 악취(惡趣악도)만 늘어나고 모든 천중(天衆) 적어지고
어두움 더욱 짙어 불명(佛名부처님 이름)조차 못 듣다가,
오늘 부처님이 최상의 편안한 무루도(無漏道)를 얻으시니
우리와 하늘. 인간이 가장 큰 이익 얻으려고
그래서 다 머리 조아려 무상존께 귀명(歸命) 하나이다.(귀의)

그때 열여섯 왕자는 부처님을 게송으로 찬탄하옵고 세존께 법륜 옮기소서(설하소서). 권하여 청하사 다 이런 말을 하되,
"세존께서 설법하시면 편안함이 많을 것이오니 모든 하늘과 인민을 어여삐 여겨 요익(饒益)하게 하소서" 하고,

⑩ 다시 게송으로 아뢰되,

같은 짝(상대) 없으신 부처님(世雄) 백복(百福)으로 스스로 장엄하시며
위없는 지혜 얻으셨으니 원하오니 세간 위해 설법하사
우리와 모든 중생 제도하여 해탈하게 하사,
분별하여 나타내어 보이사 이 지혜를 얻게 하옵소서.
만일 우리 부처 되면(성불하면) 중생도 또 그러하오리다(부처됨).
세존이 중생의 깊은 마음의 생각을 아시며
또 행할 도를 아시며 또 지혜의 힘을 아시오리다.
욕락(欲樂)과 닦은 복과 숙명의 행한 업을
세존께서 다 이미 아시나니 반드시 무상(無上)법륜 설하옵소서.

⑪ 부처님께서 모든 비구들에게 말씀하시되,
"대통지승불이 아뇩다라삼먁삼보리를 얻으실 때 시방의 각각 500만억 모든 부처님 세계가 여섯 가지로 진동하며 그 나라 중간 어두운 땅에 해나 달 위엄의 빛이 능히 비추지 못할 곳조차 다 훤히(가장) 밝거늘,
그 중에 중생이 각각 능히 서로 보며 다 이런 말을 하되
'이러한 중에 어찌 홀연히 중생이 나느뇨?.'" 하며,
또한 그 나라 경계에 모든 하늘의 궁전과 범천의 궁전에 이르기까지 여섯 가지로 진동하며 큰 광명이 널리 비쳐 세계에 두루 가득하여 모든 하늘의 광명보다 더하더니.

⑫ 그때 동방의 500만억 모든 국토 가운데 범천(梵天)의 궁전에 광명이 비추어 평상시 밝음의 배나 되거늘, 모든 범천왕이 각각 이런 생각을 하되

"오늘 궁전의 광명이 옛날에 있지 않던 것이니 어떤 인연으로 이런 모양이 나타나느뇨?"하고.

이때 여러 범천왕이 곧 각각 서로 나아가 같이 이 일을 의논하더니 그때 저 대중 가운데 한 대범천왕이 있으되, 이름이 구일체(救一切)라, 여러 범천의 무리를 위하여 계송으로 말씀하시되,

"우리 모든 궁전에 옛 날 없던 광명이 비치니
이 어떤 인연인가? 마땅히 함께 (원인을)찾아보자.
대덕천이(하늘에) 나심인가? 부처님이 세간에 나심인가?
이 큰 광명이 시방에 두루 다 비치었도다."라고.

⑬ 그때 500만억 국토의 여러 범천왕이 '궁전과 함께(신통력으로 궁전이 함께 따라 옴)' 각각 꽃 그릇으로 여러 가지 하늘 꽃을 담아 함께 서방에 가서 이 모습을 추심하니(찾으니) 대통지승 여래께서 도량의 보리수 아래 계시사 사자좌에 앉으셨거늘, 여러 하늘의 용왕과 건달바. 긴나라. 마후라가 사람인 듯 아닌 듯 한 이들이 공경하여 둘러싸고 있는 것을 보며,

또 열여섯 왕자들이 부처님께 법륜을 굴려 주소서. 라고 청하는

것을 보고, 즉시에 범천왕들이 머리와 낯으로 부처님께 예배하고 백 천 번 감돌고, 곧 하늘 꽃을 부처님 위에 흩으니 그 흩은 꽃이 수미산과 같더라,

아울러 이로써 부처님의 보리수에 공양하니 그 보리수 높이는 10 유순이라, 꽃 공양을 마치고 각각 궁전을 저 부처님께 받들어 올리고 이 말을 사뢰되,

"오직 어여삐 여기사 우리를 요익하사 받들어 올린 궁전을 원하오니 받아주소서(處=留)"라고.

⑭ 이때 여러 범천왕이 곧 부처님 앞에서 일심으로 같은 소리로 게송(頌)으로 이르시되,

세존은 매우 희유하사 만나 뵙기 어렵도다.
무량공덕 갖추시어 일체를 구호하시나니,
하늘 인간 큰 스승이사 세간을 어여삐 여기심에,
시방의 모든 중생이 널리 다 요익(饒益)을 입나이다.
우리들이 온 곳은 5백 만억 (먼)국토이니
깊은 선정의 낙을 버리고 여기 옴은
부처님께 공양하기 위한 까닭입니다.
우리들이 지난 세상 복이 있어
(우리)궁전이 매우 장엄하나이다.

이제 세존께 바치오니

오직 원컨대 어여삐 여기 시와 받아 주옵소서. 라고

⑮ 그때 여러 범천왕이 게송으로 부처님을 찬탄하고 나서 각각 이런 말을 사뢰되, "오직 원하옵나니. 세존이시여, 법륜을 옮기사 중생을 도탈하사 열반의 도를 열어 주옵소서. 하고.

그때 여러 범천왕이 일심으로 같은 소리로 게송으로 아뢰되,

세웅 양족존(복, 지혜 둘을 구족하신 세존)이시여! 오직 원하오니 법을 연설하사

대자비의 힘으로 고뇌 중생을 건저 주옵소서."라고

그때 대동지승여래 잠자코 허락하시니라.

⑯ 또 비구들아, 동남방 500만억 국토에 모든 대범천왕이 각각 궁전에 광명이 비침이 옛날 있지 않았던 것을 스스로 보고 기뻐 뛰며 희유한 마음을 내어, 곧 각각 서로 나아가 같이 이 일을 의논하더니,

이때 그 대중 가운데 한 대범천왕이 있어 이름이 대비니, 모든 범천의 대중을 위하여 게송으로 말하되,

이 일은 어떤 인연으로 이런 모습이 나타나는고?

우리들 모든 궁전에 옛날 없던 광명이니
대덕천이 나심인가? 부처님이 세간에 나심인가?
이런 모양을 일찍 보지 못하였나니, 마땅히 일심으로 함께 찾아서 천 만억 국토를 지나서라도 이 광명을 찾아서 함께 갈지이다.
아마도(다시多是) 부처님이 세간에 나사 고통의 중생 제도하여 해탈케 하려 하심이리라! 하더니

⑰ 그때 500만억의 여러 범천왕이 궁전과 함께(하여) 각각 꽃 그릇에 여러 가지 하늘 꽃을 담아 같이 서북방으로 가서 이 모양을 추심하니,
대통지승여래께서 도량의 보리수 아래 사자좌에 앉아 계시거늘, 모든 하늘. 용왕. 건달바. 긴나라. 마후라가. 사람인 듯 사람 아닌 듯 한 이들이 공경하여 둘러서 있는 것을 보며,
또 열여섯 왕자가 부처님께 법륜 굴리시기를 청함을 보고,
그때 여러 범천왕이 머리 낯(얼굴)으로 부처님께 절하고
백 천 번 감돌고 곧 하늘 꽃을 부처님위에 흩으니
흩은 꽃이 수미산과 같더니,
아울러 이로써 부처님의 보리수에도 공양하여
꽃 공양 다하고 각각 궁전을 저 부처님께 받들어 올리고(범천은 신통으로 궁전이 따라 다님) 이런 말을 사뢰되.
"오직 어여삐 여기사 우리를 이익(饒益)하사 받치는 이 궁전을

원하오니 받아주시옵소서" 하고.

⑱ 그때 여러 범천왕이 곧 부처님 앞에 일심으로 같은 소리로 게송으로 말씀하되,

"성주(聖主)이신 하늘 가운데 왕(부처님)께서 가릉빈가(극락조) 소리로
중생을 어여삐 여기시는 분이시니, 우리 오늘 경례하나이다.
세존이 매우 희유하사 멀고 오랜 후에 이에 한 번 나타나셨도다.
180겁을 부처님 없이 헛되이 지내오며
삼악도는 충만하고 하늘 대중 줄었도다.
오늘 부처님 세간에 나사 중생 눈이 되시어서
세간 귀의 할 바라, 일체를 구호하시는
중생의 아버지 되시어 어여삐 여기사 요익하게 하시는 분이시니,
우리 숙세(宿世) 복으로 오늘 세존 만나 경하하나이다."

⑲ 그때 모든 범천왕이 게송으로 부처님 찬탄하옵고 각각 이런 말을 사뢰되, "오직 원 하옵노니 세존이 일체를 어여삐 여기사
법륜을 옮기사(설하사) 중생을 제도하여 해탈케 하옵소서." 하고.
그때 여러 범천왕이 일심으로 같은 소리로 게송으로 사뢰되,
"대성이시여 법을 설하사 모든 법의 모양을 나타내 보이시고

고뇌 중생을 제도하사 큰 환희를 얻게 하소서.
중생이 이 법을 들으면 도를 얻거나 만약 하늘에 나면
모든 악도는 감소하고 참고 착한 자는 더 늘어 나리이다." 라고.
그때 대통지승여래께서 잠자코 허락하시니라.

⑳ 또 비구들아, 남방으로 500만억 국토에 여러 대범왕이 각각 자기들의 궁전에 광명이 비침이 옛날 있지 않던 것을 각각 스스로 보고, 기뻐 뛰면서 희유한 마음을 내어, 곧 각각 서로 나아가서 같이 이일을 의논하되 "어떤 인연으로 우리 궁전에 이런 광명이 비치는 가!" 하더니,
저 대중 가운데 한 대범천왕이 있어 이름이 묘법인데 모든 범천의 대중을 위하여 게송으로 이르되,

"우리 모든 궁전에 광명이 매우 위엄 있게 비치시니
이는 인연 없지 아니하리니 이 모습(근원)을 마땅히 찾아야 하리라! 백 천겁을 지나도 이런 모습을 일찍이 보지 못하였더니
대덕천이 (천상에)나심인가? 부처님이 이 세간에 출현하심인가?"

㉑ 그때 500 만억의 모든 범천왕이 궁전과 함께 각각 꽃 그릇에 여러 가지 하늘 꽃을 담아서 함께 북방으로 가서 이 모습을 추심하니, 대통지승여래께서 도량 보리수 아래 계시사 사자좌에 앉아 계

시거늘, 모든 하늘. 용왕과 건달바. 긴나라. 마후라가. 사람인 듯 아닌 듯 한 이들이 공경하여 둘러싸고 있는 것을 보며, 또 열여섯 왕자가 부처님께 법륜 굴리시기를(설법을) 청함을 보고,

그때 여러 범천왕이 머리 낮으로(고개 숙여) 부처님께 절하고 백천 번 감돌고, 곧 하늘 꽃으로 부처님 위에 흩으니 흩은 꽃이 수미산 같더니, 이로써 부처님의 보리수에 아울러 공양하여 꽃 공양 마치고 각각 궁전을 저 부처님께 받들어 올리고 이런 말을 사뢰되,

" 오직 어여삐 여기사 우리를 요익(饒益)케 하사 드리는 궁전을 원하오니 받아 주옵소서."하고,

㉒ 그때 여러 범천왕이 곧 부처님 앞에 일심으로 함께 게송으로 말씀하되,

세존 매우 뵙기 어려우사 모든 번뇌를 파하시는 분이시니
130겁을 지나고 오늘 에야 능히 한번 뵈오니,
모든 기갈의 중생에 법 비로 충만하게 하시나니,
예전에 일찍 못 보았던 한량없이 지혜로운 분.
우담바라화를 오늘에야 이에 만난 것 같나이다.
우리 여러 궁전이 광명 입은 까닭으로 장엄하게 꾸며졌나이다.
세존이시여 대자비로 어여삐 여기시고 오직 원컨대 받아 주소서.

㉓ 그때 모든 범천왕이 게송으로 부처님을 찬탄하옵고 각각 이런 말을 아뢰되,

오직 원 하옵나니 세존께서 법륜을 굴리시어 일체 세간과 모든 하늘, 마구니, 범천, 사문, 바라문이 다 편안함을 얻게 제도하여 해탈을 얻게 하소서 하고.
그때 여러 범천왕들이 일심으로 같은 소리로 게송으로 말하되,

오직 원하오니 천인존(세존)께서 무상법륜 굴리시어
큰 법 북 울리시고, 큰 법 고동 부시며
큰 법 비 널리 내리사 무량중생을 제도하옵소서.
우리 다 귀의하여 청 하옵나니.
반드시 깊고 먼(심오한) 소리(법음)로 연설하여 주소서. 라고

그때 대통지승여래께서 잠자코 이를 허락하시니라.

㉔ 서남방과 하방에 이르러도 또 이와 같더라.

㉕ 그때 상방(上方)으로 500만억 국토의 여러 큰 범천왕이 다 있는 곳의 궁전에 광명이 엄숙히 비침이 옛날 있지 않았던 것을 제 보고 기뻐 뛰면서 희유한 마음을 내어, 곧 각각 서로 나아가 같이

이 일을 의논하되,

"무슨 인연으로 우리 궁전에 이런 광명이 있는 가?" 하더니. 그때 저 대중 가운데 대범천왕이 있어 이름이 시기라. 모든 범천의 무리를 위하여 게송으로 말하되,

"오늘 무슨 인연으로 우리 모든 궁전에
위덕 있는 광명 비치어 엄숙히 꾸밈이 일찍 없었던 것이라.
이 같은 미묘한 모양은 옛날엔 듣도 보도 못한 것이니
대덕천이 나심인가? 부처님이 세상에 나심이신가? 라고

㉖ 그때 500만억의 모든 범천왕이 궁전과 함께 각각 꽃 그릇에 여러 가지 하늘 꽃을 담고 같이 하방(下方)에 가 이 모습을 추심함에 대통지승여래께서 도량 보리수 아래 사자좌에 앉아 계시거늘, 모든 하늘과 용왕. 건달바. 긴나라. 마후라가. 사람인 듯 아닌 듯 한 이들이 공경하여 둘러싸고 있음을 보며, 또 열여섯 왕자가 부처님께 법륜 굴려 주시기를 청함을 보고,

그때 여러 범천왕이 머리 낮으로 부처님께 절하옵고 백 천 번 감돌고, 곧 하늘 꽃을 부처님 위에 흩으니 흩은 바의 꽃이 수미산과 같더니,

이로써 부처님의 보리수에도 아울러 공양하여 꽃 공양 다하고 각각 궁전을 저 부처님께 받들어 올리고 이 말을 사뢰되,

"오직 불쌍히 보시고 우리를 요익하사 올리는 바의 궁전을 원하옵노니 받아 주시옵소서." 하고.

㉗ 그때 여러 범천왕이 곧 부처님 앞에 일심으로 같은 소리로 게송으로 말하되,

"좋도다! 모든 부처님 세상 구하시는 성존을 뵈오니
능히 삼계의 감옥에서 모든 중생을 힘써 건져내시나니
넓은 지혜의 천인존(天人尊)이 중생들(군맹류郡萌類 : 群生=중생=萌은 풀어미=풀삵)을 어여삐 여기사
능히 감로 문을 열으사 일체를 널리 제도하시나이다.
옛 무량겁을 부처님 없이 헛되이 지내 사
세존께서 출세하지 아니 하실 때 시방이 항상 어두워서
삼악도 만 늘어나고 아수라는 또 성하며
모든 하늘의 무리 더 감소하고 죽어서 많이 악도에 떨어지고,
부처님 따라와 법을 듣지 못해 불선(不善) 한일 항상 하며
색력(色力 : 眼色과 氣力)과 지혜가 모두 다 감소하고
죄업의 인연 까닭으로 즐거움(形事 : 육체의 낙)과 즐거운 생각(정신의 낙)을 잃고
삿된 법(사견)에 머물러서 선한 법을 모름이라,
부처 교화 못 입어서 항상 악도에 떨어지며,

부처님 세간 눈이 되어 오래고 먼 후에 이제야 나오시어,
중생들을 불상이 생각하고 그래서 세간에 나오시사
초월하사(삼승, 육도를 超出하고) 정각을 이루심에 우리 기뻐 경하하며,
또 다른 일체 중생도 미증유를 기뻐 찬탄하옵니다.
우리 모든 궁전이 광명 입은 까닭으로 엄숙히 꾸며져서
세존께 바치오니 불쌍히 여기시고 받아 주옵소서.
원컨대 이 공덕이 일체에 널리 미쳐 우리와 중생들이 다 함께 불도를 이루어지이다.

㉘ 그때 500만억 모든 범천왕이 게송으로 부처님 찬탄하고 나서 각각 부처님께 여쭈오되. "오직 원 하옵나니 세존이 법륜을 굴리시어 (우리를)많이 편안케 하시며 많이 해탈 하게(도탈) 하여 주소서" 하고.
그때 모든 범천왕이 게송으로 아뢰되,

세존께서 법륜 굴려 감로 법 북 울리시사
고뇌 중생 제도하사 열반도를 열어 보이소서.
오직 원 하오니 저의 청을 받으사 미묘하신 큰 소리로
어여삐 여기시사 무량 겁 익힌 법을 펴 연설하옵소서.

㉙ 그때 대통지승여래께서 시방의 모든 범천왕과 또 16왕자의 청

을 받으사 즉시에 3전 12행 법륜(3전(轉)12행(行)의 법륜.示.勸.證)을 옮기시니.

【일여집주】이 아래는 먼저 반자(半字소승)의 법륜을 굴리신 것이다. 삼전(三轉)이란 말하면 시전(示轉보이고), 권전(勸권하고), 증전(證깨닫는 것)이다.

[1] 시전(示轉보이는 설법)이란 이것이 고(苦)며 내지 이것이 도(道)다. 라고 한 것이요,

[2] 권전(勸 : 권하는 설법)이란 고(苦)는 마땅히 알아야 하고 집(集)은 마땅히 끊어야 하며 멸(滅)은 마땅히 깨달아야 하며 도(道)는 마땅히 닦아야 한다고 하는 것이요,

[3] 증전(證 : 깨닫는 설법)이란 고를 이미 내가 안다, 다시 알 것이 없다. 내지 도는 내가 이미 닦아서 다시 닦을 것이 없다고 하는 것이다.

[1]의 보인다(示)고 하는 것은 그 모양을 보이는 것이요,

[2]의 권한다(勸)는 것은 그들을 권하여 닦게 하는 것이요,

[3]의 깨닫는다(證)는 것은 이미 인도하여 그들을 깨닫게 하는 것이니, 성문(聲聞)의 근기가 둔한 이에게는 그들을 위하여 세 번 설하고(三轉), 연각(緣覺)은 그 다음으로 그들을 위하여 두 번 설하고(再轉), 보살은 근기가 날카로우니 그들을 위하여서는 한 번만 설하는 것(一轉)이다.

이것도 또한 대략(一往)을 말한 것뿐이다. 일반적인 방법으로 예를 들면 다 세 번 설한다(三轉).

12 행(行)이란?(법화소와 문구기를 합하여 든 것이다)

[1] 경량부의 설(經量部의 說)- 교(敎:교리)에 대하여 말하면 사제(四諦)에 각각 시(示). 권(勸). 증(證).이 있으니 곧 12교(敎)(4제×3전=12교)의 법륜(法輪)이다.

[2] 유부의 설(有部의 說)에는 행(行:수행)에 대하여 말하면 4제의 삼전(三轉)에다 안(眼), 지(智), 명(明), 각(覺)이 생기니 곧 12행(行)의 법륜이다. 혹은(疏 의 글) 삼인(三人 : 성문, 연각, 보살)에 공통되고 혹은 일인(一人)에 대하기도 한다.

지금은(疏 뜻) 견제도[(見諦道 : 見=見道位. 諦=修道位. 道=無學道)]의 삼인(三根人)에 대한 것이다.

이근(利根)은 시전(示轉)을 듣고 다음은 권전(勸)을 듣고 다음은 증전(證)을 듣고 각각 안(眼-苦法忍), 지(智-苦法智), 명(明-類忍), 각(覺-類智)이 생긴다.

삼인(三人 : 3根人)을 합하여 든 고로 12행을 말한 것이다.

(문구에 ,輪의 해석) 교(敎), 행(行)이 서로 순환하여 함께 능히 혹(惑=번뇌)을 꺾음으로 그것을 이름 하여 법륜(輪=설법)이라 한다. 끝.

【계환 해설】 3전(轉 : 3轉 12行法輪)이란 모양을 보이는 전(轉:설법)과 닦게 권하는 전(轉)과 깨달음을 짓는 전(轉)이니 견도(見)와 수도(修)와 무학도(無學)의 3위(位)에 들어가게 하는 것이라.

모양을 보인다(示相)는 것은 4제의 행상(行相)을 보여 향할 법(方)을 알게 하시니 곧 견도(見道)위요, 닦게 권하는 것(勸修)은 4제의 공리(功利:공덕의 이익)를 보여 행을 닦는 것(修行)을 알게 하시니, 곧 수도(修道)위요, 깨닫는 것을 짓는다 함(作證 : 깨달음)은 내 이미 깨달았으니 너도 마땅히 깨달음을 보이라 하시니, 곧 무학위(無學位)라.

또 3전(轉) 이란 3근(根)에 널리 응하시니,

[1] 하근기는 모름지기 셋이요(3승)

[2] 중근기는 둘이요(2승)

[3] 상근기는 오직 하나(일승)니 만약 상상(上上최상의)의 근기는 곧 눈에 닿으면 도가 있어(目擊道存보이는 곳에 도가 있다.) 말이 있지 아니하니라.(말이 필요 없다)

말한바 12교(敎)의 법륜이 있으며, 말한바 12행의 법륜이 있으니

교(敎)는 능전(能轉 : 능히 설하는 것, 설하는 역할)이 되고

행(行)은 소전(所轉 : 설하여 진 것, 설한 내용, 목적)이 되니,

보이고 권하고 깨달음(示勸證)에 의하여 4제를 세 가지로 설하심은(三轉) 곧 12교의 법륜이고, 보고 닦고 배움(見修學)에 의하여 이 셋으로 4제를 앎은(悟) 곧 12행법륜(行法輪)이라.

옛날에는 말하되 한번 굴리는(一轉 : 한번 설함에) 중에 법을 들을 사람으로 진성혜안(眞聖慧眼참된 성인의 혜안)과 지명각(智明覺지혜가 밝은 깨달음)을 내게 하여 3전(轉)에 각각 넷이라. 12행상(行相)이 된다하니 또 견(見). 수(修). 무학(無學)을 여의지 아니하니라. 끝.

[고법인(苦法忍-8忍의1).이 眼이요, 고법지(苦法智-8智의 1)가 지(智)요 비인(比忍?)이 명(明)이요 比智가 각(覺) 이다. (比智=類智-욕계의 4제를 관하는 지혜를 法智.上 2界의 4제를 관하는 지혜가 比智다)------문구]

만약 사문이나 바라문이나 하늘이나 마(魔)나 범천이나 또 다른 세간의 (누구도)능히 설하지 못 할 것이라,

말씀하시되, 이것이 고(苦괴로움)며, 이것이 고가 모인 것이며, 이

것이 고의 멸함이며, 이것이 고를 멸할 도라 하시며,

㉚ 또한 12인연(因緣 : 展轉感果爲因. 互相由藉爲緣)의 법을 널리 설하시니,

[1] 무명(無明)의 연(緣인연)은 행(行)이요(무명으로 말미암아 행이 생기고)

[2] 행의 연은 식(識)이요, (행으로 말미암아 식이 생기고)

[3] 식의 연(緣)은 명색(名色 : 이름과 물질)이요,(식은 명색에서 생기고)

[4] 명색의 연은 육입(六入 : 六根눈 귀등6은 내입內入), 6境-빛,솔,향등은 외입外入))이요, (명색은 6입에서 생기고)

[5] 육입의 연은 촉(觸 : 감촉)이요, (육입은 촉에서 생기고)

[6] 촉의 연은 수(受 : 사물을 받아들임)요, (촉은 수에서 생기고)

[7] 수의 연은 애(愛 : 사랑)요, (수는 애에서 생기고)

[8] 애의 연은 취(取 : 가짐)요, (애는 취에서 생기고)

[9] 취의 연은 유(有 : 존재)요, (취는 유에서 생기고)

[10] 유의 연은 생(生)이요 (유는 생에서 생기고)

[11] 생의 연은

[12] 노(老), 사(死), 우(憂), 비(悲), 고(苦), 뇌(惱)라. (생은 노사우비고뇌를 인연하여 생김이라).

㉛ 무명(無明 : 어리석음, 분수를 모름)이 멸하면(滅) 곧 행(行)이 멸(滅)하고 행(行)이 멸하면 곧 식(識 : 아름 알이=인식, 생각)이 멸(滅)하고, 식이 멸하면 곧 명색(名色-물질)이 멸(滅 : 없어짐)하고,

명색이 멸하면 곧 육입(六入)이 멸하고,

육입이 멸하면 곧 촉(觸)이 멸하고,

촉이 멸하면 곧 수(受)가 멸하고,

수가 멸하면 곧 애(愛)가 멸하고,

애가 멸하면 곧 취(取)가 멸하고,

취가 멸하면 곧 유(有)가 멸하고,

유가 멸하면 곧 생(生)이 멸하고,

생이 멸하면 곧 노사우비고뇌(老死憂悲苦惱)가 멸하느니라.

㉜ 부처님께서 하늘과 사람 대중 가운데에 이 법을 설하실 때에 600만 억 나유타의 사람이 일체 법(세간 법)**을 받지 아니한 고로**(공하여 집착하지 않음으로)**, 모든 번뇌에서 마음이 해탈을 얻어 다 깊고 미묘한 선정과 삼명(三明**천안. 숙명. 누진통**)과 육신통을 얻으며 8해탈**[71]**을 갖추었고, 두 번째와 세 번째(**첫째는 上, 두세 번째는 中, 下근기가 깨침**), 네 번째의 설법 하실 때에는 천 만억 항하사 나유타 같은 중생이 또한 일체 법(세간 법)을 받지 아니한(**집착 아니 한**) 까닭으로 모든 번뇌에서 마음이 해탈을 얻으니,**

이로부터 후에 모든 성문 대중이 한량없고 끝없어 헤아리지 못하더라.

---

71) 8해탈(八解脫 : 1.안에 색(色)이 있음을 보고 밖에 또 색을 보는 해탈(안을 보고 밖을 보는 것), 2.안에 색 없음을 보고 밖에 또 색을 보는 해탈(밖을 보고 안을 보는 것), 3.내외 모든 색의 해탈(있고 없음이 다 청정함), 4.공무변처해탈(空無邊處 : 인연한 색이 허공 같음), 5.식무변처해탈(識無邊處 : 三世의 識이 보임), 6.무소유처해탈(色緣이 없음이 없음), 7.비비상처해탈(非非想處 : 相이 끊어져 묘가 일어남), 8.멸수상정해탈(滅受想定 : 마음의 數法을 다 앎))

㉝ 그때 16 왕자는 다 동자(童子)로 출가 사미(沙彌)[72]가 되어, 모든 근(根 : 감각기관=눈, 귀등)이 날카롭게 통달하며(청정한 고로) 지혜 밝아 이미 일찍이 백 천 만억 모든 부처님께 공양하여 범행(梵行)을 청정하게 닦아 아뇩다라삼막삼보리를 구하여, 다 부처님께 사뢰어 말씀하되

"세존이시여, 이 모든 한량없는 천 만억 대덕 성문이 다 이미 성취하였나이다.(장애가 제거되고 대승 근기가 동함),

세존께서 또 반드시 저희들을 위하여 아뇩다라삼막삼보리의 법을 설하소서.

저희들이 듣자오면 다 닦아 배우오리다. 세존이시여! 우리 뜻에 여래의 지견(一大事)을 원 하옵나니, 깊은 마음에 생각하는 바를 부처님께서는 스스로 증득하시어 아시오리이다."

그때 전륜성왕이 데리고 온 대중 가운데서 8만억 사람이 16왕자의 출가함을 보고 또 출가하기를 바라거늘, 왕이 곧 듣고 허락하시니라.

㉞ 그때 저 부처님께서 사미들의 청을 받으사 2만 겁을 지나서 곧 사부대중 가운데서 이 대승경을 설하시니, 이름이 묘법연화경이니, 보살을 가르치는 법이며 부처님께서 보호하고 생각하시는 바라.

이 경을 다 설하시거늘 16사미는 아뇩다라삼막삼보리를 위하는 고로 다함께 받아 지니고 읊고 외어서 날카롭게 통달(諷誦通利)하였

72) 사미(沙彌 : 息慈-息惡行慈=수계한 7~20세 남자)

느니라.

이 경을 설하실 때에 16보살사미는 다 믿고 받았으며 성문의 대중 가운데도 또한 믿고 이해하는 이가 있더니, 그 남은 중생 천만 억 종류는 다 의혹하는 마음을 내더라.

㉟ 부처님께서 이 경 설하시되 8,000겁 동안 잠깐도 쉬지 아니하시고, 이경을 설하시고는 곧 고요한 방에 들으사 선정에 머무심이 8만 4천겁이거늘.

이때 열여섯 보살사미도 부처님께서 방에 들으사, 고요히 선정에 드심을 알고, 각각 법 자리에 올라 또한 8만 4 천겁에 사부대중을 위하여 묘법화경을 널리 설하여 분별하고 하나하나가 다 6백 만억 나유타 항하의 모래 같은 중생을 제도하여 보이며, 가르치며, 이롭게 하며, 기쁘게 하여 아뇩다라삼먁삼보리심을 일으키게 하였느니라.

㊱ 대통지승불이 8만 4천겁을 지나 삼매에서 일어나 법의 자리에 나아가 조용조용히 앉으사 널리 대중에게 말씀하시되,

"이 16보살사미는 매우 희유하여, 모든 근(根:여섯 感官)이 영리하게 통달하며, 지혜 밝아 이미 일찍이 한량없는 천만 억 수의 여러 부처님을 공양하여 모든 부처님 계신데서 항상 범행(청정 행)을 닦아 부처님의 지혜를 받아 지녀 중생에게 열어 보여 그 가운데 들

게 하나니, 너희 다 반드시 자주 자주 친근하여 공양할지니라."라고 하였다.

왜나하면 만일 성문이나 벽지불이거나 또 모든 보살이 능히 이 열여섯 보살의 설하는 경법을 믿고 받아 지녀 헐뜯지 않는 이는 이 사람이 다 반드시 아뇩다라삼먁삼보리의 여래 지혜를 얻으리라.

㊲ 부처님이 모든 비구에게 말씀하시되 "이 16 보살이 항상 이 묘법연화경을 즐겨 설하여 하나하나 보살을 교화함이 6백 만억 나유타 항하의 모래 같은 중생이니, 세세에 태어난 곳에 보살과 한곳에 나서 그 법 들음을 따라 다 믿고 이해하나니,

이런 인연으로 4만억 여러 부처님 세존을 능히 만나되 오늘까지도 다하지 아니하였느니라."

㊳ 모든 비구야, 내 오늘 너희들에게 말하노니, 저 부처님의 제자 16 사미는 오늘 모두 아뇩다라삼먁삼보리를 얻어 시방의 국토에서 현재 설법하되 한량없는 백 천 만 억의 보살과 성문이 있어 그들의 권속이 되었나니,

그 두 사미는 동방에서 부처되었으니, 첫째 이름은 아촉이시니 환희국에 계시고, 둘째 이름은 수미정(須彌頂)이니라.

동남방의 두 부처님은 첫째 이름이 사자음이시고, 둘째 이름은 사자상이시니라.

남방에 두 부처님은 첫째 이름이 허공주시고, 둘째 이름은 상멸이시니라.

서남방의 두 부처님은 첫째 이름은 제상이시고, 둘째 이름은 범상이시니라.

서방의 두 부처님은 첫째 이름은 아미타시고, 둘째 이름은 도일체세간고뇌[73]시니라.

서북방의 두 부처님은 첫째 이름은 다마라발전단향신통이시고 둘째 이름은 수미상이시니라.

북방의 두 부처님은 첫째 이름은 운자재이시고, 둘째 이름은 운자재왕 이시니라.

동북방의 부처님은 이름이 괴일체세간포외 이시니라.

열여섯째는 나 석가모니불이 이 사바(堪忍 :참고 견딘다는 뜻)국토에서 아뇩다라삼먁삼보리를 이루었노라.

㊴ 모든 비구야, 우리가 사미되어 있을 때 각각 한량없는 백 천 만 억 항하의 모래 수 같은 중생을 교화하니, 나를 따라 법을 들음은 아뇩다라삼먁삼보리를 위함이니, 이 모든 중생이 오늘까지 성문의 지위에 머물러 있는 이를, 내 항상 아뇩다라삼먁삼보리를 교화하노니, 이 모든 사람들이 반드시 이 법으로 점점 불도에 들리라.[74]

---

73) 서방 태괘(兌 : 兌上絶)는 허물고 꺾음(毁析)이라. 아미타는 말하되 무량수(無量壽)이시고 세간 고뇌는 곧 생사의 무상함이라. 이 부처님이 헐며 꺾는(毁折) 사이에(세상의 변화) 무량수를 보이시니, 곧 생사가 없음을 훤히 알아 세간 생사고뇌를 구하여 제도 하시도다.-계환 해설.

74) 이것은 대승(大乘) 종자를 심은 후 중간에 대승에서 물러나 소승을 향하여 성문의 위치에 머물러 있는 것을 말한다. 부처님은 대승으로 교화하시어 지금에 점점 불도에 들어가는 것이다.-일여집주.

무슨 까닭인가? 여래의 지혜는 믿기 어려우며 알기 어렵기 때문이니라.

그때 교화한 한량없는 항하의 모래 같은 중생은 너희 모든 비구와 또 내가 멸도한 후 미래 세상에 성문 제자가 이들이니라.

㊵ 내가 멸도한 후 다시 어떤 제자가 이 경을 듣지도 못하여 보살행을 알지도 못하며, 깨닫지도 못하고, 스스로 얻은 공덕으로 멸도하였다는 생각을 내면 마땅히 열반에 들리니,

(그 때)내가 다른 나라(방편유여토)에 부처되어 다시 다른 이름을 가지고 있으리니, 이 사람(제자)이 비록 멸도 하였다는 생각을 내어 열반에 드나, 그러나 저 땅(부처님이 가서 성불하신 국토)에서 부처님의 지혜 구하여 이 경을 능히 들으리니, (그때는)오직 불승(佛乘)만으로써 멸도(滅度)를 얻을 것이요, 다시 다른 승(乘2승,3승)은 없으니, 모든 여래 방편의 설법(삼승)은 제외하느니라.

㊶ 비구들아, 만일 여래께서 열반할 때가 다다르며 중생이 또 청정하며 믿고 이해함이 견고하며, 공(空)의 법을 통달하여 알며, (마음이 움직이지 않은)선정에 깊이 든 것을 스스로 알면, 곧 모든 보살과 성문 중을 모아 이경을 설하나니, 세간에는 이승이 멸도 얻는 것은 없고 다만 일불승만이 멸도를 얻을 뿐이니라.

비구들아, 마땅히 알라. 여래께서는 방편으로 중생의 성품에 깊이

들어 그 뜻이 작은 법(소승)을 즐겨 오욕에 깊이 집착한 줄 알아, 이들을 위한 까닭으로 열반을 설하거든 이런 사람이 만약 들으면 곧 믿고 받으리니,75)

㊷ 비유컨대 5백 유순 험난하고 나쁜 길(악도惡道)76)이 멀어 (인적이)끊어져 사람 없는 두려운 땅에,(생사의 먼 길)

만약 많은 대중이 있어 이 길 지나 진귀한 보배 있는 곳(8地이상의 지위)에 가고자 하는데,

한 도사(16왕자)가 있어 총명하고(眼耳청정), 지혜 좋고(一心三智) 밝고(具五眼, 又三明), 통달(十力)하여 험한 길이 뚫리고(一心三觀), 막힌 곳(塵沙無明)을 잘 알아 많은 사람들을 데리고 인도하여 이 어려운 곳을 지나고자 하는데,

데리고 온 사람 대중이 중도(발심과 성불사이)에 게을러 물러나(退大 趣小乘) 도사에게 말하되, "우리들은 지극히 피로하고 또 두려워 능히 다시 나아가지 못하겠습니다.(三惑에 매임), 앞길은 아직 머니 이제 물러나 되돌아(소승) 가려하나이다." 하거늘,

㊸ 도사 여러 방편이 많아 이런 생각을 하되 "이들이 불쌍하도다. 어떻게 큰 보배 있는 곳을 버리고 물러나 도로 가려고 하는가?"

---

75) 이것은 위의 글 뜻을 이어받은 것이다. 만약 세상에 이승이 멸도를 얻을 수 없다면 여래는 무슨 까닭에 삼승을 베푸는 것인가? 해석하여 말한다. "비구야, 마땅히 알라. 여래는 방편의 권지(權智)로써 깊이 중생이 작은 성품(소승의 성품)의 욕심이 있어 오진(五塵 : 색성향미촉)에 집착하여 오탁(五濁)에 가리어 있음을 아시는 것이다." 그래서 먼저 삼승(三乘) 열반을 설하여 가린 것을 깨뜨리고 재난을 없앤 후에 일승을 설하시는 것이다.-일여집주.

76) 나쁜 길(악도惡道) : 제도되지 아니한 3계의 불난 집의 윤화 하는 곳.(未度衆 三界火宅의 輪廻處)

이 생각을 하고 방편의 힘으로 험한 길 가운데 300유순(斷見思,出三界)을 지나 (신통력으로) 변화한 한 성(진공열반)을 만들고 많은 사람들에게 말하되, "너희들이 두려워 말고 물러나 도로 가려하지 말라(勸轉). 지금 이 큰 성(화성) 가운데 머물러서 뜻대로 할 수 있을 것이다.(示轉),

만일 이성에 들어가면 상쾌하고 편안함을 얻을 것이며(證轉 : 이상이 三轉) 만약 능히 보배 있는 곳(실상)에 나아가는 것도 또한 갈 수 있으리라" 라고.

이때 지극히 피로한 대중이 마음에 크게 환희하여(聞慧) 미증유함(煖位)을 찬탄하여 우리 오늘 이 악도를 면하고(頂位) 상쾌하고 안온함을 얻었도다(忍位). 하고.

이제 많은 사람들이 화성(化城)에 들어가(見諦位) 이미 지나왔다는 생각을 내며(無學位) 편안한 생각을 하더니,

㊹ 그때 도사 이 많은 사람이 이미 머물러 쉬고 다시 피곤함(疲惓)이 없음을 알고, 곧 화성을 없애고 여러 사람들에게 말하되, "너희들 이제 가자 보배 있는 곳이 가까이 있으니 먼저(앞에 있던) 큰 성은 내가 만든 것이라. 머물러 쉬기 위하여 만든 것일 뿐이니라."

㊺ 비구들아, 여래도 또한 이와 같아 오늘 너희들을 위하여 큰 도사가 되어서, 여러 가지 나고 죽는 번뇌, 악도의 험난하고(합하여 500유

순) 먼 곳에 마땅히 가서 마땅히 제도해야 함을 아나,
만일 중생이 오직 일불승만을 들으면 부처님을 뵙고자 아니하며 친근 하려고도 아니하여, 곧 이 생각을 하되, 부처님의 도는(도에 이르는 길은) 길고 멀어 오래 부지런히 고통을 받아야(고행하여야) 이에 가히 능히 이루리라. 함에, 부처님께서 이들 마음이 겁먹고 약하고 하열(下劣)함을 아시고 방편의 힘으로 중도에 머물러 쉬게 하기 위한 까닭으로 두 가지의 열반을 설하시나니,

㊻ 만일 중생이 두 지위(성문과 연각의 열반)에 머물면 여래는 그때 곧 위해 설하시되, "너희는 하는 일을 못 이루었나니 너희가 머물러 있는 땅(경지,열반)이 부처님의 지혜에 가까우니 마땅히 보아 살펴 헤아리라.
(지금)얻은 열반은 진실이 아니니, 오직 이 여래 방편의 힘으로 일불승에서 분별하여(갈리어) 셋(삼승)으로 설 하였느니라" 하나니.
저 도사가 머물러 쉬기 위한 까닭으로 큰 성을 (신통)변화로 만들어 이미 다 쉰 것을 알고 그들에게 알려 말하되, 보배 있는 곳이 가까이 있나니, 이 성은 진실이 아니라 내가 변화로 만들었을 뿐이라, 고 함과 같으니라.

㊼ 그때 세존이 이 뜻을 거듭 펴시고자 하여 게송으로 말씀하시되

대통지승불(3000 塵點劫 전의 부처님)께서 10겁을 도량에 앉았으되,
부처님 법이 앞에 나타나지 아니하여 불도를 이루지 못 하시드니,
모든 하늘, 귀신, 용왕, 아수라 무리들이
항상 하늘 꽃비를 내리어 그 부처님을 공양하오며
모든 하늘이 하늘 북을 치며 아울러 많은 풍류(음악)를 울리며
향기로운 바람이 시든 꽃을 불어버리고, 다시 새 꽃을 뿌리더니,

㊽ 10소겁을 지나서야 부처님 도를 이루시니
모든 하늘과 세상 사람이 마음에 다 뛸 듯이 기뻐함이라.
저 부처님 열여섯 아들이 다 권속과 함께
천만 억이 둘러싸고 함께 걸어 부처님께 가서,
머리 낮으로 부처님 발에 예배하고 설법을 청하되,
성사자(부처님)시여. 법 비로 우리와 일체를 가득하게 하소서.
세존은 매우 만나기 어려우사 오래되어야 때로 한번 나타나시나니
중생들 깨닫게 하기위하사 일체를 진동하시나이다.

㊾ 동방의 모든 세계 500만억 국(國)의
범천의 궁전에 광명이 비침이 옛 없든 것이거늘,
범천들이 이 모습보고 부처님께 찾아와서
꽃을 흩어 공양하고, 아울러 궁전을 받들어 올리고
부처님께 설법을 청하여 게송으로 찬탄하거늘,

부처님 때가 아직 이르지 아니함을 아시고
청을 받으시고 잠잠히 앉아 계시니라.
3방(남, 북, 서)과 사유(四維네 모서리)와 상하가 또 다시 그렇게
꽃 흩고 궁전을 받들어 올리고 부처님께 설법 청하되,
세존이 심히 만나 뵙기 어려우시니 원 하옵나니, 본래 자비로서
감로의 문 넓게 열으사 무상법륜을 설 하옵소서 하거늘,

⑤⓪ 무량지혜의 세존께서 저 많은 사람의 청을 받으시고
가지가지 법 4제(諦고집멸도-苦集滅道)와 12인연을 설하시되,
무명에서 노사(老死)까지 다 인연으로부터 생겨나니,
이와 같은 온갖 허물 근심 너희들은 반드시 알지니라. 하시고,
이 법 펴실 때 600 만억의 해(姟:億, 兆, 京, 垓=姟.100여 겁)의 중생이
모든 괴로움이 다하여 아라한이 되며,
두 번째 설법하실 때 천 만억 항하사 중생이
모든 법(세간 법:욕락)을 받아들이지 않아서(見使惑을 끊음) 또 아라한을
얻으니,
이로부터 후에 도(道) 얻은 이들이 그 수 한량없는 만 억겁 산수
로는 능히 그 끝을 모르리라.

⑤① 그때 16 왕자 출가 사미되어
다 함께 그 부처님께 청하되 "대승 법을 연설하여 주소서.

우리들과 모시고 따라온 사람(영종營從)이 다 반드시 부처님 도(道) 이루리니
원컨대 세존과 같은 제일 청정하신 혜안(慧眼)을 얻게 하여 주소서"하거늘.
부처님께서 동자 마음과 지난 세상에 행한 바를 아시고,
한량없는 인연과 가지가지 여러 비유로
육바라밀과 또 여러 가지 신통의 일을 말씀하사,
진실한 법과 보살 행하는 도를 분별하여 주시고,
이 「법화경」의 항하사 같은 게송을 설하시니라.

52 그 부처님 경 설하시고 고요한 방에서 선정에 들어서
일심으로 한 곳에 8만 4천겁을 앉으시었거늘,
이 사미들이 부처님이 선정에서 나오시지 아니하실 줄 알고
무량 억 중생 위해 부처님 위없는 지혜를 설하시되,
각각 법좌에 앉아 이 대승경을 설하시며
부처님 편안히 적멸(寂滅:성자의 죽음)하신 뒤에 법을 도와 교화를 드날리시니라.
하나하나의 사미들이 제도한 모든 중생
6백 만억 항하사 같은 무리들이,
그 부처님 멸도한 후에 이 법을 들은 사람
곳곳의 모든 불국토마다 항상 스승(16왕자)과 함께 태어 나니라.

⑬ 이 16 사미 구족히 부처님 도(道) 수행하여
지금 현재 시방에서 각각 정각 이루었나니,
그때에 법 들은 사람이 각각 모든 부처님의 처소에서
그 성문에 머물러 있는 이를 점점 불도로써 가르치시니,
나도 16왕자의 수(數)에 들어 있어 일찍이 또 너희 위해 설하였으니, 이런 고로 방편으로써 너를 인도하여 부처님 지혜에 나아가게 하노라.
이 본래 인연으로 오늘 법화경을 설하여
너를 불도에 들게 하노니 삼가 놀라고 두려운 마음먹지 말라.

⑭ 비유할 것 같으면 험악한 길 아득히 멀어 인적이 끊어지고
독한 짐승(惑) 많으며,
또 물(定)도 풀(차별)도 없는 사람이 두려워하는 곳에
무수한 천만대중이 이 험한 길을 지나가려하는데,
그 길이 심히 멀고멀어 500 유순(중생윤회처, 번뇌)을 지나거늘,
그때에 한 도사 학식 많고 지혜 있고
밝게 알아 마음에 결정하여 험한데 있으면서 많은 어려움에서 제도하더니,
많은 사람이 다 피로하여 도사에게 말하되,
"우리 오늘 너무 피곤하여(돈핍頓乏) 여기에서 물러나 도로 가고자 하나이다."라고 하거늘,

㊺ 도사 이런 생각을 하되 "이 무리가 심히 가엾도다.

어떻게 물러나 되돌아가서 큰 진귀한 보배를 잃으려고 하는가? 하고"

이어서 그때 방편을 생각하되 "마땅히 신통력을 펴리라." 하고,

변화로 큰 성곽 짓고 여러 집(舍宅: 空觀의 경계)을 장엄하게 꾸미고

두루 동산의 수풀(이승 무루법의 숲)과 흐르는 시내(9차제정)와 목욕할 연못(8해탈)을 두고

겹 문(三空門)의 높은 누각(無知가 다함)에 남녀(定慧) 다 가득하게 하여,

곧 이런 변화를 만들고 나서 많은 사람 위로하여 말하되 "두려워 말라!

너희들 이 성에 들어가면 각각 즐겨하는 대로 하리라." 하거늘.

모든 사람이 이미 성에 들어가서 마음에 다 환희하고

다 편안한 생각이 나서 스스로 이미 제도를 얻었도다. 여기거늘,

㊻ 도사 (그동안) 다 쉰 줄 알고 대중을 모아 말하되,

"너희 마땅히 앞으로 나아갈지니라. 이것은 변화하여 만든 성일 뿐이니라.

내 너희들이 지극히 피로하여 중도에서 물러나 도로 가고자 함을 보고, 그래서 방편의 힘으로 꾀를 부려(權化) 이런 성을 만들었느니라.

너희 이제 부지런히 정진하여 함께 보배 있는 곳에 감이 마땅하도

다." 하였나니,

⑰ 나도 또한 이와 같아 일체의 도사 되어서
모든 구도자가 중도에 게을러 폐기하면(해폐懈廢.버리다)
능히 나고 죽는 번뇌의 여러 가지 험한 길을 건너지 못함을 보았으니,
그러므로 방편의 힘으로써 쉬기 위하여 열반 법을 설하여
말하되, "너희 고통을 멸하여 할 일을 다 이미 이루었느니라(已辦)"하고,

⑱ 이미 열반에 이르러서 다 아라한 얻은 것으로 알고 나서
그제야 대중들을 모아 진실한 법을 설하느니라.
모든 부처님이 방편력으로 분별하여 3승을 설하시나
오직 일불승만 있건마는 쉴 곳 때문에 2승(화성)을 설하시느니라.
오늘 너 위하여 진실을 말하노니 네 얻은 것은 멸(滅)이 아니니,
부처님의 일체 지혜를 위하여 반드시 큰 정진 심을 발하라!
네 일체지, 십력(十力) 등 부처님의 법을 증득하고 32상 갖추어야
곧 이것이 진실한 멸도니라.
모든 부처님 도사 쉬기 위하여 열반을 설하시고
이미 이 휴식이 끝남을 아시면 이끌고 부처님 지혜에 들어가시느니라.

화성유품 제 7 끝.

신통변화로 성을 만들어 비유하는 품. 제 7 끝

권 4 오백제자수기품 제 8

500 제자에게 미래에 성불하리라는 수기를 주신 품. 제 8

【일여 품 해설】 이품은 모두 1200의 성문 제자에게 수기 주시되 그러나 품의 제목을 다만 500이라 표한 것은 대개 500명이 수기를 얻어서 이름도 같고 500명이 다 입으로 영해(領解 : 깨달음)하였다 고 말하니 그래서 품을 500이라 표 한 것이다.

묘락대사가 말하기를 "먼저 500이라고 표한 까닭에 오로지 수(受받음)자(字)를 쓴 것이니 말하자면 여래의 수기를 받는 것이다." 라고 일여.

① 그때 부루나미다라니자(부루나)는 부처님을 쫓아와 이 지혜의 방편으로 마땅함(수준)을 따라 법 설하심(방편품과 화택의 비유)을 듣고, 또 모든 큰 제자(身子와 四대제자)에게 아뇩다라삼막삼보리의 수기 주시는 것을 들었으며, 또 지난 세상 인연의 일을 들었으며 또한 모든 부처님이 대 자재신통력이 있으심을 듣고 미증유(開權, 顯實)를 얻어 마음이 좋아 뛸 듯이 하며(心淨踊躍),

곧 자리에서 일어나 부처님 앞에 이르러 머리와 얼굴로 발에 절하고 물러나 한쪽에 머물러 존안을 우러러보되 눈을 잠시도 떼지 않고, 이 생각을 하되 세존께서 "매우 기특(奇特)하사 하시는 일이 희유(稀有)하시어 세간의 여러 종류의 (중생)성품을 따라 순종하여 방편의 지견(知見)으로 법을 설하시어 중생이 곳곳에 탐하여 집착에서 빼어 내시나니, 우리들은 부처님의 공덕을 말로써 능히 다하지 못할 것이요,

오직 부처님 세존만이 우리의 깊은 마음 본래의 서원(本願)을 능히 아시나이다."

② 그때 부처님께서 여러 비구에게 말씀하시되, 너희 이 부루나미다라니자(부루나)를 보느냐? 못 보느냐?

나는 항상 말하되, 그 설법하는 사람 가운데 가장 제일이라 하며, 또 항상 그 가지가지 공덕을 찬탄하노니,

내법을 부지런히 정진하여 보호하여 지켜서 도와 펴서 능히 사부

대중에게 보이며 가르치며 이롭게 하며 기쁘게 하며 부처님의 정법을 갖추어 함께 범행하는 자를 가장 요익하게 하나니,
여래를 제외하고는 능히 그 언론의 변재를 당할 자가 없느니라.

③ 너희 생각하대 부루나가 다만 능히 내 법을 보호하여 지켜 도와서 편다고만 하지 말라!
또 과거의 90억 모든 부처님 처소에서도 부처님 정법을 보호하여 지켜 도와 펴서(護持助宣), 저 설법하는 사람 가운데 또 가장 제일이었으며, 또 모든 부처님께서 설하신 공(空)의 법에 밝게 사무쳐 알아(明了通達) 사무애지(四無礙智)[77]를 얻어서 항상 능히 살피어 청정하게 법을 설하되 의혹됨이 없으며, 보살의 신통력을 갖추어 그 수명을 따라 항상 범행을 닦았으므로 그 부처님 세상의 사람이 다 생각하되 진실로(부루나를) 이 성문(聲聞)이라고 하더니,
부루나는 이런 방편으로써 한량없는 백 천 중생을 요익하며, 또 한량없는 아승지의 사람을 교화하여 아뇩다라삼막삼보리에 서게(立) 하더니, 부처님의 국토를 청정하게 하기 위한 고로 항상 불사(佛事)를 하여 중생을 교화하느니라.

④ 모든 비구야, 부루나는 또 과거의 일곱 부처님의 회상에서 법을 설하는 사람(제자) 가운데 제일이었으며, 오늘 나에게도 설법하는

---

77) 4無碍智, : 4무애변재(四無碍辯才. 4無碍變, 1.법무애(法無礙-가르침에 막힘없음) 2.의무애(義無碍-뜻에 막힘없음) 3.사무애(辭無碍-여러 지방 언어에 통달하여 막힘없음) 4.요설무애(樂說無礙-앞의 세 가지에 막힘이 없이 설법 하는 것), 불 보살의 경지)

사람(제자) 가운데서도 또한 제일이며,

현겁(賢劫-현재를 현겁, 과거를 장엄겁, 미래를 성숙겁, 겁은 시간 단위) 중 마땅히 오시는 모든 부처님회상에 설법하는 사람(제자) 가운데서도 또한 제일이라.

다 부처님의 법을 보호하여 지키고 도와 펴며, 또한 미래에도 한량없고 끝없는 모든 부처님의 법을 보호하여 가지고 도와 펴서 무량중생을 교화하여 요익하여 아뇩다라삼막삼보리에 서게 하리니,

부처님의 국토를 청정하게 하기 위함으로 항상 부지런히 정진하여 중생을 교화하여

⑤ 점점 보살의 도를 구족하여, 한량없는 아승지 겁을 지나 반드시 이 땅에서 아뇩다라삼막삼보리를 얻어 이름이 법명 여래, 응공, 정변지, 명행족, 선서, 세간해, 무상사, 조어장부, 천인사, 불세존이리니,

그 부처님께서 항하사 같은 삼천 대천세계를 하나의 부처님 국토로 삼아 칠보로 땅이 되고 땅은 평평함이 손바닥 같아 산이나 언덕, 시내 물, 도랑, 구릉이 없고, 칠보로 된 망루가 그 가운데 가득하고 모든 하늘의 궁전이 허공 가까이 솟아있거든,

인간과 하늘이 서로 이어서(접촉) 둘이 서로 보며, 여러 가지 악도 없으며 또 여인이 없고 일체 중생이 다 화하여 나서(化生) 음욕이 없으며, 큰 신통 얻어서 몸에서 광명이 나고 날아다님이 자유로우

며 뜻과 생각이 견고하여 정진하고 지혜 있으며, 널리 다 황금색 이라 32상으로 스스로 장엄하리라.

⑥ 그 나라 중생이 항상 두 가지 밥(식食)이 있으리니, 첫째는 법희식(法喜食)이요, 둘째는 선열식(禪悅食)이니라.[78]

한량없는 아승지 천 만억 나유타의 모든 보살대중이 있어 큰 신통과 사무애지(四無碍智)를 얻어 잘 능히 중생의 유(類)를 교화하며, 그 성문 대중은 산수(算數)로 헤아려 능히 알지 못하리니 다 여섯 가지 신통과 3명과 8해탈을 얻어 구족 하리라.

그 부처님의 국토에는 이와 같은 한량없는 공덕으로 장엄하여 성취 하리라.[79]

겁의 이름은 보명이고 나라의 이름은 선정이리니, 그 부처님의 수명은 한량없는 아승지 겁이요, 법이 머무름이 매우 오래리니, 부처님 멸도하신 뒤에 칠보 탑을 세워 그 나라에 가득하리라.

⑦ 그때 세존께서 이 뜻을 다시 펴시려 하여 게송으로 말씀하시되,

78) 법희식(法喜食)-법 듣고 환희하여 선근을 길러 혜명을 도와 신심을 이익하는 것을 밥 같이 여김. 선열식(禪悅食)-선정에 듦을 즐겨 밥 같이 여김..

79) 월장경(月藏經) 제5에 10선(善)에 각각 10공덕을 밝혔다.
첫째 불살생(不殺生)으로 10공덕을 얻는다 함은
[1] 일체 중생이 두려움이 없음을(無所畏) 얻으며, [2] 중생이 자비심을 얻으며, [3] 악습(惡習)의 인연을 끊으며,
[4] 병이 적고, [5] 5.수명이 길며, [6] 비인(非人사람 아닌 이)이 보호해주며, [7] 악몽이 없고, [8] 원망이 없으며,
[9] 악도를 두려워하지 않으며,[10] 죽어서 선도(善道)에 태어난다.
뒤 세상에 부처될 때 그 나라에는 해치는 막대기 등의 기구가 없고 나라 사람이 장수하고……. 내지 열 번째 불사견(不邪見 : 바르지 못한 견해를 가지지 않음)에서 10공덕을 얻으니 [1] 부드럽고 선하며 내지……. [10] 죽어서 선도에 태어나 부처될 때 나라 사람이 바른 신심을 가진다. 이것이 무량공덕의 장엄(莊嚴)이다. 일여

모든 비구야 자세히 들어라! 불자가 행할 도는
방편을 잘 배워야 하는 까닭이니 (그것은)불가사의 하니라.
중생이 작은 법(소승) 좋아하고 큰(대승) 지혜를 두려워함을 아나니
이런 고로 모든 보살이 성문이나 연각이 되어서,
수 없는 방편으로 모든 중생 류(類)를 교화하되
스스로 말하기를 "(나는)성문이라 불도에 가는 것이 매우 멀다."
고 말하며,
한량없는 중생을 제도 해탈케 하여 모두 다 성취하게 하나니,
비록 욕심 적고 게으르나 점점 반드시 부처를 이루게 하니라.
안으로는 보살행 갖추고 밖으로는 성문을 나타내어
욕심 적고 생사(生死) 싫어하나 실은 스스로 불국토를 청정케 함
이라.
중생에게 삼독 있음을 보이며, 또 삿된 견해의 모습을 나타내어,
나의 제자는 이 같은 방편으로 중생을 제도하나니,
만일 내가 가지가지(신통) 변화하는 일을 나타낸 것을 다(구족히)설
하면
중생이 이것을 들은 자 마음에 곧 의혹을 품을 것이라.

⑧ 이제 이 부루나는 옛날 천억의 부처님께
행할 도를 부지런히 닦아, 모든 불법을 보호하여 펴서
위없는 지혜를 구하기 위해 모든 부처님 처소에서

상수(上首:윗자리) 제자로 있으면서 듣고 지혜 있어
설하는 바가 두려움 없어 능히 중생을 환희하게 하되
잠깐도 피곤하고 권태로움 없이 부처님 일을 도우며,
이미 큰 신통을 넘어서 4무애의 지혜를 갖추어
모든 근기 날카롭고 둔함을 알아, 항상 청정한 법 설하느니라.
이와 같은 뜻을 펴 모든 천억의 중생을 교화하여
대승 법에 머물게 하여, 스스로 불토를 청정하게 하니라,
미래에도 또 한량없고 수 없는 부처님을 공양하여
정법을 보호하여 도와 펴서 또 스스로 불토를 청정케 하여
항상 여러 가지 방편으로 설법하되 두려울 바 없어,
가히 헤아리지 못할 중생을 제도하여 일체지를 성취케 하리라,

⑨ 모든 여래를 공양하여 법의 보배창고(寶藏법)를 지키다가,
그 후에 부처되어 이름이 법명이오,
그 부처님 나라 이름은 선정(善淨)이요, 칠보로 만들어지며
겁의 이름은 보명(寶明)이리라,

⑩ 보살 대중이 매우 많아
그 수 가 한량없는 억(億)이라. 다 큰 신통을 얻고
위덕(威德)의 힘을 갖춘 이들이 그 국토에 가득하며,
성문(聲聞)도 또 무수하되 3명(明)과 8해탈(解脫)과

4무애지(無礙智)를 얻은 이런 이들이 승(僧승려)이 되며,
그 나라 모든 중생은 음욕이 다 이미 끊어져
순수하게 한가지로(純一) 변화하여 태어나며(變化生). 구족 한 상(相)으로 몸을 장엄하고
법희(法喜)와 선열(禪悅)로 음식을 삼고 다시 다른 음식 생각 없고
여인들이 없으며 모든 악도(惡道) 없으리라.
부루나 비구 공덕을 가득히 다 이루어서
이 정토를 반드시 얻되 현성(賢聖)의 대중이 매우 많으리니,
이 같은 한량없는 일을 내 오늘 다만 간략히 설하노라.

⑪ 그때 1200의 아라한 마음이 자재한자가 이런 생각을 하되, "우리 환희하여 미증유함을 얻으니 만일 세존께서 각각 수기하여 주시되, 다른 큰 제자 같이 하시면 또한 상쾌하지 아니 할 까!" 하더니.

부처님께서 이들의 생각하는 바를 아시고 마하가섭에게 말씀하시되, 이 1200 아라한을 내 오늘 반드시 앞에서 차례로 아뇩다라삼막삼보리의 수기(記)를 주리라.

이 대중 가운데 내 큰 제자 교진여(憍陳如)[80] 비구는 마땅히 6

80) 교진여가 최초 도를 깨달아 자리의 우두머리(座首)에 있음이라. 그러므로 특별히 수기를 주시었다.

묘락이 이르되 "문 - 만약 그가 우두머리에 있음에 특별히 수기(別記-따로 수기주심)를 주셨다면 어떻게 초주(初周)에 수기를 주지 아니하였느냐?

◉ 초주[(初周 : 三周의 하나. 법화경의 적문(迹門) 설법에 성문인을 제도함이 正說, 領解, 述成, 授記의 4단계로 가르침이 1주(周)가 된다.)] 성문인에도 상중하의 세 근기가 있어 3주(周)가 되는데, [1] 법설주(法說周)에 사리불 한 사람이 일승을 깨달아 들어가니 상근기다.(방편품, 비유품) [2] 비유주(譬喩周)에 대가섭 등 4인이 세 개의 수레의 비유를 듣고 일승을 깨쳐 들어가니 이들은 중근기이다.(비유, 신해, 약초, 수기) [3] 인연주(因緣周)는 나머지 성문인 이 과거 대통지승 불 때의 인연을 듣고

만 2000억의 부처님을 공양한 뒤에 능히 부처되어 이름이 보명 여래, 응공, 정변지, 명행족, 선서, 세간해, 무상사, 조어장부, 천인사, 불세존이리라.

그 500의 아라한 우루빈나가섭(優樓頻螺迦葉)과 가야가섭(伽耶迦葉)과 나제가섭(那提迦葉)과 가유타이(迦留陀夷)와 우타이(優陀夷)와 아누루타(阿㝹樓馱)와 이바다(離婆多)와 겁빈나(劫賓那)와 박구라(薄拘羅)와 주타(周陀)와 사가타(莎伽陀) 등도 다 반드시 아뇩다라삼막삼보리를 얻어서 다 같은 이름으로 이름이 보명(普明)이리라.

⑫ 그때 세존께서 이 뜻을 다시 펴려 하사 게송으로 설 하시되,

교진여 비구는 반드시 한량없는 부처님 뵙고
아승지겁 지나서 곧 등정각(等正覺)을 이루어,
항상 큰 광명 놓으며 여러 가지 신통을 갖추어
이름이 시방세계에 두루 들리어 일체가 공경할 것이며,
항상 위없는 도를 설 하리니 그러므로 이름이 보명이라 하리라,

⑬ 그 국토는 청정하며 보살이 다 용맹하여

일승에 깨달아 들어가니 하근기에 해당한다.(화성유품, 500제자수기품, 수학무학인기품))

답 - 만약 실행(實行↔權行)에 대하여 말하면 대소승의 인연이 다르니 두 사람의 최초 인연이 각각 다르다.

신자(身子)는 최초 대승에 인연을 맺은 고로 초주(初周)에 먼저 깨닫고 교진여는 먼저 소승에 인연을 맺은 것이다. 그러므로 최초 녹원(鹿苑 : 녹야원)에서 먼저 깨달았다. 만약 권행(權行)에 대하여 말하면 중생을 인도하기 바라는 것이 두 가지 뜻(대, 소승)이 각각 다르니 수적(垂迹)의 법을 하나에 준할 수 없는 것이다." 라고 일여

다 아름다운 누각에 올라 모든 시방 국토에 놀며
위없는 공양구(공양물)를 모든 부처님께 받들어 올리고
이 공양하고 나서, 마음에 큰 환희심을 품고
잠깐사이에 본국으로 돌아오리니 이 같은 신통력이 있으리라.

⑭ 부처님 수명은 6만겁. 정법이 머물기는 수명의 배가 되고(12만겁)
상법이 머물기는 다시 이 배라.(24만겁) 법이 멸하여 하늘과 사람이
근심(시름)하면,
그 500의 비구 차례로 마땅히 부처되어
이름이 같은 보명(普名)이리니, 옮겨가며 차례로 수기 주되
"나 멸도 후에 아무가 반드시 부처 되리니
그 교화할 세간은 또 나의 오늘과 같으리라." 라고
국토의 엄숙하고 깨끗함과 또 모든 신통력과
보살과 성문대중과 정법과 상법과
수명 겁수의 많고 적음은 다 위에 설한바와 같으리라.
가섭아, 네가 이미 500의 자재(自在) 하는 이를 알 것이니,
다른 모든 성문 대중도 또 마땅히 다시 이와 같으리니,
이 모임에 있지 아니 한 이는 네가 반드시 위하여 펴서 설하라.

⑮ 그때 500 아라한이 부처님 앞에서 수기를 얻고 나서 환희 하여
뛸 듯이 하며, 곧 자리에서 일어나 부처님 앞에 이르러 머리와 얼

굴로 발에 절하고 허물 뉘우쳐 자책하되,

세존이시여! 저희들이 항상 이런 생각을 하되 "내 생각하되 이미 구경의 멸도를 얻었노라" 하였더니 오늘에 알고 보니 지혜 없는 자 같나이다.

왜냐하면 우리 응당히 여래의 지혜를 얻을 것이거늘, 곧 내 작은 지혜로 만족하였나이다.

⑯ 세존이시여! 비유하면 어떤 사람이 친한 벗의 집에 가서 술을 취하여 누웠거늘, 이때 친한 벗이 그 윗 일(관官의 일.공무)로 떠나게 되어 값을 알 수 없는 보배구슬을 그 벗의 옷 속에 매달아 주고 떠났거늘, 그 사람이 취하여 누워 전혀 알지 못하고 일어나서는 놀며(다니며) 다른 나라에 가서 옷과 밥(衣食)을 (얻기)위한 고로 부지런히 힘써 구하여 찾아도 매우 가난(艱難)하여 조그만 소득이 있으면 곧 만족하게 여기거늘,

후에 친한 벗이 (우연히)그를 만나보고 이 말을 하되, 아 장부여! 어찌 의식(衣食)을 위하여 이 같이 되었느냐?(고생 하느냐?)

내가 옛날 너를 안락을 얻어서 오욕을 스스로 마음대로 하게 하고자 하여, (지난)어느 해 어느 달 어느 날에 값 매길 수 없는 보배구슬을 너의 옷 속에 매어 두고 갔는데 지금 아직 현재 (옷 속에) 있을 것인데, 너는 알지 못하고 근심하며 괴로이 스스로 삶을 구하나니(이렇게 구차히 살아가다니) 너무 어리석구나.

네 오늘에도 이 보배(구슬)면 필요한 것을 구하여(무역貿易) 항상 뜻대로 하여 없는 것이 없으리라.(모자람 없이 살리라) 하니

⑰ 부처님도 또한 이와 같아 보살 되어 계실 때에 우리를 교화하시어 일체지(一切智)의 마음을 내도록 하셨거늘,
그러나 이어서 잊고 알지도 못하고 깨닫지도 못하여 이미 아라한의 도를 얻어서 스스로 멸도 했다고 여겨, 생활(資生 : 자생)이 가난하여 작은 법 얻고도 만족하더니 일체지의 소원은 아직 있어 잃지 아니하였나이다.
오늘 세존께서 우리들을 알게(깨닫게)하사 이 말씀을 하시되, 「"모든 비구들아, 너희 얻은 것이 구경의 멸(열반)이 아니니 내가 오랫동안 너희들을 부처님께 선근을 심도록 하여 방편 까닭으로 열반의 모양을 보였거늘, 그러나 너희들은 진실한 멸도를 얻었다고 여기도다." 하시나니,
세존이시여, 내 오늘에야 이에 진실로 이 보살로서 아뇩다라삼막삼보리의 수기를 받는 것을 알았습니다. 이런 인연으로 매우 크게 기뻐 미증유를 얻었나이다.」

⑱그때 아야교진여 등이 이 뜻을 다시 펴려고 게송으로 이르되,

우리 위없이 편안한 수기 주신다는 소리 듣고

미증유하여 환희하여 무량지혜의 부처님께 예배 하옵고
오늘 세존 앞에서 모든 허물을 내 참회 하옵나니,
한량없는 불보(佛寶)에서 조그만 열반의 일부분을 얻고서
지혜 없는 어리석은 사람과 같이 곧 스스로 만족 하였나이다.

⑲ 비유컨대 빈궁한 사람이 친한 벗의 집에 가니
그 집이 매우 큰 부자여서 여러 가지 음식 대접받고
값 매길 수 없는 보배구슬도 옷 속에 매어 주고(몰래 주고)
말없이(공무로) 떠나감이라. 그때 그는 누워서 알지 못 하였는데
이 사람이 이미 (깨어나서)일어나 (전 같이)다른 나라로 떠돌아다니며,
의식(衣食) 구하여 스스로 살아가며 생활(資生자생)이 매우 가난하여
조금 얻으면 곧 만족히 여기고 다시 좋은 것 원하지도 아니하며,
옷 속에 값 매길 수 없는 보배구슬 있는 것도 알지 못 하였거늘,
구슬 준 친한 벗이 후에 우연이 이 가난한 사람(친구)만나보고
몹시 그를 책망하고 나서 매어준 구슬을 (찾아내어)보여주거늘,
가난한 사람이 이 구슬보고 그 마음에 크게 환희하여
부자 되어 여러 가지 재물을 두고 오욕을 자기 마음대로 하더니,

⑳ 우리도 또한 이와 같아 세존께서 (무명의)긴 밤에
항상 불쌍히 여기사 교화하사 위없는 서원을 세우게 하셨거늘,
우리 지혜 없는 까닭으로 깨닫지 못하고 알지도 못하여

조그마한 열반의 일부분을 얻고 제 만족하게 여겨 다른 것을 구하지 아니하더니,

오늘 부처님께서 우리를 깨닫게 하사 말씀하시되 진실한 멸도가 아니요,

부처님 위없는 지혜를 얻어야만 그제야 곧 진실한 멸도가 되리라 하시니,

우리 지금 부처님으로 보터 (부처님이 될)수기 주시는 장엄한 일과 또 차례로 옮겨가며 수기(手決) 주신다는 말씀을 듣고 몸과 마음에 다 환희하옵나이다.

오백제자수기품 제 8 끝.

500제자에 수기를 주신 품. 제 8 끝.

수학무학인기품 제 9

진리를 연구하여 미혹 끊은 이(學), 진리를 다 연구하여 미혹이 다한 이(無學)에게 수기를 주시는 품. 제 9

【일여 품 해설】 진실(진리)을 닦아(硏眞) 혹(惑 : 번뇌)을 끊는 것을 이름 하여 학(學배우는 사람. 무학을 배우는 사람)이라 하고 진실을 다 궁구(窮究) 하고 혹(惑)이 다하여 배울 것이 없는 사람을 무학(無學)이라고 이름 한다.

삼과(三果 : 수다원 과果, 사다함과, 아나함과) 사향(四向 : 수다원향, 사다함향, 아나함향, 아라한향)으로 진실을 연구하여 닦아 훌륭한 견해를 찾아 모으는 것이다. 그러므로 이름 하여 학(學)이라 한다.

아라한(阿羅漢果)은 이치를 연구하여 이미 다하고 훌륭한 견해 그것이 이미 다하여 다시 배울 것이 없음이라. 그러므로 무학(無學)이라 한다.

이 2000 명의 사람은 혹은 학인(學人)이라 하고 혹은 이를 무학인(無學人)이라 하는 데 모두 같은 부류로써 일시에 수기를 받아 같은 이름의 보상(寶相)여래라.
그래서 별도로 한 품을 만든 것이다. 일여.

① 그때 아난과 라후라가 이런 생각하되, 우리 매양 스스로 생각(思惟)하노니 가령 수기를 얻으면 또한 기쁘지 않겠는가? 하고.
곧 자리에서 일어나 부처님 앞으로 나아가 머리 낮(얼굴)으로 발에 절하고 다 부처님께 사뢰되
'세존이시여, 우리도 이에 또 반드시 분(分=分位=때와 위치. 몫)이 있아오리니, 오직 여래만이 우리가 의지할 곳 이옵니다.
또 우리를 일체세간 하늘과 인간과 아수라가 보고 아는 바이며, 아난은 항상 모시는 이 되사와 법장을 보호하여 가지고 라후라는 이 부처님의 아들 이시오니, 만일 부처님께서 아뇩다라삼막삼보리의 수기 주심을 보면 내 소원이 이미 만족하며 모든 이 들의 바람(衆望)도 또한 만족하오리다.'

② 그때 학(學) 무학(無學)의 성문제자(부처님의 말씀을 직접 듣고 배우는 제자) 2000 인이 다 자리에서 일어나 한쪽 오른쪽 어깨를 벗고 부처님 앞에 나아가 일심으로 두 손 모아 세존을 우러러 보며,
아난과 나후라의 원하는 것과 같이(같은 마음으로) 한쪽에 머물러서 있거늘,

③ 그때 부처님께서 아난에게 말씀하시되, '너는 오는 세상(뉘)에 반드시 부처되어, 이름은 산해혜자재통왕여래, 응공, 정변지, 명행족, 선서, 세간해, 무상사, 조어장부, 천인사, 불세존이리라,

마땅히 62억의 여러 부처님을 공양하고 법장을 보호하여 지킨 뒤에야 아뇩다라삼막삼보리를 얻으리라.

20천 만억 항하의 모래 알 같이 많은 모든 보살들을 교화하여 아뇩다라삼막삼보리를 이루게 하리니,

나라 이름은 상립승번이오, 그 땅은 청정하게 유리로 만들고

겁의 이름은 묘음변만 이리라.

그 부처님의 수명은 한량없는 천만 억 아승지겁이리니, 만일 사람이 천 만억 한량없는 아승지겁 동안 산수로 헤아려도 능히 얻어 알지 못하리니, 정법이 세상에 머물기는 수명의 배이고 상법이 세상에 머물기는 정법의 배(倍)이리라.

아난아 이 산해혜자재통왕불이 시방의 한량없는 천 만억 항하의 모래 수 같은 모든 부처님 여래께서 모두 찬탄하사 그 공덕을 일컬으실 것이니라.'

④ 그때 세존께서는 이 뜻을 거듭 펴시고자 계송으로 설 하시되

"내 이제 대중 가운데(僧中) 말하노니, 아난은 법을 지니는 사람이니

반드시 모든 부처님께 공양한 후에야 정각을 이루어

이름이 산해혜자재통왕불 이리니,

그 국토는 청정하고 이름은 상립승번 이리라,

여러 보살을 교화하되 그 수 항하의 모래 같으리라.
부처님 크신 위덕이 있어 이름이 시방에 가득하며
수명이 한량없으리니 중생을 어여삐 여기는 까닭이라.
정법(正法)이 수명의 배요, 상법(像法)이 또 이 배(倍)가 되리니,
항하의 모래와 같은 무수한 여러 중생이
이 부처님 법 가운데서 불도에 인연을 심으리라."

⑤ 그때 모인 가운데 새로 발심한 보살 8000인이 이 생각을 하되, "우리 오히려 모든 큰 보살도 이 같은 수기 얻었다는 것을 듣지 못하였사온데,
무슨 인연으로 모든 성문들이 이런 (성불하리라 결정한)수기(決=受決)를 얻는 가?"하드니,

⑥ 그때 세존께서 모든 보살들이 마음에 생각하는 것을 아시고 그들에게 말씀하시되, '여러 선남자야 나는 아난 등과 공왕불 계신데서 동시에 아뇩다라삼막삼보리의 마음을 일으켰느니라.
아난은 항상 많이 듣는 것을 좋아하고 나는 항상 부지런히 정진하였으니, 이런 까닭으로 나는 이미 아뇩다라삼막삼보리를 이루었거늘,
아난은 내법을 보호하여 가지며 또한 장래 모든 부처님의 법장을 지켜 보호하여 모든 보살대중을 교화하여 성취시키리니, 그 본래

의 소원이 이와 같았음으로 이 수기를 얻었느니라.'

⑦ 아난이 얼굴을 바라보며 부처님 앞에서 스스로(自) 수기주심과 국토의 장엄함을 듣고 원하던 일이 구족하여 마음에 크게 환희하여(제일 기뻐하며) 미증유를 얻어서, 즉시에 과거의 한량없는 천만억의 여러 부처님 법장을 기억하고 생각하여 통달하여 막힌데 없이 오늘 듣는 것 같으며 또한 본래 서원을 알았느니라. 그때 아난이 게송으로 사뢰되,

세존은 매우 희유하사 나로 하여금 과거 한량없는
여러 부처님 법을 생각하게 하시되 오늘 들은 것 같이 하시니,
내 오늘 다시 의심 없어 불도에 편안히 머물렀사오니
방편으로 시자(侍者)가 되어 모든 부처님 법을 보호하여 가지(호지護持)오리다.

⑧ 그때 부처님께서 라후라에게 말씀하시되, 너는 오는 세상에 반드시 부처되어, 이름은 도칠보화여래, 응공, 정변지, 명행족, 선서, 세간해, 무상사, 조어장부, 천인사, 불세존이리니,
반드시 시방세계의 가는(미세한) 먼지와 같은 수의 모든 부처님 여래를 공양하여 항상 여러 부처님을 위하여 맏아들(長子)이 되되 마치 지금 같으리라.

이 도칠보화(蹈七寶華)불의 국토 장엄함과 수명(壽命) 겁수(劫數)와 교화한 제자와 정법(正法)과 상법(像法)이 또한 산해혜자재통왕 여래와 같이 다름이 없으니,
또한 이 부처님 위하여 장자(長子)가 되리니, 이를 지난 후에야 반드시 아뇩다라삼먁삼보리를 얻으리라.

⑨ 그때 세존께서는 이 뜻을 다시 펴시려고 게송으로 말씀하시되,

내 태자 되었을 때 라후라는 내 장자가 되었으나,
내 오늘 부처님 도 이루니 법을 받아 법의 아들이 됨이라.
미래세 중에 한량없는 억의 부처님을 뵙고
다 그의 장자가 되어 일심으로 불도(道)를 구하리라,
라후라의 밀행(비밀의 수행)을 오직 내만이 능히 아노니,
현재 나의 장자 되어 모든 중생들에게 보이나니
한량없는 억천만 공덕은 이루 헤아리지 못할 것이며,
불법에 편안히 머물러 위없는 도를 구하느니라.

⑩그때 세존께서 아직 배우는 이와(學) 배울 것이 없는 이(無學), 2000인이 그 뜻이 부드러워 고요하고 청정하여 일심으로 부처님 뵈옵거늘, 보시고 부처님이 아난에게 말씀하시되, 너는 이 배우는 이(學)와 배울 것이 없는(無學) 2000인을 보느냐? 못 보느냐?

예, 이미 보나이다.

아난아, 이 많은 사람들이 반드시 50세계의 작은 먼지 알 같은 수의 여러 부처님 여래를 공양하고 공경하고 존중하며 법장을 보호하여 지키다가,

나중 후(末後)에 한때에(동시에) 시방국토에서 각각 부처 되어 다 한가지로 이름이 같아 이름이 보상여래, 응공, 정변지, 명행족, 선서, 세간해, 무상사, 조어장부, 천인사, 불세존이리니,

(부처님의)수명은 한 겁이오, 국토의 장엄과 성문과 보살과 정법과 상법이 다 같으리라.

⑪ 그때 세존께서 이 뜻을 다시 펴시려고 게송으로 말씀하시되,

이 2000 성문(聲聞)이 오늘 내 앞에 머무는 이를
다 수기를 주되, 미래에 반드시 부처되리라 하노니,
모든 부처님께 공양함은 위에 말한 먼지수와 같으리니,
그 법장(法藏) 호지(護持)하다가 후에 반드시 정각(正覺) 이루어
각각 시방국토에서 다 같은 이름으로,
같은 때에 도량에 앉아 위없는 지혜를 증득하여
다 이름이 보상이라. 국토와 제자와
정법(正法)과 상법(像法)이 다 같아 다름이 없으리라,
다 모든 신통으로 시방 중생 제도하여

이름이 널리 두루 알려지고(名聞) 점차로 열반에 들리라.

⑫ 그때 학, 무학 2000인이 부처님 수기 주심을 듣고 뛸 듯이 기뻐서 게송으로 말씀하되,

세존 지혜의 등(燈) 밝으시니,
내 수기 주시는 소리 듣잡고
마음에 기쁨이 충만하여
감로수를 퍼붓는 것과 같나이다.

수학무학인기품 제 9 끝.
학, 무학, 인에 수기주신 품. 제 9 끝

법사품 제10

법사를 따르면 성불한다고 설하신 품. 제 10

【일어 품 해설】 이품에는 다섯 가지의 법사(五種法師)를 밝혔다.

[1] 첫째 경을 받아 지니는 법사, [2] 둘째 경을 읽는 법사,

[3] 셋째 외우는 법사, [4] 넷째 해설하는 법사,

[5] 다섯 째 경을 베껴 쓰는 법사다.

대론(大論 : 大智度論)에는 여섯 가지 법사를 밝혔으니,

[1] 첫째 믿는 힘 까닭으로 (경.법을)받아드리는 법사,

[2] 둘째 생각하는 힘 까닭으로 지니는 법사,

[3] 셋째 글을 보고 읽는 법사,

[4] 넷째 잊지 않고 외우는 법사,

[5] 다섯째 선전하여 설하는 법사,

[6] 여섯째 성인의 경서는 알기 어려워 해석이 필요하니 해석하는 법사이다.

이 6 종 법사를 지금의 경(법화경)에서는 받고 지니는 것을 합하여 하나로 하고 해석하고 설함을 하나로 하고 읽고 외우는 것을 쪼개어 둘로 하고 베껴 쓰는 것을 보태어 다섯으로 하였다. 다르게 논하면 받아 지니고 베껴 쓰는 것은 자기 수행이요, 해설하는 것은 남을 교화함이다.

일반적으로 논하면 만약 자기가 다섯 가지 법을 본받으면(軌) 곧 다섯이 자기수행이요. 만약 남에게 다섯 가지 법을 가르치면 곧 다섯 가지가 다 남을 교화함이 된다. 스스로 본받기 때문에(軌) 통칭 제자라 하며 남을 교화하는 고로 통칭 법사라 한다. 지금 일반적인 뜻을 따르는 고로 법사품이라 한다.

법이란 법칙(軌則)이요 사(師스승)란 가르치는 사람(訓匠 : 訓長=글방의 스승)이다. 법이 비록 궤칙(軌則법칙)이 된다 할지라도 그 자체(體)만으로는 스스로 널리 펴지(弘)못하니 그것을 펴는 것(通)은 사람에게 있는 고로 다섯 가지 (五種법사)는 경을 펴게 하는 데 다 스승이라 말 할 수 있다.

법을 받들고 스스로 수행하여 이루니 다 이 묘법을 가지고 스승을 삼은 것이다.

묘법을 스승 삼아 묘행(妙行 : 뛰어난 수행 법)을 성취하는 고로 법사라고 말하는 것이다.

또 다섯 종류의 사람이 능히 묘법으로 남을 가르치고 법을 받들어서 스승이라 지목하는 고로 법사라고 부른다.

무릇 여러 종류로 해석하나 다 원교(圓教)의 법문에 대하여 품을 해석한 것이다.

● 앞의 삼주(三周)설법은 이 적문(迹門)의 정설(正說), 영해(領解), 수기(受記)이다. 이것이 끝나고 이 아래 오품(五品10품에서 15품)은 적문의 유통분(流通分 : 결론)으로 다만 그 당시의 사람의 이익을 도울 뿐만 아니라. 또 오는 세상을 이어가서 널리 은혜가 미치게 하고자 함이다. 그러므로 다섯 품의 유통(流通分)이 있는 것이다.

「법사」, 「견보탑」 두 품은 경을 널리 유통하게 하는 공이 깊고 복이 중하여 듣지 못한 사람에게 법화경을 유통하면 이익이 거대함을 밝히었다.

「제바달다」 한 품은 지난 세상에 경을 널리 유통하여 그(제바달다)와 내(석가)가 겸하여 이익 됨을 이끌어서 공덕이 깊고 중함을 증명하였다.

「권지품」 의 팔만 대사(보살) 인욕의 힘을 이룬 자는 이 땅에서 경을 널리 유통시키고 새로 수기를 얻은 자는 다른 나라의 국토에서 경을 널리 유통한다고 하시었다.

「안락행품」 은 외범(外凡 : 見道이전의 수행 位)의 초심자가 이 훌륭한 복을 좋아하지만 성문이 두려워 꺼리는 것을 보고 (이 경을 듣고 놀라 의심하고 두려워하면 증상만인 줄 알라-법사품) 보살이 쫓겨나는 욕됨을 듣고 (지품에 이르되 탁한 세상 악한 비구가 자주자주 쫓겨나는 것을 본다는 등) 이미 힘이 약하여 나와 남에 이익이 없음을 돌아보고 곧 물러나려는 마음을 내니 부처님이 이 사람을 위하여 「안락행품」을 설하시니 그(안락행품)에 의하여 법을 널리 유통시켜 위태하고 괴롭다고 생각하지 않게 하시었다. 일여.

① 그때 세존께서는 약왕(과거세에 약으로 병을 고쳤다고 하여 약왕이라고 함)보살로 인하여 8만 대사(大士-보살)들에게 말씀하셨다.

약왕아, 너는 이 대중 가운데 한량없는 모든 하늘과 용왕, 야차, 건달바, 아수라, 가루라, 긴나라, 마후라가, 사람인 듯 아닌 듯 한 이들과 또 비구, 비구니, 우바새, 우바이의 성문법을 구하는 이나 벽지불을 구하는 이와 불도 구하는 이를 보라.

이 같은 등의 무리들이 모두 부처님 앞에서 묘법화경의 한 게송이나 한 구절을 듣고, 이에 한번 생각으로나 따라 기뻐하는 자를 내가 모두 수기를 주노니 반드시 아뇩다라삼막삼보리를 얻으리라.

부처님께서 약왕에게 말씀하시되,

또 여래께서 멸도하신 후 만일 어떤 사람이 묘법연화경을 듣되, 이에 한 게송이나 한 구절을 한 생각으로나 따라 기뻐하는 이를 내 또 아뇩다라삼막삼보리의 수기를 주리라(심기리라.).

② 만일 또 어떤 사람이 묘법화경을 받아 지니며 읽으며 외우며 새겨 설하며 쓰되 한 게송이나, 이 경(經卷: 옛 두루마리 경)을 공경하여 보되 부처님 같이하여 가지가지로 공양하되, 꽃과 향과 영락과 가루 향과 바르는 향과 태우는 향과 비단일산과 당번(기)과, 의복, 기악(음악)을 공양하고 또 합장하여 공경하면,

약왕아, 반드시 알라. 이 사람들은 이미 일찍 10만억의 부처님을 공양하여 모든 부처님 계신 데서 큰 원을 성취하고 중생을 어여삐

여긴 고로 이 인간에 태어나느니라.

③ 약왕아, 만약 어떤 사람이 묻되 어떤 중생이 미래세에 반드시 부처가 되는 가? 라고. 하면, 이런 사람들이야 미래세에 반드시 부처 되리라. 라고 가리켜 보일 지니라(가리킬 것이니라).
무슨 까닭인가? 만약 선남자, 선여인이 「법화경」을 한 구절이라도 받아 가지고 읽고 외우고 해설하고 쓰거나 하여 이 경에 가지가지를 공양하되, 꽃과 향과 영락과 가루 향, 바르는 향, 태우는 향, 비단일산, 용머리 한 기, 의복, 음악으로 공양하고 합장공경하면,
이런 사람은 일체세간이 우러러 받들 것이니, 응당히 여래께 하는 공양으로 공양을 할지니, 반드시 알라.

④ 이 사람은 큰 보살이라 아뇩다라삼막삼보리를 이루고 중생을 불쌍히 여기어, 이 사이(이 세간)에 나기를 원하여 나서 묘법화경을 널리 펴 설(分别)하나니.
어찌 하물며 다 능히 받아 가지고 가지가지로 공양하는 이랴!
약왕아, 마땅히 알라. 이 사람은 스스로 청정한 업보(業報)를 버리고 내가 멸도한 후에도 중생을 불쌍히 여기는 고로 악한 세상에 태어나서 이경을 널리 펴리라.

⑤ 만일 이 선남자, 선여인이 내가 멸도한 후에 능히 은밀히(그윽히,모

르게) 한 사람을 위하여 법화경을 설하되 한 구절이라도 설하면, 반드시 알라. 이 사람은 곧 여래의 사도(使徒)라. 여래가 보낸 바라. 여래의 일을 행하는 이니,
어찌 하물며 많은 대중 가운데 널리 사람을 위해 설법함이랴!

⑥ 약왕아 만일 모진 사람이 착하지 못한 마음으로 1 겁 동안에 나타나 부처님 앞에서 항상 부처님을 헐어 꾸짖어도(毁罵) 그 죄는 오히려 가볍지만, 만일 어떤 사람이 한마디 악한 말로 집에 있거나 출가하여 법화경을 독송하는 이를 헐뜯으면 그 죄는 매우 무거우니라.

⑦ 약왕아, 그 법화경을 읽고 외우는 이 있으면 반드시 알라. 이 사람은 부처님의 장엄으로 스스로 장엄하며 곧 여래께서 어깨에 메어 주시는 것이 되니,
그가 이르는 곳마다 응당히 따라 향하여 예배하며 일심으로 합장하여 공경하고 공양하며 존중 찬탄하되,
꽃과 향과 영락, 가루 향, 바르는 향, 사르는 향, 증개(비단일산), 당번, 의복, 음식과 모든 음악으로 인간 중에 으뜸가는 공양으로 공양하며 응당 하늘의 보배를 가지고 그에게 흩으며 천상의 보배덩이를 받들어 올림이 마땅하니,
왜냐하면 이 사람이 환희하여 설법하거든 잠간만 들으면(아니한 듯

들으면) 곧 구경의 아뇩다라삼먁삼보리를 얻기 때문이니라.

⑧ 그때 세존께서 이 뜻을 거듭 펴시려고 게송으로 설 하시되,

만약 부처님 도에 머물러 자연지(自然智)를 이루고자 하면,
법화경을 수지한 이를 항상 반드시 부지런히 공양할 것이며,
일체종지의 지혜를 빨리 얻고자 할진댄,
반드시 이경을 수지하며
아울러 가진 이를 공양할 지니라.

⑨ 만일 능히 묘법화경을 수지하는 이가 있으면
반드시 알라. 부처님의 사도(使徒)라. 모든 중생을 어여삐 생각하느니라.
능히 묘법화경을 받아 가지는 모든 이들은
청정한 국토를 버리고 중생을 불쌍히 여기는 고로 여기(이 국토, 사바세계)에 태어남이라,
반드시 알라. 이와 같은 사람은 태어 날 곳을 마음대로(自在자재) 함이라. (원하는 곳에 마음대로 태어남)
능히 이 악한 세상에 위없는 법을 널리 설하리니,
반드시 하늘 꽃과 향과 하늘의 보배, 의복과
천상의 아름다운 보배덩이(寶聚)로 설법하는 이를 공양할지니라.

⑩ 내 멸도한 후 악한 세상에 이 경전 능히 가진 이를
반드시 합장하고 예배 공경하되, 세존께 공양함과 같이하여
좋은 음식과 온갖 달고 맛있는 것과 가지가지 의복으로
이 불자를 공양하고 잠깐이라도 (법을)얻어 듣기를 바랄지니라.
만약 능히 후세에 이 경전을 받아 가진 사람은
내가 보내어 사람 가운데에서 여래의 일을 행하게 하리라.

⑪ 만일 1겁 동안 항상 불선(不善)한 마음먹고
성내어(낮 지어) 부처님 꾸짖으면 한량없는 중죄를 얻으리니,
이 법화경을 읽고 외우고 가진 자를
잠깐이라도 모진 말을 하면 그 죄는 그것보다 더하리라.

어떤 사람이 불도를 구하여 1겁 동안
합장하고 내 앞에서 무수한 게송으로 찬탄하면
이 부처님 찬탄한 고로 한량없는 공덕을 얻으리니,
이 경 가진 사람을 찬탄하여 기리는 이는 그 복이 또 그보다 더하리라.
80 억겁에 가장 아름다운 빛과 소리와
또 향과, 맛과, 촉감(色聲香味觸)으로 경 가진 이 공양하여
이같이 공양하고 나서, 만약 잠깐이라도 (경을)들으면
곧 반드시 스스로 기뻐 경하하되 내 오늘 큰 이익을 얻었다! 고

할지니라.
약왕아, 오늘 너에게 말하노니 내가 설한 모든 경에,
그 가운데 「법화경」이 가장 제일이니라.

⑫ 그때 부처님께서 다시 약왕보살마하살에게 말씀하시되,
내가 설하는 경전이 한량없는 천 만 억 가지니 이미 설한 것(대품반야경 이상)과 지금 설하는 것(법화경. 무량의경)과 앞으로 설할 것(열반경) 그 가운데 이 「법화경」이 가장 믿기 어렵고 알기 어려우니라.
약왕아, 이경은 이 여러 부처님의 비밀하고 중요한 (법의)창고라 나누어 펴되(分布-分散流布) 함부로 사람에게 (설하여)주지 못하리니,
여러 부처님 세존께서 수호하시는 바라, 옛날부터 내려오면서 (지금까지42년간)잠깐도 나타내어 설하지 아니 하였나니,
이 경은 여래 현재 계실 때에도 오히려 원망과 질투가 많은데 하물며 멸도 하신 뒤 에랴! 81)

81) 여래 재세(在世)시에도 오히려 원망과 질투(怨嫉)가 많다함은 40여 년 동안 곧 설하지 아니하였던 것을 지금 비록 설하고자하시나 5000이 얼마 안 있어(尋-이윽고) 곧 자리에서 물러남이라. 부처님 재세 시에도 오히려 그러한데 어찌 하물며 미래 에랴?! 이치는 교화하기가 어렵다는 데 있다.

묘락이 이르되 "여래에서 원망과 질투라고 한곳 까지는 지난 과거세의 악을 생각함이 원망(思宿惡爲怨)이고 현재의 선을 꺼려함이 질투(忌現善爲嫉)다. 그러므로 장애를 제거하지 못한 것을 원망(怨)이라 하고 듣기를 좋아하지 아니함을 질투(嫉)라 한다. 지금에 일반적으로 논하면 적문(迹門)에는 이승(二乘)의 둔근 보살을 원질(怨嫉)이라 하며 5000이 일어나 나가는 것을 혐의 할 수 없는 것이다. 본문(本門)에서는 보살 중에는 근성(近成 : 가야 始成-迹)을 좋아하는 자를 가지고 원질(怨嫉)이라 한다.

대중은 (마음이) 닫쳐 알지 못하니(闔衆不識) 어찌 괴이하다 하리오! 지금은 곧 적문(迹門)에 있으니 뜻을 곧 알 수 있을 것이다. 이치는(理) 교화하기 어려운데 있는 것이니 이것을 밝히는 이치는 뜻이 중생을 교화하기 어려움을 알게 하는데 있다." 라고. -【일여집주】

⑬ 약왕아 반드시 알라, 여래 멸도하신 뒤에 그 능히 쓰고 읽으며 외우며 공양하며 다른 사람을 위하여 설하는 이는, 여래께서 곧 옷으로 덮어줌이며, 또 타방세계에 현재 계신 여러 부처님께서 보호하고 생각 하시는 바 되리라.

이 사람이 큰 믿는 힘과 뜻의 원력과 여러 가지 선근의 힘이 있나니,

반드시 알라. 이 사람은 여래와 함께 자며 곧 여래께서 손으로 그의 머리를 어루만져 주심이 되느니라.

⑭ 약왕아, 있는 곳마다 혹은 설하거나 읽거나 혹은 외우거나 혹은 쓰거나 혹은 경(경권)이 있는 곳에 다 칠보의 탑을 세우되 가장 높고 넓고 장엄하게 꾸미되, 구태여 다시 사리를 넣지 말지니,

까닭이 무엇이냐? 이 가운데는 이미 여래의 전신(全身-경이 사리다)이 있음이니라.

이 탑은 일체의 꽃, 향, 영락, 비단일산, 당번, 기악(음악), 칭송하는 노래로 공양하고 공경하며 존중하고 찬탄할 것이니,

만일 어떤 사람이 이 탑을 보고 예배하고 공양하면 반드시 알라.

이들은 다 아뇩다라 삼막삼보리에 가까우니라.

⑮ 약왕아, 많은 사람이 재가나 또는 출가하여 보살의 도를 행하되, 만일 능히 이 법화경을 얻어 보고 듣고 읽고 외우며 쓰고 가지고

공양하지 못하는 이는, 반드시 알라.

이 사람은 아직 보살도를 잘 행하지 못하였음이오. 만일 이 경전을 얻어 듣는 이야 능히 보살도를 잘 행하느니라.

⑯ 그 어떤 중생이 부처님의 도를 구하는 이가 만약 이 법화경을 보거나 혹은 듣거나 하여 듣고 나서 믿어서 알고 받아 가지는 자는, 반드시 알라. 이 사람은 아뇩다라삼막삼보리를 얻음이 가까우니라.

약왕아, 비유하면 어떤 사람이 목이 말라 물을 구하여, 저 높은 언덕을 파서 물을 구하는데 아직 마른 흙이 보이면 물이 아직 먼 줄을 알지만 공을 들여 멈추지 아니하고 계속 파서 점점 젖은 흙이 보이고 드디어 점점 진흙이 나오면, 그 마음에 결정코 물이 반드시 가까이 있는 것을 아는 것과 같이,

보살도 또한 이와 같아서 만약 이 법화경을 듣지 못하고 알지 못하고 능히 닦고 익히지 못하면 반드시 알라.

이 사람은 아뇩다라삼막삼보리에서 벌어짐이 아직 멀거니와, 만일 얻어 듣고 알아서 생각하고 닦아 익히면 아뇩다라삼막삼보리를 얻음이 가까운 줄을 반드시 알리라,

왜나하면 일체보살의 아뇩다라삼막삼보리는 다 이경에 속하여 있기 때문이니라.

이 경은 방편 문을 열고 진실한 모양을 보이나니, 이 법화경의 창고는 깊고 단단하며 은은하고(그윽하고) 멀어서 사람이 능히 다다르는

이 없으리니, 이제 부처님께서 교화하여 보살들을 성취시키려고 (그들을)위하여 열어 보이느니라.

⑰ 약왕아, 만약 어떤 보살이 이 법화경을 듣고 놀라 의심하여 두려워하면 반드시 알라.

이는 새로 마음을 낸(신발의新發意)보살이며, 만일 성문의 사람이 이 경을 듣고 놀라 의심하여 두려워하면 반드시 알라.

이는 잘난 체하는 사람(增上慢 증상만)이니라.

⑱ 약왕아, 만일 선남자 선여인이 여래가 열반하신 뒤 사부대중을 위하여 이 법화경을 설하고자 하는 자는 어떻게 반드시 맞게 설할 것인가?

이 선남자, 선여인이 여래의 방에 들어가 여래의 옷을 입고 여래의 자리에 앉아 그리하여 반드시 사부대중을 위하여 이경을 널리 설할지니, 여래의 집은 일체중생 가운데 대 자비심이 이것이요.

여래의 옷은 부드럽고 온화하고 인욕하는 것이 이것이요. 여래의 자리는 일체법이 공(空)함이 이것이니,82)

이 가운데 편안히 머문 후에야 게으르지 않는 마음으로 여러 보살과 사부대중을 위하여 이 법화경을 널리 설할 것이니라.

---

82) 방과 옷과 자리(室衣座) 셋을 세 가지 법(三軌)이라 한다. 말세에 경을 홍통(弘通)함에 반드시 이 세 가지를 빌려서(藉) 스스로 법삼고 남에게도 법이 되게 한다면(自軌軌他) 큰 이익을 얻을 것이다. (1) 무연(無緣)자비를 닦으면 여래 방(室)에 들어가는 것이요, (2) 적멸인(寂滅忍)을 닦으면 여래의 옷을 입는 것이요, (3) 중도의 공(中空)을 닦으면 여래의 자리에 앉는 것이다.【일여집주】

⑲ 약왕아, 내 다른 나라에 변화한 사람(化人신통력으로 화하여 나타난 사람)을 보내어 그를 위하여 법을 듣는 대중을 모이게 하며, 또 변화한 비구, 비구니, 우바새, 우바이를 보내어 그 설법을 듣게 하리니,
이 모든 변화한 사람이 법을 듣고 믿어 받으며 따라 순종하여 거스르지 아니하며, 만일 설법하는 이가 고요하고 한적한 곳에 있으면 내 그때 널리 하늘과 용, 귀신, 건달바, 아수라 등을 보내어 그 설법을 듣게 하며,
내 비록 다른 나라에 있어도 때때로 설법할 사람으로 하여금 나의 몸을 보게 하며, 만일 이경에 글귀(字句)를 잊으면 내 도로 (그를) 위하여 말하여 알게(구족하게) 하리라.

⑳ 그때 세존께서 이 뜻을 거듭 펴시려고 게송으로 말씀하시되,

모든 해태한 마음 버리고 자 할진댄 응당히 이 경전을 들을 지니라,
이 경은 얻어듣기 어려우며 믿고 받아 가지는 자도 또한(있기) 어려우니라.

㉑ 사람이 목말라 물구하려고 높은 언덕을 파되,(우물)
아직 메마른 흙이 보이면 물줄기가 아직 먼 것을 아나,
점점 젖은 진흙이 보이면 결정코 물이 가까운 줄 아는 것 같이,

약왕아, 네 반드시 알라! 이 같은 사람들이
법화경을 듣지 못하면 부처님 지혜와 거리가 매우 멀거니와,
만일 이 깊은 경을 들으면 성문의 법은 결정코 알리라(決了),
이는 모든 경전의 왕이라 듣고 나서 자세히 사유(思惟)하면
반드시 알라. 이 사람들은 부처님 지혜(佛智慧)에 가까우니라.

㉒ 만약 사람이 이 경전 설할 땐 반드시 여래의 방(室)에 들어가
여래의 옷을 입고 여래의 자리 앉아서 많은 사람이 있는 데서도
두려움 없이 널리 분별하여 설하리니,
대자비를 방(실室)으로 하고, 부드럽고 온화하며 인욕하는 것이 옷
이오,
모든 법이 공(空)한 것을 자리로 하고, 여기에 있으면서 법을 설할
것이니라.

㉓ 만일 이 (법화)경 설할 때 어떤 사람이 험악한 입으로 꾸짖으며
칼과 막대기와 기와나 돌로 때릴지라도 부처님 생각하는 고로 반
드시 참을 지니라.
내 천 만억 국토에서 청정하고 단단한 몸을 나타내어
한량없는 억겁동안에 중생 위하여 설법하노니,
만약 내가 멸도한 후에 능히 이경을 설하는 자에게는
내 변화한(化) 사부대중 비구, 비구니와

청신사, 청신녀를 보내어 법사를 공양하게 하며,
모든 중생 인도하여 거기에 모아서 법 듣게 하며,
만약 어떤 사람이 악한 마음으로 칼과 막대기와 기와(지새) 돌로 때리고자 하면
곧 변화한 사람을 보내어 그를 위하여 호위하리라.
만약 설법하는 사람이 홀로 비고 한가한 곳에 있어
적막하여 사람소리 없는데서 이 경전을 읽고 외우면,
내 그때 청정광명신(光明身 부처님 전신(全身))을 나타내며
만약 문장의 구절을 잊으면 일러주어 잘 통하게(알게) 하리라.

㉔ 만약 사람이 이런 덕을 갖추고 혹 사부대중을 위하여 설하며
빈 곳에서 경 읽고 외우면 다 내 몸을 얻어 보리라,
만약 사람이 비고 한가한데 있으면 내 하늘과 용왕과
야차와 귀신들을 보내어 법들을 대중을 만들 것이니,
이 사람이 설법을 좋아하여 분별하여 막힌 데 없어
모든 부처님이 보호하여 생각하시는 고로 능히 대중을 기쁘게 하리라.
만약 법사를 친근하면 보살도를 빨리 얻을 것이며
이 법사를 순종하여 따라 배우면 항하의 모래 수 같은 부처님을 친견하리라.

법사품 제 10 끝.

법사에 대하여 설한 품. 제 10 끝

견보탑품 제 11.

탑 안에 과거, 현재, 부처님이 함께 계심을 사부대중이 보았다고 설한 품 제 11.

【일여 품 해설】 범어(인도 고어)에 탑파(塔婆 : 탑) 혹은 수도파(窣堵波)라 하니 한자로 방분(方墳 : 모가 난 무덤)이라 하고 또 원총(圓塚 : 둥근 무덤)이라 번역하니 뜻은 영묘(靈廟 : 선조의 영혼을 모시는 사당)라 번역한다.

「아함경」에 네 곳에 탑을 세운 것을 밝혔으니 말하자면,

[1] 부처님 탄생하신 곳(룸비니 : 가비라위-네팔),

[2] 도를 얻으신 곳 (붓다가야),

[3] 법륜을 굴리 신 곳(녹야원),

[4] 멸도 하신 곳(쿠시나가라, 쌍림)이다.

지금의 보탑 이것은 옛 부처님이 입멸하신 탑이다.

옛 부처님이 이미 계시고 지금 부처님도 함께 앉으셨고 미래 부처님(當佛)도 또한 그러하리라. 이 탑이 땅에서 솟아 나온 것은 바로 앞의 일을 증명하고 뒤의 일을 일으키는 것이다.

앞을 증명한다는 것은 앞의 삼주(三周)의 설법이 다 진실임을 증명하심이고 뒤를 일으킨다는 것은 탑을 열고자하여 모름지기 분신불(分身)을 모아 깊은 진리를 밝히고 부촉 하시는 소리가 하방(下方 : 땅 밑)에 까지 미처 본래제자를 불러 수명이 얼마나 되는 지(壽量)를 논하는 것을 사부 대중이 다 본 까닭에 견보탑 품이라 말한 것이다. 일여 끝.

① 그때 부처님 앞에 칠보(7각지, 7聖財)의 탑이 있어 높이는 500 유순(時-因中萬行. 果中萬德)이요, 가로 세로가 250 유순(空-萬善. 莊嚴)되는 것이 땅(無明心地)에서 솟아 나와 공중에 머물러 있으니,

가지가지 보물(定,慧)로 틀을 만들어 꾸미고 5천의 난간(총지摠持)이오, 감실(龕室 : 부처님 모시는 방)이 천만(千萬 : 무량자비室)이오,

무수한 당번(신통)으로 엄숙하게 꾸미고 보배영락[83] 드리우고 보배 방울 만억(八音, 四辯)이 그 위에 달리고 사면(四面)에 다 다마라 발전단향이 나와(四諦道風, 吹四德香) 세계에 두루(遍) 가득하며,

그 여러 번개(幡蓋기와 일산)는 금, 은, 유리, 자거, 마노, 진주, 매괴 등의 칠보로 어울러 이루어서 높이 사천왕궁에까지 다다르니(四諦의 이치를 다함).

33천(天)[84]이 하늘의 만다라 꽃을 뿌리어 보배 탑에 공양하오며, 다른 모든 하늘, 용, 야차, 건달바, 아수라, 가루라, 긴나라, 마후라가, 사람인 듯 아닌듯한 이 등 천만 억의 대중이 일체 꽃과 향과 영락과 번개와 음악(기악)으로 보배 탑을 공양하여 공경하고 존중하며 찬탄하더니.

② 그때 보배 탑 안에서 큰 음성을 내어 찬탄하여 말하시되,

'거룩하시고 거룩하시도다.[85]

---

83) 보배 영락을 드리웠다는 것은 40지(地 : 十住, 行, 向, 地)의 공덕.-관주(冠註)에는 계,정,혜,다라니의 덕이라 하였음)

84) 33천(天 : 10住, 10行, 10回向이 30. 10地, 等覺, 妙覺이 3. 합이 33)보배 탑을 공양하와(內凡, 外凡등이 또 실상에 의지하여 果를 향하여 因을 수행함)

85) 다보불이 석가를 칭탄하심은 바로 開權顯實이 거짓이 아님을 증명하심이라.

석가모니 세존이 능히 평등한 큰 지혜(제불의 지혜)로 보살을 가르치시는 법. 부처님께서 호념하시는 묘법화경을 대중을 위하여 설법하시나니,
이 같고 이 같으시니(法相이 一如함), 석가모니세존께서 이같이 설하심이 다 진실하시니라(법상과 같이 설하심을 증명함).'라고

그때 사부대중이 큰 보배 탑이 공중에 머물러 있는 것을 보며 또 탑 가운데서 나오는 음성을 듣고, 다 법의 기쁨을 얻어 일찍 있지 아니한 일을 기이하게(황당荒唐=怪)여겨 자리에서 일어나 공경 합장하여 한쪽에 물러나 머물러 있었느니라.
그때 보살마하살이 있었으니 이름이 대요설이라. 일체세간의 하늘, 인간, 아수라 등이 마음에 의심하는 것을 아시고 부처님께 여쭈되, 세존이시여, 무슨 인연으로 이 보배 탑이 땅으로부터 솟아나오며 또 그 가운데서 이 음성이 나오시나이까?

③ 그때 부처님께서 대요설 보살에게 말씀하시되,
이 보배 탑 가운데 여래의 전신(全身)이 계시니, 지나간(乃往) 과거에 동방(東方)에 한량없는 천만 억 아승지 세계에 나라이름이 보정(寶淨)이요, 그 가운데 부처님이 계시사 이름이 다보(多寶)이시니,
그 부처님께서 보살도를 행할 때 큰 서원을 세우기를 "만약 내가

성불하여 멸도한 후 시방 국토에 법화경을 설할 곳이 있으면 내 탑묘가 이경 듣기 위하는 고로 그 앞에 솟아 나타나 증명하기 위하여 찬탄하여 훌륭하도다(선재善哉). 라고 말하리라." (서원을 세웠음.-증명 불)

그 부처님께서 성도(成道)하고 나서 멸도가 다다랐을 때 하늘과 사람 대중가운데서 여러 비구에게 말씀하시되, 내 멸도 한 후에 나의 전신(全身)에 공양하고자 하는 자는 마땅히 하나의 큰 탑을 세울지니라.

그 부처님께서 신통과 원력으로 시방세계에 있는 곳곳마다 만약 법화경을 설할 이가 있으면, 저 보배 탑이 다 그 앞에 솟아나 전신(全身)이 탑 가운데 있으며 찬탄하여 말씀하시되

"거룩하고 거룩하도다.(善哉善哉)" 하시느니라.

대요설아 오늘 다보여래 탑이 법화경을 설하거든 들으려 하는 고로 땅으로부터 솟아나 찬탄하여 말하시되 "거룩하도다. 거룩하도다." 라고 하시느니라.

④ 이때 대요설 보살이 여래의 신통력의 까닭으로 부처님께 여쭈오되, '세존이시여 우리들이 이 부처님의 몸을 뵙고자 원하나이다.'

부처님께서 대요설 보살마하살에게 말씀하시되,

"이 다보불이 깊고 중한 서원이 있었으니,

만일 내 보탑이 법화경을 듣기 위한 까닭으로 여러 부처님 앞에 나올 때 그 어떤 이가 내 몸(다보)을 사부대중에게 보이고저 하는

이가 있으면, 저 부처님(석가) 분신(分身)의 모든 부처님이 시방세계에 계시사 설법하시는 이들이, 다 한 곳에 도로 모인 후에 내 몸이 이에 나와 나타나리라. 라고 하시니라.
대요설아, 나의 분신인 모든 부처님이 시방세계에 있으며 설법하는 이를 이제 마땅히 모아야 옳도다."
대요설이 부처님께 여쭈오되
'세존이시여, 저희들도 또한 세존의 분신의 모든 부처님을 뵙고 예배 공양하고자 원하나이다.'

⑤ 그때 부처님께서 백호에서 한줄기 광명을 놓아, 곧 동방 500 만억 나유타 항하의 모래 같은 국토의 여러 부처님을 뵈오니,
그 모든 국토는 다 파리(玻璃)로 땅을 만들고 보배 나무와 보배 옷으로써 장엄하고 수 없는 천 만억 보살이 그 가운데 충만하고 보배장막을 처서 두르고 보배그물이 위에 폈거늘(라羅), 저 나라 모든 부처님이 크고 미묘한 음성으로 모든 법을 설하시며, 또 한량없는 천 만억 보살이 모든 나라에 두루 가득하게 중생을 위하여 설법하시는 것을 뵈오니,
남서 북방과 네 모서리(四維)와 상하에 백호(白毫)상의 광명이 비치는 땅에도 또 이와 같더라.

⑥ 그때 시방의 모든 부처님이 각각 보살들에게 알리어 말씀하시되

"선남자야, 내가 오늘 사바세계 석가모니불께 가서 아울러 다보여래의 보탑에 공양하여야 옳도다."하니

그때 사바세계가 곧 변하여 청정하여져서 유리로 땅이 되고 보배나무로 장엄하고 황금으로 노끈을 만들어 여덟 길에(8거리) 느리어 경계로 하고, 모든 부락, 마을, 진영(陣營) 성과 고을, 큰 바다, 산과 내, 숲과 늪이 없어지고, 큰 보배 향을 피우고 만다라꽃을 그 땅에 가득히 깔고 보배그물과 장막으로 그 위에 펴 덮고 여러 가지 보배방울을 달았더니, 다만 이 모인 대중은 (그대로) 두시고 모든 하늘과 사람들을 옮기어 다른 땅에 두시니라(옮김).

⑦ 이때 모든 부처님이 각각 하나의 큰 보살을 데리고 시자(侍者)로 삼으시고 사바세계에 가서 각각 보배나무 아래 다다르시니,

낱낱의 보배나무 높이가 500유순이요 가지와 잎과 꽃과 과실이 차례로 장엄하고 모든 보배나무 아래에 다 사자좌가 있으되 높이가 5 유순이요, 또 큰 보배로 꾸몄더니.

그때 여러 부처님께서 각각 그 자리에서 가부좌를 틀고 앉으사 이와 같이 옮기고 옮겨서 3천대천세계에 두루 가득 하사되, 석가모니불의 한쪽(한 방위)에 나누신 분신불도 아직 다 앉지 못하더니 (법신과 기세간(器世間)의 차이),

⑧ 그때 석가모니불께서 분신(分身)의 모든 부처님을 받아들이려 하

사, 그래서 8방에 각각 200만억 나유타 국을 다시 변화하사 청정하게 하시니,

지옥, 아귀, 축생과 아수라는 없고 또 모든 하늘과 인간을 옮기사 다른 땅에 두시니, 변화하신 나라는 또 유리로 땅을 만들고 보배나무로 장엄하니 나무의 높이 500유순이오,

가지, 잎, 꽃과 열매 차례로 장엄히 꾸미고 나무 아래는 다 보배 사자좌가 있으되 높이 5 유순이오, 가지가지 모든 보배로 꾸미고 또 큰 바다 큰 강과 또 목진인타산과 마하목진인타산과 철위산과 대철위산과 수미산 등 모든 산왕(山王)은 없고 통하여 하나의 불국토가 되고,

보배 땅이 평탄하고 보배를 섞어 박은 장막을 그 위에 두루 덮고 모든 번개를 달고 큰 보배의 향을 피우고 많은 하늘의 보배 꽃을 그 땅에 가득히 깔았거늘,

⑨ 석가모니불께서 모든 부처님이 장차 와서 앉으시게 하기 위하사, 그래서 또 8방에 각각 200 만억 나유타 국을 다시 변화하사 청정케 하시니,

지옥, 아귀, 축생과 아수라가 없어지고 또 모든 하늘과 사람을 옮기사 다른 땅에 두시니, 변화하신 나라에 또 유리로 땅 만들고 보배나무로 장엄하니,

나무 높이 5백 유순이오, 가지와 잎과 꽃과 과실 차례로 장엄하고

나무 아래에 다 보배 사자좌가 있으되 높이 5유순이오,
또 큰 보배로 꾸미고 또 큰 바다 큰 강과 또 목진인타산(그 곳에 사는 용 이름을 딴것)과 마하목진인타산과 철위산과 대철위산과 수미산 등의 여러 산 왕은 없고 통틀어(通) 한 불국토로 되고,
보배 땅은 평탄하고 보배로 섞어 박은 장막이 그 위를 두루 덮고 모든 번개를 달고 큰 보배 향을 피우고 여러 하늘 보배 꽃으로 그 땅에 가득히 깔았거늘

⑩ 그때 동방 석가모니 분신 불이 백 천 만 억 나유타 항하사 등의 국토에 여러 부처님이 각각 설법하시는 이들이 여기에 와 모여서, 이같이 차례로 시방의 모든 부처님이 모두 다 와서 모이사 8방에 앉으시니,
그때 하나하나의 방향에 400 만억 나유타 국토의 모든 부처님 여래가 그 가운데 가득하시니라.
이때 모든 부처님께서 각각 보배나무 아래에 계시사 사자좌에 앉으시어 다 모시는 이(시자)를 시켜서(보내어,遣) 석가모니불께 문안을 여쭈게 하되, 각각 보배 꽃을 한 움큼 가득히 가지고 가라 하시고 말씀하시되,
선남자야 너는 기사굴 산 석가모니불이 계신 곳에 가서, 내 말과 같이 사뢰되,
"병 적으시며, 근심(시름) 적으시며, 기력이 안락하시며 또 보살

성문대중도 모두 편안 하오신가 못하신가?" 하고, 이 보배 꽃으로 부처님께 흩어 공양하고 이렇게 사뢰라,
"저 아무 부처님이 이 보탑(문)을 같이 열고 져 하시나이다."라고 하라.
모든 부처님들께서도 시자를 보내시되 또한 다시 이같이 하시니라.

⑪ 그때 석가모니불이 분신(分身)의 부처님이 다 이미 와서 모이사 각각 사자좌에 앉으심을 보시며 모든 부처님께서 더불어 같이 보탑을 열고 저 하심을 다 들으시고, 곧 자리에서 일어나사 허공 가운데 머무르시거늘, 모든 사부대중이 일어나서 합장하며 일심으로 부처님(다보불)을 보니,
이에 석가모니불께서 오른 손가락으로 칠보탑의 문을 여시니, 큰 음성이 나오되 빗장 열쇄를 물리치고 큰 성문 여는 것 같더니,
즉시에 일체 모인 대중이 다 다보여래를 보니 보탑 가운데
사자좌에 앉으시어 온몸이 흩어지지 않고 선정에 드신 듯 하며,
또 그(다보불)말을 듣자오니
"거룩하시고 거룩하시도다! 석가모니불께서 이 법화경을 훤히(상쾌히) 설하시나니, 내 이 경을 듣기 위한 까닭으로 이곳에 왔도다." 하심이라.
그때 사부대중들이 과거 한량없는 천만억겁의 멸도하신 부처님께

서 이와 같이 말씀하시는 것을 보옵고 미증유를 찬탄하여 하늘의 보배 꽃다발로 다보불과 또 석가모니불의 위에 흩더니,

⑫ 그때 다보불께서 보배탑 가운데서 반(半)자리를 나누어서86)
석가모니불께 드리고 이 말씀을 하시되,
"석가모니불께서 이 자리에 앉으소서." 하니 즉시에 석가모니불께서 그 탑 안에 들어가시어 그 반자리에 앉으사 가부좌를 틀고 앉으시니라.
그때 대중이 두 여래께서 칠보탑 안에 계시사 사자자리 위에 가부좌 맺고 앉으신 것을 보고, 각각 이 생각을 하되,
"부처님 자리 높고 머시니(高遠) 오직 원하오니 여래 신통력으로 우리 무리를 다 허공에 있게 하시 옵소서." 라고 하니,
즉시에 석가모니불께서 신통력으로 모든 대중들을 접(接)하사 다 허공에 있게 하시고,
큰 음성으로 널리 사부대중에게 말씀하시되, "누가 능히 이 사바국토에 묘법연화경을 널리 설할 가?"
오늘이 바로 그때니 여래는 오래지 않아 반드시 열반에 드리니, 부처님께서 이 묘법화경을 부촉(맡김) 할 데 있게 하고자 하노라.

⑬ 그때 세존께서 이 뜻을 거듭 펴려 하사 게송(偈)을 설하시되,

86) 옛 부처 다보불탑이 나타남은 멸하되 멸함이 아니요, 석가탑에 들어감은 생(生)하되 불생(不生)이니 불생불멸함으로 함께 앉음.

성주(聖主) 세존(다보)께서 비록 멸도 하신지 오래나
보탑 안에 계시사 오히려 법 위해 오셨거늘,
모든 사람들은 어떻게 법을 위해 부지런히 하지 아니 하리요?
이 부처님 멸도 하신지 무량수(무앙수無央數) 겁이로되
곳곳에서 법을 들으심은 (법을)만나기 어려운 까닭이라.
저 (다보)부처님 본래 서원은 내가 멸도 한 후
곳곳마다 가서 항상 법 들으려 하심이라.
또 내 분신 무량한 모든 부처님
항하의 모래 수 같은 이들이 와서 법 듣고자 하며,
또 멸도하신 다보여래 뵙고자
각각 묘토(妙土=수행 한 과보의 국토)와 제자들과
하늘, 사람, 용과 귀신과 모든 공양하는 일을 버리고
법을 오래 머물게 하려고 그래서 이곳에 왔느니라.

⑭ 모든 부처님 앉으시게 하기 위하여 신통력으로
무량한 무리를 (이곳으로)옮기시고 나라를 청정케 하고,
모든 부처님이 각각 보배나무 아래에 가시니
청정한 연못에 연꽃을 장엄한 듯 하며,
그 보배나무 아래 모든 사자좌에
부처님 그 위에 앉아 광명으로 엄숙히 꾸밈이
어두운 밤중에 큰 횃불 켠 듯하며,
몸에서 묘한 향기 내어 시방국토에 가득한데

중생이 향기를 맡고 기쁨을 스스로 이기지 못함이라.
비유하건데 큰바람이 작은 나무 가지를 흔들듯하니
이런 방편으로 법을 오래 머물게 하시니라.

⑮ 모든 대중들께 이르시되 내가 멸도 한 후에
누가 능히 이경을 보호해 가져 읽고 설할 가?
오늘 부처님 앞에 스스로 맹세의 말을 하라.
이 다보불이 비록 멸도한지 오래나
큰 서원으로 사자후(설법)를 하시나니
다보여래와 또 나의 몸과
모인 화신불(化佛)이 반드시 이 뜻을 아시느니라.
모든 불자들아 누가 능히 법을 보호하여 지키겠느뇨?
마땅히 큰 서원을 세워 능히 오래 머물도록 할지니라.

⑯ 그 능히 이 경법을 보호하여 지킬 자 있으면
곧 나와 다보불께 공양함이 되리니,
이 다보불이 보탑에 계시면서
항상 시방에 노니심은(출현함은) 이 경 위하신 까닭이니라.
또 다시 모든 오신 변화한 부처님(화불化佛)이
모든 세계를 장엄하고 빛으로 꾸미신 이를 공양함이니라.
만약 이경 설하면 곧 나와 다보여래와

또 모든 변화한 부처님을 뵈옴이 되느니라.

⑰ 모든 선남자야 각각 자세히 사유(思惟)하라.
이것은 어려운 일이니 반드시 큰 서원을 세울지니라.
모든 다른 경전이 수가 항하의 모래 알 같으니,
비록 이 같은 것을 설하는 것도 어렵지 아니하며,
혹은 수미산을 잡고서 다른 곳(타방) 수 없는 불국토에
던져 놓는 것도 또 어렵지 아니하며
만일 발가락으로 대천세계를 움직여
다른 나라에 멀리 던지는 것도 또 어렵지 아니하며,
혹은 유정천(有頂天)에 서서 중생 위하여
한량없는 다른 경을 연설하는 것도 또한 어렵지 않거니와,
만약 부처님 멸후에 악한 세상에서
능히 이 경전(법화경) 설함이 이것이 곧 어려우니라.

⑱ 가령 어떤 사람이 손으로 허공을 잡고
놀며 다니는 것도 또한 어렵지 아니하거니와
내가 멸도 한 후, 만약 스스로 (이경을)써서 가지거나
혹은 사람을 시켜 쓰게 하는 것 이것이 곧 어려우니라.
만약 대지(大地)를 발톱 위에 놓고
범천에 오르는 것도 또 어렵지 않거니와,

부처님 멸도한 후에 악한 세상에서
잠시라도 이 경 읽는 것 이것을 어렵다 하리라.

⑲ 가령 겁의 불이 타는데(이 세계가 무너질 때= 壞劫의 불) 마른 풀을 짊어지고
그 가운데 들어가 타지 아니함도 또한 어렵지 아니하거니와,
내가 멸도한 후에 만약 이경을 지니고
한 사람 위하여 설하는 것 이것을 곧 어렵다 하리라.
만약 8만 4천 법장(法藏법의 창고).
12부(部)경을 지니고 남을 위하여 연설하여
모든 듣는 사람으로 하여금 육신통을 얻게 하여,
비록 능히 이렇게 하는 것도 또 어렵다고 하지 못하거니와,
내가 멸도 한 후에 이경을 듣고 받아
그 뜻을 묻는 것 이것을 곧 어렵다 하리라.

⑳ 만약 사람이 법을 설하여 천 만억
한량없고 수가 없는 항하사 중생이
아라한을 얻어서 육신통 갖추어
비록 이런 이익 있게 하는 것도 또 어렵지 않거니와,
내가 멸도 한 후에 만약 능히 이 경전을
받들어 가질 것 같으면 이것을 곧 어렵다 하리라.

㉑ 내가 불도 위하여 무량한 국토에
처음부터 오늘까지 여러 경전 널리 설하되,
그 가운데 이 경전이 제일이니,
만약 능히 지니면 곧 부처님 몸을 가짐이라.
모든 선남자야 내가 멸도한 후에
누가 능히 이 경전을 받아 가져 읽고 외우랴?
오늘 부처님 전에 스스로 맹서의 말을 하라.

㉒ 이 경은 가지기 어려우니 만일 잠깐이라도 가지는 사람이면
내가 곧 환희하며 모든 부처님도 또 그러하시리라.
이와 같은 사람은 모든 부처님이 찬탄하시는 바이니,
이것이 곧 용맹이며 이것이 곧 정진이며
이 이름이 지계며 두타(頭陀)행 하는 사람이라.
곧 위없는 불도를 빨리 얻게 되리라.

㉓ 능히 오는 세상에(뒤에) 이 경전 읽고 지니는 이는
참된 불자라 순박하고 선한 땅에 머물며(살며),
부처님 멸도 한 후에 능히 그 뜻을 아는 이는
이 모든 하늘과 사람 세간의 눈이 되며.
두려운 세상에서 능히 잠깐 이라도 설하면
일체 하늘과 사람이 다 응당히 공양할 것이니라.

견보탑품. 제 11 끝.

보배 탑을 보는 품. 제 11 끝.

제바달다품 제 12

부처님 사촌, 악한 제바달다에게 성불하는 수기를 주고 용녀가 성불하는(축생과 여인성불) 것을 설한 품 제 12.

【일여 품해설】 제바달다는 또 제바달도(提婆達兜)라고도 한다. 중국서는 천열(天熱하늘의 열기)이라 한다. 그 가 태어날 때 인간계와 천상계의 대중이 마음에 다 놀라 뜨거워 졌기 때문이다. 또 천수(天授)라고도 하니 말하자면 하늘에 빌어서 얻은 까닭이다.
그는 곡반왕의 아들이요 아난의 친형이다.

「입대승론(入大乘論)」에 묻기를, "그 제바달다는 세세(世世)로 부처님의 원수가 되었는데 어떻게 대보살이라고 하느냐?"

대답하되 - "만약 그가 원수라면 세세에 서로 만 났겠느냐? 두 사람이 가는데 각각 동쪽과 서쪽으로 가는 것과 같아 걸을수록 점점 멀어지는 데 어찌 도반(道伴)이 되리오." 라고.

「보은경(報恩經)」에 이르기를, "만약에 어떤 이가 제바달다가 진실로 악한 사람이라면 아비지옥에 들어갔을 것인데 그럴 이치가 없다."

「대운경(大運經)」에 이르기를, "제바달다는 불가사의하여 닦아 행한 업이 여래와 같은데 스스로 삼역죄(三逆罪 : 화합 僧을 깨트리고, 부처님 몸에 피를 내고, 아라한을 죽이는 죄)를 짓고 또 빔비사라 왕을 교사(教唆)하여 아버지를 해치고 어머니를 해치는 이와 같은 등의 일이 다 이 보살(大士)의 좋은 방편(善權)으로 교화함을 나타낸 것이니 도리가 아닌 것(非道)을 행하여 불도를 통달하게 한 것이다.(行於非道,通達佛道)"

중생의 근기와 성품이 같지 아니하고 도에 들어가는 것도 차이가 있어 하나는 거역하고 하나는 순종하며 도를 널리 유통시켜 중생을 이롭게 함이라(益物).

그러므로 알라. 거역하는 것을 나타냄은 악한 사람이 악한 것을 일으키지 못하게 두렵게 하기 위함이다.

● 구마라집이 이경을 한역(漢譯)하여 끝내고 승예(僧叡)에게 명하여 그것을 강론하게 하니 승예가 풀어서(開) 구철(九轍 : 법화경을 아홉 가지로 분류한 것 1.昏聖相叩轍=서품. 2. 涉教歸眞轍=방편품 등 아홉 가지)로 나누었다.

또 28품의 생기(生起 : 因果)가 있으니 곧 원래 28품이 있었는데 뒤에 장안(長安)의 궁인(宮人 : 궁여)이 이품을 청하여 궁 안으로 가지고 들어가 오래 두었음으로 인하여 강동에 전한 것은 다만 27품뿐이다.

양(梁)나라에 승만(僧滿)법사가 경을 일백 번이나 강의하였다. 장사군(長沙郡)에서 몸을 태워 공양하였는데 그가 이품을 「지품」 앞에 놓았다. 진(陳) 남악(南岳) 대사가 있어 이품의 차례를 「보탑품」 뒤에 놓았다.

『정법화경』을 가지고 그것을 대조하여 보니 매우 잘 상응하였다. 그러므로 알라. 두 스승이 차례를 안배한 것이 깊이 경의 뜻에 맞았다.

● 이품이 유래한 뜻은 옛날 경을 널리 유통하여 전한 이익이 잘못되지 아니한 것을 인용하여 지금 펴서 교화하는 일의 효험이 헛되지 아니함을 밝힌 것이니 지난 일을 들어 지금 사람에 권하여 유통하게 함이다. 일여

① 그때 부처님께서 모든 보살과 하늘과 사람, 사부대중에게 이르시되,
내 과거 한량없는 겁 동안 법화경을 구하되 게으름 없어, 많은 겁 동안 항상 국왕 되어 발원하여 위없는 보리를 구하되 마음에 물러나지 아니하며, 육바라밀을 만족하게 하기 위하여 부지런히 보시를 행하여 마음에 아낌없어 코끼리, 말, 칠보, 나라, 성, 처자(國城妻子), 남자종, 여자종, 종들(奴婢僕從)과 머리, 눈, 골수와 몸, 살, 손, 발(頭目髓腦身肉手足)과 몸, 생명(軀命)을 아끼지 아니하고 보시하였느니라.(귀명(歸命))

② 그때 세상에 인민의 수명이 한량이 없더라. 법을 위한 까닭에 나라의 왕위를 버리고 태자에게 정사를 맡기고, 북을 쳐 명령을 내리어 사방에 법을 구하되 누가 능히 나를 위하여 대승을 설해 줄가? 내 반드시 종신토록 그(법사)를 도와서 다니며 심부름하리라.
그때 선인(仙人)이 와서 왕께 말하되 나에게 대승이 있으니 이름이 묘법연화경이니, 만일 나에게 (약속을)어기지 아니하시면 마땅히 (왕을) 위하여 펴 아뢰오리이다.
왕이 선인(仙人)의 말을 듣고 뛸 듯이 환희하여 곧 선인을 따라 구하는 것(필수품)을 공급하되, 과실도 따고 물도 길으며 땔나무도 해주며 와서 밥을 지으며 몸이 앉는 자리가 되어도(몸을 의자 삼음) 몸과 마음이 게으름이 없어, 그때 받들어 섬기기를 천년(즈

믄해)이 지나도록 하였으니 법 위한 까닭으로 정성껏 부지런히 공급하여 모시어 없는 것이 없게 하였도다.

③ 그때 세존께서 이 뜻을 거듭 펴시려 하사 게송으로 말씀 하시되

'내 생각하니, 과거 겁에 큰 법을 구하기 위한 까닭으로
비록 세간의 국왕 되었으나 오욕 낙을 탐착하지 않고,
북을 처 사방에 알리되 누가 큰 법을 가진 자가 있느냐?
만약 나를 위해 해설해 준다면 이 몸이 반드시 종(노복)이 되리라.' 하니,

④ 그때에 아사(阿私)라는 선인(仙人)이 있어 와서 대왕(大王)에게 아뢰되
'내가 미묘한 법을 가졌으니 세간에 희유(稀有)한 것이라,
만일 능히 수행(修行)한다면 내 반드시 너(그 대)를 위해 설하리라.' 라고
그때 왕이 선인 말을 듣고 마음에 큰 희열을 느껴
곧 선인을 따라가 구하는 것을 공급하되,(시중을 들되)
땔나무와 나무열매, 풀, 열매를 따 가지고 수시로 공경하여 주되
뜻은 묘법에 있는 까닭으로 몸과 마음이 게으름이 없었느니라.

⑤ 널리 모든 중생을 위하여 부지런히 큰 법구하고,
또 내 몸과 또 오욕락(五欲樂)을 위하지 아니하였노라.
그래서 큰 국왕 되어 부지런히 구하여, 이 법을 얻고
드디어 성불하여, 지금 너희들을 위하여 설하노라.

⑥ 부처님께서 여러 비구들에게 말씀하시되 '그때의 왕은 곧 내 몸이 그 이요, 그때 선인이란 자는 지금 제바달다가 그 이니, 제바달다 선지식이 있었던 고로 나를 6바라밀과 자비희사와 32상(32 가지 상)과 80종호(80 가지 좋은 상)와 자마(자주)금색과 열 가지 힘(10력)과 네 가지 두려움 없음(4무소외)과 네 가지 거두는 법(4섭법)과 열여덟 가지 같이 못하는 법(十八不共法)과 신통도력을 구족하여 등정각(等正覺=정변지)을 이루어 중생을 널리 제도케 하니 다 제바달다 선지식으로 인한 까닭이니라.'

⑦ 모든 사부대중에 말하노니 제바달다는 물러가 뒤에 무량겁 지나 반드시 성불하여 이름을 천왕여래, 응공, 정변지, 명행족, 선서, 세간해, 무상사, 조어장부, 천인사, 불세존이라 하리니, 세계의 이름은 천도(天道)이리라.
그때 천왕 부처님이 세상에 머물음은 20중겁(中劫)이리니, 널리 중생을 위하여 묘법을 설하여 항하사 중생이 아라한과를 얻으며, 한량없는 중생이 연각(소승)의 마음을 내며 항하사 중생이 위없는

도의 마음을 내며 무생인(無生忍[87])을 얻어 물러남이 없는데 이르리라.

⑧ 그때 천왕불이 반열반(般涅槃) 후 정법이 이 세상에 머물기는 20 중겁(小, 中, 大겁 중의 중)이리니, 온몸의 사리(舍利)로 칠보탑을 세우되 높이는 60유순이요, 세로와 가로는 40유순이라.
모든 하늘과 인민이 다 여러 가지 꽃과 가루 향과 태우는 향과 바르는 향과 의복과 영락과 당번과 보배일산과 기악(음악)과 칭송하는 노래로 칠보묘탑에 예배하고 공양하고 한량없는 중생이 아라한과를 얻으며,
한량없는 중생이 벽지불을 알며 불가사의한 중생이 보리심을 발하여 물러나지 아니하는데 이르리라.

⑨ 부처님께서 모든 비구들에게 말씀하시되,
'미래세 중에 만일 선남자, 선여인이 묘법연화경의 제바달다품을 듣고 청정한 마음으로 믿고 공경하여 의혹을 내지 않는 사람은 지옥, 아귀, 축생에 떨어지지 아니하고, 시방의 부처님 앞에 태어나 태어난 곳에서 항상 이경을 들으리니,
만일 인간이나 하늘 가운데 나면 가장 묘한 기쁨을 받으며 만약 부처님 앞에 있으면 연꽃에서 화하여 나리라(蓮華化生).'

87) 무생인(無生忍 : 나고 죽음이 없는 이치에 머물러 움직이지 아니함)

⑩ 그때 하방(下方)의 다보세존을 따라온 보살 이름이 지적이라, 다보불께 아뢰되 마땅히 본토에 돌아가려 하나이다.

석가모니불께서 지적에게 말씀하시되 선남자야 잠간만 기다리라.88) 여기에 보살이 있으니 이름이 문수사리니, 서로 함께 보며 묘법을 논설하고 (가히)본국토로 돌아갈지니라.

⑪ 그때 문수사리는 천개의 연꽃잎이 크기가 수레바퀴 같은데 앉았으며 함께 오신 보살도 또한 보배 연꽃에 앉으시어, 큰 바다의 사갈라 용궁으로부터 자연히 솟아나와 허공중에 머물러서 영취산에 오시어 연꽃에서 내리시어, 부처님께 이르러서 머리와 낯으로 세존의 두 발에 공경하여 절 하사 공경(禮)을 마치시고 지적에게 가서 같이 서로 위로하여 물으시고 물러나 한쪽에 앉으시거늘,

⑫ 지적보살이 문수사리에게 묻자오되 어른께서(仁) 용궁에 가서 교화한 중생이 그 수 얼마나 되나이까?

문수사리 말씀 하시되 "그 수는 한량이 없어 가히 헤아려 말할 수 없고(稱計), 입으로도 말할 수 없고 마음으로도 헤아릴 수 없으니, 아직 잠깐 기다리라. 자연히 반드시 알리라."

말씀을 아직 끝내지도 않았는데, 무수한 보살이 보배연꽃에 앉으사 바다에서 솟아 나오사 영취산에 와서 허공에 머무시니,

---

88) 석존이 그것을 제지하였다는 것은 비록 적문(迹門)의 일을 마쳤다 할지라도 본문의 일(本門)을 아직 나타내지 아니하였으니 그러므로 문수에게 의탁하여 가지고 다보를 만류하신 것이니, 부처님의 비밀의 뜻(密意 : 본 뜻)은 보살이 알바가 아니다.(알 수가 없다. 【일여집주】

이 모든 보살이 모두 문수사리께서 교화하사 제도하신 이 들이니, 보살의 행을 갖추어서 다 함께 육바라밀을 논설(論說)하시며, 본래 성문인은 허공중에 있어 성문의 행을 설하다가 오늘 다 대승(大乘) 공(空)의 뜻을 수행하더라.
문수사리가 지적에게 말하여 사뢰되 "바다에서 교화한 그 일이 이 같으니라."라고.

⑬ 그때 지적보살이 게송으로 찬탄하시되

크신 지혜와 덕 용맹하고 강건 하사(勇健) 무량중생 교화하여 제도하셨으니,
오늘 이 모든 대회(대중)와 또 나도 다 이미 보았나이다.
실상(實相)의 뜻 알기 쉽게 해설하시며(演暢) 일승법을 열어 밝히시고 모든 중생 널리 인도하사 보리(도)를 빨리 이루게 하시었사옵니다.
문수사리가 말씀하시되 나는 바다 가운데에서 오직 항상 묘법화경만을 설하였나이다.

⑭ 지적이 문수사리에게 말씀하시되 이 경이 매우 깊고 미묘하여 모든 경전 가운데에 보배라. 세상에 희유한 바니 자못 중생이 부지런히 정진을 더 하여 이경을 수행하면 빨리 성불할 수 있나이까,

없나이까?

문수사리가 말씀하시되 사갈라 용왕의 딸이 있어 나이 비로소(겨우) 여덟 살이라.

지혜롭고 근기가 날카로워 중생의 모든 근기가 행하는 업을 잘 알며, 다라니를 얻어서 모든 부처님께서 설하신 매우 깊고 비밀한 법장을 다 능히 수지(收支)하며 선정에 깊이 들어 모든 법을 사무치게(훤히) 알아,

찰나 사이에 보리심을 내어 불퇴전을 얻어 말 재주가 막힌 데 없고,(辯才無礙) 중생을 사랑스럽게 생각하되 마치 갓난아이 같이 하며, 공덕이 갖추어져서 마음으로 생각하며 입으로 연설함이 미묘하고 광대하며, 자비롭고 어질고 겸손하며 뜻이 온화하고 아름다워 능히 보리(도)에 이르리라.

⑮ 지적보살이 말씀하시되 내가 석가여래를 뵈오니 한량없는 겁에 행하기 어려운 행과 고행을 하여 공(功)을 모으시고 덕(德)을 쌓아 보리의 도를 구하시되 잠깐도 멈춰 쉬지 아니하시니,

삼천대천세계(三千大天世界)[89]를 보건데 겨자씨만큼도 이 보살이 몸과 목숨을 버리신(보시한) 땅 아닌 곳이 없으니, 중생을 위하신 고로 그렇게 하신 뒤에 곧 보리의 도를 능히 이루시었으니,

89) 삼천대천세계(三千大天世界) : 3천(千)세계. 인도의 우주관. 수미산을 중심으로 주위에 네 개의 대주(大洲)가 있고 그 둘레에 9산과 8해(海)가 있으니 이것이 우리가 살고 있는 세계로 하나의 소(小)세계라 한다. 위로 색계 초선천에서 아래는 지하 풍륜(風輪)까지이다. 이 세계에는 해, 달, 수미산, 네 개의 천하, 4천왕, 33천, 야마천, 도솔천, 타화자재천등을 포함 한다. 이 한 세계를 천개 모은 것을 소천(小千)세계, 이 소천세계를 천개 모은 것을 중천(中千)세계, 이 중천세계를 천개 모은 것을 대천(大千)세계. 소, 중, 대의 3개의 천(千)개를 3천(千)대천세계라 한다.

이 여자(용녀)가 잠깐 동안에 곧 정각(正覺)을 이룬다. 는 것을 믿지 못하오리다. 하니

⑯ 말이 아직 끝나지도 않았는데, 그때 용왕의 딸이 홀연히 앞에 나타나 머리 숙여 예배 공경하고 물러나 한쪽에 머물러서 게송으로 찬탄 하되

죄와 복의 모습을 깊이 통달하여 시방에 두루 비추시고,
미묘하고 청정한 법신(微妙淨法身)이 32상 다 가추시며
80가지 좋은 상호(種好)로써 법신을 장엄하시니,
하늘과 사람이(머리에)이고 우러러 받들며 용과 귀신이 다 공경하고
일체 중생들이 높이 받들지 아니하는 이 없사옵니다.
또 보리도를 이룬다는 말씀 듣사오니 오직 부처님만이 반드시 증명하여 아시리니,
내 대승교 열어 고통의 중생 제도하여 해탈케 하리이다. 라고

⑰ 이때 사리불이 용녀에게 일러 말씀하되 "네가 오래지 않은 사이에 위없는 도를 얻었다고 하나, 이 일은 믿기 어렵도다.
왜냐하면 여자의 몸은 때 더러워 법 그릇이 아니니, 어떻게 능히 위없는 보리를 얻으리오. 부처님의 도(道)는 (이루는 기간이)아득히 멀어 한량없는 겁을 지나며 부지런히 수고로이 행을 모아 모든

법도(바라밀)를 갖추어 닦은 연후에야 이루며, 또한 여자의 몸은 오히려 다섯 가지 장애가 있나니,

(1) 첫째는 범천왕이 되지 못함이오,

(2) 둘째는 제석이며,

(3) 셋째는 마왕이오,

(4) 넷째는 전륜성왕이오,

(5) 다섯째는 부처님 몸이 되지 못하니 어떻게 여자의 몸이 빨리 성불할 것인가?" 라고.

⑱ 그때 용녀 한 보배구슬이 있어 값이 3천대천세계 만 한 것을 가지고 부처님께 받들어 올리니 부처님께서 곧 받으시거늘, 용녀가 지적보살과 존자 사리불에게 아뢰되,

"내가 받들어 올린 구슬을 세존께서 받으시니 이 일이 빠르옵니까? 못하옵니까?"(시간적으로) 대답하시되 "매우 빠르도다."

용녀가 말하되 "그대들의 신통력으로 내가 성불하는 것을 보라. 또 이보다 더 빠르리라." 하니,

당시에 모인 대중이 다 보되 용녀가 홀연지간(忽然之間)에 변하여 남자 되어 보살행을 갖추어 곧 남방 무구(無垢)세계에 가서 보배 연꽃에 앉으시어 등정각(等正覺)을 이루니 32상(相)과 80종호(種好)라. 널리 시방의 일체 중생을 위하여 묘법을 연설 하시드니,

【일여집주】 태경(胎經)에 이르기를 "마(魔)와 범천(梵天)과 제석천(帝釋天)과 여인이 다 몸을 버리지 아니하고 몸을 새로 받지도 않은 채 다 몸을 나타내어 성불할 것이다." 라고. 그러므로 그 경의 게송에 말하되,

「법의 성품(法性)은 큰 바다 같아
시비(是非)가 있다고 말하지 않도다.
범부와 현인 성인(賢聖人)
평등하여 고하(高下)가 없고,
오직 마음에 있는 때 깨끗하여 지면
깨달음 얻는 것 손바닥 뒤집듯 하리.」 라고.

묘락이 이르되 "질문 - 용녀(龍女)가 부처된다는 것은 분단(分段)의 생사를 버리지 아니하고 곧 성불이 되느냐?

만약 즉신(卽身 : 이 몸 그대로) 성불하지 않는다면 이것은 용녀의 성불과 태경(胎經)의 글과 어떻게 통하느냐?

대답 - 문수가 바다에 들어가서 경을 홍통(弘通)하고 용녀가 이미 (이 몸을) 버리지도 않고 (다시) 받지도 않고(태어나지도 않고) 진실을 깨달아(實證) 얻었다면 지금 영산(靈山)에서 여자 몸을 버리고 남자로 변하여 거기에 가서 성불함은 곧 실증(實證 : 진실을 깨달음)으로 말미암아 방편의 작용을 일으켜서 원경(圓經=원교의 경)의 성불을 빠르게 깨달은 것이다." 라고.

만약 진실의 수행(實行)이 빠르지 아니하면 방편의 수행(權行)은 한갓 이끌어 올 뿐이니(인도만 할 뿐) 이것이 곧 권실(權實)의 뜻이 같다 하는 것이 이치가 부질없질 않다.(理不徒然)

그러므로 태경(胎經)의 게송은 진실을 얻음을 설한 것이다. 만약 진실을 얻으면(實得) 6근(根)이 청정함에서 무생인(無生忍)을 얻는다.

어찌 능히 용녀가 좋아하는바 중생에 응하여(物應) 신통변화를 일으켜 현재의 몸으로 성불하고 또 원경(圓經-법화경)을 깨달은 것과 같은 것을 능히 하지 못하랴!
이미 무생인을 깨달았는데 어찌 능히 본래 버리거나 받는 것이 없는 것을 알지 못하랴!
어찌 이것을 버리고 저곳에 가는 것이 방해되랴! (용궁에서 영산회상으로)

보주(補註)에 이르되 "마왕, 범왕, 제석, 세 사람은 여인과 함께 이 네 사람이 다 분단(分段)생사의 몸을 버리지 아니하고 실보토(實寶)의 법성신(法性身)을 받지도 아니하고 모두 현재의 몸으로 성불하는 것이다." 라고.

말한 바의 여자란 과거 부처님 세상에서 그때 인민(人民)이다. 여자 몸을 받았는데 일

일(一日) 일시(一時)에 곧 불도를 이루어 몸을 버리지도 않고 몸을 받지도 아니 하였다. (不捨身不受身) 일여 끝.

【계환 해설】 구슬은 미묘 원융(妙圓)하여 참된 마음(眞心)을 나타내고, 그것을 가지고 부처님께 받들어 올림은 법의 애착(法愛)를 버림을 표하시니, 법애가 있지 아니하면 곧 묘심(妙心)에 허물(垢때.번뇌)이 없어 성불하는 요점은 이보다 빠른 것이 없으니, 곧 남방 무구(無垢번뇌 없는)세계에 가서 등정각(等正覺)을 이루시니라. 태경(胎經)에 이르되,

"법의 성품(法性)은 대해(大海)와 같아
시비(是非)가 있다고 말하지 아니하나니,
범부, 현인, 성인이 평등하여
높고 낮은 이 없느니라.
오직 마음에 있는 때 멸하면
깨달음을 얻는 것 손바닥 뒤집듯 하리.」"라고 하니라.

그러므로 용여가 법애(法愛법의 애착)를 막(방금) 버리고(纔捨) 빨리 성불하심이라. 끝.

⑲ 그때 사바세계의 보살, 성문과 천용 팔부와 사람과 사람 아닌 이가 다 용녀가 성불하사 널리 그때 모인 사람, 하늘, 위하사 설법하심을 멀리서 보고, 마음에 가장 환희(歡喜)하여 다 멀리서 공경(恭敬)하여 절하고,

한량없는 중생이 법을 듣고 알아(解悟=먼저 알고 뒤에 깨달음) 물러나지 아니하는 경지를 얻으며 무량중생이 도를 이루는 수기(受記)를 받았으며 무구(無垢)세계는 여섯 가지로 되풀이하여 진동하며,

사바세계의 3천(千)중생은 물러나지 않는 지위에 머무르며 3천(千세계)의 중생은 보리심을 발하여 수기를 얻거늘,

지적보살과 사리불과 일체 모인 대중이 잠자코 믿고 받으시니라.[90]

---

90) 지적이 처음 믿고 받아들이지 아니하고 별교(別敎)를 집착하고 의심하였고 신자도 또한 믿고 받아들이지 아니하고 삼장교(소승)를

제바달다품 제 12 끝.

제바달다에 관하여 설한 품 제 12 끝

끼고 논란하였으나, 지금 바야흐로 용녀가 원교(圓敎)의 수행에 의하여 빨리 성불함을 알았다. 그러므로 일체를 함께 묵묵히 믿고 받아들인 것이다. 【일여】

권지품(지 품) 제 13.

이 경을 보살에게 권하여 가지게 설한 품. 제 13

【일여 품 해설】 2만의 보살이 명을 받들어 경을 널리 유통하였다. 그러므로 지품이라 이름 한다. 거듭 80만 억 나유타 보살에게 경을 널리 유통하게 권하였다. 그러므로 권지(勸持)품이라 이름 한다.

문 : 무슨 까닭으로 그런가?

답 : 2만이 법사품 초에 특별히 명령한 보살의 수이다. 그러므로 뜻을 받들어 받아 지닌 80만억 나유타 등은 앞에 특별히 명령함이 없으나 다만 이에 통상적으로 경을 펼 사람을 찾는 고로 지금 불안(佛眼)으로 보시고 그들이 서원을 세워 이 땅에서 경을 유통하게 하신 것이다. 경을 유통하는 증험(證驗:경험, 증거)은 깊고 중하며 부처님 뜻은 은근(慇懃 : 간곡)하심이라. 이런고로 권하심을 받아 그래서 경을 널리 유통한 것이다. 그러므로 두 가지 뜻이 있다. 일여.

① 그때 약왕보살 마하살과 대요설보살 마하살이 2만 보살의 권속과 함께 있어, 다 부처님 앞에서 이 맹세의 말을 사뢰되,

"오직 원하건대, 세존이시여 염려하지 마소서. 저희가 부처님 멸하신 후에 반드시 받들어 지녀 읽고 외워 이 경전을 설 하리이다."

"뒤에 악한 세상(5탁악세)91)에 중생이 선근이 점점 적어지고(중생탁) 증상만이 많으며(見濁) 공양에 이익을 탐내고(번뇌탁) 선근이 아닌 것만 더하여(명탁) 해탈을 멀리 여의어(겁탁) 비록 가히 교화하기 어려우나, 저희들이 반드시 큰 인욕의 힘을 일으켜 이 경을 읽고 외우며 지니고 설하고 쓰며 가지가지로 공양하여 몸과 목숨을 아끼지 아니 하리이다."

그때 대중 가운데 500 아라한이 수기를 얻은 사람들이 부처님께 아뢰되 "세존이시여, 우리도 또 스스로 맹서하여 원하되 다른 국토에 이 경을 널리 설하오리다."하고

또 배울 것이 있는 이(有學)와 배울 것이 없는(無學) 8000인이 수기를 얻은 이들이 자리에서 일어나 합장하고 부처님을 향하여 맹세의 말을 하되,

"세존이시여, 우리도 또한 마땅히 다른 국토에 이 경을 널리 설하리니, 왜냐하면 이 사바국토 가운데엔 사람이 퇴폐하고 악이 많아 증상만을 품어 공덕이 얕고 박하며(淺薄) 성내고 흐리며 아첨하고

---

91) 5탁(五濁)악세 : [1] 중생이 선행이 적으면 중생탁(衆生濁-중생 생각이 탁함)이요, [2] 증상만(增上慢)이 많으면 견탁(見濁-견해가 복잡함)이요, [3] 공양에 이익을 탐내면 번뇌탁(煩惱濁-번뇌가 많음)이요, [4] 선근이 아닌 것(不善根)을 증장하면 명탁(命濁-생활이 불선함)이요, [5] 해탈을 멀리 여의면 겁탁(劫濁-재앙이 많은 시기)이다.

만약 인욕의 힘(忍力)이 성취된 깊은 계위(深位)의 보살이 아니라면 어찌(安) 능히 이 5탁 악세(五濁惡世)에 이 경을 홍통하리오!-【일여】

삐뚤어져 마음이 진실하지 못한 때문입니다."라고 하였다.

② 그때 부처님의 이모인 마하바사바제 비구니는 배우거나 배울 것이 없는 비구니 6000인과 함께 자리에서 일어나, 일심으로 합장하고 세존의 얼굴을 우러러 보며 눈을 잠깐도 떼지 아니 함으로, 그때 세존께서 교담미(마하바사바제)에게 말씀하시되,

"무엇 때문에 근심스러운 모습으로 여래를 보느냐?

네 마음에 내가 네 이름을 말하여 아뇩다라삼막삼보리의 수기를 주지 아니 하시는가 라고 여김이 어찌(將) 없으랴?

교담미야, 내가 먼저 일체 성문을 모두 설하여 다 이미 수기를 심었으니, 오늘 네가 너의 수기를 알고자하거든 장차 오는 세상에 반드시 6만 8000억의 여러 부처님의 법 가운데서 큰 법사가 될 것이니, 또 6000의 배우거나 배울 것이 없는 비구니와 함께 법사가 되리라."

"너는 이와 같이 점점 보살도를 갖추어 반드시 부처 되어 이름이 일체중생희견 여래, 응공, 정변지, 명행족, 선서, 세간해, 무상사, 조어장부, 천인사, 불세존이리라.

교담미야, 이 일체중생희견불과 6000의 보살이 옮겨가며 차례로 수기를 주어(심어) 아뇩다라삼막삼보리를 얻으리라."

③ 그때 라후라의 어머니 야수다라 비구니는 이런 생각을 하되 '세

존께서 수기주시는 가운데 홀로 내 이름을 말씀하지 아니 하시 도다.' 하는데,

부처님이 야수다라에게 말씀하시되

"너는 오는 세상에 백 천 만억 여러 불법 중에 보살행을 닦아 큰 법사가 되어 점점 부처님 도를 갖추어 좋은(선善) 나라 가운데서 반드시 부처되어 이름은 구족천만광상 여래, 응공, 정변지, 명행족, 선서, 세간해, 무상사, 조어장부, 천인사, 불세존이리니, 부처님의 목숨(수명)은 한량없는 아승지겁이리라."

④ 그때 마하바사바제 비구니와 야수다라 비구니와 아울러 그 권속이 다 크게 기뻐하여 미증유를 얻어 곧 부처님 앞에 게송을 사뢰되

"세존도사(부처님)시여, 하늘과 인간을 편안(安隱)하게 하시니,
우리는 수기 해 주심을 듣고 마음이 편안하고 만족하나이다."

모든 비구니는 이 게송을 말하고 부처님께 여쭈되

"세존이시여, 우리도 또한 능히 다른 국토에서 이 경을 널리 펴오리다."라고

⑤ 그때 세존께서 80만억 나유타(천만, 혹은 천억) 모든 보살 마하살을 보시거늘,

이 모든 보살이 다 이들은 아비발치(아유월치,불퇴전)라. 물러나지 않는 법륜을 옮기시며(설법) 여러 다라니를 얻으신 이들이니,

곧 자리에서 일어나 부처님 앞에 나가 일심으로 합장하고 이런 생각을 하시되 '만약 세존께서 우리에게 일러 칙령(분부)하여 이 경을 지녀 설하라하시면 반드시 부처님의 가르침과 같이 이 법을 널리 펴오리다.'

또 이런 생각을 하시되 '부처님께서 오늘 잠잠하시고 분부(칙령)하여 알리지 아니 하시니,(不見告勅)

나는 마땅히 어떻게 할 가?' 하거늘,

⑥ 이때 여러 보살이 부처님 뜻을 공경하여 순종하시며 자기 본래의 원을 따라 채우고자하여 곧 부처님 앞에 사자후(큰 소리)로 맹서의 말을 하되,

"세존이시여, 우리도 여래께서 멸도하신 뒤에 시방세계를 두루 돌며 와(왕래) 능히 중생으로 하여금 이 경을 쓰고 받아 지녀 읽고 외우며, 그 뜻을 새겨 말하여 법과 같이 수행하며 바르게 기억하게 하오리다.

이는 부처님의 위력이시니 오직 원하건대 세존께서 다른 국토에 계시더라도 멀리서 보시고 수호하소서." 라고,

⑦ 그때 여러 보살이 다 함께 소리 내어 게송으로 아뢰되,

"오직 원하오니 염려하지 마옵소서. 부처님께서 멸도 하신 후
두려운 악한 세상에서 우리가 반드시 널리 설하오리다."
"많은 지혜 없는 사람이 악한 입으로 꾸짖거나
또 칼, 막대기로 때릴지라도 우리는 다 반드시 참으오리다."

⑧ "악세(惡世)의 비구는 삿된 지혜에 마음 아첨하고 굽어
얻지 못한 것을 얻었다고 하여 아만심이 가득하며,"
"혹은 아련야(산숲)에 누더기 옷(장삼.)으로 비고 한가한데 있으면서
스스로 생각하되 '진실한 도를 행하노라.' 하고 인간을 업신여기는 자
명리(利養=名利)을 탐착하는 고로 속인에게 설법하여
세상의 공경을 받게 되어 육신통의 아라한 같이하며,"
"이런 사람이 악한 마음(惡心)을 먹고 항상 세속 일을 생각하되
아련야라는 이름을 빌어 우리의 허물을 들어내어 즐기며.
이와 같은 말을 하되 '이 모든 비구들이
이양(利養)을 탐하는 고로 외도의 가르침(논, 논의)을 설하며
스스로 이 경전을 지어 세간 사람을 속이나니,
이름을 들어내기 위하여 이 경을 분별하여 말하느니라.' 라고,"
"항상 대중 가운데서 (이 경을 펴는)우리들을 헐뜯고자하는 고로
국왕, 대신과 바라문, 거사와

다른 비구대중을 향하여 비방하며 우리의 나쁜 점을 말하되
'이 삿된 견해의 사람이 외도의 논(論議 論)을 설한다.' 고 하여도,
우리들은 부처님을 공경하는 고로 이 모든 악함을 다 참으며,

⑨ 그들이 가볍게 여겨 말하되 '너희들이 다 이 부처님이다.' 라고
하여도,
이와 같이 업신여기는 말을 다 반드시 참고 받으오리다."(증상만과 법화행자의 관계를 말함)
"탁겁(濁劫 5탁) 악한 세상에는 여러 가지 공포(恐怖)가 많아
악한 귀신이 그들 몸에 들어가 나를 꾸짖고 헐뜯어 욕하여도,"
"우리는 부처님을 공경하고 믿어 반드시 인욕의 갑옷을 입고
이 경을 설하기 위한 고로 이 온갖 어려운 일을 참으오리다.
저희는 신명을 아끼지 않고(不愛) 다만 위없는 도를 아끼니,
우리는 오는 세상에 부처님이 부촉하신 것을 지켜 보호하오리다."

⑩ "세존이 스스로 반드시 아시니, 탁한 세상에 악한 비구는
부처님께서 방편으로 수준에 맞추어 설하시는 법을 알지 못하여
악한 말로 눈살 찌푸리며 자주 자주 (우리를)쫓아내어
탑사에서 멀리 떠나게 하여도, 이와 같은 등 많은 악을
부처님께서 경계하신 말씀(告勅)을 생각하는 연고로
다 반드시 이런 일을 참으오리다."

◎**「인욕의 갑옷(忍辱鎧)」이란,** 개(鎧)는 갑옷이다.

중아함(中阿含)의 제5에 이르되「흑치(黑齒)비구가 부처님께 호소해 이르되 "사리불이 나를 욕하고 나를 말하였습니다.(舍利弗,罵我說我 : 욕설함)" 라고,

부처님이 급히(疾) 사리불을 불러(喚) "진실로 욕(罵)하고 말하였느냐? 아니하였느냐?(實罵說,否)"

사리불이 말하되 "마음이 안정되지 않은 사람은(心不定者) 혹 논(論)하고 욕합니다만 나의 마음이 이미 안정되었는데 어찌 논하고 욕하여 말했겠습니까?

뿔 꺾인 소가(折角牛) 사람을 어지럽혀(嬈人) 찌르지 못하는(不觸) 것과 같으며, 손상된(불구) 아이가(殘童子) 부끄러워 남을 괴롭히지 못하는 것과 같나이다.(두 손이 끊어져 능히 사람을 해칠 수 없음).

내 마음은 땅이 깨끗하든 깨끗하지 못하든 더러움, 대소변, 눈물, 침을 받아들이되 욕하지 않는 것과 같으며, 마음은 쓰는 비가 깨끗하든 깨끗하지 않던 함께 쓸어내는 것과 같습니다.

어찌 남을 욕하여 말했겠습니까?" 라고,

부처님이 사리불에게 묻되 "이와 같은 악인(惡人)을 너는 어떻게 보느냐?"

대답하되 "사람이 5가지 종류(五種)가 있습니다.

[1] **몸(身)**은 착하고 입과 뜻(口意)은 착하지 못한데 단지 그 착함만 생각하고 착하지 못함은(口意) 생각하지 않으니, 헌옷(納衣 : 법의)을 입은 비구(比丘)가 똥 무더기(糞聚)에서 낡은 비단 조각(帛 : 명주)을 주어서 보고 왼쪽을 잡고 오른 쪽을 펴 깨끗하지 못한 곳은 잘라 버리고 깨끗한 쪽만 가지는 것과 같이, 생각에 그 몸의 깨끗함을 사용하여 가지고 내 몸(我身)을 본보기로(口=規) 그 (착하지 못한) 입과 뜻(口意)을 버려 내 입과 뜻을 경계(誡)하는 것이요,

[2] **입(口)**은 청정(淨)하게 행하나 몸과 뜻(身意)이 부정(不淨)하면 또한 그 입이 청정함을 생각하여 사용하여 나의 입을 본보기(口=規)로 그 몸과 뜻(不淨함)을 버려 나의 몸과 뜻을 경계함이요,

[3] **뜻(意)**은 청정하게 행하나 몸과 입(身口)이 부정(不淨)하면 역시 그 뜻이 청정함을 생각하여 나의 뜻을 본보기로 그 몸과 입(不淨)을 버려 나의 몸과 입을 경계함이요,

[4] **3업(三業 : 身口意)**이 다 부정(不淨)한 이는 비록 쓸 만한 것이 없다할지라도 반드시 아프게(痛) 생각할 것이니, 선지식(善知識)을 만나게 되면 그 3업(三業)을 고쳐 고(苦 : 三途)에 떨어지지 않게 하여야 함이요,

[5] **3업이 다 청정한** 이는 항상 이런 사람(3업이 청정한 사람)을 생각하여 스스로 경

계함(訓)으로써 비교하여 같아지기를 생각하고(念齊) 같아지기를 서원함으로(願齊) 나의 나쁜 것(惡)을 없애(去)는 것입니다."」 라고.

이것이 3장교(三藏敎)중에서 고(苦)다, 무상하다(無常), 부정하다(不淨), 무아다(無我), 공하다(空) 함을 사용하여 갑옷(鎧)으로 삼는 것이다.

비바사론(毗婆沙論 제8)에 이르되 「욕(罵)이란 이는 한 글자(一字)다. 한 글자는 욕(罵)을 이루지 못한다. 두 글자(二字)는 욕(罵)이 이루어지는데 일시(一時)에 두 글자(二字)를 말한다는 것(稱)은 있을 수 없다. 만약 뒤에 글자를 말하면 앞에 글자는 이미 없어진다.」 라고.

[범어 자원(字源)이 한 글자로는 말이 이루어지지 않고 두 글자라야 욕한다는 낱말이 이루어지니 글자의 구조가 그렇다.]

[1] 또 능히 욕함(能罵=욕하는 자)과 욕되는 것(所罵=욕먹는 자)은 모두 공(空)한데 (욕하는 것이)나에게 어떻게 할 것인가? 이것은 통교(通敎)의 공(空)을 사용하여 갑옷을 삼는다.(통교애서는 욕을 이렇게 본다)

[2] 또 (비바사론 17)이르되 범부와 성인(凡聖)은 다 3수(三受 : 3가지를 感受하는 것-樂, 苦, 不苦不樂을 감수하는 것)가 있다고 말하는데 어떤 차별을 말하는가?

범부(凡夫)는 고통을 받으면(於苦受) 성(嗔)내고 낙을 받으면(於樂受) 기뻐(喜)하며, 불고불락(不苦不樂)을 받으면 어리석어진다(痴).

성인은 고를 받으면(苦受) 성내지 않고 낙을 받으면(樂受) 사랑(愛 : 탐애)하지 않으며 불고불락(不苦不樂)을 받으면 어리석어지지 않는다. 3사(三使 : 生, 病, 死 또 貪, 瞋, 痴. 使는 번뇌, 여기서는 뒤의 3사(使-貪, 瞋, 痴))가 능히 부리지 못하며 3사(使)에서 해탈을 얻는다. 그러므로 범부와 성인의 차이가 있는 것이다.

이와 같은 등의 유무(有無)가 차이 남은(差降) 이것은 별교(別敎)를 사용하여 갑옷(鎧)을 삼은 것이다.

[3] 지금 경(법화)에서의 갑옷(鎧)을 밝히면 염불(念佛)로 갑옷을 삼는다. 이는 법불(法佛-법신불)을 염(念)하는 것이니 제일의(第一義-최상)의 불(佛)은 곧 법(法-법신불)인 때문이다.

경문에 말한 「부처님께서 경계하신 말씀을 생각하는 것(念佛告勅)이라고 함은 곧 법이다. 불(佛)은 곧 승(僧)이요, 승(僧)은 곧 사실과 이치(事理)가 조화롭게 갖추어짐이니 비로자나불(毗盧遮那-법신불)이 일체처(一切處)에 가득함이다.

이와 같은 갑옷은 하나의 갑옷이 일체의 갑옷이라 곧 원교(圓敎)의 갑옷이다.
(하나를 갖추면 일체가 같이 갖추어진다)

묘락이 이르되「염불(念佛)로 갑옷을 삼는 이는 3수(受 : 3가지를 感受하는 것 樂, 苦, 不苦不樂을 감수하는 것)를 관하여 법계(法界)로 삼는다. 그러므로 법불(法佛)을 염(念)하는 등을 말한 것이다.

능관(能觀 : 능히 보는 자)의 분별로 말미암아 여러 가지 가르침의 이름을 얻고 소관(所觀 : 보이는 것)의 3수(三受)는 그 모습(相)을 분별할 수 없다. 그러므로 경을 지니는 이는 마땅히 3수를 관할 것이니 그러므로 "능히 모든 악행을 참는다(忍)." 는 등을 말한 것이다.」라고

보행(輔行) 7의 상(上)에 이르되「일체의 행(行)중에 성냄의 해가 더욱 심하다. 그러므로 인욕(忍辱)이 가장 어렵다.」라고

대론(大論 : 권14끝)에 이르되「하늘의 제석이 부처님께 여쭌 것과 같이 만약 인욕을 행하는 이는 오직 한 가지 일이 가장 참지 못할 것(不可耐)이 있으니 소인(小人)은 경만(輕慢)하여 말하되 (인욕을)두렵다(怖畏)고 한다. 그러므로 인욕 하는데 응하지 못하는 것입니다. 라고

부처님이 대답 하시되 '만약 소인(小人)의 경만(輕慢)함을 가지고 말하되 (경만하여 지은 죄가) 두렵다고 한다. 참으려고 하지 아니 하는 사람은 참지 아니하는 죄가 이보다 더 심할 것이다!(더한 것이 없다.)

왜냐하면 참지 못하는 사람은 어진 이와 성인(賢聖)과 착한 사람이 경만하게 여기지만(所輕慢 : 輕賤-大經), 인욕하는 사람은 소인이 경만(輕慢 : 所慢)하게 여기는 것이라. 두 가지 경만한 것(二輕) 중에 정영 어떤 경만함을 취할 것인가?!

그러므로 알라, 차라리 소인에게 경만하게 여겨짐이 될지언정 어진 이와 성인에게 천(賤)하게 여김이 되지 아니 할 것이다.

왜냐하면 무지(無智)한 사람(소인)은 경만하게 여기지 말아야 할 것을 경만하게 여기고 현성(賢聖)의 사람은 천한 것을 천하게 여김이라. 이런 뜻(義) 때문에 더욱(弥) 반드시 인욕을 행(行忍)하여야 할 것이다.」라고 【일여】

⑪ "모든 취락(마을)과 성과 읍에 그곳에 법을 구하는 이 있으면

내가 다 그곳에 가서 부처님이 부촉하신 법을 설하리니,

나는 이 세존의 사자(使者)라 많은 사람과 있어도 두려울 것이 없어, 내 반드시 법을 잘 설하리니 원하건대 부처님께서는 편안히

머무소서."

"내 세존과 모든 시방에서 오신 부처님들[92] 앞에서
이와 같은 맹서의 말을 하나이다. 부처님은 스스로 저희 마음을 아시오리다."

제 4권　권지품(지품). 제 13 끝.

경을 지니게 권하는 품. 제 13 끝.

92) 「모든 시방에서 오신(諸來十方)」이라 함은 곧 다보불(多寶)과 분신불(分身)이시니라. 【계환】

안락행품 제 14

몸 위험 없이 편안하고 마음 근심 없이 안락하게 수행하는 품. 제14.

◎이 품을 세 가지로 해석한다.

[1] 하나는 사실에 의거함(依事)이요,

[2] 둘째 경문에 붙임이요(附文경문에 의지함이요) ,

[3] 셋째는 법문(法門)에 의하여 해석하는 것이다.

사실에 의거하여 해석하는 것은 몸에 위험함이 없으니 그러므로 편안(安)하고 마음에 근심과 고뇌가 없으니 그러므로 즐거움이라(樂). 몸이 편안하고 마음이 즐거워 곧 능히 수행에 나아갈 수 있다. 그러므로 안락행이라 한다.

경문에 입각하여 해석(附文)한다. 함은 여래의 옷을 입으면 곧 법신(法身)이 편안하고 여래의 방에 들어가면 곧 해탈의 마음이 편안하고 여래의 자리에 앉으면 곧 반야가 수행을 인도하여 나아간다.(법신 반야, 해탈이 三德이다)

이것은 위의 법사품의 경문에 붙여서 해석한 것일 뿐이다. 만약 이 품의 경문에 입각하여 해석하면 인욕의 경지(忍辱地)에 머무르니 그러므로 몸이 편안하여 조급하지 아니하며 그러므로 마음이 즐겁고 제법의 실상을 관하니, 그러므로 수행이 진전된다. 그래서 안락행이라 한다.

법문에 입각하여 해석한다 함은 편안함을 움직임이 없다(不動)고 이름하고 즐거움(樂)을 받아들임이 없다(無受)고 말하며 행(行)을 행 할 것이 없다(無行)고 말한다.

편안함이 움직임이 없는 것(不動)이라 하는 것은 바로 중도에 머물러서 6도 생사(六道生死)의 유(有)와 이승(二乘) 열반의 공(空)의 이변(二邊 : 두 극단=공, 유)에 능히 움직이지 아니하는 까닭이다.

낙(樂)을 '받아들임이 없다'고 하는 것은 받는 것이 없으면 곧 받지 아니함이다.

『대품반야경』「행상품」에 이르되,

"행도 또한 받지 않고 (行亦不受)[행이란 반야를 행함이다. 반야의 성품이 공 한 고로 다 받

지 아니한다.(不受)]

행하지 아니함도 또 받지 아니하고(不行亦不受) 또 행하거나 또 행하지 아니함 도 또한 받지 아니하며(亦行亦不行亦不受) 행함이 아니고 행하지 아니함도 아닌 것도 또한 받지 아니하며(非行非不行亦不受) 받지 아니함도 또한 받지 아니한다(不受亦不受)." 라고.

받음(받아드림)이 있으면 곧 고통이 있고 받음이 없으면 곧 고통도 없고 고통이 없으면 즐거움도 없나니 곧 그것이 큰 즐거움(大樂)이다.

행함을 행함이 없다고 이름 하는 것(行名無行者)은 만약 받는 것이 있으면 곧 행하는 것이 있고 받는 것이 없으면 곧 행하는 것도 없으며 범부(凡夫)의 행도 행하지 아니하고 현성(賢聖)의 행도 행하지 아니한다.

그러므로 무행(無行행함이 없다)이라 말하며 그래서 중도(中道)를 행한다. 이런고로 행이라 이름 한다. 이것이 법문에 대하여 안락행을 해석한 것이다.

이품이 이 적문(迹門) 유통분의 네 번째 뜻이다.

○ 네 번째의 뜻이란(第四意 : 법사품, 보탑품은 홍통하는 공덕을 밝히어 미래에 유통하기를 권한 것이 **첫째의 뜻**, 제바달품은 과거의 홍통한 공덕을 증명하심이 **둘째 뜻**, 권지품은 타방과 이 땅에 유통을 권하니 **셋째 뜻**이요, 안락행품이 초심자에 안락행을 설하시니 이것이 **네 번째 뜻**이다.)

만약 지품 가운데 2만 보살과 80억 나유타 보살이 명을 받아 경을 홍통하는 경우라면 깊이 방편과 진실(權實)을 알며, 널리 점과 돈(漸頓)을 알며, 또 근기와 인연(機緣 : 선근의 근기가 있어서 교법을 받아드림을 연이라 한다)에 통달하며, 신통은 자재하며, 비록 탁한 세상(濁世)에 사람이 괴롭히고 어지럽게 하여도 경의 유통을 장애(障碍)하지 못 할 것인데 어찌 다시 방편 법을 보이기를 기다리리오.

만약 초의(初依 : 五品, 十信. 二依=十住, 三依=十行, 십회향, 四依=等覺)의 사람은 처음 마음에 원행(圓行 : 원교의 수행)을 닦아 탁한 세상에 살면서 경을 널리 유통하고자하면 탁한 세상에 괴롭힘을 당하게 되니 자기의 수행이 성립되지 아니하고 또 교화의 공도 없다. 이런 사람을 위하여 그래서 방편 법을 보여 안락행을 밝혀야 함으로 그래서 이품의 설법이 있게 된 것이다.

어떤 이가 이르되, "4안락행이란 말하면 지행, 관행, 자행, 비행(止觀慈悲)이니 이것이 삼업(三業)과 서원을 인도한다." 라고.

몸의 업(身業)에 멈춤(止行 : 止惡行=마음의 안정=定)이 있는 고로 몸의 거친 업(麤業-거친 업의 행동)이 떠나고 관행(觀 : 觀善=慧.관법)이 있는 고로 몸을 얻지 아니하고 신업(身業)을 얻지 않는다.

자비가 있는 고로 부지런히 신업(身業)을 닦아 널리 일체를 이롭게 하고 지행(止行아행을 멈춤)이 있는 고로 인욕의 옷을 입고 관행(觀行관법의 수행)이 있는 고로 여래의 자리에 앉고 자비 행(慈行)이 있는 고로 여래 방에 들어간다.

지행(止行)은 허물(過)을 여의니 곧 단덕(斷德 : 번뇌를 끊는 것)을 이루고 관의 수행(觀行)은 집착이 없으니 곧 지혜의 덕(智德 : 진리를 비추어보는 것)을 이룬다.

자비는 남을 이롭게 하여 곧 은덕(恩德은혜와 덕)을 이루니 이것을 신(身몸)안락행이라 한다. 나머지 입, 뜻, 서원(口意誓願)의 3안락행도 또한 이와 같다.

묘락대사가 이르되, "초의(初依)의 처음 마음(初心)이란 곧 5품

[五品 (1) 수희품(隨喜品 : 실상 법을 듣고 기뻐하고 남도 기쁘게 하는 것)

(2) 독송품(讀誦品) : 안으로 원관(圓觀)을 닦으며 다시 읽고 외우는 지위,

(3) 설법품(說法品) : 마음의 관과 해(觀解관법과 앎)가 수승(殊勝)하여져서 이를 강설하여 남을 이롭게 하고 이를 교화하고 교화의 공이 몸에 돌아오는 지위,

(4) 겸행육도품(兼行六度品) : 이관(理觀이치를 관함)과 육도(六度)를 닦는 지위.

(5) 정행육도품(正行六度品) : 원관(圓觀)이 점점 익어지고 자행화타(自行化他)하는 사리(事理)가 구족하여 자재하게 6도의 수행을 닦는 지위.]

의 초심(初心)에 있으니 비록 설법하는 위치가 아니라도 힘 따라 경을 홍통하여 이 4 안락행을 모름지기 행하여 제 삼품(三品)의 경지에 이르면 바로 마땅히 설법하여 이로써 자기수행을 도우 나니 설법은 곧 이치를 넓히니 이품을 가지고 방법(方法)을 삼아야 할 것이다.

(因을 止行, 果를 斷德,
因을 觀行, 果를 智德,
因을 자비행, 果를 恩德이라 한다.=문구 참조) 일여.

① 그때 문수사리 법왕자보살마하살이 부처님께 사뢰되,
"세존이시여, 이런 보살들은 매우 있기 어려우니(매우 드무니), 부처님을 공경하고 순종하는 고로 큰 서원을 세워(발하여) 뒤에 악한 세상에 이 법화경을 지켜 보호하여 읽으며 설하려하나이다."
"세존이시여, 보살마하살이 후에 악세에 어떻게 하여야 능히 이 경을 설하오리까?"

② 부처님께서 문수사리에게 말씀하시되 "만약 보살마하살이 뒤에 악한 세상에 이 경을 설하고자할 때는 반드시 네 가지 법에 편안이 머무를 지니,"

③ "하나는 보살이 행할 곳과 친근할 곳(及親近=고려장경. 親近處 =세종본)에 편안히 머물러 능히 중생을 위하여 이 경을 연설할지니라."
"문수사리여, 어찌하여 이름이 보살마하살이 행할 곳인가?
만약 보살마하살이 인욕의 땅에 머물러 부드럽고 온화하고 착하게 순종하여 과격하지(조급함, 暴 : 포(폭)) 아니하며 마음도 또한 놀라지 아니하며," "또 다시 법에 행할 것이 없으며(집착함이 없음),"
"모든 법의 실상과 같음을 보아 또 행하지 않으며(집착하지 않음) 분별하지도 아니하면 이 이름이 보살마하살이 행할 곳이라."

◎ 3법(三法)에 대하여(約) 행할 곳(行處)을 밝히니,

(1) 한 가지 법(一法)에 대한 것.

(2) 두 가지 법(二法)에 대한 것.

(3) 세 가지 법(三法)에 대한 것이다.

(1) 한 가지 법(一法)에 대한 것이란 곧 바로

◎ 일실제(一實諦 : 하나의 진실한 진리)에 바로 인연(直緣)함이니, 일실제(一實諦)는 일체가 귀의할 곳(一切所歸)이 되니 일체를 위한 근본을 지어(作本) 두루 분별함이 없다.

① 일체가 귀의 할 곳(一切所歸者)이란, 곧 인욕의 땅(忍辱地)이다. 이 땅(地 : 경지)은 곧 중도(中道)로 제법(諸法)이 귀의하니 그러므로 이름을 땅(地)이라 하며 온갖 행(衆行)이 멈춘다(休息휴식). 그러므로 인욕(忍辱)이라 이름 한다.

② 이것은 곧" 행하지 못할 행을 행함이니(卽行不行之行)" 위의 여래의 옷(如來衣)에 부합(合)한다.

◎ 묘락이 이르되「머무는 땅(地)은 실상의 이치(實理 : 진리)를 말한다. 능히 이 행에 머물면 곧 이치에 의지(依理)하여 행을 일으킨다(起行).」라고,

"행하지 못할 행(行不行 : 행할 것이 없는 수행, 집착 없는 수행)" 이란, 이치는 비록 행할 것이 없다고 할지라도 그러나 이치에 의지하여 행하며, 행이 진리(理)를 얻으면 쉬게(息)되니 곧 이름이 불행(不行 : 행하지 않음, 행할 것이 없는 행, 행하고 행한 것을 잊고 없어진 경지)이다.

"일체를 위해 근본을 짓는다. 는 것(爲一切作本者)"은

(또 인욕의 땅(忍辱地)을 가리켜 일체의 근본이 된다고 하고 인욕의 한 땅(一地)에 머무는 고로 유화(柔和부드럽고 온화함) 등 3가지를 갖춘다)

만물이 땅(地)을 만나 생겨나는 것과 같이, 이것을 가지고 온갖 행(衆行)에 이치를 얻어 이루어지는 것을 비유한 것이다.

만약 이치(진리)의 근본을 얻으면 단단함에 있어서는(在剛) 능히 부드러워지고(能柔) 거역함에 있어서는(在逆) 능히 순종하게 되고(能順) 난폭함에 있어서는(在暴) 능히 (마음이)다스려지고(能治) 놀람에 있어서는(在驚) 능히 편안(能安)하여진다.

① 무량한 공덕(無量德)이 중도(中道)의 땅(地 : 경지)에서 생기며 땅은 생길 것이 없지만(앞의 實理를 가리킴) 그러나 공덕이 생긴다(곧 柔和 등).

② 이것은 곧 "행하지 못할 행을 행함(不行行之行)" 이니 위의 여래의 방(如來室)에 부합한다.(不行行이란 이치에 의하여 행하지 못하되 그러나 행을 행하는 것이다.依理不行而 行於行也)(행은 마음의 작용)

◎ "두루 분별함이 없다.(徧無分別)" 는 것은, 즉 행하지 않음(不行)과 행함(行)의 차별상(差別相)을 분별하지 않는 것이다(不分別).

① 행함과 행하지 못함(行與不行)은 성품의 모양(性相)이 둘이 없음(無二)으로써 제법의 실상(諸法實)을 보는 것을 "분별하지 않는다.(不分別)" 고 이름 한다.

② 분별하지 않음도 없음을(無不分別) "또 분별하지 아니함도 행하지 않는다(亦不行不分別)."고 이름 하니, 곧 "행하지 못함과 행하지 못함도 아니니(非行非不行)" 위의 여래의 자리(如來座)에 부합한다.

남악(南岳)의 안락행의(安樂行義)에 이르되 「"또 행하지 아니하며 분별하지도 아니한다(亦不行不分別 : 집착이 없음)." 고 한 것은 생사(生死)와 열반(涅槃)은 하나도 없고 다른 것도 없고(無一無異) 범부(凡夫)와 부처의 두 법계(二法界)가 없는 것이다. 그러므로 분별할 수 없고 또한 둘이 아닌 것도 보지 못한다.

그러므로 "또 행하지 아니하며 분별하지도 아니한다.(不行不分別)" 고 말한 것이니, 분별하지 않는 상(不分別相)도 얻을 수 없기 때문이다.」라고.

(글에) 3행(三行 : 1行不行=止行, 2不行行=慈悲行, 3非行非不行=觀行)은 없지만 그러나 3행이 있으니 그러므로 명칭이 행이 된다. 동일한 일실제(一實諦)인 고로 명칭이 처(處 : 行處)가 된다.

이것은 일법(一法)에 대하여 행할 곳(行處)을 해석하여 경을 홍통할 방궤(方軌 : 방법)를 밝힌 것이다.

(2) 2가지 법(二法)에 대한 것이란 곧,

○ 1 생인(生), ○ 2 법인(法)의 2인(二忍)이요,

2인(二忍)은 곧, ① 생공(生空생도 공함), ② 법공(법도 공함)의 2공(二空)이다.

◎ 만약 열면 4인(忍)이 되니(開爲四忍) 글을 해석(消文)하면,

○ 1 유화(柔和 : 부드럽고 온화함)의 두 글자(兩字)는 복인(伏忍 : 地前의 三賢의 위계에 있는 사람이 번뇌를 억제하는 것)이 되고,

○ 2 선순(善順 : 잘 순종함)의 두 글자(兩字)는 순인(順忍 : 4, 5, 6地의 보살이 무생인(無生)으로 나아가는 것)이 된다.

○ 3 또 다시 법(法)등에서 무생인(無生忍)이 되고,

○ 4 또 불행(不行)등은 곧 적멸인(寂滅忍 : 번뇌가 다하여 열반에 안주하는 지혜, 십지, 등각, 묘각의 지혜)이다. (합하면 앞의 복인, 순인 2인은 생인이고 뒤 무생인, 적멸인 2인은 법인(法忍)이다)

인(忍)은 2인(忍) 4인 5인 6인이 있다.

인(忍)- 2인(忍)	4인	5인	6인
-1,생인(生忍)-	4인(忍)-1)복인(伏忍)-	5인(忍)-1>복인(伏忍)-	6인(忍)-1)화종인(和從忍)
2,법인(法忍)	2)순인(順忍)	2>신인(信忍)	2)복인(伏忍)
	3)무생인(無生忍))	3>순인(順忍	3)신인(信忍)
	4)적멸인(寂滅忍)	4>무생인(無生忍)	4)순인(順忍
		5>적멸인(寂滅忍)	5)무생인(無生忍)
			6)적멸인(寂滅忍)

◎ 만약 원교(圓敎)에 대하여 4인(四忍)을 판별(判)한다면,

○1,초발심(初發心)에서 원만히 5주 번뇌(五住煩惱)를 항복받아 금강정위(金剛頂 : 묘각)에까지 이르면 다 복인[伏忍-처음 관해(觀解진리를 관하여 아는 것)를 익히어 능히 번뇌를 항복하는 것]이라 하며,

○2,초심과 후심(初後)이 다 실상(實相)에 위배되지 않으면(不違) 다 순인(順忍)이라 한다.

○3,초심과 후심(初後)에 공과 유(空有)의 두 가지(二邊)의 마음이 일어나지 않으면 무생인(無生忍)이라 하며,

○4,초심(初心)과 후심(後心)이 다 온갖 행(衆行)이 휴식(休息)하면 적멸인(寂滅忍)이라 이름 한다.

마음이 인욕의 경지(忍地)에 머물기 때문에(由) 생사(生死)를 듣고 갑자기 고통(苦)을 두려워하지 않으며(不忽卒畏苦), 열반(涅槃)을 듣고 갑자기(忽卒) 고(苦)를 두려워하지 않고 열반을 듣고 갑자기 즐거움(樂)을 깨닫지(證) 못함이라. 그러므로「조급하지 아니하다(不卒暴)」라고 말한다.

또 부처님의 항상(常)하다 함과 무상(無常)하다 함을 듣고, 생사(生死)와 열반(涅槃)이 다르다(異)고 함과 다르지 않다(不異)고 함을 듣고, 불도(佛道)는 (이루는 기간이)멀기도(遠)하고 짧기도(短)하고 어렵기도(難)하고 쉽기도(易)하고, 길지도 짧지도 않으며(非長短) 어렵지도 쉽지도 않다(非難易)는 것 등을 듣고도 다 놀라 두려워하지(驚怖) 않으니, 그러므로「마음도 또한 놀라지 아니한다(心亦不驚)라고 말하였다.

◎ '이런 행을 행한다.' 는 것은.(行此行者),

○ 처음부터 끝까지(從始至終) 2공(二空 : 生空, 法空)의 이치로써 하되 그러나 모든 법(諸法)을 인욕(忍)하니 곧 여래의 옷(如來衣)을 입은 것(著)이요,

○ 2공(二空)의 이치에 안주(安住 : 편안히 머무름)하면 곧 여래의 자리(如來座)에 앉은 것(坐)이요,

○ 모든 중생(諸衆生)을 불쌍히 여기면(慜) 곧 여래의 방(如來室)에 들어간 것(入)이다.

2공(二空), 4인(四忍)을 이름 하여 "행(行)" 이라 하며 이치(理)는 곧 이 "처 (處 : 행할 곳. 장소)" 다.

이 2법(二法 : 2 忍-(生인, 法인)과 2 空-(生공, 法공).)에 대하여 행할 곳(行處)를 해석한 것 이것이 경을 홍통(弘經)하는 방법(方軌)이다.

(3) 3가지 법(三法)에 대한 것이란,

곧 불가사의(不思議)한 3제(三諦 : 眞諦, 俗諦, 中諦)다. 인욕지(忍辱地)에 머무는 것은 곧 3제(三諦)를 총론(總論)한 것이니 땅이 있으면 의지할 수 있는 것과 같이 바야흐로 능히 인욕(忍辱)하는 것이다.

○ 1 유화, 선순(柔和善順부드럽고 순종함)이란, 곧 진제(眞諦 : 진실의 진리, 空)에 잘 순종하여 능히 허망(虛妄)한 견애(見愛-使 : 見使=88使 愛使=10使 합=98使로 98번뇌다), 한열(寒熱 : 추위와 더위)등을 인욕(忍)한다. 그러므로 선순(善順 : 잘 순종함)이라 한다. 그리고

○ 2 조급하지 아니하며 마음이 놀라지 아니한다,(而不卒暴,心不驚)」는 것은, 곧 속제(俗諦 : 세속의 진리, 假, 邊際智)에 안주(安)하여 온갖 근기와 인연(衆根緣)에 인욕(忍)하여 근기에 맞게(機宜) 맞추어 적응하니(稱適) 그러므로 조급하지(卒暴) 않고, 몸(體)은 거슬림과 순종하는(逆順) 2가지 경계(二境)에 인욕하는 고로 마음에 놀라지 않는다.

○ 3「법에 행할 것이 없다는(집착함이 없음-於法,無所行)」등은 곧 중제(中 : 중도의 第一義諦)에 안주하여 능히 2변(二邊두 극단.흑백 등)을 인욕 하니 그러므로 행할 것이 없다.(無所行)"고 말한다.

바로 중도(中道)에 머무니 **중도(中道)는 곧 이 실상(實相)**이다. 그러므로「모든 법의 실상과 같음을 보아서(觀諸法,如實相)」라고 말한 것이요 그리고 이 중도의 실상(中實)도 역시 얻을 수 없는 것이라. 그러므로「또 행하지 않으며(집착하지 않음) 분별하지도 아니하며(亦不行不分別)」라고 말하였으니, 이것은 곧 3제(三諦)의 땅(地)에 의거(據)하여 (행할)곳(處)이라고 이름 한 것이다.

◎ 5주(五住다섯가지 번뇌)의 욕됨(辱)을 인욕(忍)함이 행(行)이요 행도 또한 3가지가 되니,

○ 1 말하면 (악을)멈추는 행(止行)이니 곧 "행하지 못 할 것을 행함(行不行)"이니

위의 여래의 옷(如來衣)에 부합(合)함이요,

○ 2 관하는 수행(觀行)은 곧 "행함도 아니요 행하지 아니함도 아니니(非行非不行)" 위의 여래의 자리(如來座)에 부합함이며,

○ 3 자비행(慈悲行)은 곧 "행하지 못할 것을 행함이니(不行行)" 위의 여래의 방(如來室)과 부합한다.

이것은 3법(三法)에 대하여 행할 곳(行處)을 밝힌 것이니 이것이 경을 홍통(弘經)하는 방법(方軌)이다. 【일여】

④ "어찌서 이름이 보살마하살의 친근할 곳이라 하는가?"

"보살마하살은 국왕, 왕자, 대신과 관리의 수장(首長)을 친근하지 말며," "모든 외도인 범지와 니건자들과 세속의 글(문필)을 짓거나 외도의 글을 찬탄해 읊는 이와 로가야타와 역로가야타[93]를 친근하지 말며,"

"또한 여러 가지 흉한 놀이 서로 붙들며(권법-拳法) 씨름(상박-相搏)하며 나라(那羅 : 재주꾼 : 배우) 등의 갖가지 변화하여 나타내는 놀이를 친근하지 말며,"

"또 전다라(하천계급)와 돼지, 양, 닭, 개치며 사냥하며 여러 가지 악한 규정의 행동(惡律儀)을 친근하지 말 것이니."[94]

"이와 같은 사람들이 혹시 오거든 곧 위하여 설법하되 바라는 것이 없으며,"[95]

"또 성문을 구하는(배우는) 비구, 비구니, 우바새, 우바이를 친근하지 말며, 또 묻지도 말며 만약 집안이나 및 두루 다니는 곳이나 및 강당 안에서 함께 머무르지 말 것이며,

혹시 오는 이가 있거든 마땅함(수준)을 따라 설법하고 바라 구하는 것(대승을 권함)이 없어야 하느니라."

⑤ "문수사리여, 또 보살마하살은 여인의 몸에 능히 애욕을 생각하

---

93) 모든 외도인 범지(출가 외도). 니건자(재가 외도). 로가야타(유물논의 육사(六師)외도). 역로가야타(도리에 어긋나는 쾌락 주의자)

94) 악연(惡緣)을 멀리하는 것이다. 전다라는 엄치(嚴幟 : 혹독한 표시)라 하니 혹독하고 모짊(嚴厲)을 스스로 보람이라 말하니, 문신(文身)과 괴상망측한 옷차림(惡服) 같은 종류라. 비니장(毗尼藏)에 선율의(善律儀)와 악률의계(惡律儀)가 있다.. 【계환】

95) 살생하는 마음을 돌이킬 뿐이며 더 이상 소승, 대승 법을 권 함.이 없음.

는 모습을 가지고 위하여 설법하지 말며 또 즐겨 보지도 말며, 만약 남의 집에 들어가더라도 소녀, 처녀, 과부 등과 함께 말하지 말며,"

⑥ "또 다시 다섯 가지 남자 아닌 사람을(남성불구) 가까이하여 돈독하게 하지 말며,"
"남의 집에 홀로 들어가지 말지니, 만약 인연이 있어 모름지기 홀로 들어갈 때는 오직 일심으로 부처님을 생각하며,"
"만약 여인을 위하여 설법할 때는 이를 드러내 웃지 말며 가슴을 드러내지 말 것이니, 나아가 법을 위해서도 오히려 친히 도탑게 하지 말 것인데 하물며 또 다른 일이랴!"

⑦ "나이 젊은 제자와 사미나 어린 아이를 즐겨 기루지(치지) 말며 또 스승과 같이 더불어 즐기지(오락) 말고,"
"항상 좌선(참선)을 즐겨 한적한 곳에 있으면서 그 마음을 닦아 잡을 것이니, 문수사리야, 이 이름이 '첫 번째로 친히 가까이할 곳(初親近處)'이라 하느니라."

⑧ "또 보살마하살은 일체법이 빈 것을 보아 실상과 같아 거꾸로 뒤집어지지 않으며 움직이지 않으며 물러나지 않으며 옮기지 아니하여,"
"허공처럼 있는 것이 없는 성품은 일체 말할 길이 끊어지며, 생기

지도 않고 나오지도 않고 일어나지도 아니하며 이름도 없고 모양도 없어 실로 있을(존재할) 것이 없어, 한량없고 끝없으며 걸림도 없고 막힘도 없건마는 오직 인연만 있어서 거꾸로 뒤집힘을 좇아 나나니, 그래서 설하느니라."

"항상 이와 같은 법의 모양을 즐겨 본다면, 이 이름이 보살마하살의 둘째 친근할 곳이니라."

⑨ 그때 세존께서 이 뜻을 다시 펴시려고 게송으로 말씀하시되,

"만약 어떤 보살이 후 악한 세상에
두려움 없는 마음으로 이 경을 설하고자 할 때는
마땅히 행할 곳과 친근할 곳에 들어갈지니,"

⑩ "항상 국왕과 국왕의 아들과
대신과 관장(官長)과 흉하고 험한 놀이(씨름, 권법)하는 이와
전다라(천한 백성)와 외도 범지를 멀리하며,
또 증상만의 사람과 소승에 탐착하여
삼장(소승 삼장)을 배우는 이를 친근하지 말 것이며,"
"파계한 비구와 이름뿐인 아라한과
또 농담과 웃음을 좋아하는 비구니와
오욕에 깊이 집착하며 현세에서 멸도를 구하는

모든 우바이를 다 친근하지 말지니,"
"만약 이 사람들이 좋은 마음으로 와서
보살의 처소에 와서 부처님의 도를 듣기 위하면,
보살은 곧 두려움 없는 마음으로
바라는 마음(기대) 먹지 말고 법을 설할 것이니라."

⑪ "과부, 처녀와 모든 남성 불구자(不男)를
다 친근하여 도탑게 친하지 말며,
또 백정(도아. 고기, 생선) 회치는 이와
사냥하고 물고기 잡는 이와 이익을 위해 살해하여
고기 팔아 스스로 살아가는 이를 친근하지 말며,
여색을 파는 이와 같은 사람을 다 친근하지 말며,"

⑫ "흉악하고 험악하게 서로 때려눕히는 것(撲: 씨름)과 가지가지 놀이와
모든 음탕한 여자들을 다 친근하지 말지니라."
"홀로 가려진 곳에서 여인을 위하여 설법하지 말 것이며,
만약 설법할 때면 농담이나 웃음 짓지 말며
마을에 들어가 걸식할 때는 96)한 비구를 데리고 갈지니,
만약 비구가 없거든 일심으로 염불할 것이니라."

96) 보운경(寶雲經=寶雨經)에 이르되 「걸식은 4등분하되 1등분은 같이 범행(梵行 : 청정행)하는 이를 받들고(주고) 1등분은 걸인(丐人)에게 주고 1등분은 귀신(鬼神)에게 베풀고 1등분은 자신이 먹는다(自食).」 라고 【일여집주】

"이것을 곧 이름 하여 행할 곳과 가까이 할 곳이라 하나니,
이 두 곳이라야 능히 안락하게 설하리라."

⑬ "또 다시 상, 중, 하 법(삼승.장,통,별 3교)과
함이 있고(유위有爲) 함이 없는 것(무위無爲)과
참되고(1승) 참되지 않은(권교權敎3승) (2변邊)법을 또한 행하지 말며,
(원교 중도 묘행(妙行)을 행하라)
또 이는 남자, 이는 여자라 분별하지 말라.
모든 법은 얻을 수 없으며 알지도 못하고 보지도 못하나니
이것을 곧 이름 하여 보살의 행할 곳이라."하나니라.
"일체 모든 법이 비어서 있는 것이 없으며
항상 머무름도 없으며 또 일어나고 멸함도 없으니,
이 이름이 지혜 있는 이의 친근할 곳이라 하느니라.

⑭ 거꾸로(顚倒) 모든 법이 있다 없다.
이것은 진실하다(實). 진실하지 않다(非實).
이것은 생(生)이다 생이 아니다 (非生). 라고 분별하나니,
고요한 곳에 있으면서 그 마음을 닦아 거두어
편안히 머물러 움직이지 않고 수미산 같이 하라."
"일체법을 관함에 다 있는 것이 없어(존재하는 것이 없음)
마치 허공 같아 견고함이 있을 수 없으며
생기지도 않고(不生) 나오지도 않으며(不出),
움직이지도 아니하고(不動) 물러나지도 아니하고.(不退)

항상 머물러 있어 한 모양(一相)이라.
이것을 친근할 곳이라 이름하느니라."

⑮ "만약 어떤 비구든 내가 멸도 한 후에
이 행할 곳과 친근할 곳에 들어가면
이 경을 설할 때 겁나고 나약함이 없으리니,"
"보살이 어떤 때는 고요한 방에 들어가
바른 생각(억념憶念)으로 뜻을 따라 법을 보지만,
선정에서 일어나 국왕들과 왕자, 신하, 백성, 바라문들을 위하여
교화를 열어 해설하여(연창演暢) 이 경전을 설하면
그 마음 안온(安穩)하여 겁나고 나약함이 없느니라."
"문수사리여, 이것을 이름 하여 보살의
첫째 법(몸)에 안주하여[97] 능히 후세에 법화경을 설 한다. 고 하느니라."

⑯ "또 문수사리여, 여래가 멸도한 후에 말법 중에 이경을 설하고자 할 때는 마땅히 (제 2 구口)안락행에 머물러 입으로 펴 말할지니 (설법),"[98]

---

97) 첫째 법, : 초법初法-신,구,의,서원.4안락행의 첫째 법=身몸 안락행)

98) [2] 구안락행(口安樂行) 여기는 구안락행(口安樂行)을 해석한 것인데, 방법(法)에는 (1) 지행(止行 : 마음을 멈추는 수행)과 (2) 관행(觀行 : 마음으로 보는 수행)이 있다.

지금 지행(止行) 중에 첫째로 "능히 듣는 사람(能聽人)과 들은 경전(經典)의 허물(過)을 말하기를 즐기지 말라." 고 한 것은, 법화(法華) 이전(已前)에 7방편의 방편법(權法)에서는 부처님이 수타의어(隨他意語 : 남의 뜻에 따라 말함)로 남(중생)의 근기(他機)를 위함이라. 명칭이 불요의인(不了義人 : 남(중생)에게 뜻을 분명히 전하지 못함)이었다.

만약 (사람이)듣고 받아들인다면(聽受) 편벽된 소승(偏小)을 좋아하는 허물(過)을 용인할 수 있지만(容有) 법은 근기에 따

"만약 경을 읽을 때 사람과 경전의 허물을 즐겨 말하지 말며 또 모든 다른 법사들을 업신여기지 말며 남의 좋고 나쁨과 장단점을 말하지 말며,"

"성문의 사람에게 또 이름을 불러 그 허물을 말하지 말며 또 이름을 불러 그 아름다움을 찬탄하지 말며 또 원망하고 싫어하는 마음을 내지 말고 이와 같은 안락한 마음을 잘 닦을 것이니,

그러므로 모든 듣는 사람 그들 뜻에 거스르지 아니하며 힐난하여(트집 잡아) 묻는 이 있거든, 소승법으로 대답하지 말고 오직 대승으로 위하여 해설하여 일체종지(부처님의 지혜)를 얻게 하느니라."

⑰ 그때 세존께서 이 뜻을 거듭 펴려하여 게송으로 설 하시되,

"보살이 항상 편안히 설법함을 즐기되,"
"맑고 깨끗한 땅에 자리 펴고
기름을 몸에 발라 먼지와 때를 씻고
깨끗한 새 옷 입고 안 밖을 다 청소 하고
법좌에 편히 앉아 묻는 대로 설법하라."
"만약 비구 비구니와
여러 우바새, 우바이와
국왕, 왕자와 여러 신하, 선비, 백성들이 있거든,

라(隨機) 설하는 것이라 어찌 허물이 있겠는가?! 만약 법에 허물이 있다고 말한다면 이것은 그 듣고 받는 사람(聽受之人)을 어지럽게 하는 것이라(惱亂 : 근기가 못 받아들임) 구안락행(口安樂行)의 모습은 아니다. 【일여】

미묘한 뜻을 온화한 얼굴로 설할 것이니라.

⑱ 만약 어려운 질문이 있거든, 뜻에 따라 대답하되
인연이나 비유로 펴서 분별해 주라.
이런 방편으로 다 발심하게 하여
점점 더 이익 되게 하여 부처님 도에 들게 할지니라."
"게으른 뜻과 생각 없애고
모든 근심걱정을 여의고 자비심으로 설법하되,

⑲ 밤낮에 항상 무상도(無上道)의 가르침을 설하여
모든 인연과 한량없는 비유로
중생에게 열어 보여 다 환희하게 하라,"
"의복과 침구와 음식과 의약
그 가운데 바라는 것이 없고,
다만 일심으로 '설법의 인연을 생각하여
부처님 도 이루기를 원하고 대중들도 또한 그렇게 하라.'
이것이 크게 이로운 안락한 공양이니라."

⑳ "내가 멸도한 후에 어떤 비구가
능히 이 묘법화경을 연설하면
마음에 질투와 성냄 모든 괴로운 장애가 없으며,

또 근심과 슬픔과 꾸짖는 자도 없으며,
또 두려움과 칼, 막대기 등으로 때리는 것도 없으며
또 쫓겨남도 없으리니 인욕에 편안히 머물기 때문이니라."

㉑ "지혜로운 이는 이와 같이 그 마음을 잘 닦아서
능히 안락에 머무르되, 내가 위에서 말한 것과 같이 하면,
그 사람의 공덕은 천 만억 겁으로
산수(算數)나 비유로 말하여도 능히 다 못하리라."

㉒ "또 문수사리여, 보살마하살이 후 말세에 법이 멸하려 할 때, 이 경전을 받아 지녀 읽고 외우는 사람은 질투하고 아첨하며 속이는 마음을 먹지 말며, 또 부처님의 도를 배우는 이를 업신여겨 꾸짖어 그 장단점(잘 잘못)을 찾지 말며,"
"만약 비구, 비구니, 우바새, 우바이, 성문을 구하는 이와 벽지불을 구하는 이와 보살도를 구하는 이를 능히 어지럽게 하여 그로 하여금 의심하고 후회하게 하여 그 사람에게 말하되,
'너희들은 도(道)와는 거리가 너무 멀어 끝내 능히 일체종지를 얻지 못할 것이니, 왜냐하면 너희들은 이런 방일(放逸)한 사람이라 도에 게으른 때문이라.'라고 하지 말라"
"또한 마땅히 모든 법을 농담으로 논하여 다투어도 안 될 것이요,"

㉓ "반드시 일체 중생에게는 크게 불쌍한 생각을 일으키며, 모든 여래에게는 자비로운 아버지라는 생각을 일으키며 모든 보살에게는 큰 스승이라는 생각을 일으키며,"

"시방의 모든 큰 보살에게 항상 마땅히 깊은 마음으로 공경하고 예배하며,"

"일체 중생에게 평등하게 설법하되, 법에 순종하는 연고로써 많이도 하지 말고 적게도 하지 말며, 이에 법을 깊이 사랑하는 사람에게도 또한 위하여 많이 설하지 말 것이니라."

㉔ "문수사리여, 이 보살마하살이 후 말세에 법이 멸하려 할 때, 이 제 3 (뜻意의) 안락행(身, 口, 意, 誓願中 意안락행)을 성취한 이가 있으면 이 법을 설 할 때 능히 괴롭혀 어지럽게 함이 없으며,"

"좋은 같이 배우는 이(好同學)를 만나 이 경을 어울려 읽고 외우면 또 대중이 와서 듣고 받을 것이니,"99)

"듣고 나서 능히 지니며 지니고는 능히 외우며 외우고는 능히 설하며 설하고는 능히 쓰며, 만약 사람을 시켜 (글을)써서 경에 공양하며 공경하고 존중하며 찬탄하라."

㉕ 그때 세존께서 이 뜻을 거듭 펴려고 게송으로 말씀하시되,

"만약 이 경을 설하려면 반드시 질투, 성냄, 교만과

---

99) 이런 행을 행하기 때문에 즐거워 벗을 얻으며 관대하여(寬어위여) 대중을 얻으시니라. 【계환】

아첨하고 속이고 삿되고 거짓된 마음 버리고 항상 곧은(질직한) 행을 닦아,"

"사람을 업신여기지 말고 또 법을 희론(戱論)하지 말며
남들을 의심하거나 후회하게 '너는 성불하지 못한다.'고 하지 말라."

㉖ "이 불자가 설법하려면 항상 부드럽고 온화하여 능히 참아
일체에 자비로 대하여 게으른 마음 내지 말라,
시방의 큰 보살은 중생 불쌍히 여김으로 도를 행하나니,
마땅히 공경하는 마음을 내어 이이가(듣는 이가) 곧 나의 큰 스승이라 여기라,
모든 부처님 세존께 위없는 아버지라는 생각을 내며,
교만한 마음을 깨뜨리고 법을 설하면 장애가 없으리니,"
"제3의 법(뜻 안락행)이 이와 같으니 지혜로운 이는 반드시 수호하여
일심으로 안락 행을 하면 무량한 중생이 공경하리라."

㉗ "또 문수사리여, 보살마하살이 뒤 말세에 법이 멸하려할 때,
이 『법화경』을 지닌 사람은 집에 있거나 출가했거나 사람 가운데에서는 큰 사랑의 마음을 내고 보살 아닌 사람 가운데에서는 크게 가엾은 마음을 내어,"
"반드시 이런 생각을 하되 '이와 같은 사람은 곧 크게(큰 것-대승 법

을) 잃게 되니 여래의 방편으로 수준에 따라 설법하심을 듣지도 못하며, 알지도 못하며, 깨닫지도 못하며, 묻지도 못하며, 믿지도 못하며, 알지도 못할 것이니,[100)]
그 사람이 비록 이 경을 묻지도 못하며, 믿지도 못하며, 알지 못하나, 내가 아뇩다라삼막삼보리를 얻을 때, 어느 땅에 있든지 따라가서 신통력과 지혜의 힘으로 그를 이끌어 이 법 가운데에 머물게 하리라.' 고 하라."

㉘ "문수사리여, 이것이 보살마하살이 여래가 멸도 한 후에 이 제4의 법(4서원 안락행)을 성취한 사람은 이 법을 설할 때 허물이 없으며,"
"항상 비구, 비구니, 우바새, 우바이와 국왕과 왕자와 대신과 인민과 바라문과 거사들이 공양하고 공경하며 존중하고 찬탄하며, 허공의 여러 하늘이 법을 듣기 위한 까닭으로 또한 항상 따르고 모시며," "만약 마을이나 성이나 고을이나 비고 고요한 수풀 가운데 있는데, 어떤 사람이 와서 힐난(트집 잡아)하여 물으면(難問),[101)]
모든 하늘이 낮밤으로 항상 법을 위하는 연고로 호위하고 보호하여 능히 듣는 사람이 다 환희를 얻게 하리니,
왜냐하면 이 경은 일체 과거, 미래, 현재의 모든 부처님이 신통력으로 보호하기 때문이니라."

---

100) 수준 따라 설하는 방편법을 진실로 알고 대승의 뜻을 알지 못함.

101) 힐난하여 묻고자하면(難問) ; 진실함이 없이 농담 삼아 하는 질문.

㉙ **"문수사리여, 이 법화경은 한량없는 나라 중에 이름자도 가히 듣지 못하리니 어찌 하물며 특별히 보고 받아 지니며 읽고 외움이랴!!"**

㉚ **"문수사리여, 비유하면 힘센 전륜성왕이 위세로서 모든 나라를 항복시키고자하되, 모든 소왕(小王작은 왕)이 그 명령에 순종하지 않으면, 그때 전륜왕이 가지가지 군사를 일으켜 가서 토벌하되,"**

"왕은 군사들이 전쟁에서 공이 있는 이를 보고, 곧 크게 기뻐하여 공에 따라 상을 주되,

혹은 밭과 집과 마을, 성(城)과 고을을 주시며 혹은 의복이나 몸에 꾸밀 장신구(助道법)를 주며,

혹은 가지가지 진귀한 보물 금, 은, 유리, 자거, 마노, 산호, 호박(7보)과 코끼리, 말, 수레와 남종, 여종(신통), 인민(人民)을 주되,"

"오직 상투속의 밝은 구슬만(법화경)은102) 주지 않나니, 왜냐하면 유독 왕의 정수리 위에는 이 하나의 구슬만 있으니, 만약 이것을 주면 왕의 모든 권속이 반드시 크게 놀라 황당하게 여길 것이라."

---

102) [1] 밭(田)은 삼매(三昧)요, [2] 집(宅)은 지혜(智慧)요, [3] 취락(聚落 : 마을)은 초과(初果)와 2과(二果)요, [4] 읍(邑)은 3과(三果)요, [5] 성(城)은 4과(四果)의 열반(涅槃)이요, [6] 의복(衣服)은 참인(慚忍 : 부끄럽게 여겨 참음)의 선법(善法)이요, [7] 장신구(嚴身之具)는 도를 돕는 선법(助道善法)이다. [8] 가지가지 7보(七寶)는 7각지(七覺支)등이요, [9] 코끼리, 말, 수레의 탈 것은 2승의 다한 지혜(二乘盡智). 무생지(無生智)다. [10] 노비(奴婢)는 신통(神通)이며, [11] 유루(有漏 : 샘이 있음)의 선법(善法)을 얻음은 인민(人民)과 같으니 곧 7 현위(七賢位)다. 보행 6(輔行六)의 아래에 이르되「"공에 따라 상을 준다(隨功賞賜)" 는 것은 그들이 정진(精進)한 공의 능력(功能)을 따름이니, 그러므로 부처님인 륜왕(輪王)은 소승(小乘)의 대중이 견혹과 사혹(見思)의 도적(賊)을 깨뜨려 적은 공(微功)이 있는 사람을 보면, 사선정(事禪定 : 유루(有漏)의 선정)과 무루(無漏 : 샐 틈이 없음)인 밭과 집(田宅)을 하사(賜)한다. 만약 대사(大士 : 보살)가 마땅히 대혹(大惑 : 큰 번뇌)을 깨뜨려 큰 공훈(大功勳)을 얻음(獲)을 보면 즉시 상투(髻)속의 밝은 구슬(明珠)을 하사할 것이다.」라고 【일여집주】

㉛ "문수사리여, 여래께서도 또한 이와 같아 선정과 지혜의 힘으로 법의 국토를 얻어 삼계의 왕이 되었으되, 모든 마왕이 순종하여 복종하고자 아니하거늘, 여래의 현인, 성인과 모든 장수가 그(魔)와 함께 싸우나니,"

"그 공이 있는 이를 마음에 또 기뻐하여 4부 대중 가운데서 여러 경을 설하여 그 마음을 기쁘게 하여, 선정과 해탈과 샘이 없는(무루無漏) 근(根)과 힘(37조도품)과 여러 가지 법의 재물을 주며, 또한 열반의 성(城)을 주어 멸도를 얻는다고 말하여, 그 마음을 인도하여 다 환희하게 하되 이 『법화경』을 설하지 아니하나니,"

㉜ "문수사리여, 전륜왕이 모든 군사의 무리 중에 큰 공이 있는 이를 보고 마음에 심히 기뻐 이렇게 믿기 어려운 구슬이 오래 상투 속에 있었는데 함부로 사람에게 주지 아니하던 것을 오늘 주는 것과 같아,"

"여래도 또한 이와 같아 삼계 가운데 큰 법왕이 되어 법으로 일체 중생을 교화하되,

현인과 성인의 군사가 오음(五陰=5온)의 마(魔)와 번뇌의 마와 죽음의 마와 함께 싸워 큰 공이 있어, 삼독을 멸하고 3계를 벗어나 마의 그물을 찢어버리는 것을 보고,

그때 여래께서 또 크게 기뻐하여 이 법화경이 능히 중생으로 하여금 일체지에 이르게 하며, 일체세간에서는 원망이 많고 믿기 어려

운지라. 먼저 설하지 못 하던 것을 오늘에야 설하느니라."
"문수사리여, 이 법화경은 이는 모든 여래의 제일의 설법이라 모든 설법 중에 가장 심히 깊어 나중 뒤에야 주는 것은, 저 힘센 왕이 밝은 구슬을 오래도록 가지고 보호하다가 오늘에야 주는 것과 같으니라."
"문수사리여, 이 법화경은 여러 부처님 여래의 비밀한 법장이라 모든 경 가운데 가장 위에 있으니,
긴 밤(무명의 긴 밤)에 수호하여 함부로 펴 설하지 않다가 처음 오늘에야 너희들에게 펴노라." (사십구년미현진실(四十九年未顯眞實)

㉝ 그때 세존께서 이 뜻을 거듭 펴려하여 게송으로 말씀하시되,

"항상 인욕 행하여 일체를 불쌍히 여겨
이에 능히 부처님이 찬탄하는 경을 연설하라."
"뒤 말세 때, 이 경을 지니는 사람은
재가나 출가했거나 또 보살이 아닌 이에게도
반드시 자비심을 내어," " 이들이 (이 경을)듣지도 못하며
이경을 믿지도 못하니, 곧 큰 손실이 됨이라,
내가 불도를 얻어 모든 방편으로
이 법을 설하여 그들을 이법 가운데 머물게 하리라."고 생각하라.

㉞ "비유하면 힘센 전륜왕이 병사가

싸움에 공이 있으면 여러 가지 물건으로 상을 주되,
코끼리, 말, 수레며 몸에 꾸밀 것(장신구)과
또 모든 밭과 집과 마을, 성과 고을이며
혹은 의복과 가지가지 진귀한 보배와
노비와 재물을 주어 기쁘게 하다가,
만약 용맹하고 굳세어 능히 어려운 일을 한 이가 있으면,
왕이 상투 속의 밝은 구슬을 풀어 주는 것과 같이,"

㉟ "여래도 또 그러하여 모든 법의 왕이니
인욕의 큰 힘과 지혜의 보장(寶藏보배 창고)이라.
대자비로 법과 같이 세간을 교화하되
모든 사람들은 온갖 고통(고뇌) 받다가
그 것을 벗어나려(해탈) 마(魔)들과 싸우는 것을 보고,
이런 중생을 위하여 갖가지 법을 설하여
큰 방편으로 이 온갖 경을 설하다가,
이미 중생이 힘을 얻은 것 아시고 나서(아라한)
최후 끝에 가서 이 법화경 설하나니,
왕이 상투에서 밝은 구슬을 풀어 주는 것과 같으니라."
"이 경은 존귀하여 많은 경중에 으뜸이라,
내가 항상 수호(守護)하여 함부로 열어 보이지 아니하다가,
지금이 바로 이때라. 너희 들 위해 설하노라."

㊱ "내가 멸도 한 후 불도를 구하는 사람이
편안하게 이 경을 연설하고자하면,
반드시 이와 같은 4가지 법(4안락행)을 친근할 것이니라."

"이 경을 읽는 사람은 항상 근심과 고뇌가 없으며
또 병의 고통도 없어 안색이 희며,
빈궁하고 비천하고 추루한데 태어나지 않으며
중생이 보기 즐겨하되, 성현을 사모하듯 하며
하늘의 동자들로 급사(給使시중드는 사람)를 삼으며,
칼과 막대기로 때리지 못하며 독이 능히 해치지 못하며,
혹 사람이 모질게 꾸짖어도 그 입이 곧 막히고,
다님에 두려움 없어 사자 왕과 같으며.
지혜의 광명은 햇빛 비추듯 하리라."

㊲ "혹은 꿈속에도 오직 미묘한 일만 보되,"
"모든 여래께서 사자좌에 앉으사
여러 비구대중에 둘러싸여 설법하시는 것을 보며,
또 보니 용과 귀신, 아수라 등이
수가 항하의 모래 같은 이들이 공경 합장하고 있는데,
자신이 거기에서 설법하는 것을 보며,

㊳ 또 보니 모든 부처님 몸이 금색인데
한량없는 광명 놓아 일체를 비추시며
범음성(하늘의 음성)으로 모든 법을 연설하시며,"
"부처님이 사부대중을 위하여 위없는 법을 설하시는데,
자신을 보니 그 가운데에서 합장하고 부처님을 찬탄하며,
법을 듣고 환희하여 공양하며
다라니를 얻어 물러나지 않는 지혜를 증득하니,
부처님은 그 마음이 불도에 깊이 든 것을 아시고
곧 '최상의 정각을 이루리라. 고 수기를 주시되
너 선남자는 반드시 오는 세상에
한량없는 지혜와 부처님의 큰 도를 얻어
국토가 엄숙하고 깨끗하며, 넓고 커 비교할 데 없으며,
또 4부대중이 합장하고 법을 들으리라."라고

㊴ "또 보니 자신이 산 수풀 속에서
좋은 법 닦고 익혀 모든 실상을 증득하며
선정에 깊이 들어 시방의 부처님을 보니,
모든 부처님 몸 금색인데 백가지 복의 모습으로 장엄하셨는데,
'(내가) 법을 듣고 남을 위해 설하는 항상 이런 좋은 꿈이 있음이
라.'

㊵ "또 꿈에 국왕이 되어 궁전과 권속과
또 가장 미묘한 5욕을 버리고 도량에 나아가
보리수 아래 사자좌에 있으면서(머물며),
도를 구하여 7일 만에 모든 부처님의 지혜를 얻어
위없는 도를 이루고 나서 일어나, 법륜을 굴려(설법)
사부대중을 위하여 법을 설하되, 천 만억 겁을 지나도록
무루(번뇌 없는)의 묘법을 설하여 무량한 중생을 제도하고
후에 반드시 열반에 들되 연기가 없어지고 등불이 꺼지듯 하니라."

"만약 뒤에 악한 세상에 이 제1법(법화경)을 설하면
이 사람이 큰 이익을 얻음이 위에 (설한)여러 공덕과 같으리라."103)

안락행품 제 14 끝.

몸 편안하고 마음 안락하게 하는 법을 설한 품 제14끝.

---

103) 이미 8상(八相)으로 부처되는 꿈을 꾸었으니 곧 알라. 이것은 꿈에 묘각(妙覺)에 들어간 것이다.
이 중에 혹 이는 초주에 능히 8상(八相)으로 성불하는 모습이라. 앞의 다음 위계(次位)로 인(仍)하여 극과(極果 : 묘각)에 의지하여(寄) 말한 것뿐이다. 「꿈에 국왕이 되어(夢,作國王)」라고 함은, [8상(八相)으로 성불하는 모습] [1] 곧 이것은 도솔천(兜率)을 내려와, [2] 모태(胎)에 의탁하여, [3] 내려와 태어난(降生) 3가지 모습(三相)이다. [4] "궁전과 5욕을 버리고 도량(道場)에 나아간 것" 은 곧 이는 출가(出家)의 상(相)이다. [5] "무상도(無上道)를 이룸(成無上道)" 은, 도를 이룬 것은 반드시 마(魔)를 항복받아야 하니 곧 이것은 성도(成道)와 [6] 항마(降魔)의 2가지 상(二相)이다. [7] 법륜을 굴리고(轉法輪) [8] 열반에 드는(入涅槃) 2가지 모양(二相)은 경문과 같다.
「연기(烟)가 다하면 등불이 꺼지듯(煙盡燈滅)」이란, 연기(烟 : 煙)는 근기(機 : 중생의 근기)에 비유하고 등불(燈)은 응함(應 : 부처님의 응하여 주심)에 비유한 것이다.
묘락에 이르되 「안락은 이미(旣) 여래의 행이다. 그러므로 경을 홍통하는 것은 미리(預) 과의 성취(果成)를 표현(表)한 것이다. 그러므로 알라. 홍경(弘經)하는 공덕(功)은 그 힘이 적지 않다.」라고. 【일여】

종지용출품 제 15

석존께서 교화한 6만 보살과 4대보살이 땅 밑(하방공중)에서 솟아나오며 장차 수명(수량)의 비밀을 밝혀내는 품. 제 15.

(본문의 서품에 해당한다.)

【일여 품 해설】 스승(부처님)이 엄숙하고 도가 높아 몸 굽혀 공경하여 떠받듦으로 여래께서 한번 명(命)하시니 사방에서 달려 솟아 나옴이라. 그러므로 종지용출품이라 한다.
이것은 세계 실단(悉檀 : 성취, 理-중생의 소원에 따라 세속의 법을 설해 기쁘게 하는 것)에 대한 해석이다.

삼세(三世)를 교화하여 이끄심에 은혜로운 이익이 끝없으니 한 개의 달에 만개의 그림자를 누가 능히 생각하여 헤아리랴.

과거(제자)를 불러서 현재(제자)에 보이며 (그들에게) 묘경(妙經 : 묘법연화경)을 홍통하여 미래 중생에게 이롭게 하니 그래서 종지용출품이라 말한다. 이것은 위인(爲人)실단(사람을 성취하게 하는 가르침)에 대한 해석이다.

허공은 고요하여(湛然) 일찍도 없고 늦은 것도 없다. (시간) 미혹 한 자(惑)들이 자취(迹 : 近迹가지, 가야의 성불. 방편품. 현실. 현생. 지금)에 집착하여 그 근본(本 : 本迹뿌리. 구원실성. 수량품. 전생. 옛. 과거)에 어두움이라. 옛을 불러 지금에 보이고 가까운 것(보리수 아래의 성도)을 깨뜨리고 먼 것(久遠實成)을 나타내시니, 그러므로 종지용출품이라 한다. 이것은 대치(對治)실단에 대한 해석이다.

적멸도량(寂場)의 젊은 아버지(化身의 석가모니불)가 오래 종지(種智 : 일체종지. 부처님의 지혜)의 환년 약(還年藥나이가 되돌아오는 약, 젊어지는 약. 불사약)을 먹은 고로 늙었으나 젊은 것(젊어짐)같고 적광토(寂光 : 常寂光土=법신이 머무는 정토, 常住의 정토)의 늙은 아이(地湧지용보살)도 또한 오래 상주(常住)하여 죽지 않는 약 처방(方)을 가르쳐 그러므로 젊었으되 늙은 것 같이 그 약의 힘(실상)을 보여(수량품의 父子의 비유)다 알게 하니, 그러므로 종지용출품이라 한다. 이것은 제일(第一義)실단에 대한 해석이다.

묘락(妙樂)대사가 이르되, "땅 아래로부터 위로 올라오니 그러므로 이것은 세계(世界)실단이다.

본인(本人 : 本地의 사람. 과거)을 불러 현재의 사람에 보여 현재의 사람에게 현재 선함이 생기게 하고 본문의 사람(本人)이 현재의 경을 넓혀 나가 미래의 사람(當人)이 미래의 선함(當善)이 생기게 함이라. 그러므로 이것은 위인(爲人)실단(사람되게 하는 가르침)이다.

허공(虛空)등이란 나타난 것(所表)에 대한 것이다. 허공은 이치(理공간)요 본적(本迹시간)은 사물(事)이다. 사물에는 뿌리와 줄기(本迹)가 있고 이치(理)에는 일직과 늦음이 없으나 미혹한 이가 이치에 미혹하고 본적에 어두운 고로 가까운 자취(迹)에 집착하여 먼 뿌리(遠本 : 근본)를 잃는다. 그래서 옛것을 불러 지금에 보여 집착한 가까운 악을 깨뜨리니, 그러므로 이것은 대치(對治)실단이다.

적멸도량(迹場)에서 비로자나(舍那본불)께서 시성정각(始成 : 처음 정각을 이룸. 부처님의 가야의 成道)을 보이시니,(그러므로 아버지가 젊고 적광정토에서 보살행을 오래 집착하여 행한 고로 나이가 늙음이라(地涌보살 : 땅에서 솟아 나온 보살).

비유하면 약의 힘이란 아버지가 오래 먼저 일체종지의 나이가 되돌아오는(還年) 약을 먹고 아버지가 늙되(본래나이는 만지만) 그러나 젊은 것 같고 아들 또한 오래 항상 머물러 죽지 않는 약방문(藥方文)을 받아(稟) 먹고 아들이 젊되 그러나 늙은 것과 같으니, 그러므로 이것은 제일의(第一義)실단 이다. 일여.

○ 4실단(四悉檀 : 실(悉)은 다다, 단(檀)은 보시다. 부처님이 중생을 위하여 4가지 가르침을 베푼 것.

1,세계실단(世界悉檀=중생의 소원에 따라 세속의 법을 설해 기쁘게 하는 것),

2,위인실단(爲人悉檀=중생의 능력에 따라 맞게 설하여 선을 행하게 하는 것),

3,대치실단(對治悉檀=탐욕이 많은 이에게는 자비관을. 어리석은 이에게는 인연관(觀)을 설하는 등 맞는 법을 설하여 그 병을 고쳐주는 것. 번뇌와 악업을 경고하여 이를 없애는 가르침으로 악을 끊게 하는 설법으로 단악(斷惡)실단이라고도 한다.),

4,제일의실단(第一義悉檀=입리실단入理悉檀=중생의 능력이 성숙되기를 기다려(때를 기다려) 제법실상의 법을 설하여 깨닫게 하는 것. 진리를 바로 설하여 깨달음으로 들어가게 하는 것) 종(宗)마다 달리 해석 한다.

① 그때 타방 국토(다른 나라)에서 오신 모든 보살마하살(보신불을 따라 온 보살)이 8항하의 모래 수를 넘더니, 대중 가운데서 일어나 합장하여 예배(예수禮數)하고, 부처님께 여쭈되,

"세존이시여, 만약 우리는 부처님께서 멸도 하신 후에 이 사바세계에 있으면서, 부지런히 더 정진하여 이 경전을 지켜 보호하여 읽고 외우고 쓰며 공양할 것을 허락해 주시면 반드시 이 땅에 널리 설하오리다."

② 그때 부처님께서 여러 보살마하살 대중에게 말씀하시되

"그만 두라. 선남자야. 구태여 너희들이 이 경을 지켜 보호할 것이 아니니라.

왜냐하면 내 사바세계에는 6만 항하의 모래 수 같은 보살마하살(6취趣를 초과超過한 보살)이 스스로 있으되,(自有-본래,저절로 있음) 하나하나의 보살이 각각 6만 항하의 모래 수 같은 권속이 있나니,

이 사람들이 능히 내가 멸도한 후에 보호하여 지켜 읽고 외워 이 경을 널리 설하리라."

◎ 여래가 그만 두라고 제지함에 무릇 3가지 뜻(三義)이 있다.

[1] 타방의 보살은 각각 스스로 자기 임무(己任)가 있는데 만약 이 땅에 와서 머물면 그 곳의 이익을 폐기(廢彼利益)함이요,

[2] 타방 보살은 이 땅과 인연을 맺은(結緣) 사실이 얕으니 비록 (법을) 펴 주고자하나 (宣授) 반드시 큰 이익(巨益)이 없을 것이요,

[3] 만약 다시 허락한다면(,공양할 것을 허락해 주시면) 하방(下方)보살을 부르지 못하게

되니, 하방 보살이 만약 여기 오지 않으면 근성의 자취(近迹 : 垂迹,근래 가야성불)를 깨닫지 못하게 되어 먼 근본(遠本 : 久遠身)이 나타나지 못하게 된다.

이 3가지 뜻(三義) 때문에 그래서 여래께서 제지한 것이다.

『질문 : 모든 부처님 보살은 분신(分身)으로 그림자를 흩어 널리 시방에 두루 일체중생을 꿰어 교화하는데(誘化) 어떻게 피차(彼此)가 있으며 그리고 자기의 임무와 그것을 폐기한다고 하는 가?

대답 : 불보살의 마음에는 실로 피차가 없으나 다만 중생(機)에 그것이 있고 없는 것은 무시로부터 법이 그러함이라. 처음 이 부처님과 보살로부터 인연을 맺어 도로 이 불 보살에게서 성숙하였다.

이로 말미암아 모름지기 하방(下方)을 부른 것이다.=각각

1, 자기의 임무는 있고 세계(世界실단)의 이익은 없으며

2, 맺은 인연의 일이 얕으면 사람을 위한(爲人실단) 이익은 없고

3, 근성(近成가야의 성불)을 깨트리지 아니하면 대치(對治실단)의 이익이 없고

4, 원본(遠本구원실성)을 나타내지 못하면 제일의(第一義실단)의 이익은 없다.

이 네 가지 이익이 없음으로 그래서 그들을 제지하신 것이다. 문구』

아래쪽(下方)을 불러오는 것도 역시 3가지 뜻(三義)이 있다.

[1] 이는 나의 제자라 응당 나의 법(我法)을 펼 것이요,(세계실단의 이익이 있고)

[2] 인연이 깊고 넓음(緣深廣)으로 능히 이 땅에 이익을 두루 하게 할 것이며 두루 타방 국토에도 이익 되게 할 것이요,(위인 실단의 이익이 있고)

[3] 또 개근현원(開近顯遠 : 근성을 열어 구원 성불을 나타냄)을 얻는 것이다.

(개근은 대치의 이익이 있고 현원은 제일의의 이익이 있다 네 가지 이익이 있음이 그들을 부른 이유다) 이런고로 저들을 제지(制止)하고 하방을 부른 것이다. 【일여】

③ 부처님께서 이를 설하실 때 사바세계 3천 대천 국토의 땅이 다 진동하여 갈라지거늘, 그 가운데 한량없는 천 만억 보살마하살이 있어 동시에 솟아 나오시니,

이 모든 보살은 몸이 다 금색이시고 32상이시고 한량없는 광명이 나시니, 먼저 다 이 사바세계의 지하(법성의 연못 밑, 심오한 뜻의 극지)

에 계시며 이 세계의 허공중에 사시는데(四德의 비밀장. 이 세계에도 하방세계에도 속하지 않으니 이것이 중도를 표한 것이다. 이것이 본래 중도실상의 상적(常寂)광토의 이치에 머무는 것을 표함).

이 모든 보살이 석가모니불께서 설법하시는 음성을 들으시고 아래로부터 나오시니,[104)]

④ 하나하나의 보살이 다 이 대중의 이끄는(창도唱導) 우두머리(수장)시라, 각각 6만 항하의 모래 같은 권속을 거느리시니 하물며 5만, 4만, 3만, 2만, 1만의 항하사 같은 권속을 거느림이랴.[105)]

하물며 또 이에 1항하사 반 항하사 4분의 1에 이르며 천 만억 나유타 분의 1에 이름이랴.

---

104) 아래로부터 나오시니 온(來) 이유는 분부(命)를 들은 때문에 왔으며(세계), 법을 펴려는 때문에 왔으며(위인), (近成身에) 집착을 깨기 때문에 왔으며(대치), 본문(本)을 나타내기 때문에 왔으니(제일의), 모두 위에 설한 것과 같다. 【일여】

105) "거느린 권속(所將眷屬)" 이란, 만약 인정(人情 : 세속적)으로 가서 본다면(往望) 6만, 5만 항하사를 거느린 것은 많다하고 3, 2, 1을 거느린다는 것은 적다하고 단신(單己)이라는 것은 홀로(隻獨)를 말한다.

만약 경문에 의하여 가서 추심한다면(往尋) 6만, 5만은 적다하고 단신(單己)은 많다고 한다. 그러므로 아래 게송에 이르되 「홀몸에 (권속 없이) 홀로 있기를 즐겨하는 이는, (다 와서 부처님 처소에 이르니) 그 수가 위에서 보다 더 넘으니, 라고 하였다. 만약 법문(法門)에 의한다면 하나하나는 다 이는 도사(導師)로, 능히 많은 사람을 인도(引)하여 보배 있는 곳(寶所)에 이른다. 반드시 알라, 하나의 몸(一己)은 홀로가 아니며 6만(萬)은 많은 것이 아니다. (6만(萬)은 6도(度))

[1] 하나는 곧 일도청정(一道清淨)이요, [2] 둘은 곧 선정(禪定), 지혜(智慧)요, [3] 셋은 곧 계정혜(戒定慧)요,

[4] 넷은 곧 4제(四諦)요, [5] 다섯은 곧 5안(五眼)이요, [6] 여섯은 곧 6도(六度)다.

하나하나의 도(度)가 10법계(十法界)를 갖추고 계계(界界)마다 서로 100법계(百法界 : 10×10=100)를 구성하고 계계 마다 10여(如)나 곧 1000여(100×10=1000 如)를 갖추며 여여(如如) 마다 10선(善 : 세종본=萬, 일본본=善이나 문맥상 善으로 함)이니 곧 만선(萬善 : 1000×10=10.000 善)을 이룬다.

1도(一度)에 1만(萬)을 갖추니 6도(度)는 곧 6만의 법문(法門)이다.(1도(度)가 1만× 6도= 6만)

많은 것을 가지고 많다 하지 못하고 하나를 가지고 적다하지 못하니 많은 것도 아니요 적은 것도 아니니, 그러나 많고 그러나 적은 것이다. [(많은 것을 많지 않다고 함은 공이요, 하나를 적지 않다함은 가(假)요, 둘 다 부정(雙非)하고 둘 다 긍정(雙照)하니 중(中)이다.=문구記)]

이 중에 6도(六度)를 밝히면 불변의 진리(常途)인 6도(六度)가 서로 장엄(嚴)한 말씀(說)이 동일(同)하지 않으니, 이에 묘경(妙境 : 불가사의 한 경계(대상))에 의지하여 6도(度)를 논할 뿐이다. 묘락이 이르되 「행(行)은 묘경(妙境)에 의지하니 고로 도(度)는 만 가지를 이룬다는 것이 이것이다.」 라고. 【일여】

하물며 또 천 만억 나유타 권속이랴. 하물며 또 억만의 권속이랴. 하물며 또 천만 백만이며 1만에 이름이랴.
하물며 또 1천 1백이며 10에 이름이랴. 하물며 또 5, 4, 3, 2, 1의 제자를 거느리심이랴.
하물며 또 홀몸으로 원리행(遠離行파계를 멀리 여의는 수행)을 즐기는 이랴! 이와 같은 등 비교가 무량무변하여 수를 세거나 비유로는 능히 알 수 없더니,

⑤ 이 여러 보살이 땅으로부터 솟아나와 각각 허공의 칠보 묘탑의 다보여래와 석가모니불께 가서, 두 세존을 향하여 머리와 얼굴로 발에 예배(예수禮數)하고, 또 여러 보배나무 아래 사자좌 위의 부처님 계신데 가서 또 다 예배하고, 오른 쪽으로 세 번 돌고 합장하고 공경하여 여러 보살이 가지가지 찬탄하는 법으로 찬탄하고, 한 면에 머물러 두 세존을 즐겁게 우러러보시더니,
이 모든 보살마하살이 처음 솟아나서부터 모든 보살의 가지가지 찬탄하는 법으로 부처님을 찬탄하심이 이러한 시간이 50소겁이 지나더니,
이때 석가모니불이 잠자코 앉아 계시며 또 모든 4부대중도 또 다 잠잠하더니, 50소겁을 부처님의 신통력 때문에 모든 대중이 반나절같이 여기게 하시니라.(도道는 변함없으나 인정이 짧고 멀 뿐이라).

⑥ 그때 4부대중이 또 부처님의 신통력 때문에 모든 보살이 한량없는 백 천 만억 국토와 허공에 두루 가득함을 보았는데,
이 보살대중 가운데 4도사가 있었으니, 첫째 이름은 상행이요, 둘째 이름은 무변행이시며 셋째 이름은 정행이시고 넷째 이름은 안립행(本化의 4보살)이라,
이 4보살이 그 대중 가운데 가장 우두머리인 창도(唱導이끄는)하시는 스승이 되는데, 대중 앞에서 각각 모두 합장하여 석가모니불을 보시며 안부 여쭈시되
"세존께서 병이 적으시며 걱정이 적으시어 안락하게 지나시나이까?(행하시나이까?) 아니하옵니까? (아니하나이까?)
제도할만한 사람은 가르침을 쉽게 받나이까? 아니하나이까?
세존으로 하여금 피로하게 아니 하나이까?"라고
그때 4대 보살이 게송으로 설하되

"세존께서 안락하여 병이 적으시며 근심이 적으시며
중생 교화하시되 피로(疲倦피로하여 싫증 남)는 없으시옵니까?
또 모든 중생은 교화를 쉽게 받나이까?
세존을 피로(疲勞)하게 하지는 아니 하나이까?"라고

⑦ 그때 세존께서 보살대중 가운데 이런 말씀하시되 "이와 같고 이와 같도다(如是如是). 모든 선남자야, 여래는 안락하여 병이 적으

며 근심도 적으시며 여러 중생들도 가히(잘) 쉽게 교화하여 제도함이라. 피로는 없도다.

어째서냐?,

이 중생들은 세세로(태어날 때마다) 오면서 항상 나의 교화를 받았으며 또 과거의 많은 부처님께 공경하고 존중하여 여러 가지 선근을 심었는지라.

이 중생들이 처음 내 몸을 보고 내 말을 듣고 곧 다 믿고 받아 여래의 지혜에 들어가니,

먼저 소승을 닦아 익혀 배운 이는 제외하고, 이와 같은 사람도 내 오늘 또 이 경을 얻어 듣게 하여 부처님 지혜에 들게 하노라."

◎이것은 쉽게 제도하는(易度) 중에,

([1]에 근기가 날카롭고 덕이 두터운 사람.

[2]에 근기가 둔(根鈍)하고 덕이 박한(德薄) 사람이면. 세세에 일찍 내려오며 대승의 교화(大化)를 받지 못한지라. 이런 등의 사람을 위하여 그래서 모름지기 돈교(頓)를 열고 점교(漸)를 설하며 3장(三藏 : 아함시), 방등(方等 : 방등시), 반야(般若 : 반야시)로 길들여 복종시키는(調伏)것이다.

또 이런 사람들이 지금 법화경을 듣고 부처님의 지혜에 들어가게 하는 것이다.

앞에 비교한 것이 비록 어려울지라도 부처님에게는 매우 쉬운 것이다. 근기(根)가 비록 영리하고 둔(利鈍)하여도 들어가는 것은 동일하다.

소(疏) 가운데 간략하게 10가지 뜻(十意)을 들어 그것을 해석한다.

[1] (부처님을) 처음 보고 지금 본 것이요,(始見,今見=처음 성도(成道)시를 처음 본다고 하고 법화의 좌석은(법화경은) 오래 뒤(42년 뒤)에 진실을 나타낸 것을 지금 본다고 이름 한다.)

[2] 개합(開合 : 점교를 연 것이 開요, 끝에 돈교로 돌아가게 함이 合이다.)하고

불개합(不開合 : 개합하지 아니함이요(해가 높은 산을 비춤은 곧 돈을 설함이니 개(開)도 아니요 합(合)도 아니다. (진실에)들어가지 못한 자를 위하여 돈을 열고 점을 설하

여 삼매로써 조복(調伏)하여 점을 합하여 돈에 돌아가게 하니 개합(開合)이 되는 것이다.

[3] 세로는 넓고(竪廣) 가로는 간략하고(橫略), 가로 세로가 함께 넓다.(돈은 세로(竪)로 바로 법계에 들어가니 그러므로 세로가 넓다고 말하고 방편(인, 천, 성문, 연각 등을 거치지 않고 원교에 들어감)을 거치지 않은 고로 가로는 간략하다고 말한다.

지금은 오미(五味)를 거치니 곧 이것이 가로가 넓음으로(橫廣) 부처님 지혜에 들어가면 또 이것이 세로가 넓은 것(竪廣)이다.

[4] 본지는 하나나 자취는 많고(本一迹多) 자취는 공통이나 본은 홀로다(迹共本獨).

[하나의 연화대(一臺)인 고로 뿌리(本)는 하나에 천개의 잎(迹)이다. 그러므로 수적(垂迹방편)의 몸이 많은 것이다.(迹多) 적(迹)은 여러 경과 같다. 그러므로 그 본을 말하면 여러 경과 다름이라. 그래서 단독(獨)이라 말한 것이다]

[5] 가피하여 설하고 가피하지 않고 설 함(加說不加說)이요,

[(화엄에) 네 보살에 가피하여 40위(位)를 설하게 하셨다. 그러므로 가설(加說-가피하여 설함)이라 하였고 (법화는) 스스로 개시오입(開示悟入)을 설하시어 남에게 가피 하지 않으셨다. 그러므로 불가(不加)라고 하였다.]

[6] 국토를 바꿈과 국토를 바꾸지 않음(變土不變土)이요,

[화왕세계다.(華王世界=蓮華藏世界=화왕은 연꽃 속에 들어있는 세계=비로자나불이 계시는 정토다=화엄경) 그러므로 불변이라 말하고 세 번 토전(土田)을 바꾼 고로 변토(三變土田)라고 말 하였다.)]

[7] 많은 곳에서 설함과 많지 않은 곳에서 설함(多處不多處)이니,

[화엄의 7처 8회는 이것을 (설법장소가)많은 곳(多處)이라하고 법화는 기사굴산과 멀리 허공에 처(處)한고로 많지 않은 곳(不多處)이라고 하였다. 법화경은 처음 10품은 기사굴산, 견보탑품 아래11품은 허공, 뒤의 7품은 다시 기사굴산에서 설하니 이를 2처 3회(二處三會)라 한다]

[8] 빼앗아 물리쳐 버림과 빼앗아 물리쳐 버리지 않음이니(斥奪 不斥奪)

[척탈(斥奪 :어리석은 소승의 견해를 버리고 고차원인 일승으로 이끄는 일, 법화는 3승의 집착을 깨고 일승으로 들어가게 하니 척탈이 있고)

부척탈(不斥奪 =화엄은 처음부터 2승이 없으니 척탈이 없는 것이다- 또 법화는 화성을 없애고(화성유품) 머슴으로 바꾸니(신해품) 그러므로 빼앗아버린다(斥奪)고 말하고 화엄은 이와 같은 일이 없으니 그러므로 빼앗아 버리지 않은 것(不斥奪)이다.

또 화엄을 설할 때 듣고 (소승인은)귀머거리 같고 벙어리 같으니 소승을 물리 처 버린 것이 됨으로 척탈(斥奪물리치고 빼앗음)이라 하고 법화는 수기를 주시니 받아들임으로(수기품) 소승을 물리치지 아니한 것이다. 不斥奪.)],

[9] 바로 진실을 나타냄(顯實)과 방편을 열어 진실을 나타냄(開權顯實)이요,

[크고 곧은 길(大直道)을 가는 것을 바로 진실을 나타낸다고 이름하고 성문의 법을 완전히 아는 것(決了)을 개권현실(開權顯實)이라 한다.]

[10] 영리한 근기는 초기에 성숙하여 처음에 부처님 지혜에 들어가고(利根初熟) 둔한 근기는 뒤에 성숙하여 지금(법화)에 부처님 지혜에 들어간다.(鈍根後熟)

인연이 마땅히 동일하지 않으니 간략히 10가지가 다른 것이다.

종지(種智 : 일체종지. 부처님 지혜=법화)와 법계(法界 : 법화에는 부처님 지혜. 화엄경에는 법계를 강조함)는 동등하여 차별이 없다.

그러므로 지금 경에 이르되「비로소 나의 몸(佛)을 보고 내가 설한 것을 듣고」라고 하였으니, 곧 다 믿고 받아들여 여래의 지혜에 들어가는 것이다.

「먼저 닦아 익혀 소승을 배운 이는 제외하고(除先修習,學小乘者). 지금 이 경을 듣고 부처님의 지혜에 들어간다.」라는 명백한 경문이 여기에 있으니 모름지기 의심하지 말 것이다.

옛적에 (불교학자가) 이르되「화엄경은 요의의 만자라(了義滿字 : 了義經 : 완전한 대승경전. 滿字의 가르침. 원교) 상주(常住 : 불성이 항상 함)한다고 하고 법화경은 요의경이 아니요(不了義) 만자도 아니고(非滿), 상주하지도 않는다(非常).」라고

이제 이 글을 가지고 그것을 대조하면(並) 만약 처음 들어가면 요의(了義)요 지금 들어가면 요의가 아니라고 하면 처음 들어가면 부처님의 지혜(佛慧)요, 지금 들어가면 부처님의 지혜가 아닐 것이다.

만약 부처님의 지혜가 이미 똑같다면(旣齊) 요의(了義)도 또한 동등하고 만자(滿字), 상주(常住)도 다 이와 같다. (부처님 지혜는 시기에 관계가 없다.) 【일여】

◎세세에 교화를 받았다고 말한 것은 수량품(壽量)의 본문(本門)에서 교화함을 바로 나타내시고, 또 과거에 선(善)을 심은 것을 말함은 곧 대통지승불(智勝佛)의 법회 중에 교화한 것을 겸하여 밝히시니. 교화한 인연이 깊은 까닭에 처음 보고 처음 들어도 곧 다 믿고 받으시니라. 【계환】

⑧ 그때 모든 큰 보살이 계송을 설하되

"좋고 좋으시옵니다.(善哉善哉) 대웅(위대한 영웅) 세존이시여,
모든 중생들을 쉽게 교화하여 제도하시오니,
능히 모든 부처님의 심히 깊은 지혜를 여쭈어
듣고 나서 믿고 행하오니, 우리들도 따라 기뻐하나이다."라고

그때 세존께서 우두머리 모든 큰 보살을 찬탄하시되
"착하고 착하다.(善哉善哉좋다) 선남자야, 너희들이 능히 여래에게 수희하는(隨喜따라 기뻐함)마음을 내는구나."

⑨ 그때 미륵보살과 8천 항하의 모래 같은 많은 보살대중이 다 이런 생각을 하되 '우리들은 옛 부터 옴에 이와 같은 큰 보살마하살 대중이 땅으로부터 솟아나 세존 앞에 머물러 합장하고 공양하며 여래께 (안부)묻는 것을 보지 못하고 듣지도 못 하였도다.'라고
그때 미륵보살마하살이 8천 항하의 모래 같은 모든 보살들의 마음에 생각하는 것을 아시고, 또 자기 의심을 풀고자하여 합장하고 부처님을 향하여 게송으로 여쭈되

◎이 아래는 제2의 의문의 차례(疑問序)다.
미륵과 모든 보살이 다 의심하여 질문한(疑問) 까닭은 무릇 네 가지 뜻이 있으니
[1] 적멸도량(寂場)에서 화엄경(華嚴經)을 설할 때부터 내려오며 지금 영산회상(靈山)에서 법화경(法華經)을 설하기 이전까지(已往) 그동안 시방의 대사(大士 : 보살)들이 법회에 온 것이 끊어지지 않아 비록 한정(限)짓지 못할지라도 나는 보처(輔處 : 불멸후 성불할 보살. 석가 후는 미륵보살이 보처보살. 빈자리를 채워준다는 뜻)의 지혜력(智慧力)으로 다 보고 다 알지만 어떻게 이(솟아나온) 대중은 한 사람도 알지 못하는가?
그러나 나는 시방을 다니며 교화(遊化)한지라. 제불(諸佛)을 뵙고 받들어(覲奉) 제불과 일체 성중(聖衆)이 모인 자리의 대중(一切海會)은 훤하게 다 아는 바이나, 지금 저 지나온(履歷) 곳에 대하여 추심(推尋)하여도 역시 알지 못하는 바이다(不識).
(만약 이곳에 와서 만났거나 가서 만난 것을 추심 하여도 알지 못한다. 알지 못하는 것은 곧 세계(실단)의 이익이 없다. 그러므로 모름지기 의심하여 물은 것이다.-문구(文句記))
[2] 저 대사(大士)들은 앞에서 정진하여 먼저 통달(先達)한 이들이라. 미륵(彌勒)은 그 뒷 번(後番)인 말기에 배우는 이(末學)라. 뒤는 앞(그 당시)을 알지 못하니, 그러므

로 알지 못 한 것이다.

[예를 들면 (문수는 선정에 든 여인의 경계를 알지 못하고 여인은 기재개보살(棄諸蓋菩薩=모든 덥개(번뇌)를 버린 보살)의 경계를 알지 못한다. - 대론10(大論))
(알지 못하는 고로 그의 안의 선함(內善)을 알지 못하고 스스로 선(善)이 생기지 아니하면 위인(爲人실단)의 이익이 없다. - 문구기(文句記))
그러므로 모름지기 의심하여 물은 것이다 - 관주약해(冠註略解).]

[3] 저들 대사(大士)등은 본래 실상(實相)의 밑바닥(底)에 있음이라. 시방(十方)에 응하여 나타남이라(應現 : 교화를 위해 나타남),

[특별한 머리(別頭)로 교화하니 있는 바의 진응(眞應 : 眞身과 응신)이 다 미륵의 경계(境界)는 아니다. 이런고로 알지 못하는(不識) 것이다. 이미 저 중생을 이익하는 도를 알지 못하니 곧 병을 알지 못하며 대치(對治실단)의 이익이 없다. 그러므로 모름지기 의심하여 물은 것이다. - 관주약해(冠註略解).]

[4] 또 부처님은 경을 펼 것(弘經)을 부탁하고자 모든 대사(大士)를 불렀고 대사들은 스승의 엄명을 받드는 까닭으로 와서 은밀하게 수량(壽量)을 여니(開 : 설함) 그 당시의 대중들은 알지 못하였다. 그러므로 알지 못한다고 말한 것이다

[이미 여래의 밀지(密旨)를 알지 못하면 곧 제일의(第一義)의 이익이 없다. 그러므로 모름지기 의심하여 물은 것이다. - 관주약해(冠註略解).]

이상의 해석들은 4실단의 뜻(四悉檀意)에 따른 것이다.

◉ [그런데 미륵은 적문(迹)의 보처(補處)에 있어 본(本)도 또한 응당 깊은데 어떻게 마땅히 이와 같이 알지 못하는가? 무릇 두 가지 뜻이 있다.

(1) 만약 실(實진실)에 대하여 논하면 곧 가까운 보처를 이루고(近成) 구원의 본지(本)를 알지 못한다.

(2) 만약 권(權방편)에 대하여 논하면 곧 본(本)은 높고 적(迹)은 낮으니 중생을 위하여 의심을 떠올린 것이다 - 관주약해(冠註略解).] ◉

묘락이 이르되「처음은 온 사람에 대한 것이고 다음은 간 곳에 대한 것이다.

[1] 오고 감이 다르기 때문에 알고 알지 못함이 다르며, 알지 못하기 때문에 세계실단(世界실단 : 세속법을 설하여 즐겁게 하여 세속의 지혜가 생기게 함. 또는 낙욕(樂欲)실단)의 이익이 없는 것이다.

[2] 미륵이 앞서 정진한 선(善)을 알지 못하면 자신의 선이 생기지 않아 위인실단(爲人실단 : 남을 위하여 능력에 맞게 설하여 선근이 자라게 하는 것)의 이익이 없는 것이다.

[3] 중생을 교화함(化物)은 본래 중생의 병(物病)을 치료하기 위함인데 미륵이 진신과 응신(眞應)을 알지 못함은 저들 중생을 이익 되게 할 도(道)가 없는 것이니, 곧 병을 알지 못하는지라 대치실단(對治실단 : 탐욕은 자비로, 어리석음은 인연관(觀)을 설하여 그 병을 고

쳐주는 것)의 이익이 없는 것이다.

[4] 은밀하게 수량(壽量수량품)을 설한 것(開)은 이것은 제일의(第一義)다. 곧 이것은 일부(一部)의 가장 극단적인(最極-최고의 경지) 이치인데 어찌 제일(第一)이 아니겠는가?

이미 그 당시의 대중은 알지 못하니 제일의실단(第一義실단 : 중생의 근기가 성숙하여 제법실상을 설하여 깨닫게 하는 것)의 이익이 없는 것이다. 라고.

그렇지만(斯盖) 미륵(彌勒)은 대중을 위하여 (뜻을)발기(發起)한 것이라. 또한 (중생의 병을)알지 못하고(不識) (대중은 제일의를)알지 못(不知)한다고 ? 한 것뿐이다. 【일여】

"한량없는 천 만억 대중과 모든 보살은

옛적에 일찍 보지 못한 바이오니 원하건대 양족존께서 설해 주소서.

이들은 어느 곳에서 왔으며 어떤 인연으로 모였나이까?"(4실단의 인연)

"큰 몸과 큰 신통이며 지혜는 생각하기 어려우며

뜻과 생각이 견고하며 큰 인욕의 힘이 있어서

중생이 즐겨 보는 바이니 어느 곳으로부터 왔나이까?"

⑩ "하나하나 모든 보살이 데리고 온 모든 권속

그 수가 한량없어 항하의 모래와 같사옵니다.

혹은 어떤 큰 보살은 6만의 항하의 모래 수 같이 거느렸고,

이와 같은 모든 대중 일심으로 부처님 도 구하여

이 모든 대사들 6만 항하사가

다 와서 부처님께 공양 하시며 또 이 경을 보호하여 가지나이다.

5만 항하사를 거느린, 그 수는 이보다 넘으며

4만 또 3만이며 2만 1만에 이르며
1천이나 1백 등 내지 1항하사에 이르며
반이나 3, 4 분(의 1)이며 억만 분의 1이며,"
"천만 나유타 만억의 모든 제자며
내지 반(半) 억에 이름이 그 수가 다시 위보다 넘으며
100만에서 1만에 이르며 1천 또는 1백이며
50과 10이며 또 3, 2, 1,에 이르며,"
"홀몸에 권속 없이 홀로 있기를 즐겨하는 이,
다 와서 부처님 처소에 이르니 그 수가 위에서 보다 더 넘으니,"
"이와 같은 모든 대중을 만약 사람이 산(算)대로 헤아리되
항하사 겁이 지나도 오히려 능히 다 알지 못 하오리다.

⑪ 이 모든 큰 위덕 있는 정진하는 보살대중은
누가 그들을 위하여 설법하고 교화하여 성취했으며,
누구를 따라 처음 발심했으며 어느 부처님의 법을 칭탄하여 펴며
누구의 경을 받아 지녀 행하며 어떤 부처님의 도를 닦고 익히나이까?"

⑫ "이와 같은 모든 보살이 신통과 큰 지혜의 힘으로
4방의 땅이 진동하여 갈라져(열리어), 다 그 가운데서 솟아나니
세존이시여, 저는 예로부터 일찍 이런 일을 보지 못하였나이다.

원하건대 그들이 쫓아 온 국토의 이름을 설해 주소서."
"내 항상 온갖 국토를 다녔으나 이런 대중을 일찍 보지 못하였으며
저는 이 대중 가운데 이에 한 사람도 알지 못하나니,
홀연히 땅에서 솟아 나왔으니 원하건대 그 인연을 설해주소서."

⑬ "오늘 이 대회(大會)의 한량없는 100 천억의
이 모든 보살 대중의 처음부터 끝까지의 인연을
무량한 위덕의 세존께서 오직 원하오니
대중의 의심을 풀어주소서."

⑭ 그때 석가모니불의 분신이신 모든 부처님이 한량없는 1000 만억의 타방 국토에서 오신 분들은, 8방의 여러 보배나무 아래 계시어 사자좌 위에 가부좌를 맺으셨거늘,
그 부처님 모시는 이 이런 보살대중이 3천(千)대천세계 4방의 땅으로부터 솟아나서 허공에 머물러 있는 것을 각각 보시고 각각 그(자기) 부처님께 여쭈되 "세존이시여. 이 모든 한량없고 끝없는 아승지 보살대중이 어느 곳에서 왔나이까?"
그때 여러 부처님께서 각각 시자에게 말씀하시되 "모든 선남자야, 아직 잠간만 기다리라.
보살마하살이 있어 이름이 미륵인데 석가모니불의 수기 받은 이

라.

차후에 부처 되리니 (그가)이미 이 일을 묻은지라. 부처님께서 이제 대답하시리니 너희들은 자연히 반드시 이로 인하여 듣게 되리라."

⑮ 그때 석가모니불께서 미륵보살에게 말씀하시되

"착하고 착하다, 아일다야(미륵은 성, 이름은 아일다), 부처님께 이와 같은 큰일을 능히 물으니

너희는 반드시 모두 일심으로 정진의 갑옷을 입고 굳은 뜻을 일으키라.

여래는 오늘 모든 부처님의 지혜와 모든 부처님의 자재한 신통의 힘과 모든 부처님의 사자분신(獅子奮迅사자처럼 빠르게 분발함)의 힘과 모든 부처님의 위엄스럽고 용맹한 큰 세력을 나타내어 펴 보이고자하노라."106)

⑯ 그때 세존께서 이 뜻을 거듭 펴시려고 게송으로 설 하시되

"반드시 일심으로 정진하라. 내 이 일을 설하려 하노니

능히 의심과 후회를 갖지 말라. 부처님 지혜는 생각으로 헤아리지 못하느니라.

106) 이 아래는 본문(本門)의 정설분(正說分)이다. 너희는 반드시 모두 일심으로 정진의 갑옷을 입으며 굳은 뜻을 일으키라.
여래는 오늘 모든 부처님의 지혜와 모든 부처님의 자재한 신통의 힘과 모든 부처님의 사자분신의 힘(사자처럼 빠르게 분발함)과 모든 부처님의 위엄스럽고 용맹한 큰 세력을 나타내어 펴 보이고자하노라." 【일여】

너는 이제 믿음의 힘을 내어 인욕과 선행(忍善 : 住忍辱地,柔和善順) 중에 머물면
옛적 못 들은 법을 오늘 다 반드시 들으리라.
내가 오늘 너를 편안하게 위로하노니 의심과 두려움 품지 말라.
부처님은 실답지 않은 말이 없으며 지혜는 가히 헤아리지 못 하리라.
얻은바 제일의 법은 심히 깊어 분별치 못하리니,
이와 같음을 오늘 반드시 설하리니 너희 일심으로 들을 지어다."

⑰ 그때 세존께서 이 게송을 설하시고 나서 미륵보살에게 말씀하시되 "내가 오늘 이(땅에서 솟아 나온) 대중 속에서 너희들에게 이르노니,
아일다야, 이 모든 대 보살마하살이 한량없고 수 없는 아승지라. 땅에서 솟아 나옴은, 너희들이 옛적 일찍 못 본이들이라. 내가 이 사바세계에서 아뇩다라삼먁삼보리를 얻어 이 모든 보살을 교화하여 보이고 인도하여 그 마음을 길들여 항복받아 도에 뜻을 내게 하였나니," 여기서부터 여래수량품 끝까지는 바로 개근현원(開近顯遠)한 것이다. 【일여】

"이 모든 보살은 다 이 사바세계의 아래 이 경계 허공중에 머물러 있으면서."
"여러 경전을 읽고 외워 잘 통달하여 사유하고 분별하여 바르게

기억하고 생각하느니라."

"아일다야, 이 모든 선남자들은 대중에 있으며 많이 말하기를 즐겨하지 않고 항상 고요한 곳을 즐겨 부지런히 정진을 행하여 잠깐도 쉬지 아니하며, 또 인간과 하늘에 의지하여 머물지 않고 항상 깊은 지혜를 즐겨 걸림이 없으며, 또 항상 모든 부처님의 법을 즐겨 일심으로 정진하여야 위없는 지혜를 구하느니라."

⑱ 그때 세존이 이 뜻을 거듭 펴려하여 게송으로 설 하시되

"아일다(미륵)야, 너는 반드시 알라. 이 모든 큰 보살이
수 없는 겁을 오면서 부처님 지혜 닦아 익혔으니,
다 이들은 내가 교화하여 큰 도심(보리심)을 내게 하였느니라."
"이들은 이 내 아들이라. 이 세계에 의지하여
항상 두타행(頭陀의 일,청정행)을 행하여 고요한 땅을 즐겨하여
대중의 어지러운 데를 버리고 많이 말함을 즐기지 않나니,
이와 같은 모든 아들이 내 도법(道法)을 배워 익혀,
"밤낮으로 항상 정진하여 불도를 구하기 위한 까닭으로
사바세계 하방(아래 쪽)의 허공중에 머물렀느니라."
"뜻과 생각하는 힘이 견고하여 항상 부지런히 지혜를 구하며
가지가지 미묘한 법을 설하되 그 마음이 두려울 것이 없느니라."

⑲ "내 가야성(인도 가야시-남쪽 6마일에 붓다가야)의 보리수 아래 앉아
최정각(最正覺)을 이루어 무상법륜을 굴리어
그때에 교화하여 처음 도심을 내게 하였는데,
이제 다 불퇴지(不退地)에 머무르니 다 반드시 성불하리라."
"내 오늘 진실한 말로 이르노니 너희 일심으로 믿어라.
내 오래고 먼 옛 날 부터 오면서 이들 대중을 교화하였느니라.

⑳ 그때 미륵보살마하살과 수 없는 보살들이 마음에 의혹을 내어 미증유함을 기이하게(황당히) 여겨 이런 생각을 하되
'어찌 세존이 짧은 기간에 이와 같은 한량없고 끝없는 아승지의 대 보살을 교화하여 아뇩다라삼먁삼보리에 머물게 하시었는가?'
하고,
즉시 부처님께 여쭈되 "세존이시여, 여래께서 태자가 되어 계실 때 석씨 왕궁에서 나와 가야성에 거리가 멀지 않은 도량에 앉아 아뇩다라삼먁삼보리를 이루시고,
이로부터 이래로 40여년 갓(겨우) 지났는데(始過) 세존이 어떻게 이 짧은 기간에 불사를 크게 하여 부처님의 세력과 부처님의 공덕으로 이와 같은 한량없는 대 보살대중을 교화하여 아뇩다라삼먁삼보리를 반드시 이루게 하셨나이까?
세존이시여, 여기 대보살대중을 가령 어떤 사람이 천만억겁에 헤아려도 능히 다 헤아리지(다하지) 못하여 그 끝을 모르며 이들이 먼

옛날부터 오면서(久遠已來) 헤아릴 수 없고 끝없는 모든 부처님 처소에서 여러 가지 선근을 심어 보살도를 이루어, 항상 범행(청정행)을 닦았을 것이오니,

세존이시여, 이와 같은 일은 세간에서 믿기 어렵나이다."

㉑ "비유하면 어떤 사람이 모양이 곱고 머리는 검고 나이 25세로 100세의 사람을 가리켜 말하되 '이는 내 아들이라.' 하면, 그 100세의 사람도 또 나이 젊은 사람을 가리켜 말하되 '이분은 나의 아버지니 우리를 낳아 길렀습니다.' 라고 함과 같아 이런 일은 믿기 어렵나이다."

◎위의 2 과단의 글을 함께 여기에 해석한다.

「모양이 곱고 머리는 검고(色美髮黑)」라고 함은 모두 나이 젊음(年少)에 있다. 여래는 아버지에 비교하였으니 위에 불도를 이룸이 가까운 뜻을(近意) 비유한 것이다.

「100세의 사람(百歲人)」을 가리킴은 땅에서 솟아난(地涌) 모든 보살은 자식에 비교하였으니 위에 교화한 이들이 매우 많다는 뜻을 비유한 것이다.

회북(淮北)의 학자(淮水의 북쪽이니 천태대사 직전에는 南三北七-남쪽에 셋, 북쪽에 일곱 사람의 학자가 활동하였는데 북칠의 학자를 지칭)들은 비유로써 비유를 해석하였다.

아버지는 나이를 되돌리는 약(還年藥 : 젊어지는 약)을 먹고 용모(容貌)가 25세와 같고(비록 늙었으나 젊고) 자식은 약을 먹지 않아 모양이 100세와 같으니(비록 젊었으나 늙으니라), 만약 약의 힘(藥力)을 안다면 자식과 아버지를 의심하지 않을 것이나 알지 못하면 괴이하게(怪) 여김을 비유한 것이다.

지금의 학자(家)가 그 비유를 합하여 말하되「여래는 가로로(橫 : 공간적으로) 적문에 이르는 약(垂迹藥 : 近迹)을 복용하고는 가야에 처음 태어났다고(伽耶始生) 보여주고, 모든 보살은 바로 본지(本地-遠本)를 논한 것은 오래전에 도심(道心)을 발하여 지금은 불퇴지(不退)에 있음이라.

만약 부처님과 부처님이라면 이런 일을 훤하게 아실 것이나, 그 아래 수준은 통달하지 못한지라 의심하지 않을 수 없다. 그러므로 결론 맺어 "이런 일은 믿기 어렵나이다.(是事難信)" 라고 말한 것이다.」 라고,

묘락이 이르되 이미 「만약 부처님과 부처님이라고 말한 것은 미륵이 알지 못한 것을 나타내고 여래가 가로로(橫 : 공간적으로) 수적에 응 한 약(垂應藥 : 수적의 약. 환년還年 약에 비유)을 복용했다고 말한 것은, 지혜(智)가 깊은 이치(深理)를 알면(契) 세로(竪 : 시간적)로 진실한 진리의 약(眞諦藥)을 복용한 까닭이요
곳곳에 중생을 이익 되게 하니 곧 수적에 응 한 약(垂應之藥 : 중도)을 복용한 까닭이다.

진리의 약(眞諦藥)이란, 가(假)는 곧 공(空)인 때문이요 권(權 : 방편.教에 대한 것)은 곧 진실(實)인 때문이며(방편이 진실이다) 자기 수행(自行)이 깊은(冥 : 契理) 때문이다.

수적에 응한 약(垂應藥)이란, 공(空)은 곧 가(假)인 때문이요(자비로써 응함을 내리신 까닭이다)
실(實)은 곧 권(權)인 때문이며 남을 교화(化他)를 일으키기 때문이다. 【일여】

"부처님도 또한 이와 같아 득도(得道)한 이래 그 실은 오래지 아니 하시고, 이 대중과 모든 보살들은 이미 한량없는 천 만 억겁에 부처님 도를 위한 고로 부지런히 정진을 행하여 한량없는 백 천 만억 삼매에 잘 들고 나오며 머물러, 큰 신통을 얻어 오래 범행(청정행)을 닦아 잘 능히 차례로 여러 가지 선법(善法)을 익혀 문답을 교묘하게(공교工巧)하여 인간 가운데 보배라. 일체 세간에 매우 희유 하거늘,
오늘 세존이 처음 이르시되 '불도를 얻었을 때 처음 발심케 하여 교화하여 보이고 인도하여 아뇩다라삼먁삼보리를 향하게 하였노라.' 하시니,
세존께서 성불 하신지가 오래지 않은데 능히 이 큰 공덕의 일을

지으셨나이까?"

"우리는 비록 또 부처님께서 근기 따라 설법하심을 믿고 부처님께서 하신 말씀이 잠깐(조금)도 허망하지 아니하시며, 부처님께서 아실 바를 모두 다 통달하시었으나, 그러나 새로 뜻을 낸 보살들이 부처님 멸도 하신 후에 만약 이 말씀을 들으면, 혹 믿고 받아들이지 아니하여 법을 깨뜨리는 죄업의 인연을 일으키리니,

그러하오니 세존이시여, 원하오니 새겨 말씀하여 우리의 의심을 덜게(풀게) 하시고, 또 미래 세상에 선남자들이 이 일을 듣고 나서 또 의심 내지 않게 하소서."

㉒ 그때 미륵보살이 이 뜻을 거듭 펴려고 게송으로 말씀하시되,

"부처님께서 옛적 석씨종족으로부터 출가하여 가야성 가까운
보리수 아래에 앉으셨는데
이래로부터 아직 오래지 아니 하온 데,
여기 모든 불자들은 그 수가 헤아릴 수 없으며
오래 이미 불도를 행하여 신통력에 머무르며
보살도를 잘 배워 세간 법에 물들지 않음이
연꽃이 물에 있듯 하오니, 땅으로부터 솟아나와
다 공경하는 마음을 일으켜 세존 앞에 머무오니
이 일이 생각하기 어려우니 어찌 가히 믿으오리까?

부처님이 도를 얻으신지 심히 가깝고 성취하신 바는 매우 많으시니, 원하건대 대중의 의심을 없애시어 사실과 같이 분별하여 설해주소서."

㉓ "비유하면 젊은 건장한 사람이 나이 비로소 25세인데
100세의 머리 세고 낯이 주름진 이를 남에게 보이되
'이분은(是等) 내가 낳은 아들이라.' 하고, (100세의)아들도 또한 '이분(젊음이)은 아버지라.' 하면
아버지는 젊고 아들은 늙어 세간이 다 믿지 못 할 것이오니,"

㉔ "세존도 또한 이와 같아 도를 얻으신지 심히 가까우시고,(가야 보리수아래)
이 모든 보살들은 뜻이 굳어 겁내고 약함이 없어
한량없는 겁으로부터 오며 보살도를 행하여
곤란한 물음에 대답을 교묘히(공교히)하되, 그 마음에 두려울 것이 없으며
인욕하며 마음이 결정하며 단정하고 위덕이 있어
시방의 부처님이 찬탄하시는 바라. 잘 능히 분별하여 설하며
인간 대중에 있기를 즐기지 아니하고 항상 선정에 있기를 즐겨,
부처님 도를 구하기 위한 고로 하방(아래) 공중에 머무르니,"
"우리야 부처님으로부터 듣고 이 일에 의심이 없거니와,
원컨대 부처님께서 미래를 위하여 연설하시어 열어 알게 하소서.

만약 이 경에 의심을 내어 믿지 않는 이가 있으면
곧 반드시 악도에 떨어지리니, 원컨대 지금 해설하소서.
이 무량한 보살을 어찌 짧은 시간에
교화하여 발심케 하여 불퇴지에 머물게 하셨나이까?" - (다음 품에서 풀어준다.) -

종지용출품 제 15 끝.

부처님이 땅에서 솟아나온 품. 제 15 끝.

여래수량품. 제 16.

앞품의 보살의 의심을 풀기 위하여 여래의 수명이 얼마나 되는 가를 설법하신 품. 제 16.

◎ **1, 여래(如來)란** 시방삼세 제불(諸佛) 2불(佛), 3불, 본불(本佛), 적불(迹佛)의 공통된 이름이다. 수량(壽量)이라 함은 (수명의)양을 나타내는 것(全量)이다. 시방삼세 2불, 3불, 본불, 적불의 공덕의 양을 헤아리는 것이다.

지금 바로 본지(本地 : 法身)의 삼불(三佛 : 법신, 보신, 응신)의 공덕의 양을 헤아리니 그래서 여래 수량품이라 말한다.

여래란 뜻은 매우 많아 또한 2, 3의 여래를 밝히고 나머지는 예로 알 것이다.

2, 여래란 『성논(成論 : 成實論)』에 이르되, 여실한 도를 타고(乘如實道 : 진리) 와서 정각을 이룸이라. 그러므로 여래라고 이름 한다.

탄다(乘)는 것은 법의 여여(如如)한 지혜요 여실(實)은 법의 여여(如如)한 경계다. 경계와 지혜가 화합하니(나와 내 앞의 대상, 상대) 곧 인(因-수행)과 과(果-성불)가 있다.

도(道)는 인(因)이요 각(覺)은 과(果)다. 도와 각의 뜻이 이루어져서 곧 여실한 도를 타고 와서 정각을 이룬 것이다. 이것이 곧 **진신여래**(眞身=眞身佛. 2신身의 하나. 진신↔응신)이다.

여실한 지혜로써 여실한 도를 타고 3계에 와서 태어나 정각을 이루어 보이신 것이다. 이것이 곧 **응신(應身)여래**이다.

3, 여래란 법의 여여(如如)한 경계는 인(因)도 아니고 과(果)도 아니고 부처님이 계시던 부처님 안 계시던 성품과 모양이 항상 그러해 일체 처에 두루 있으되 그러나 다름이 없으니 같다(如)하고 움직이지 아니하고 이르러 있음을 왔다(來)고 하니 이것은 법신(法身)여래다. 법의 여여(如如)한 지혜가 여여한 진실의 도를 타고 와서 정각을 이루었으니 이치를 따라 왔으니 (이치와)같다(如)고 이름하고 지혜를 따라 왔으니 왔다(來)고 이름 하니 이것이 **보신(報身**과보로 온 몸**)여래**이다.

여여한 경계와 지혜가 합하였음으로 그래서 곧 능히 곳곳에 정각을 이루심을 보여 여덟 가지 모양(八相)으로 성도 하여 묘법의 수레바퀴를 굴리시니 이것이 **응신(應身**중생에 맞게 응하여, 맞추어 태어난 몸**)여래**이다.

법신여래를 비로자나(毗盧遮那)라 하니 중국에서 변일제처(徧一切處)라 번역하고 **보신여**

래는 노사나(盧舍那)라 이름 하니 중국에서 정만(淨滿)이라 번역하고

응신여래는 석가모니라 이름 하니 중국에서 능인, 적묵(能仁, 寂默)이라 번역한다.

이 세분 여래 한 분이 반드시 셋을 갖추니 셋이 곧 하나요, 같지도 않고 다르지도 않고 세로도 아니요 가로도 아니다. 원만하게 세법을 보아서 임시로(假) 여래라 이름 한다.

다음에 수명의 양(壽量)을 밝히니 곧 앞의 세 여래의 수명의 양이다.

수명(壽)이란 받는다는(受 : 법신은 수명이 없으나 중생을 위해 방편으로 수명을 받았다는 뜻) 뜻이요, 양(量)이란 양을 헤아리는 것이다.

진여는 제법과 떨어지지 아니하니 그러므로 받는다(受)고 이름 한다. 이것은 법신여래가 이치(理)와 같음으로서 수명(命)을 삼고 불생불멸(不生不滅)하여 성품과 모양이 항상 그러함을 헤아려 나타냄이다.

그래서 경에 이르되, "진실도 아니요(非實) 허망함도 아니요(非虛) 같지도 않고(非如) 다르지도 않다.(不異)"라고 하시니, 이것이 법신의 수명의 량(壽量)이다.

만약 경계(境 : 현상, 중생)와 지혜(智)가 상응하여 (그래서 중생을 위하여 수량을) 받는다고(受) 이름 하면 이것은 보신여래가 지혜로써 수명(命)을 삼고 여여(如如)한 지혜로 말미암아 여여한 경계를 계합(契합 함)하며 경계가 이미 한량없고 끝이 없이 항상 머물러 멸하지 아니하고 지혜도 또한 이와 같음을 헤아려 나타내는 것(詮量)이다.

그래서 경에 이르되, "내 지혜의 힘이 이와 같이 오래 업을 닦아서 얻은 바의 지혜의 빛을 비춤이 한량없고 수명은 무수겁이라."하니 이것이 보신여래의 수명의 량이다.

혹은 일기(一期 : 일생) 수행의 과보로 얻은 것이 백 년 동안 끊어지지 않기 때문에 받는다(受)고 이름 하며 이것은 응신여래가 같은 기연(機緣 : 근기와 인연=중생과 인연을 따라)에 응함을 목숨으로 삼아서 (중생의 수명의 길고 짧음에) 인연(중생의 수명)이 길면 (부처님의)수명도 같이 길고 인연이 짧으면 수명도 같이 짧다.

경에 이르되, "자주자주(數數촉촉) 태어남을 나타내고 자주자주 멸함을 나타낸다." 하는 등 이것은 (중생에 맞추는)응신의 수량(수명의 량)이다.

또 모름지기 알라. 법신의 수명은 헤아릴 수 있는 것이 아니요(非量) 헤아릴 수 없는 것도 아니다(非無量).

보신(報身)은 금강(金剛 : 금강심=等覺位=無垢地 보살, 깨침,) 이전(前)은 곧 헤아릴 수 있고(有量) 금강 후에는 곧 수명이 무량이다.

응신은 (중생과)인연(機緣)을 따르니 곧 (수명을) 헤아릴 수 있다(有量 : 수명의 양이 한계가 있다).

부처님이 중생에 응하여 나타내시는 작용(應用 : 교화)은 끊어지지 아니하니 곧 헤아릴 수

없다(無量 : 수명의 양이 한계가 없다). 이것이 곧 삼신(三身)의 수명이 각각 헤아릴 수 있고(量) 헤아릴 수 없음(無量)과 항상(常)함과 무상(無常)한 뜻을 갖춘 것이다.

옛날부터 모든 스승이 혹 무량에 대하여 항상 함(常)을 밝혔으니 '유량(有量량이 있으면)은 무상(無常)이다.' 라고 하였다.

이 종파(今家-天台家)는 이에 대한 뜻을 경에 준하여 마땅히 네 가지 해석을 갖추었다.

[1] 첫째는 진실로 유량(有量량이 있음)이면서 무량이라 말하는 것이다.

『아미타경』 에 부처님 수명을 7백 아승지라고 설하심과 같이 이미 7백의 수가 있으니 어찌 진실로 한량이 있지 아니 하리요 마는 비록 한계가 있다할지라도 사람과 하늘은 헤아리지 못함이라. (사람과 하늘 정도의 지혜로는 부처님 수명을 헤아릴 수 없다.)

그러므로 무량수라 한 것이다. 이 응신 여래는 중생의 인연이 길면 수명도 같이 (따라)길어진다는 수명의 양(壽量)이다.

[2] 둘째 진실로 무량이나 양(量 : 수명의 양)이 있다고 말한 것은 이 품이 수명의 양을 헤아림(詮量)과 같이 비록 공통으로 삼신(三身)을 밝혔으나 만약 별다른 뜻에 따른다면 바로 보신(報身)의 수명을 밝히는데 있다.

그러므로 경에 이르되, "내 성불한지가 매우 크고 오래고 멀다." 고 한 것(수량품) 등이 있는 데 어찌 실로 무량이면서 그러나 품 제목을 다만 수량이라 한 것이 아니리오.

또 『금광명경』 과 같이 사불(四佛-장,통,별,원의 4교를 설한 4불.- 3장불, 통교불. 별교불. 원교의 불)이 신상보살(信相 : 금광명경에 신상이 부처님 수명을 의심한데 바다의 물방울. 땅의 먼지에 비유하여 설함)을 위하여 게송을 설하여 이르되, "물방울로 바다 물을 헤아리고(海滴), 산을 근(무게)으로 달고(山斤), 땅의 먼지, 허공(空界)은 그 수를 알 수 있으나 능히 여래의 수명을 안다는 것은 있을 수 없느니라." 라고 하셨다. 그러나 품의 제목 또한 수량이라 하니 이것은 보신여래의 수명의 양이다.

[3] 셋째 진실로 수명이 무량하므로 그래서 무량이라 말하니 『열반경』 에 "또한 오직 부처님과 부처님만이 그 수명이 무량하다." 라고 한 것과 같다. 이것은 이 법신여래의 수명의 량이다.

[4] 넷째 실로 수명의 양이 있어 그래서 헤아릴 수 있다(量)고 말하니 지금 석가가 80세에 멸하였다고 한 것 이것은 이 응신불은 인연(緣 : 중생의 수명)이 짧으면 같이 수명(壽量)이 짧아지는 수명의 양이다. 마땅히 알라. 한 부처님 몸에 곧 모든 부처님 몸의 수명과 공덕을 갖추어 있으나 중생(緣)의 업보에 따라 감응하여 봄에(感見) 길고 짧음이 같지 아니하다. 위의 사구(四句)에 수명을 헤아려 본 그 뜻이 이미 나타났으나 아직 알지 못하는 자를 위하여 다시 수명이 항상(常)하다는 등의 4구절로 그것을 가린다.

1, 항상 하지도 않고 무상(無常)하지도 않고 둘 다 아닌 것은(雙非) 이치의 궁극이니 곧 법신의 수명이다.

2, 항상 하다는 것은 바른 지혜(正智)가 원만함으로써 불생불멸하니 곧 보신의 수명이다.

3, 또한 항상하기도 하고 또한 무상하기도 하다는 것은 응신불의 작용은 다함이 없으니 또한 항상 하다고 하고 여러 번 열반을 말하고 또 무상하기도 하니 곧 응신이다.

무상이란 금강심 이전의 지혜를 써서 더 나아가 이에 범부의 생사 출몰에 이르기까지 다 무상이라. 이것은 별교(別敎)의 설에 대한 것이다.

만약 원교의 설은 한 분 한 분 여래가 다 사구(四句 : 常, 無常등의 4句)를 갖추었으니 소(疏)에 자세히 밝힌 것과 같은데 어찌 편벽 되게 항상 하고, 무상하다 함과, 한량이 있고, 한량이 없다. 함을 가지고 그것을 해석할 수 있으랴.

또 다시 마땅히 알라. 부처님은 본래 몸이 없고 수명도 없고 또 한량도 없으나 세간에 순히 따라 삼신(三身)을 논하며 또한 세간을 순히 다라 세 가지 수명을 논하는 것이다. 이품의 바른 뜻은 비록 보신의 수량을 논할지라도 보신의 지혜는 위에 서로 통하고 아래도 계합(上冥下契)하여 삼신(三身)의 뜻이 구족하다.

이와 같이 삼신은 가지가지 공덕이 다 이 본시(本時 : 본래 성불할 때=구원성불시)에 도량(부다가야) 나무(보리수)아래에서 먼저 오래 전에 성취하신 것(구원실성 : 붓다가야에서 이미 오래 전에 성불 한 것) 그것을 이름 하여 본문(本 : 본문,뿌리)이라 하고, 중간에 금일 적멸도량(부다가야)에서 성취하신 것을 이름 하여 자취(迹 : 적문)라 한다.

본(本뿌리)이 아니면 자취(줄기)를 드리울 수 없고 자취(迹)가 아니면 근본을 나타낼 수 없다. 본적이 비록 다르나 불가사의한 것은 한 가지다.(본적을 구분할 수 없음) 묘락대사가 이르되,

문 : 법신, 보신은 이 본문이요, 응신은 적문에 속하는데 어찌하여 이에 본지(本地)에 삼불(三佛)을 말하는가?

답 : 만약 그것을 열지(설하지) 아니하면 법신, 보신은 적문이 아니요 만약 먼 것을 나타내면 본과 적이 각각 셋이 된다. 【일여】

◎(중생에)응하는 부처님(수명의) 양(應量)은 양(量)이 아니며 멸(滅)을 나타냄은 멸이 아님을 하늘과 사람이 헤아리지(測) 못하니 이것이 말하는 비밀신통력(秘密神力)이시니라. 본래의 수면의 양은 무량이나 응양(應量응신불 수명의 양)은 중생의 수명에 맞춘 임시방편의 양이다. 【계환】

① 그때 부처님께서 여러 보살과 일체 대중에게 말씀하시되

"선남자야, 너희 반드시 여래의 충성스럽고 진실한 말을 믿고 알라."

또 대중에게 말씀하시되 "너희 반드시 여래의 충성스럽고 진실한 (誠諦) 말을 믿고 알라."
또 다시 대중들께 말씀하시되 "너희 반드시 여래의 충성스럽고 진실한 말씀을 믿고 알라."

② 이때 보살대중이 미륵이 우두머리가 되어 합장하고 부처님께 아뢰되 "세존이시여, 오직 원하오니 말씀하소서. 우리는 반드시 부처님의 말씀을 믿고 받으오리다." 이와 같이 세 번 여쭈시고,
또 이르시되 "오직 원하오니 말씀하소서. 우리는 반드시 부처님 말씀을 믿고 받으오리다."

③ 그때 세존께서 모든 보살이 세 번이나 청하여 멈추지 않는 것을 아시고 이르시되 "너희 여래의 비밀한 신통력을 살펴 들어라."
"일체세간의 하늘과 사람과 그리고 아수라가 다 생각하되
'이제 석가모니불께서 석씨 궁전을 나오셔 가야성에서 (거리가) 멀지 아니한 도량에 앉아 아뇩다라삼먁삼보리를 얻었느니라.'고 하시니,"

◎ 앞의 두 과단(科=(出所迷法미한 바의 법에서 나오심) (出能迷衆능히 미한 중생에서 나오심)의 문장(文)을 여기서 아울러(併) 해석하였다.

「비밀(秘密)」이란, 한 몸이 곧 세 몸(一身卽三身)이니 명칭이 "비(秘)"가 되고 세 몸이 곧 한 몸(三身卽一身)이니 명칭이 "밀(密)"이 된다. 또 옛적에 설하지 않은 것은 명칭이 "비(秘)"가 되고 오직 부처님 자신만 아는 것은 명칭이 "밀(密)"이 된다.

「신통의 힘(神通之力)」이란, 3신(三身 : 法, 報, 應身)의 작용(用 : 작용)이다.

"신(神)" 은 천연(天然 : 자연 그대로)의 움직이지 않는 이치니(不動之理) 곧 법성의 몸

(法性身 : 진리, 자연의 몸)이요, "통(通)"은 막힘없는(無壅) 불가사의(不可思議)한 지혜(慧)니 곧 보신(報身 : 果報身)이요, "력(力)" 은 근본작용(幹用 : 활동)이 자재함(自在)이니 곧 응신(應身)이다.

부처님은 3세(三世)에 동등(等)한 3신(三身)이 있지만 모든 가르침 중에 비밀하게 전(傳)하지 않은지라, 그러므로 일체세간(一切世間)의 하늘, 사람, 아수라(修羅)는 다 오늘에 부처님이 비로소 도수(道樹 : 보리수)에서 이 3신(三身)을 얻었다고 생각(謂)한다.

그러므로 가까움에 집착(執近)하여 구원성불을 의심함(疑遠)으로, 이 본문(本門)의 법설(法說)중에 다시는 2승(二乘)을 언급(言及)하지 않고 오직 보살(菩薩)만을 상대(對)하심이라, 보살은 하늘, 사람, 아수라의 3선도(三善道)안에 포함(攝)되어 있고 나머지 3악취(三惡趣)는 죄가 무겁고(罪重) 근기가 둔하며(根鈍) 지혜가 적어(少智) 알지 못한다.

그러므로 대품반야경(大品般若經)에 이르되「마하연(摩訶衍 : 대승)은 하늘, 사람, 아수라보다 뛰어난지라(勝出).」 역시 3악도를 말하지 않는다.

보살은 3종류가 있으니,

[1] 하방(下方 : 아래방위)보살과,

[2] 타방(他方 : 다른 곳)보살과,

[3] 옛날 머물든(舊住)보살이 이들이다.

하방(下方)보살은 곧 본문 시절(本日 : 구원성불 때. 본문의 날)에 교화한 이들이기 때문에 근성에 집착(執近)하는 생각(謂)이 없다.

타방(他方)과 옛 머물든(舊住)보살, 이들은 모두 2종류가 있으니,

[2],[3]둘은 - (1)은 법신(法身)에서 응하여 태어난 이들(應生)로 지난 세상(往世)에서 먼저 무생법인(無生法忍 : 태어남이 없는 진리. 열반)을 얻었거나 혹은 이미 선세(先)에서 적문(迹)을 열어 본문을 나타낸 것(發迹顯本 : 開迹顯本)을 들었거나, 설령(設) 아직 얻어 듣지 못했다할지라도 과보가 다하면(報盡) 법성신(法性身 : 진리의 몸)을 받아 법신의 경지(法身地)에서 스스로 응하여 (수명의)길고 오래된(長遠 : 본문. 본지) 설법을 듣게 되니, 이런고로 응생(應生)의 보살은 많이 근성(근래성불)에 집착(執近)하는 생각은 없다.

[2], [3]의 - (2)는 금생에 비로소 무생인(無生忍)을 얻었거나 또 얻지 못한 사람은 다 이 근성에 집착(執近)하는 정(情 : 뜻)이 있으니, 이에 오늘에 부처님이 비로소 도수(道樹 : 보리수)에서 이 3신(三身)을 얻었다고 생각(謂)하는지라, 그러므로 근성에 집착(執近 가야의성불을 고집함)함으로 구원(구원성불)을 의심하는(疑遠) 것이다. 【일여】

◎오직 그 자취(迹)만을 보도다.(본(本)은 못 보고) 【계환】

"그러나 선남자야, 내가 실은 성불한 지가 한량없고 끝없는 백 천 만억 나유타 겁이니라."

④ "비유하면 500천 만억 나유타 아승지의 3000대천세계를 가령 어떤 사람이 부수어 가는 먼지(티끌)로 만들어, 동쪽으로 500 천 만억 나유타 아승지 나라를 지나며 이에 한 알(티끌)을 떨어뜨리고, 이와 같이 동방으로 가며 이 작은 티끌이 다하면 모든 선남자야, 네 뜻에 어떠하냐? 이 모든 세계를 가히 생각으로 헤아려 그 수를 알겠느냐? 모르겠느냐?"

미륵보살 등이 다 부처님께 아뢰되 "세존이시여, 이 모든 세계는 한량없고 끝이 없어 수로 세어 알지 못 하며,

또 마음의 힘이 미칠 바도 아닌지라 일체 성문과 벽지불이 샘(번뇌)이 없는 지혜로 능히 사유하여도 그 수의 끝(한계)을 알지 못 하며 우리는 아비발치(물러나지 않는)의 경지에 머물렀으되,

이 일 가운데는 또한 통달하지 못 하였으니, 세존이시여, 이와 같은 모든 세계는 한량없고 끝없나이다."

⑤ 그때 부처님께서 대보살 대중에게 말씀하시되 "선남자들이여, 오늘 반드시 분명히 너희에게 펴 이르리니,

이 모든 세계에 만약 작은 티끌이 떨어뜨린(붙은) 곳이나 또는 떨어지지 않은 곳을 다 티끌로 만들어 한 티끌을 한 겁이라 하여도,

내가 성불해서 지나온 지는 또 이보다 더하여 백 천 만억 나유타 아승지겁이니라."

⑥ "이로부터 쫓아옴에 나는 항상 이 사바세계에 있으며 설법하여 교화하며, 또 다른 곳 백 천 만억 나유타 아승지의 나라에서 중생을 인도하여 이익 되게 하였노라."

"모든 선남자야, 이 중간에 내가 연등불 등을 말하고 또 그곳에서 열반에 듦을 말하였으니, 이와 같은 것이 다 방편으로 분별한 것이니라."

"모든 선남자야, 만약 어떤 중생이 내 처소에 오면 나는 부처의 눈으로 그 믿음 등 모든 근(五根)의 날카롭고 둔함을 보아, 제도에 응할만한 바를 따라 곳곳에서 스스로 설하되 이름(연등불, 아미타불 등)이 같지 아니하며 나이(年紀 : 紀는 12년. 나이)가 길고 짧으며,(대소大小) 또 반드시 열반에 든다고 나타내 말하며 또 가지가지 방편으로 미묘한 법을 설하여 능히 중생이 환희심을 내게 하노라."

"모든 선남자야, 여래는 모든 중생이 작은 법(소승)을 즐겨 덕이 엷고 때(업)가 무거운 이를 보면, 이 사람을 위하여 설하되 '나는 젊어서 출가하여 아뇩다라삼막삼보리를 얻었다.'고 하노라.

그러나 내가 실은 성불해서 온지가 오램이 이 같건 만은, 오직 방편으로 중생을 교화하여 부처님 도에 들게 하려고 이와 같은 말을

하노라."

⑦ "모든 선남자야, 여래가 편 경전은 다 중생의 해탈(도탈)을 위한 것이니, 혹은 자기의 몸을 말하거나 혹 다른 사람의 몸을 말하며, 혹은 자기의 몸을 보이거나 혹 다른 사람의 몸을 보이며, 혹은 자기의 일을 보이며 혹 다른 이의 일을 보이나, 여러 가지 말로 설함이 다 진실하여 허망하지 않나니,"

"왜냐하면 여래는 3계의 모습을 참답게 알고 보나니, 나고 죽거나 혹은 물러나거나(五住번뇌) 혹은 나옴이(二死果) 없으며,107)

또 세간(생사의 세계)에 있거나 멸도(滅度)도 없으며, 진실도 아니고

---

107) "왜나하면 여래는 삼계(욕계, 색계, 무색계)의 모습을 참답게 알고 보아," 라고 한 아래는 중생(物)을 이익 되게 함이 허망하지 않음(不虛)을 총괄하여 해석(摠釋)하였다. 이제 먼저 모습(몸)의 이익이 허망하지 않음(形益不虛)을 해석하니, 이 중 6구절(六句)은, 응신(應身)은 법신(法身)을 떠나지 못함을 나타내었다. (여기서부터 6구절(六句)이 시작됨)

[1] 제1구절(第一句) : 법신(法身)은 형체가 없고(無形) 또 일어나고 멸함도 없지만(無起滅) 중생(衆生)은 일어나고 멸하는(起滅) 근기(機)가 있어 법신을 감응(感)한다. 여래의 원력(願力 : 서원한 힘)은 같이 일어나고 멸함(起滅)에 응한다. 일어나고 멸한다는 견해는(起滅之見) 중생으로부터 나오기 때문에 3계(三界)를 따라 여러 구절(諸句)을 밝혔다.「참답게 알고 보아,(如實知見)」란, 곧 이는 실지(實智 : 진실한 지혜)인지라 이치(理)와 같이 3계(三界)의 진실을 비추어보는 것이니, 진실이면 3계의 인상(因相 : 원인되는 상. 五住번뇌. 혹)은 없는 것이다.

묘락이 이르되「이 중에 6구절(六句)은 오늘날의 응신(應身)은 곧 이는 오래전에 성불(久成)한 법신(法身)임을 밝힌 것이니 불가사의(不思議)의 하나인지라 그러므로 이치(理)로 비추어보는 등을 말하였다.」라고.

"인의 상은 없다.(無因相)" 는 것은, 만약 아래 구절(바로 아래와 그 다음 구절 若退若出의 일여집주)에 "2사는 없다.(無二死)" 고 한 것에 준하면, 마땅히 2종류의 3계(二種三界 : 3계를 有나 無로 보는 것)의 인상(因相 : 五住번뇌. 혹)이 없음을 말한다.

나고 죽거나 혹은 물러나거나(五住) 혹은 나옴이(二死果) : 분단(分段)생사 변역(變易)생사의 2종류의 생사(二種生死)의 고과(苦果 : 괴로움의 과보)는 없다. (위의 연속) : 5주(五住-五住地煩惱-생사에 집착하는 다섯 가지 번뇌)가 모여 있는 것(集)을 (도에서)물러남(退)이라 이름하며(五住번뇌가 있는 것), 2사(二死)의 과(果-無常의 果)가 있으면 나온다(出)고 이름 한다-(無常의 果가 나타나는 것). 위의 2사의 집(二死家 : 分段生死와 變易生死)의 인과(因果)가 없다는 것을 맺는다.

여래는 3계의 모습을 참답게 알고 보아, (如來如實知見)에서 여기까지는 이것은 제1구절(第一句)이다. **【일여】**

◉중생은 삼계를 다르다 하고 2승(二乘)은 같다 하고 부처님을 같지도 다르지도 않다고 봄,

(멸도가 진실이 아니요) 허망함도 아니며(생사가 허망함도 아님) 같지도 않고 다르지도 아니하여

삼계를 삼계로 봄이 같지 않으니(시각의 차) 이와 같은 일을 여래는 밝게 보아 그릇됨이 없건마는 모든 중생은 가지가지 성품과 가지가지 욕망과 가지가지 행과 가지가지 생각의 분별이 있으므로, 여러 가지 선근(善根)을 내게 하려고 약간의 인연과 비유와 말로 가지가지 법을 설하여 짓는 불사를 일찍이 잠시도 멈추지(폐하지) 않았느니라."

⑧ "이와 같이 내가 성불한지 매우 대단히 오래되어[108] 수명이 한량없는 아승지겁이라. 항상 머물러 있어 멸하지 아니하노라."

"모든 선남자야, 내가 본래(성불 전 因位) 보살도를 행하여 이룬 수명은 지금도 오히려 아직 다하지 아니하여 다시 위의 수에 배나 되지마는, 그러나 오늘 진실한 멸도는 아니되 곧 말하되 반드시 멸도를 취한다(들어간다). 고 하노라.

◉(迹현실)에 있으면서 本(이상理想, 본체)을 쓰는 증거의 글)

여래는 이런 방편으로 중생을 교화하느니라."

"어째서냐? 만약 부처님이 세간에 오래 머물면 덕이 박한 사람은 선근을 심지 않아 빈궁하고 하천하며, 오욕에 탐착하여 생각하고

---

108) 성불은 과(果 : 果位)다. 「매우 대단히 오래되어(甚大久遠)」 라고 한 것 등은 항상(常)함이다. 항상 한 때문에 멸하지 않는다. 이미 멸하지 않음으로 이익이 미래(未來)에까지 이른다. 그러므로 이 4글자(상주불멸)에 의지(寄)하여 미래에 큰 세력이 위엄 있고 용맹(大勢威猛)하여 항상 계시며(常住) 중생을 이익 되게(益物)함을 밝힌 것이다. 【일여】

기억함이 망령된 견해의 그물가운데 들어갈 것이며,(허망 되게 생각함) 만약 여래가 항상 있어 멸하지 않음을 보면, 곧 교만과 방자함이 일어나며 싫증과 게으름을 품어 만나기 어렵다는 생각과 공경하는 마음을 능히 내지 아니할 것이라,

⑨ 이런고로 여래는 방편으로 설하되"

"비구야, 마땅히 알라, 모든 부처님께서 세간에 출현하심을 만나기 어려우니 어째서냐?

모든 박덕한 사람이 무량한 백 천만 겁을 지나서 혹 부처님을 뵙고 혹은 뵙지 못하는 이도 있으니,

이 일 때문에 내가 이 말을 하되 '비구들아, 여래는 가히 보기가 어려우니라.'라고 하면,

이 중생들이 이와 같은 말을 들으면 반드시 만나기가 어렵다는 생각을 내어 마음에 그리움을(연모) 품어 부처님을 목마르게 우러러 보아야 곧 선근을 심으리니, 이런고로 여래는 비록 사실은 멸하지 아니하나 멸도 한다고 말하느니라."

"또 선남자야, 모든 부처님 여래의 법이 다 이와 같으니 중생을 제도하기 위함이라. 다 진실하여 허망하지 아니하니라."(참말로 거짓 말이 아니다)

⑩ "비유하면 어진 의원(양의良醫)이 지혜가 총명하고 통달하여 약의 처방을 밝게 닦아(수련하여) 많은 병을 잘 고치더니,"

"그 사람 자식들이 많아 혹 열, 스물이며 백의 수에 이르는데,"

"일이 있어 다른 나라에 멀리 가고, 여러 아들들은 후에 남의 독약(邪師의 법)을 마시고 약이 퍼져 답답하고 어지러워 땅에 구르더니(삼계에 떨어짐),"

"이때 그 아버지가 집에 돌아오니(佛應生此土), 자식들이 독약을 마시고 혹 본심을 잃었거나(탐착삼계오욕. 失三乘善根) 혹 잃지 않은 이는 그 아버지를 멀리서 보고 다 크게 환희하여 절하여 무릎 꿇고 문안 여쭈되,

'잘 편안히 돌아 오셨나이까?

우리들이 어리석고 미혹하여 독약을 잘못 복용하였으니, 원하건대 치료하여 구원하여 다시 목숨을 (살려)주소서' 하거늘,

아버지는 자식들의 고뇌가 이와 같음을 보고, 온갖 처방(經方의술을 적은 책)에 의하여 좋은 약초로 빛과 향과 좋은 맛이 다 갖춰진 것을 구하여 찧고 체로 쳐 화합하여 자식에게 주어 먹게 하고,

이런 말을 하되 '이 대단히 좋은 약은 빛과 향과 좋은 맛이 다 구족하니 너희들이 먹어야 하니, (먹으면)고뇌를 빨리 없애 다시는 많은 아픔이 없으리라.' 하거늘,"

⑪ "그 자식들 가운데 마음을 잃지 않은(실성하지 않은) 이는 이 좋은 약의 빛과 향이 다 좋은 것을 보고 곧 먹으니 병이 다 없어져 낫고, 나머지 마음(본심)을 잃은 이는 그 아버지가 오는 것을 보고 비록

또 환희하고 문안 여쭈어 병 치료를 구하나, 그러나 그 약을 주어도 즐겨 먹지 않으니,

왜냐하면 독기가 깊이 들어 본심을 잃은 고로 이 빛과 향이 좋은 약을 좋지 않게 여기니라."

⑫ "아버지는 이 생각을 하되, '이 아들이 가엽도다. 독에 중독되어 마음이 다 거꾸로 뒤집혀 비록 나를 보고 기뻐하며 치료를 구하나, 이와 같은 좋은 약을 즐겨 먹지 않으니. 내가 이제 반드시 방편을 펴 이 약을 먹게 하리라.' 하고, 곧 이 말을 하되

'너희 마땅히 알라, 내 이제 쇠약하고 늙어 죽을 때가 이미 다다르니, 이 좋은 양약을 이제 여기에 두니 너희가 가지고 먹어야하니 차도가 없을까 걱정하지 말라.'

이렇게 가르치고 나서 다시 다른 나라[109]에 가서 사자(使者)를 보내어 (아들에게)돌아와 알리되 '네 아비는 이미 죽었느니라.' 라고.

⑬ "그때 자식들은 아버지의 죽음을 듣고 마음에 크게 서러워 이 생각을 하되 '만약 아버지만 계셨으면 우리를 어여삐 여겨 능히 구호해 주실 것인데, 오늘날 우리를 버리고 타국에 멀리가 돌아가셨으니 내 생각하니 외로워 다시는 믿고 의지할 데 없구나.' 하며,

항상 슬픔을 품었다가 마음이 마침내 깨어나 이에 이 약이 색과 맛과 향이 좋은 것을 알고 곧 가져다 그것을 먹으니 독 병이 다

---

109) 다른 나라란 보정(輔正9의30)에 이르되 횡(横)으로 시방에 통함이 다른 나라다. 라고)

낫거늘,"

"그 아버지는 자식이 모두 이미 나왔다는 것을 듣고 막 바로 돌아와 모두 보게 하니라."

⑭ "모든 선남자야, 뜻에 어떠하나? 얼마의 사람이 능히 이 어진 의사의 허망한(속인) 죄를 말할이가 있겠느냐? 없겠느냐?"
"없겠나이다. 세존이시여."
부처님께서 말씀하시되 "나 또한 이와 같아 성불한 이래 한량없고 가없는 백 천 만억 나유타 아승지겁 이지만, 중생을 위하기 때문에 방편의 힘으로써 반드시 멸도 한다고 말하는 것이니,
또 능히 법다운 나의 허망한(거짓말을 한) 허물을 말할 사람은 없으리라."

⑮ 그때 세존께서 이 뜻을 거듭 펴려하여 게송으로 설 하시되,

"내 성불하고부터(도통하고 부터) 지나 온 모든 겁수(劫數)는
한량없는 백 천 만. 억 재(載) 아승지라." (載는 해라)
"항상 무수 억 중생을 설법으로 교화하여
불도에 들게 하였나니, 그래 온지도 무량겁이니라."
"중생을 제도하기 위한 고로 방편으로 열반을 나타낼 뿐

실은 멸도 아니하고 항상 여기에 머물러 설법하노라."

"내 항상 여기 머물러 온갖 신통력으로

전도(顚倒)된 중생이 비록 가까워도 보지 못 하게 하노니,

⑯ 중생이 나의 멸도를 보고 사리에 널리 공양하여

다 연모(戀慕)하는 마음을 품고 우러러 갈망하는 마음을 냄이라.

중생이 이미 믿고 복종하여 바탕이 곧고(질직質直) 뜻이 부드러워

일심으로 부처님 보고자하되 몸과 목숨을 스스로 아끼지 않아야,

그때 내 많은 승(僧伽-3인이상 비구)과 함께 영취산에 나와,

내 그때 중생에게 말하되 항상 여기에 있어 멸하지 않건마는

방편의 힘으로 멸함과 멸하지 아니함을 나타내노라."하노라

"다른 나라에 중생이 공경하여 믿고 좋아 할 사람이 있으면,

내 또 그 가운데서 무상(無上)법을 설하건만,

너희 이를 듣지 못 하는지라. 오직 나를 멸도 하였다 여기느니라."

⑰ "내 모든 중생이 고뇌에 잠겨 있음을 보노니.

그래서 몸을 나타내지 않고 우러러 갈망하는 마음을 내게 하여,

그 마음에 연모(戀慕)함으로 인하여 이에 나와 설법하노니,"

"신통력이 이와 같아 아승지겁에

항상 영축산과 또 다른 모든 곳에 있노라,"

⑱ "중생이 보되 겁이 다하여 큰 불이 탈 때(세상이 끝나開闢),
내 이 땅은 편안하여 하늘과 사람이 항상 가득하며,
동산 수풀과 모든 당각(집)을 가지가지 보배로 꾸몄으며,
보배나무에 꽃과 과실이 많아 중생이 놀고 즐기며,
모든 하늘이 하늘 북을 쳐 항상 온갖 음악을 연주하며
만다라 꽃비 내려 부처님과 대중께 흩어지며,
나의 정토는 헐리지 않건만, 중생은 불에 타 없어짐을 보아,
근심과 두려움 모든 고뇌가 이와 같이 다 가득함이라."

⑲ "이 모든 죄의 중생은 악업의 인연으로
아승지겁을 지나도 삼보(三寶)의 이름조차도 듣지 못하지만,
모든 공덕을 닦아 '부드럽고 온화하고(中道)' '바탕이 곧은 이는(2邊에 의지 안 함)'
'곧 다 내 몸이 여기에 있으면서 설법하는 것(보신 불.)을 보나니110)',
혹은 때로는 이 중생을 위하여 부처님의 수명이 무량함을 설하고
오래 동안 부처님을 본 사람에겐, 부처님은 만나기 어렵다고 말하노라."

⑳ "내 지혜의 힘이 이와 같아 지혜의 광명이 비춰되 한량없으며
수명이 무수겁이니 오래 업을 닦아 얻은 것이라,
너희 지혜 있는 이는 이에 의심을 내지 말고

---

110) (중도를 보는 고로 보토[(報土-고행으로 얻은 국토, 보신(報身)이 있는 국토)]의 佛(보신 불.)을 본다)

반드시 (의심을)끊어 영원히 없게 하라. 부처님 말씀은 진실하여
허망하지 않느니라."

㉑ "의원이 좋은 방편으로 미친 아들을 고치려고 하는 고로
실은 있으되 죽었다 말하나 능히 허망하다고 말 할 이가 없듯이,"
"나 또한 세간의 아버지 되어 모든 고통과 근심을 구원하는 이니,
범부의 뒤집어 진 이를 위하여 실은 있으되 멸도 한다 말하노니,
나를 항상 보게 되면 교만하고 방자한 마음을 내어,
방일하여 오욕에 집착하여 악도 중에 떨어지리라."
"내 항상 중생이 도를 행하며 행하지 않음을 알아,
가히 제도할만한 바를 따라 가지가지 법을 설하노니,"
(세종본 = 隨所應可度. 돈황본 = 隨應所可度)

"매양 내 이런 뜻을 가지고, 어떻게 하여야 중생이
위없는 도(혜)에 들어가 속히 부처님이 되게 할까?! 하노라."
(돈황본=道. 세종본=慧)(세종본 = 每自作是意. 돈황본 = 每自作是念)
(세종본 = 得入無上慧. 돈황본 = 得入無上道)(得 : 시러=얻어=능히)

여래수량품. 제 16 끝.
여래수명은 얼마나 되는가를 알아보는 품. 제 16 끝.

분별공덕품. 제 17.

수량품을 듣고 얻은 공덕이 각각 다름으로 공덕을 분별하여 설하신 품. 제 17.

【일여 품 해석】 부처님이 수명이 얼마나 되는 가(壽量)를 설하실 때 땅에서 솟아나온(地湧) 과거의 제자(弟子)와 영취산(靈山)의 현재 제자들이 가지가지 이익(공덕)을 얻은 때문에 공덕(功德)이라 말한다. 얕고 깊음(淺深)이 동일(同)하지 않은 고로 분별공덕품이라 말한다. 여기 경문은 본문(本門) 제2수기의 대단(授記段)이다.

만약 경을 들은 공덕에 의한다면 단지 나머지(餘殘 : 수량품의 나머지)에 속하지만, 지금 당장 보리를 얻는 다는(當得菩提) 말씀에 준한다면 수기와 같다.

법화론(法華論)에는 이 경문을 나누어 [1] 법의 힘(法力)과 [2] 수행하는 힘(修行力)으로 하였다.

[1] "법의 힘(法力)" 이란, 법으로 말미암아 이루어지는 고로 명칭이 힘(力)이 되니 5가지가 있다.

(1) 깨달음(證)이다. 6백 80만억이 무생인(無生忍)을 얻고 내지 한 평생(一生)에 보리(菩提)를 얻는 것을 말한 것이다.

(2) 믿음(信)이다. 8세계(八世界)의 작은 먼지 같은 수(微塵數)의 보살이 보리의 마음을 낸 것을 말한 것이다.

(3) 공양(供養)이다. 이 보살들이 큰 법의 이익(大法利)을 얻을 때 허공중에서 하늘 꽃비를 내린다는 등을 설함을 말하니, 이 3가지는 지금 품과 같다.

(4) 법을 들음(聞法)이다. 수희품과 같다.

(5) 읽고 외우고 지님(讀誦持)이다. 설법하고 읽고 외움(讀誦)은 법사공덕품과 같고, 지니는 것(持)은 법사품, 안락행품, 권지품을 추가하여 가리킨다.

설법하는 것은 여래신력품, 촉루품의 두 품과 같다.

[2] "수행하는 힘(修行力)" 이란, 고행하는 힘(苦行力)은 약왕보살본사품과 같고 교화(敎化)는 묘음보살품과 같으며, 재난에서 보호함(護難)은 관세음보살보문품, 다라니품의 두 품과 같고 공덕을 보여줌(示功德)은 묘장엄왕본사품과 같으며, 법을 보호함(護法)은 보현보살권발품과 같다. 일여.

① 그때 큰 모임에 부처님께서 수명의 겁수가 길고 먼 것(장원長遠)을 설하심이, 이와 같이 한량없고 끝없음을 듣고 아승지의 중생이 크게 넉넉한 이익(饒益)을 얻었느니라.

이때 세존께서 미륵보살마하살에게 말씀하시되 "아일다아(미륵의 이름), 내가 이 여래의 수명이 장원(長遠길고 먼)함을 설할 때 6백 80만억 나유타 항하사의 중생이 무생법인(無生法忍)(태어남이 없는 진리. 열반)을 얻었으며,"

"또 천 배(倍)의 보살마하살이 문지(聞持)다라니문을 얻었으며,"

(법을 듣고 잊지 아니하는 것)

"또 1세계(수미산을 중심으로 4洲가 한 1세계)의 티끌 같은 수의 보살마하살이 요설무애변재를 얻었으며,"

"또 1세계의 티끌 같은 수의 보살마하살이 백 천 만억 한량없는 선(旋)다라니(법화 3다라니)를 얻었으며,"

② "또 3천(千)대천세계(小千. 中千, 大千세계를 합하여 3천세계) 티끌 같은 수의 보살마하살이 능히 물러남이 없는 법륜을 굴리며(설하며),"

"또 2천(千) 중천 국토(中天세계)의 티끌 같은 수의 보살마하살이 능히 청정한 법륜을 굴리며,"

"또 소천국토(小千세계=1세계가 천개가 모인세계)의 티끌 같은 수의 보살마하살이 8생(여덟 번째 태어나)에 반드시 아뇩다라삼먁삼보리를 얻을 것이며,

또 네 개의 4천하(수미산의 사방의 4洲)의 티끌 같은 수의 보살마하살이 4생(入8地)에 반드시 아뇩다라삼먁삼보리를 얻으며,
또 세 개의 4천하의 티끌 같은 수의 보살마하살은 3생(入9地)에 반드시 아뇩다라삼먁삼보리를 얻으며,
또 두 개의 4천하의 티끌 같은 수의 보살마하살은 2생(入10地)에 반드시 아뇩다라삼먁삼보리를 얻으며,
또 하나의 4천하의 티끌 수 같은 보살마하살은 1생(入等覺金剛心)에 반드시 아뇩다라삼먁삼보리를 얻으며,"
"또 8세계의 작은 티끌 수 같은 중생이 다 아뇩다라삼먁삼보리의 마음을 내었느니라."

③ 부처님께서 이 많은 보살마하살이 큰 법의 이익을 얻었다고 말씀하실 때, 허공중에 만다라 꽃과 마하만다라 꽃비를 내려 한량없는 백 천 만억 보배나무 아래 사자좌 위의 여러 부처님께 뿌리며,
칠보 탑 중 사자좌 위의 석가모니불과 또 멸도 하신지 오랜 다보여래께 아울러 뿌리며,
또 일체 모든 큰 보살과 사부대중에게도 뿌리며 또 가늘게 부순 전단과 침수 향 등을 뿌리며 허공 가운데 하늘 북이 절로 울리어 미묘한 소리가 깊고 멀리 들리며,
또 1000 가지 하늘 옷을 뿌리며 여러 가지 영락(보배 등을 꿰어 만든 장신구)과 진주영락과 마니주영락과 여의주영락을 드리워 9방(8방과

석가모니불 계신 허공)에 가득하며, 많은 보배의 향로에는 값 매길 수 없는 향을 피우니,
자연히 두루 펴져 대회를 공양하며 하나하나 부처님 위에는 모든 보살이 번개(기)를 잡고 차례로 올라 범천(색계 초선천)에 이르러, 이 모든 보살이 미묘한 소리로 한량없는 게송을 불러 모든 부처님을 찬탄하시더니.

④ 그때 미륵보살이 자리에서 일어나 오른 어깨를 벗고 합장하고 부처님을 향하여 게송으로 말씀하시되,

"부처님께서 설하신 희유한 법은 옛적 일찍 듣지 못했던 것이니,
세존께서 큰 힘이 계셔 수명을 가히 헤아리지 못 하니,
무수한 모든 불제자는 세존께서 법의 이익을 얻은 이를
분별하여 설하심을 듣고 기쁨이 몸에 두루 가득하나이다."

⑤ "혹은 불퇴지에 머물며 혹은 다라니와
혹은 무애요설(無碍樂說자재한 설법)과 만억의 선총지(선(旋)다라니)를 얻으며,
혹은 대천(大千)세계의 티끌 같은 수의 보살들이
각각 다 능히 불퇴의 법륜을 굴리며
다시 중천(中千) 세계의 티끌 수의 보살이

각각 다 능히 청정한 법륜을 굴리며,"
"또 소천(小千)세계의 작은 먼지 같은 수의 보살이
나머지 각각 8생(生8번 태어나서)에 반드시 불도를 이루며,
또 4, 3, 2의 이와 같은 4천하
티끌 같은 모든 보살이 수생(數生몇생, 4, 3, 2생)을 따라 태어나 성불하며,
혹은 하나의 4천하의 티끌 같은 수의 보살이
남은 1생에서 반드시 일체지(부처님의 지혜)를 이루리니,"
"이러한 중생은 부처님의 수명이 장원함을 듣고
한량없고 샘이 없는(무루無漏) 청정한 과보를 얻을 것이며,"
"또한 8세계의 티끌 같은 수의 중생이
부처님의 수명을 설하심을 듣고 다 위없는 마음(보리심)을 발했나이다."

⑥ "세존께서 헤아릴 수 없는 불가사의한 법을 설 하사
넉넉히 이익 된 바가 많아 허공이 끝없음과 같거늘,
하늘의 만다라와 마하만다라(꽃)를 뿌리며
제석천과 범천이 항하사 같은 이들이 수 없는 부처님 국토에서 와서
전단, 침수(향)를 뿌려 분분(紛紛)히 어지럽게 떨어지니,
새가 허공에서 날아 내리 듯이 모든 부처님께 공양하여 흩으며,

하늘 북이 허공중에서 자연히 아름다운(妙) 소리 내며
하늘 옷 천만 가지가 휫돌아(빙빙) 내려오며,
많은 보배 미묘한 향로엔 값 매길 수 없는 향을 피워
자연히 다 가득하여 모든 세존께 공양하오며,
그 큰 보살대중이 칠보번개가
높고 미묘한 만 억 가지를 잡고 차례로 범천에 이르러
하나하나 모든 부처님 앞에 보배 당(깃대)에 승번(훌륭한 기) 달고
또 천만의 게송으로 모든 여래를 읊어 노래하며,"

⑦ "이와 같은 가지가지 일은 옛적에는 없었던 것이니,
부처님의 수명이 무량함을 듣고 일체가 다 환희하오며,
부처님은 시방에 이름이 들리어 널리 중생을 요익 되게 하시니,
일체선근(6서(瑞)등)을 갖추어 (중생의)위없는 (도의)마음(보리심)을 도우셨나이다."라고.(중생이 선근을 갖추게 되어 도심, 보리심을 이루는데 도와주셨습니다)

⑧ 그때 부처님께서 미륵보살마하살에게 이르시되
"아일다야, 중생은 부처님의 수명이 장원함(길고 멈)이 이와 같음을 듣고, 능히 일념으로 믿어 알면(信解) 얻을 바의 공덕이 한량없으리라."

"만약 선남자 선여인이 아뇩다라삼먁삼보리를 위하는 연고로 80만억 나유타 겁(劫)에 5바라밀인 1보시(단)바라밀, 2지계(시라)바

라밀, 3인욕(찬제)바라밀, 4정진(비리야)바라밀, 5선정(선)바라밀을 행하여도 6지혜(반야)바라밀은 제외하니(반야를 제외한 5바라밀만 닦은 공덕), 이 공덕으로서 앞의 공덕(부처님 수명이 장원함을 아는 공덕)과 비교하건대 백분 천분 백 천 만억 분에 그 1에도 못 미치며, 이에 산수나 비유로도 능히 알지 못 하리라."

"만약 선남자 선여인이 이와 같은 공덕이 있는데 아뇩다라삼막삼보리에서 물러날 사람. 이런 이치(是處)는 없느니라."111)

⑨ 그때 세존께서 이 뜻을 다시 펴려 하여 게송으로 설 하시되,

"만약 사람이 부처님지혜를 구하여 80만억
나유타 겁수에(동안에) 5바라밀을 행하여,"
"이 모든 겁 중에 부처님과 연각의 제자와
모든 보살대중에게 아울러 보시하여 공양하되,
진귀한 별다른 음식과 가장 좋은 옷과 침구와
전단으로 정사(절)세워, 동산과 수풀로 장엄하여

---

111) 원교(圓敎)에 10신(十信)의 초심(初心)은 수량품(壽量)의 공덕을 듣고서 밖으로부터 돕고(資) 원만히 믿고 순종하여 알면(信解) 안으로는 훈습(熏)하는 것이라 그래서 물러나지 않는다(不退).

묘락이 이르되「"위계와 수행에서 물러나지 않는다.(位行不退)" 라고 한 것은 경문에 "4신(四信)을 판단(判)하여 10신(十信)을 얻게 된다." 고 하였으니, 그러므로 초신(初信)에서 7신(七信)까지는 위계에서 물러나지 않게 되고(位不退), 8신(信) 이상 가야 수행에서 물러나지 않게 된다.(行不退)」라고.

대품(大品 : 大經 대반열반경)에「별교(別敎)보살은 퇴위(退位)에는 마(魔)가 있고 불퇴위(不退)에는 마가 없음을 밝혔다. 원교(圓敎)는 초심에도 마가 마음대로 하지 못하는데(不得便) 하물며 불퇴위(不退位)겠는가?! - 문구기(文句記)」라고, 그러므로「이 곳은(이런 이치는) 없느니라.(無有是處)」라고 말하였다. 【일여】

이미 정인(正因)을 갖춘 고로 나아감은 있고 물러감은 없느니라(有進無退). 【계환】

이와 같은 등으로 보시하되 가지가지 다 미묘한 것으로써
이 모든 겁수가 다하도록 (이것으로) 불도에 회향하며,"

⑩ "만약 또 금한 계를 지키되 청정하여 빠지거나 새는데 없이
위없는 도를 구하면 모든 부처님께서 찬탄하실 것이며,"
"혹은 다시 인욕을 행하여 길든 부드러운 땅(마음의 경지)에 머물면
설사 온갖 악이 가해와도 그 마음이 기우러져 움직이지 아니하며
모든 법을 얻은 사람이 증상만을 품은 이들이
이에 업신여겨 성가시게 하여도(보챔) 이 같음을 다 능히 참으며,"
"또한 부지런히 정진하여 뜻과 생각이 굳어
한량없는 억겁에 일심으로 게을러 쉬지 아니하며,"

⑪ "또 수 없는 겁에 비고 한가한 땅에 머물러
앉거나 두루 다님에 졸음을 없애고, 항상 마음을 잡아
이 인연으로 능히 모든 선정에 들어가
80억 만 겁을 편안히 머물러 마음이 어지럽지 아니하고
이 일심의 복을 지녀 위없는 도를 원해 구하여
나의 일체지를 얻어 모든 선정의 끝을 다하려고,112)

이 사람이 백 천 만억 겁수 중에

112) 일심의 복은 곧 선정바라밀(禪波羅蜜)이요, 일체지(一切智)는 곧 마음이 지극히 나아간 곳이요, 선정의 끝(際 : 경계. 끝. 진리)은 곧 도의 지극히 나아간 곳이라. 【계환】

이 여러 공덕을 행하되 위에서 말 한 바와 같아도,
선한 남여들이 나의 수명 설함을 듣고 일념으로 믿으면
그 복이 그 보다 더하리니,
만약 사람이 일체 모든 의심과 후회가 없이
깊은 마음으로 잠깐만 믿어도 그 복이 이와 같으리라."

⑫ "그 모든 보살이 무량한 겁을 도를 닦아야(행해야)
내 수명 설함 듣고, 이에 곧 능히 믿고 받으리니,
이와 같은 사람들은 이 경전을 머리로 받들고
원하되, '내 미래에 장수하여 중생을 제도하되
오늘날 세존께서는 모든 석씨 종족중의 왕이시니
도량에서 사자후로 설법하되 두려움 없으심과 같이 되며,
우리들도 미래세에 일체가 존경 할 것이며
도량에 앉을 때 수명(수명의 양-길고 짧음)을 설함도 또한 이와 같게 하리라.' "라고
"만약 깊은 마음을 가진 사람이 청정하고 질직(質直꾸밈없이곧으며)하고 많이 듣고 능히 모두 지니며(총지摠持) 뜻에 따라 부처님의 말씀을 알면,
이와 같은 사람들이야 여기에 의심함이 없으리라."

⑬ "또 아일다야, 만약 부처님 수명이 장원(長遠)함을 듣고 그 말씀

의 뜻을 알면, 이 사람의 얻는 공덕이 끝이 없어 능히 여래의 무상지혜를 일으키리니,"

"어찌 하물며 이 경을 널리 듣고 만약 사람에게 가르쳐 듣게 하며 만약 스스로 가지며 만약 남에게 가르쳐 가지게 하며,

만약 스스로 쓰며 만약 남에게 가르쳐 쓰게 하며 만약 꽃, 향, 영락, 당번(용머리 모양의 기), 증개(비단, 일산), 향유, 소등(차조기 등불)으로 경(경권옛 두루마리 경)에 공양하면, 이 사람의 공덕은 한량없고 끝이 없어 능히 일체종지가 생기리라."

⑭ "아일다야, 만약 선남자 선여인이 내 수명이 장원(영원)하다고 설함을 듣고 깊은 마음으로 믿고 알면, 곧 부처님께서 항상 기사굴산에 계시며 큰 보살과 모든 성문대중에 둘러싸여 설법하심을 보며,"

"또 이 사바세계는 그 땅이 유리요 훤히 평평하고 염부단금으로 여덟 길(8 거리)에 경계하며(경계선을 만 듦), 보배나무가 늘어서 벌려 있고 모든 대(臺)와 누관(누각)이 모두 다 보배로 이루어지고 그 보살대중이 다 그 가운데 있는 것을 보리니,"

"만약 능히 이와 같이 보는 이가 있으면 반드시 알라, 이것은 깊이 믿어 아는 모습이니라."

⑮ "또 다시 여래 멸도 후에 만약 경을 듣고 헐뜯고 훼방하지 아니

하고 수희심(따라 기뻐하는 마음)을 일으키면, 반드시 알라, 이미 깊이 믿고 아는 모양이 되니, 어찌 하물며 읽고 외워 받아 지니는 이랴! 이 사람은 곧 여래를 정수리에 이는(모시는) 것이 되느니라."

"아일다야, 이 선남자 선여인이 구태여 나를 위하여 또 탑과 절을 세우고 승방을 짓고 네 가지 일(음식, 의복, 침구, 탕약)로 많은 스님을 공양하지 말 것이니 어째서냐?

이 선남자 선여인이 이 경전(법화경)을 받아 지녀 읽고 외우는 이는 벌써 탑을 세우고 승방을 세워 많은 스님들에게 공양한 것이 되며,

곧 부처님의 사리로 칠보 탑을 세우되 높을수록 넓이가 점점 작아져(뾰족해져서) 범천에 다다르면, 여러 가지 기와 일산 또 많은 보배방울 달고 꽃(花 : 華)과 향, 영락과 가루 향, 바르는 향, 태우는 향과 여러 가지 북, 기악(음악)과 피리나 퉁소, 공후와 가지가지 춤과 놀이와 미묘한 음성으로 노래 불러 찬탄함이 되며,

곧 한량없는 천 만억 겁에 이것을 공양한 것이 되느니라."

⑯"아일다야, 내가 멸도 한 후에 이 경전을 듣고 능히 받아 지니고 혹은 스스로 쓰며 혹은 남을 가르쳐 쓰게 하며, 곧 승방을 세우되 붉은 전단으로 여러 전당 32개를 짓되 높이는 8 다라수요 높고 넓어 엄숙하고 좋으며 백 천 비구가 그 가운데 있으며,(1다라수-49척)

동산, 수풀, 목욕 할 연못과 경행(거니는 길), 선굴(참선하는 굴), 의복,

음식과 상욕(床褥자리와 이불,침구), 탕약과 일체 오락 기구가 그 중에 가득하여 이와 같은 승방, 당각(堂閣집)이 약간 백 천 만억으로 그 수가 한량없어 이것으로서 현재 앞에 나와 비구승에게 공양함이 되리니,"

⑰ "그러므로 내가 말하되, 여래가 멸도 한 후에 만일 받아 지녀 읽고 외우고 다른 사람을 위하여 설하고 만약 스스로 쓰며 만약 남을 가르쳐 쓰게 하여 경권에 공양하면, 구태여 다시 탑사를 세우며 승방을 지어 많은 스님께 공양하지 말라 하노니,"

"하물며 또 어떤 사람이 능히 이 경을 지니고 보시와 지계와 인욕과 정진과 일심과 지혜를 겸하여 행하면, 그 덕이 가장 수승하여 한량없고(無量) 가없어(無邊), 비유하면 허공의 동서남북 사유(四維) 상하가 한량없고 가없듯이, 이 사람의 공덕도 또 이와 같아 무량무변하여 일체종지(부처님 지혜)에 빨리 이르리라."

⑱ "만약 사람이 이 경을 쓰고 읽고 외우고 받아 지녀 남을 위하여 설하며, 만약 스스로 쓰며 만약 남을 가르쳐 쓰게 하고 또 능히 탑을 세우며 또 승방을 지어, 성문과 많은 스님께 공양하고 찬탄하며 또 백 천 만억 찬탄하는 법으로 보살의 공덕을 찬탄하며,"

"또 다른 사람을 위하여 가지가지 인연으로 이 법화경을 뜻에 따라 새겨 이르고(해설), 또 능히 청정하게 계를 지니며 부드럽고 온화한 이와 함께 있어 인욕하여 성냄이 없으며, 뜻이 굳어 항상 좌선함을 귀히 여겨 여러 가지 깊은 선정을 얻으며, 용맹하게 정진하여 여러 가지 선한 법을 모두 가지며(섭攝모아가지다) 근기가 날카롭고 지혜로워 어려운 질문을 잘 대답하며,"

⑲ (또)"아일다야, 만약 내가 멸한 후에 모든 선남자 선여인이 이 경전을 받아 지녀 읽고 외우는 이가 또 이와 같은 모든 선한 공덕이 있으면 반드시 알라, 이 사람은 이미 도량에 가서 아뇩다라삼먁삼보리에 가까워 저서 도수(道樹보리수) 아래 앉은 것이니,
아일다야, 이 선남자 선여인이 앉거나 서거나 다니는 곳에 이 가운데 곧 응당 탑을 세우고 일체의 하늘과 사람이 다 응당히 공양하되 부처님의 탑과 같이 할지니라."

⑳ 그때 세존께서 이 뜻을 거듭 펴려하여 게송으로 설하시되,

"만약 내가 멸도한 후에 능히 이 경을 받아 지니면
이 사람은 복이 한량없어 위에 설 한 바와 같으리니,"
"이것이 곧 일체의 모든 공양이 구족함이니라,
사리로써 탑을 세우되 칠보로 장엄하며
표찰(表刹탑 꼭대기의 당간)이 심히 높고 넓되 (끝이)점점 작아져(좁아저,뾰족하여) 범천에 이르며,

보배방울 천 만 억이 바람에 움직여 미묘한 소리 내며,
또 헤아릴 수 없는 겁에 이 탑에 공양하되
꽃, 향 모든 영락과 하늘 옷과 여러 기악(음악)과
향유, 차조기 등(燈)을 켜(然) 빙 둘러(周币) 항상 비추어 밝으니,
악한 세상에 법이 끝날 때 능히 이 경을 지니는 이는
곧 이미 위와 같은 구족한 모든 공양을 한 것이니라."

㉑ "만약 능히 이 경을 지니면 곧 부처님이 앞에 계심에, 우두전단으로 승방을 세워 공양하되
당(집)이 서른둘이 있으되, 높이는 8다라수요(1다라수=49척)
좋은 음식과 미묘한 의복과 평상, 침구를 다 구족하며
백 천의 무리 머무는 곳에 동산 숲과 여러 목욕하는 연못과
참선하며, 거니는 곳과 참선하는 굴을 가지가지로 다 엄숙하고 좋게 함과 같으니라."

㉒ "만약 믿고 이해하는 마음으로 받아 지녀 읽고 외우며 쓰고
만약 또 남을 가르쳐 쓰게 하며, 또 경전에 공양하되
꽃(花=華)과 향, 말향(가루향)을 흩으며 수만(수만나꽃)과 첨복과
아제목다가(식물명)로 기름 짜서(훈유薰油-薰은 香草니 여러 가지 향초로 참깨와 한곳에 넣어 짠 기름) 항상 불을 켜,
이와 같이 공양하는 이는 헤아릴 수 없는 공덕을 얻으리니,
허공이 끝없는 것과 같이 그 복도 또한 이와 같으리라."

㉓ "하물며 또 이 경을 지니고 보시와 지계를 겸하며
인욕과 선정을 즐기며 성내지 아니하며 모진 입 놀리지 않으며,"
"탑묘를 공경하며 모든 비구에게 겸손히 낮추어
스스로 높은 마음을 멀리 여의고, 항상 지혜를 생각하여
어려운 질문이 있어도 성내지 않고 순하게 따라 해설하며,"
"만약 능히 이런 행을 행하면 (그)공덕을 헤아리지 못하리니,

㉔ 만약 이 법사의 이와 같은 덕을 성취함을 보거든
반드시 하늘 꽃으로 뿌리며, 하늘 옷으로 그 몸을 덮고,
머리와 얼굴로 발에 예배하여 마음에 부처님 같이 생각하며,
또 반드시 이런 생각을 하되 '오래지 않아 도수(보리수)에 나아가
무루(無漏샘이 없음, 번뇌 없음), 무위(無爲함이 없음)를 얻어 모든 사람과
하늘을 널리 이롭게 하리라.' 하고,
그분이 머물러 있는 곳과 경행(經行걷다)하거나 앉거나 누워서
한 게송만 설하여도, 이 가운데 응당 탑을 세워
장엄하여 미묘하고 좋게 하고(묘호妙好) 가지가지로 공양할 것이니,
불자가 이 땅(경지)에 머물면 곧 이는 부처님께서 수용(受用)하여
항상 그 가운데 계시어 경행하며 앉고 누우시리라."

분별공덕품. 제 17 종.

수량품을 듣고 공덕을 얻음에 차별이 있어 분별하는 품. 제17 끝.

권 6. 수희공덕품. 제 18.

법을 듣고 따라 함께 기뻐하는 공덕이 무량함을 설하신 품. 제 18.

【일여 품해설】 수희(隨喜)라는 것은 사리(事理 : 구사론, 기신론, 화엄, 천태의 해석이 각각 다르나 근본은 한가지다. 事는 사물 현상계요, 理는 이치, 본체계, 진리다. 법화에서는 事를 迹門, 理를 本門이라 하였다)에 따라서 순종하면 둘이 없고 다름도 없다는 것이요,

기뻐한다(喜)는 것은 이것은 자기도 경사스럽고 남도 경사스러운 것이다.

심오한 법을 듣고 이치(理)에 순종하면 진실한 공덕이 있는 것이요. 사물(事)에 순종하면 방편(權)의 공덕이 있는 것이다. 자기가 경사스러우면 지혜가 있고 남을 경사스럽게 하면 자비가 있는 것이다.

방편과 진실(權實). 진리를 보는 지덕(智德)과 번뇌를 끊는 단덕(斷德)을 합하여 그것을 설하는 고로 수희공덕품이라 말한다.

이것은 세계 실단(世界悉檀)에 대한 해석이다.

○[실단(悉檀 : 범어 siddhānta의 음사(音寫).성취, 배품. 곧 중생의 수준에 따라 즐겁게 설법하여 교화하는 방법이다. 혜사(慧思515-577)는 실(悉)은 다함(皆)의 뜻, 단(檀)은 dhānta의 음사(音寫).곧 단나(檀那)니 보시의 뜻이라 하였는데 천태대사도 이 뜻을 이어 받았다. 이것이 네 가지 곧 4실단, 네 가지 법이 있으니.

1,세계(世界)실단-세계. 세간의 생각을 따라 설법으로 보시하여 깨닫게 하는 것.

2,대치(對治)실단-중생의, 번뇌와 악업에 대치하여 선으로 인도하여 설법하여 주는 것.

3,위인(爲人)실단-중생 각각의 능력에 맞게 설하여 선근이 생기게 설법하여 주는 것,

4,제일의(第一義)실단-진리를 바로 설하여 중생들이 깨닫게 설법하여 주는 것이다]

또 이치(理)에 순종한다는 것은 부처님 본지(本地 : 진리, 법신)가 심원(深遠)함을 듣고 믿고 순종하여 거슬리지 아니하면 하나의 티끌만 한 의심에도 걸림이 없는 것이다.

사물(事)에 순종한다는 것은 부처님께서 삼세(三世)의 중생(物)을 이익 되게 하시고 가로 세로(橫竪 : 공간과 시간)를 다 갖추어서(該亘) 일체 처에 두루 함을 듣고 또한 한 개의 티끌만 한 의심에도 걸림이 없으니,

곧 넓은 사물에(廣事 : 迹門)에 즉(卽)하여 깊은 이치(深理 : 本地)에 통달하며, 깊은 이치에 즉하여 넓은 사물을 통달하니 둘이 아니되 그러나 둘 다르지도 아니하되 그러나 다름이라.

비록 둘이요 비록 다르다 할지라도 둘이 없고 다름도 없으니(대립과 차별이 없음) 이와 같이 믿고 아는 것(信解)을 그것을 이름 하여 따른다(隨)라고 한 것이다.

여래가 세상에 나오셔서 40여년 진실을 드러내지 아니 하셨고(법화 이전) 7방편의 사람(사람, 하늘, 성문, 연각, 장교(三藏교 : 소승교) 通教, 別教의 보살)에게는 진실한 진리를 말씀하시지 아니 하시다가 지금 이 경에서 열어 들어내시어 나와 남에게 경사스럽게 하시니 범부의 마음으로 부처님의 아시는 것과 같아지고 태어날 때의 눈(육안)을 사용하되 여래가 보시는 것과 같이 됨이라.

이와 같은 지견(知見)이 법계의 구경(究竟 : 최상의 경지)이니 다시 그 위를 더 할 것이 없다. 이것을 기뻐함(喜)이라 한다.

부처님께서 지금 이경을 설하시고 우리가 이것을 들으니 그러므로 수희공덕품이라 이름 한다. 이것은 대치실단(對治悉檀 : 중생의 능력에 따라 설하여 선함이 생겨나게 하는 것)에 대한 해석이다.

법화경을 듣고 전하여 50번째 되는 사람(第五十人)은 5품위(品位 : 圓教外凡位에 수희, 독송, 설법, 겸행육도兼行六度, 정행육도正行六度, 다섯 품의 단계)중에 초수희품의 초심(初心)이다.

이 사람은 다만 일념의 이해(理解)만 있고 다만 일념의 자기를 경하(기뻐함)하고 남을 기쁘게 하는 것만 있고 아직 사행(事行 : 현상계=실천 수행↔理行)이 있지도 않고 은혜가 남에게 미치지도 아니하나 얻은 바의 공덕은 여래가 교묘히 비유하시니 그 공은 무학을 능가한다 하시었다.

하물며 다시 최초의 모임 가운데서 들은 자이랴! 하물며 다시 2, 3, 4, 5, 품인 자이랴! 여래가 깊고 미묘한 공덕을 설 하사 사람들이 경모(景慕 : 공경하여 사모함) 하게 하는 고로 수희공덕품이라 말하는 것이다. 이것은 위인 실단(爲人)에 대하여 해석한 것이다.

위의 「법사품」 과 「지품」 「분별공덕품」 가운데 사신(四信 : 1.일념으로 믿고 이해하는 것. 2.말의 취지를 간략히 이해하는 것. 3.널리 남을 위하여 설하는 것, 4.믿음이 깊어 관觀을 이루는 것),
5품의 경을 지니는 공덕을 아름답게 일컬었으니 그때 대중은 초심의 공덕이 큰 것을 헤아리지 못하고 다 이미 진인(眞因 : 六卽의 다섯째 分身卽)의 위에 들어갔다고 말함이라.

그러므로 지금 그 수행은 얕고 공덕은 깊은 것을 보여 이로써 경의 힘(經力)을 나타내어 가벼이 여겨 의심하던 것을 확 풀어 버림이라. 그러므로 수희공덕품이라 이름 한다.

이것은 제일의 실단(第一義 : 진리를 바로 설하여 깨닫게 하는 것)에 대하여 해석한 것이다.

묘락 대사가 말하되, "처음 수희 공덕품을 해석하는 가운데 사리(事理)는 다만 이 권,실(權實)의 다른 이름이니, 이 권실을 알면 곧 권실이 아니다.

그러므로 둘도 없고 다른 것도 없으며 곧 개권현실(開權顯實)의 사리(事理)를 순히 따르는 것이다.

권실과 지단(智斷)을 합하여 말하는 것은 권실은 따르는 것(隨)을 맺고 지단은 기뻐함(喜)을 맺는 것이요, 또한 스스로 나와 남. 사(事)와 이(理)를 경하하여 기뻐함이라. 그러므로 세계 실단에 속한다.

본지(本地)가 심원하다는 것은 이치(理致)가 깊고 시간이 먼(時遠)것이다. 넓은 일(廣事 : 교화하는 일)과 깊은 이치(深理 : 본지의 심원함이다)를 통달한다함은 가까운 일로 자취를 들어내어 먼 본지의 이치(本理 : 법신)를 보는 것을 말한다.

부처님께서 '내가 지금부터 설하리라.' 라고 하는 그 아래는 품의 이름이 이루어진 것을 결론 맺고 사물과 이치(事理)의 의심을 없앤 고로 대치실단에 속한다.

여래가 교묘하게 비유한다 함은 곧 아래 글에 400 만 억 아승지 세계라 하는 등이 이것이다. 여래(부처님께서 미륵에게 이르시되 부터)부터 그 아래는 경을 권한 뜻을 맺고 품의 이름을 세워서 이치에 들어가는 위(位=범부와 성인이 본래 하나임을 아는 자리)에 들어가게 하여 능히 이선(理善 : 理惑을 멸한 심오한 善)이 생기게 함이라. 그러므로 위인(爲人)실단에 속한다.

성인의 말씀으로서(聖言) 친히 찬탄하사 공을 미루어 의심을 없애려 함이라. 그러므로 확실함을 들어 제일의 실단에 비교하는 것이다.

5품위(五品位) 가운데 뒤의 네 사람(뒤의 4품)은 앞의 분별공덕품 끝에 절절(節節)히 스스로 비교하여 헤아려 마쳤으나 오직 초(初) 수희품(隨喜品)의 글에는 다만 사람의 모습(人相)만을 표하고 아직 비교하여 헤아리지(校量) 못하였음으로 그래서 미륵으로 하여금 근기에 맞게(乘機) 부처님께 여쭈어서(扣) 자세히 초품을 비교하여 바야흐로 뒤의 네 공덕이 큰 것을 알게 됨이라. 그러므로 이품의 유래가 있는 것이다." 일여.

① 그때 미륵보살마하살이 부처님께 여쭈되, "세존이시여, 만약 선남자 선여인이 이 법화경을 듣고 따라 기뻐하는 이는 얼마의 복을 얻나이까?"하고 게송으로 여쭈되

"세존께서 멸도 하신 후에 이 경을 듣고
만약 능히 따라 기뻐하는 이는 얼마의 복을 얻나이까?"라고.

② 그때 부처님께서 미륵보살마하살에게 말씀하시되
"아일다야, 여래가 멸도 한 후에 만약 비구, 비구니, 우바새, 우바이와 그리고 나머지 지혜 있는 이와 어른이거나 아이거나 이 경을 듣고 따라 기뻐하고 법회에서 나가 다른 곳에 가서, 만약 승방에 있거나 만약 비고 한가한 땅이거나 만약 성읍(도시), 항맥(거리), 취락, 촌락(농촌)에서 그 들은 바와 같이 부모, 종친, 좋은 벗, 아는 이를 위하여 힘에 따라 연설하면,"
"이 사람들이 듣고 따라 기뻐하여 또 옮겨 가르친다면, 다른 사람이 듣고 또 따라 기뻐하여 옮겨 가르쳐 이와 같이 옮기고 옮겨 제 50번째(10신, 10주, 10행, 10회향, 10지), 까지 이르면,"
"아일다야, 그 제50번째의 선남자 선여인이 따라 기뻐 한 공덕을 내 오늘 말하리니 네 반드시 잘 들어라."

③ "만약 400 만억 아승지 세계의 6취(6도)에 4생의 중생인 알에서

난 것과 태에서 난 것과 습한 데서 난 것과 화(化)하여 난 것과 얼굴 모양이 있는 것과 얼굴이 없는 것과,
생각이 있는 것과 생각이 없는 것과 생각이 있는 것도 아닌 것과 생각이 없는 것도 아닌 것과 발이 없는 것과 두발과 네발과 발이 많은 것과 이와 같은 등 중생의 수(數)에 있는(범주에 드는) 이를 어떤 사람이 복을 구하여(바라서),
제 욕심을 따라 즐길 것(오락 도구)을 다 주되 중생마다 염부제에 가득한 금, 은, 유리, 자거, 마노, 산호, 호박, 여러 가지 미묘한 보배와 또 코끼리, 말, 수레와 칠보로 이룬 궁전, 누각 등을 주어서,"
"이 큰 시주가 이와 같이 보시하여 80년을 채우고 이 생각을 하되 '내가 이미 중생에게 즐길 것을 베풀되 그들 뜻의 욕구대로 하나 그러나 이 중생이 다 이미 노쇠하여 나이 80이 지나 머리는 세고 낯(얼굴)은 주름져 장차 죽음이 오래지 않으리니, 내가 반드시 불법으로 가르쳐 인도하리라.' 하고,
곧 이 중생을 모아 법으로 교화하여 펴 보이며 가르치고 이롭게 하며 기쁘게 하여 일시에 다 수다원도, 사다함도, 아나함도, 아라한도(소승 4果)를 얻어 모든 유루(有漏샘이 있는)를 다 하여 깊은 선정에 다 자재를 얻어 8해탈을 갖추게 하면,"
"너의 뜻에는 어떠하냐? 이 큰 시주(施主)의 얻은 바의 공덕이 정녕 많으냐? 많지 아니하냐?"

④ 미륵이 부처님께 여쭈되 "세존이시여, 이 사람 공덕이 심히 많아 헤아릴 수 없고 끝이 없나이다. 만약 이 시주(施主)가 다만 중생에게 일체 즐거운 것을 주어도 공덕이 그지없거늘, 어찌 하물며 아라한과를 얻게 함이겠나이까?"

⑤ 부처님께서 미륵에게 말씀하시되 "내가 오늘 분명히 너에게 말하리라. 이 사람이 일체 오락 기구(樂具좋은 것)로써 400 만억 아승지 세계에 6취 중생에게 베풀고 또 아라한과를 얻게 하여 얻은 공덕이, 이 제 50번째의 사람이 법화경의 한 게송을 듣고 따라 기뻐한 공덕만 같지 못함이(그 공덕 보다 못함이) 백분, 천분, 백 천 만억분에 그 하나에도 미치지 못 할 것이며, 산수나 비유로도 능히 알지 못 하리라."

"아일다야, 이와 같이 제 50번째의 사람에 옮기며 옮겨서 법화경을 듣고 따라 기뻐 한 공덕도 오히려 헤아릴 수 없고 가없는 아승지인데, 어찌 하물며 최초에 법회 중에서 듣고 따라 기뻐함이겠느냐?!

그 복이 또 수승하여 한량없고 가없는 아승지로 가히 비유하지 못하리라."

⑥ "또 아일다야, 만약 사람이 이 경을 위하여 승방에 나가 앉거나 서거나 잠깐만이라도 듣고 받으면, 이 공덕을 인연하여 몸을 바꾸

어 태어남에[113] 좋은 최상의 미묘한 코끼리, 말, 타는 수레(下品)와 보배의 연 수레(가마, 中品)를 얻으며 그리고 천궁에 오르리라(상품)."

"만약 또 사람이 법을 강의하는 곳에 앉아 또 어떤 사람이 오거든 권하여 앉아 듣게 하며, 만약 자리를 나누어 앉게 하면 이 사람의 공덕은 몸을 바꾸면 제석(帝釋)의 자리나 범천왕의 자리나 전륜성왕의 자리를 얻으리라."

"아일다야, 만약 또 어떤 사람이 다른 사람에게 말하되 '경이 있으되 이름이 법화니 모두 가서 들어야 하리라.' 하면, 곧 그 가르침을 받아(따라 가서) 잠깐만 들어도 이 사람의 공덕은 몸을 바꾸면 다라니보살과,(다라니를 얻은 보살, 五地보살) (다음 과까지 이어짐)

(1) 한 곳에 함께 태어나,

⑦ (2) 근기가 날카롭고, (3) 지혜로워 백 천만세에 끝내,
(4) 벙어리가 되지 않고, (5) 입 냄새가 나지 않으며,
(6) 혀는 항상 병이 없으며, (7) 입 또한 병이 없으며,
(8) 이가 때 묻어, (9) 검지 아니하며,
(10) 누렇지도 않으며, (11) 성글지도 아니하며 또,
(12)빠지고 떨어지지 않으며, (13) 어긋나지도 않으며,
(14) 굽지 않으며, (15) 입술이 아래로 늘어지지 않으며 또,
(16) 말려들지 않으며, (17) 오므라들지 않으며,

---

113) 몸을 바꾸는 것(轉身)은 후신(後身)을 말 하니라. 최상의 미묘한 수레(車輿)는 곧 사람 가운데 수승한 과보요, 또 천궁에 오름은 곧 하늘 가운데 수승한 과보니. 그러므로 게송에 이르되 「후에 하늘과 사람 가운데 태어나리라」 하시니라. 【계환】

(18) 거칠거나, (19) 껄끄럽지 아니하며,

(20) 좋기나, (21) 부스럼나지 아니하며

(22) 또 언청이가 되지 않으며 또,

(23) 삐뚤어지지도 아니하며, (24)두텁지도 않으며,

(25) 크지도 않으며 또, (26) 노랗거나, (27) 검지도 아니하며,

(28) 여러 가지 미움이 없으며,

(29) 코는 편편하고 엷지 않으며,

(30) 또 굽고 삐뚤어 지지 않으며,

(31) 낯 빛이 검지 않으며 또, (32) 좁고, (33) 길지 않으며 또,

(34) 푹 들어가, (35) 굽지 아니하며 일체가,

(36) 기쁘지 아니한 상이 없고,"

"(37) 입술, (38) 혀, (39) 어금니와,

(40) 이가 다 엄숙하고 좋으며, (41) 코는 길고,

(42) 높고 곧으며, (43) 얼굴이 원만하며,

(44)눈썹은 높고 ,(45) 길며, (46) 이마는 넓고, (47) 평평하여,

(48)사람의 모습이 구족하여," "세세에 태어남에

(49) 부처님을 뵙고, (50) 법을 듣고 가르침을 믿고 받으리라."

"아일다야, 너 또 이를 보라. 한 사람을 권하여 가서 법을 듣게 한 공덕도 이와 같거늘, 어찌 하물며 일심으로 설법을 듣고(初品) 읽고(二品) 외워(三品) 대중에게 남을 위하여 분별하며 설함과 같이 수행함(四,五品)이겠느냐."

⑧ "그때 세존께서 이 뜻을 거듭 펴려 하여 게송으로 설 하시되

"만약 사람이 법회에서 이 경전 얻어 듣되
한 게송이라도 따라 기뻐하며 남을 위하여 설하여,"
"이와 같이 옮기고 옮겨(전하고 전하여) 가르쳐 제 50번째에 이르면"
"가장 뒤 사람의 복 얻음을 이제 반드시 분별하여 주리라."

⑨ "어떤 큰 시주처럼 헤아릴 수 없는 중생에 보시하되(供給)
80세가 다 차도록 (그들의) 뜻에 하고자하는 바를 따라주고,"
"쇠하고 늙은 모양이 머리 세고 얼굴이 주름지며
이가 성글고 얼굴이 야윈 걸 보아 그 죽음이 오래지 않음을 생각하여,
내가 이제 반드시 가르쳐 도과(道果깨달음)를 얻게 하려고
곧 방편으로 열반의 진실한 법을 설하되,
'세간은 다 견고하지 못하여 물거품, 불꽃 같으니,
너희들이 다 반드시 싫어 여의는 마음을 속히 내라.' 하거늘,
모든 사람이 이 법을 듣고 다 아라한을 얻어
6신통과 3명(明)과 8해탈(解脫)을 구족하여도,"
"최후의 제 50번째의 사람이 한 게송을 듣고 따라서 기뻐한
이 사람의 복이 저 보다 더하여 가히 비유하지 못 하리라."
"이와 같이 옮기고 옮겨가며 들은 그 복도 오히려 무량한데

어찌 하물며 법회에서 처음 듣고 따라 기뻐한 자 이겠는가?"

⑩ "만약 한 사람을 권하여 데리고 법화경을 듣게 하여
말하되 '이 경이 깊고 묘하여 천만겁에도 만나기 어려우니라.' 하거든, 곧 가르침을 다라 가서 듣되 잠깐만 들어도
이 사람의 복(福)의 과보를 이제 반드시 분별하여 설하리니,

⑪ 세세에 입에 병이 없어 이가 성글거나 누르거나 검지 않으며,
입술이 두껍거나 걷어 말리거나 이지러지지(언청이) 않아 미운모양이 없으며,
혀는 마르거나 검거나 짧지 않으며, 코는 높고 길고 곧으며,
이마는 넓고 반 듯(평정)하며 얼굴과 눈이 다 단엄하여
사람이 보기를 좋아 하며, 입에서는 냄새나 더러움이 없어
우담바라화의 향기가 항상 그 입에서 나리라."

⑫ "만약 일부러 승방에 가 법화경을 듣고자하여
잠깐이나 듣고 기뻐하면 이제 반드시 그 복을 설하리니,
후에 하늘과 사람가운데 태어나 미묘한 코끼리, 말, 수레와
진귀한 보배의 가마(연려,수레)를 얻으며 또 하늘궁전에 오르리라."

⑬ "만약 법 강론하는 곳에 남을 권하여 앉아 경을 듣게 하면
이 복의 인연으로 제석, 범천, 전륜성왕의 자리를 얻으리니,"

"어찌 하물며 일심으로 듣고 그 뜻을 풀어 설하며 말씀과 같이 수행함이겠는가?! 그 복은 가히 한량이 없으리라."

수희공덕품. 제18 종.

법을 듣고 따라 기뻐하는 공덕을 설한 품. 제 18 끝.

법사공덕품 제19

6근이 청정하여 안(意뜻) 밖(根5근)을 장엄한 법사의 공덕을 설한 품. 제 19.

【일여 품 해설】 법사란 뜻은 법사품 가운데 설함과 같다. 공덕이란 앞 품 「수희공덕품」에 말하되 五품중 초품의 초공덕으로 상사위(相似位) 앞에 있다고 하였다.

이 품 법사공덕은 말하면 5품의 위에 육근(六根)이 청정한 공덕 즉 십신(十信)의 상사위(相似位 : 六卽)다.

이 공덕으로 내외가 장엄하여 진다. 5근이 청정함을 외장엄(外莊嚴)이라 이름하고 의근(意根)이 청정 한 것을 내장엄이라 이름 한다.

또 지옥으로부터 위의 부처님에 이르기까지 일체 색상(色像)이 다 몸 가운데 나타나는 것을 내(內)장엄이라 하고 지옥에서 부처님에 이르기까지 일체 색상에 보현삼매(普賢三昧 : 보현색신삼매=여러 가지 몸을 나타내어 중생을 교화하는 삼매)로써 밖으로 교화하는 것을 외장엄이라 한다.

몸(身根)이 이미 그러하니 나머지 5근 또한 그러하다.

독송(讀誦 : 5품의 하나)으로 6근이 청정함을 얻음이라. 이미 독송이 그러하니 받아 지니고(受持), 해설(解說)하고, 베껴 쓰는 것도(書寫), 또한 그러하다. 5품 가운데 초품에 6근이 청정하여진다.

(초품이) 이미 그러하니 뒤의 4품은 더욱 그러하다. 상사위(相似位 : 六卽)에 6근이 청정하여 짐이라. 상사위가 이미 그러하니 분진위(分眞)는 배로 더 그러하다. 이것은 세계 실단에 대한 해석이다.

수행자가 이 공덕의 이로움을 설함을 듣고 기뻐하며, 스스로 이기지 못하여 부지런히 구하여 싫증냄이 없어 믿음이 나아가 배로 더하니, 이것은 위인실단(爲人)에 대한 해석이다. 분명히 대승의 큰 세력이 있음을 알고 결정코 의심이 없으니 이것은 대치(對治)실단에 대한 해석이다.

상사위(似解=相似位 : 보살의 계위)의 최초(初初)가 이승(二乘)의 최상의 경지(極極)를 지난지 백 천 만 배다. 곧,

[1] 시작을 가리켜 끝을 나타내고,

[2] 매달린 것 같은 고통을 벗어나(懸解) 구경(究竟)이 되며,

[3] 제일의제(第一義諦 : 최상의 진리)요,

[4] 불가사의(不可思議) 함이라.

이것은 제일의(第一義) 실단을 해석한 것이다.

이 품에서 밝힌 것은 (위의)네 가지 뜻을 갖추었으니 이것은 법사의 공덕이라. 그러므로 법사공덕품이라 한다.

묘락대사(妙樂)가 말하되, "법사라 함이 이미 통하니 네 가지 믿음(四信) 다섯 가지 품위(五品=五品弟子)에서 떨어지지 않은 것이다. 그러므로 그 글을 가리켜 사용하여 품의 이름(品目)으로 하였다." 라고.

문 - 쓰고 베끼는 것이(書寫) 어떻게 6근(根 : 눈, 귀 등)을 청정하게 합니까?

답 - 같이 바른 해석을 자료로 하는 까닭이다.

위에서 四품을 더 그러하다 함은 일정하지 아니함을 분명히 밝혔다. 처음 초 수희품으로부터 시작하여 끝에 제5 정행육도(正行六度)에 이르기까지가 다 6근이 청청하여지는 것인데 어찌 반드시 5품을 지나야 바야흐로 상사위(相似位)에 들어간다고 하겠는가?

더 그러하다는 것은 처음(초수희)을 가지고 뒤를 바라보는 것이니 초 수희품으로도 오히려 들어가는 것인데 뒤 4품은 앞품보다 더 한 것이다.

상사해(相似解)의 최초의 최초(初初)라 함은 『보현관경(普賢觀經)』에 의하면 수희(隨喜)하고 나면 마땅히 상사해의 머리에 해당한다.

제 50인이 다시 초 수희(初隨喜)품의 초(初)에 있음이라. 그러므로 초초(初初)라고 말한다.

이승의 최고의 경지(二乘極極)를 지난다는 것은 나한(羅漢)이 이미 최고의 경지(極)이며 의심이 없는 것(無疑 : 무애 해탈이다)은 또 최고의 경지(極)이다. 그러므로 최고 최고의 경지(極極)라 한다.

의심이 없다(無疑)함은 비록 이 의심이 없어도 또한 능히 초수희의 사람(初隨喜人)에게 능히 미치지 못하는 것이 백 천 만 배라. 앞에 교량(校量헤아림)한 것과 같다.

시작을 가리켜 끝을 나타낸다 함은 수희(隨喜)의 시작을 가지고 묘각(妙覺)의 끝을 나타낸 것이다. 일여.

① 그때 부처님께서 상정진 보살마하살에게 이르시되
"만약 선남자 선여인이 이 법화경을 받아 지녀 읽고 외우며 해설하고 만약 쓰면, 이 사람은 반드시 800가지 눈 공덕과 1200가지 귀의 공덕과 800의 코 공덕과 1200가지 혀 공덕 과 800가지 몸의 공덕과 1200가지의 뜻 공덕을 얻으리니, 이 공덕으로 6근을 장엄하여 다 청정하게 되리라."114)

② "이 선남자 선여인이 부모 낳은 청정한 육안(肉眼)으로 3천(千)대천세계(大千世界)의 안 밖에 있는 산과 숲과 강과 바다를 보며, 아래로 아비지옥에 이르고 위로 유정천에 이르기까지 또 보되, 그 중에 일체중생과 업의 인연과 과보로 태어난 곳을 다 보고 다 아리라."

③ 그때 세존이 이 뜻을 다시 펴시려고 게송으로 설하시되,

"만약 대중 가운데 두려움 없는 마음으로
이 법화경을 설하면, 너는 그 공덕을 들어라."
"이 사람은 800가지 공덕이 있는 수승(殊勝)한 눈을 얻어
이로써 장엄한 연고로 그 눈이 심히 청정하리니,"
"부모 낳은 눈(육안)으로 3천세계에

114) 1200가지 귀의 공덕(신통력)과 (일심×10법계×10여시=100근에 6진×100근=600×2定慧=1200가지 공덕이 생김) 800의 코 공덕과 (1200에서 눈, 코, 몸은 각각 3분의 1이 부족 한 고로 3분의 1을 빼면, 1200-(1200÷3)=800의 코 공덕이 된다)

내외의 미루산과(광명산-7금산의 하나) 수미산과 철위산과
아울러 모든 나머지 산, 수풀과 큰 바다와 강, 강물을 다 보며,
아래로 아비지옥 위로는 유정처(有頂處색구경천)에 이르기까지
그 가운데 모든 중생 일체를 다 보리니,"
"비록 천안을 얻지 못 해도 육안의 힘이 이와 같으리라."라고

④ "또 상정진아, 만약 어떤 선남자, 선여인이 이 경을 받아 지녀 읽으며 외우며 해설하며 베껴 쓰면 1200가지 귀의 공덕을 얻으리니,"

"이 청정한 귀로 3천대천세계에 아래로는 아비지옥, 위로는 유정천(有頂天)에 이르기까지 그 중 내외의 가지가지 말씀과 음성을 들으리니."

"코끼리소리, 말소리, 소소리, 수레소리, 우는 소리, 근심하여 한숨짓는 소리, 고동소리, 북소리, 종소리, 방울소리, 웃는 소리, 말하는 소리, 남자 소리, 여자 소리, 동자(童子) 소리, 동녀(童女) 소리, 법소리, 법 아닌 소리, 괴로운 소리, 즐거운 소리, 범부 소리, 성인 소리, 기쁜 소리, 기쁘지 않은 소리,
하늘 소리, 용 소리, 야차 소리, 건달바 소리, 아수라 소리, 가루라 소리, 긴나라 소리, 마후라가 소리, 불 소리, 물소리, 바람소리,
지옥 소리, 축생 소리, 아귀 소리, 비구 소리, 비구니 소리,
성문 소리, 벽지불 소리, 보살 소리, 부처님 소리,"라.

"요점을 말하건대 3천대천세계 중에 일체 내외에 있는 바의 여러 가지 소리를 비록 천이(天耳하늘 귀)를 얻지 못 했으나,
부모 낳은 청정한 평상시의 귀로 다 들어 아리니, 이와 같이 가지 가지 음성을 분별하되 귀(이근)는 허물어 지지 아니하리라."

⑤ 그때 세존이 이 뜻을 거듭 펴시려고 게송으로 설하시되,

"부모가 낳은 귀가 청정하여 흐리고 더러움이 없어,
이 평상시의 귀로써 3천세계의 소리를 듣되
코끼리, 말, 수레, 소의 소리, 종, 방울, 소라, 북 소리와
거문고, 가야금, 비파, 공후 소리와 퉁소, 피리 소리와
청정한 좋은 노래 소리를 듣되 집착하지 아니하며,
수 없는 사람의 소리를 듣고 다 능히 알며,
또 모든 하늘의 소리와 미묘한 노래 소리를 들으며,
또 남녀 소리와 동자 동녀 소리를 들으며,
산천의 험한 계곡 중에 가릉빈가(새) 소리와
명명(새)이 등 여러 새의 그 음성을 다 들으며,

⑥ 지옥의 모든 고통으로 가지가지 서러워하는 소리와,
아귀의 주리고 목마름이 닥쳐와 음식 구하는 소리와,
모든 아수라들이 큰 바닷가에 살고 있어

제 모두 말 할 때에 큰 소리 내거든,
이와 같이 설법하는 사람은 이 사이에 편안히 머물러
이 많은 소리를 멀리서 듣되 귀는 상하지 아니하며,

⑦ 시방세계 가운데 날짐승, 길짐승이 울어 서로 부르짖거든
그 설법하는 사람이 여기서(예서) 다 들으며,
그 여러 범천 위에 광음천(天)과 변정천과
이에 유정천에 이르기 까지 말하는 음성을
법사는 여기 머물러 다 얻어 들으며,

⑧ 일체 비구대중과 또 모든 비구니가
경전을 읽고 외우며 남을 위해 설하면
법사는 여기 머물면서 다 얻어 들으며,
또 모든 보살이 경법(經法)을 읽고 외우며
남을 위해 설하며 모아 편찬하고 그 뜻을 해석하며
이와 같은 모든 음성을 다 얻어 들으며,
모든 부처님 대 성존께서 중생을 교화하심에
이 모든 대중 가운데 미묘한 법을 펴 연설하시거든,
이 법화(경)를 지니는 사람은 다 얻어 들으며,"

⑨ "3천대천세계 내외의 모든 음성을

아래로 아비지옥, 위로 유정천에 이르기까지
다 그 음성을 듣되, 귀는 상하지 아니하리니,
그 귀는 밝고 영리한 때문에 다 능히 분별하여 알리라.
이 법화(경)를 지닌 사람이 비록 천이(하늘 귀)를 얻지 못 해도,
오직 (부모)낳은 귀만 써도 공덕이 이미 이와 같으리라."라고

⑩ "또 다음에 상정진아, 만약 선남자 선여인이 이 경을 받아 지녀, 읽고 외우며 해설하고 베껴 쓰면 800가지의 코의 공덕(신통력)을 이루리니,
이 청정한 코(비근)로 3천대천세계 위아래 내외에 가지가지 모든 향기를 맡으리니,
수만나화 향, 사제화 향, 말리화 향, 첨복화 향, 바라라화 향, 적연화 향, 청연화 향, 백연화 향, 꽃나무 향, 과일나무 향, 전단 향, 침수 향, 다마라발 향, 다가라 향과 그리고 천만 가지로 섞은(화합한)향과 가루 향, 둥근 향, 바르는 향을 이 경을 지닌 이는, 이 사이에 머물러 다 능히 분별하며,
또 중생의 향기(냄새)를 분별하여 아리니, 코끼리 향기, 말 향기, 소, 양 등의 향기, 남자 향기, 여자 향기, 동자(童子) 향기, 동녀 향기와 또 풀, 나무, 수풀 향기와 가깝거나 멀리 있는 여러 가지 향기를 다 향기 맡아 분별하되 그릇되지 아니하며,"
"이 경을 지닌 사람이 비록 여기 머물러도 또한 천상의 모든

하늘의 향기를 맡으리니,
바리질다라와 구비다라나무 향기와 또 만다라꽃 향기와 마하만다라꽃 향기와 만수사꽃 향기와 마하만수사꽃 향기와 전단(향)과 침수(향)와 가지가지 가루 향과 모든 여러 가지 꽃 향과 이와 같은 등 하늘의 향기가 어우러져 내는 향을 맡고 알지 못 함이 없으며,"

"또 모든 하늘(사람)의 몸의 향기를 맡으리니, 석제환인이 훌륭한 궁전 위에서 오욕을 즐겨 놀이 할 때의 향과,
만약 묘법당(도리천에 있는 법당) 위에서 도리(천)의 모든 하늘을 위하여 설법할 때의 향기와, 혹은 여러 동산에 유희할 때의 향기와,
또 나머지 하늘들의 남녀의 몸에 향기를 다 멀리서 맡아, 이와 같이 옮기고 옮겨 범천의 세계에 이르러 위로 유정(천)에 이르기까지 모든 하늘(사람)의 몸의 향기를 또 다 맡으며 모든 하늘의 사르는(피우는) 향을 아울러 맡으며,"
"또 성문 향기, 벽지불 향기, 보살 향기 모든 부처님의 몸 향기를 또 다 멀리서 맡아 그 있는 곳을 알리니,
비록 이 향기를 맡으나 그러나 코(비근)는 상하지 아니하며 착오하지 아니하리니, 만약 분별하여 다른 사람을 위하여 설하고자하여도 기억하여 생각함이 그릇되지 아니하리라."

⑪ 그때 세존께서 이 뜻을 거듭 펴시려고 게송으로 설하시되,

"이 사람이 코가 청정하여 이 세계 속의
향기나 냄새나는 것, 가지가지를 다 맡아 알리니,
수만나와 사제와 다마라와 전단과
침수와 또 계수나무 향기와 가지가지 꽃, 과일 향기와
또 중생 향기와 남자, 여인의 향기를 알리니,
설법 할 사람이 멀리 머물러 향기를 맡고 있는 곳을 알며,

⑫ 큰 세력의 전륜왕과 소전륜(왕)과 또 아들과
여러 신하와 여러 궁인(宮人)을 향기를 맡고 있는 곳을 알며,
몸에 지닌 진귀한 보배와 또 땅 속에 숨겨진 보배와
전륜왕의 보배 여인을 향기 맡고 있는 곳을 알며,
많은 사람이 몸에 장엄한 의복과 영락과
가지가지 바르는 향을 향기 맡고 그 몸을 알며,
모든 하늘이 걷거나 앉아서 노는 놀이(유희)와 신통 변화를
이 법화경을 지닌 사람이 향기 맡고 다 능히 알며,

⑬ 여러 가지 나무의 꽃과 과실과 또 소유(차조기) 향기를
경 지닌 사람이 여기 머물러 다 그 있는 곳을 알며,
모든 깊은 산 험한 곳에 전단나무 꽃 피었거든
그 가운데 있는 중생 향기 맡고 다 능히 알며,
철위산과 큰 바다와 땅 속 모든 중생을

경 지닌 사람은 향기 맡고 다 그 있는 곳을 알며,

⑭ 아수라의 남자, 여자와 또 그 모든 권속의
싸우며 유희할 때를 향기 맡고 다 능히 알며,
광야의 험하고 비좁은 곳에 사자, 코끼리, 호랑이, 이리와
들소, 물소들을 향기 맡고 있는 곳을 알며,

⑮ 만약 회임(懷妊)한 사람이 있어 (뱃속)아기가 아들인지 딸인지,
근(성기)이 없는지 사람 아닌 것(중성)인지 분별하지 못 하거든
향기 맡고 다 능히 알며,
향기 맡는 힘 때문에 처음 회임(懷妊)이
성취한 것인지 못한 것인지 편안히 복된 아들 낳을지를 알며,
향기 맡는 힘 때문에 남녀가 생각하는
더러운 탐욕과 어리석고 성내는 마음을 알며, 또 선(善) 닦는 이를 알며,

⑯ 땅 속에 묻혀있는 온갖 금, 은, 모든 진귀한 보배와
구리그릇에 담긴 것을 향기 맡고 다 능히 알며,
가지가지 모든 영락을 그 값을 능히 알 수 없거든
향기 맡고 귀하며 천함과 출처와 있는 곳을 알며,

⑰ 천상의 여러 가지 꽃들 만다라와 만수사와
파리질다나무를 향기 맡고 다 능히 알며,
천상의 여러 궁전 상, 중, 하의 차별과
많은 보배 꽃으로 장엄함을 향기 맡고 다 능히 알며,
하늘 동산, 수풀에 빼어난 궁전과 모든 누관과 묘법당(도리천의 善法堂)
그 가운데서 오락함을 향기 맡고 다 능히 알며,
모든 하늘이 만약 법을 듣거나 혹은 오욕 낙을 누릴 때나
오며 가며 다니며 앉으며 누움을 향기 맡고 다 능히 알며,

하늘 여인이 입은 옷에 좋은 꽃향기로 장엄하여(꾸며)
두루 돌며 유희할 때 향기 맡고 다 능히 알며,
이와 같이 옮기고 옮겨 올라가 범천세계에 이르기까지
선정에 들고 나오는 이를 향기 맡고 다 능히 알며,
광음천과 변정천과 유정천에 이르기까지
처음 태어나고 또 물러가 없어짐을 향기 맡고 다 능히 알며,

⑱ 모든 비구 대중들이 (불)법에 항상 정진하여
앉으며 두루 다니며 또 경전 읽고 외우며
혹은 수풀 아래 있어 오로지 정진하여 좌선함을
경 지닌 이는 향기 맡고 다 그 있는 곳을 알며,
보살이 뜻이 견고하여 좌선하며 독송하며

혹시 남을 위해 설법함을 향기 맡고 다 능히 알며,
곳곳(在在方)에서 세존을 일체가 공경함이라.
대중을 가엽게 여겨 설법하시면 향기 맡고 다 능히 알며,
중생이 부처님 앞에서 경 듣고 환희하여
법과 같이 수행하면 향기 맡고 다 능히 아리니,
비록 보살의 무루법(無漏法)에서 생긴 코를 얻지는 못 했으나
이 경을 지니는 이는 먼저 이런 코의 모양(후각)을 얻으리라."라고

⑲ "또 상정진아, 만약 선남자, 선여인이 이 경을 수지하고 읽고 외우고 해설하고 쓰면 1200가지 혀의 공덕을 얻으리니,
만약 좋거나 추하거나 아름답거나 아름답지 않거나 여러 가지 쓰고 떫은 것이 그 혀(설근)에 닿으면 다 좋은 맛(으뜸 된 맛)으로 변하여 하늘의 감로 같아 맛없는 것이 없으리라."

⑳ "만약 혀로 대중 가운데 연설할 것이 있을 땐 깊고 미묘한 소리를 내어 능히 그들 마음에 들어 다 기뻐 흰허 즐겁게 하며(쾌락),
또 모든 하늘남자와 하늘여자(욕계6天의 여자. 색계이상은 음욕이 없고 남여 相이 없음)와 제석과 범천의 모든 하늘이 이 깊고 미묘한 음성으로 연설하는 언론의 차례(조리 있는 말씀)를 듣고 다 와서 들으며,"
"또 여러 용, 용녀(용왕의 딸), 야차, 야차여, 건달바, 건달바 여(女), 아수라, 아수라 여(女), 가루라, 가루라 여(女), 긴나라, 긴나라 여

(女), 마후라가(천용8부의 하나로 뱀의 신), 마후라가 여인(女)이 법을 듣기 위한 연고로 다 와서 친근하여 공경 공양하며,"

"또 비구, 비구니, 우바새, 우바이와 국왕, 왕자, 여러 신하, 권속과 소전륜왕, 대전륜왕과 칠보(전륜왕의 칠보-象, 馬등), 1000명의 아들, 내외 권속이 그 궁전을 타고 다 와서 법을 들으며,

㉑ 이 보살이 설법을 잘 하는 연고로 바라문과 거사와 나라 안에 인민이 그 형체와 목숨이 다하도록 따라 모셔 공양하며,"

"또 모든 성문, 벽지불, 보살, 모든 부처님이 항상 즐겨 보며, 이 사람이 있는 방면에 모든 부처님께서 다 그곳을 향하여 설법하시면, 일체 부처님의 법을 다 능히 받아 지니며, 또 깊고 미묘한 법의 음성을 능히 내리라."

㉒ 그때 세존께서 이 뜻을 다시 펴시려고 게송으로 설하시되,

"이 사람은 혀(설근)가 깨끗하여(淸淨)
끝내 나쁜 맛을 맡아보지 아니하리니
그 먹는 것이 다 감로가 되리라."115)

"깊고 좋고 미묘한 소리로 대중에 설법하되

115) 좋고 추하고 쓰고 떫음(好醜苦澁)이 다 법미(法味)가 되리라. 【계환】

여러 가지 인연과 비유로 중생의 마음을 인도 하면,
듣는 사람이 다 환희하여 여러 가지 으뜸가는 공양을 베풀리라."
"모든 하늘, 용, 야차와 또 아수라들이
다 공경하는 마음으로 모두 와서 법을 들으리니,
이 설법하는 사람이 만약 미묘한 소리로
3천세계에 두루 가득하게 하고자하면 뜻대로 곧 능히 되며,

㉓ 크고 작은 전륜왕과 일천 아들과 권속이
합장하여 공경하는 마음으로 항상 와서 법을 듣고 받으며,
모든 하늘, 용, 야차와 나찰, 비사사(악신)가
또한 환희하는 마음으로 항상 즐겨 와서 공양하며,
범천왕과 마왕과 자재천과 대자재천과
이와 같은 모든 하늘대중이 항상 와서 그곳에 이르며,
모든 부처님과 또 그 제자가 그 설법하는 소리를 듣고
항상 생각하며 수호(守護)하여 혹 때로 몸을 나타내시리라."라고

㉔ "또 상정진아, 만약 선남자, 선여인이 이 경을 받아 지니며 읽으며 외우며 해설하며 쓰면 800가지 몸 공덕(능력)을 얻으리니,
청정한 몸이 맑은 유리 같아져 중생이 기쁘게 보리니,
그 몸이 깨끗한 고로 3천 대천세계에 중생이 날 때와 죽을 때와 위, 아래, 좋고 추함과 좋은 곳, 나쁜 곳에 태어남이 그 가운데 나

타나며,"

"또 철위산, 대철위산, 미루산, 마하미루산 등 모든 산과 또 그 가운데의 중생이 다 가운데(몸)에 나타나며, 아래로는 아비지옥에 이르고 위로는 유정천에 이르기까지 있는 것과 또 중생이 다 몸 가운데 나타나며,

성문, 벽지불, 보살, 모든 부처님의 설법이 다 몸 가운데 그 색과 모습이 나타나리라."

㉕ 그때 세존께서 이 뜻을 거듭 펴려 하사 계송으로 설하시되,

"만약 법화경을 지니는 사람은 그 몸이 매우 청정하여
저 깨끗한 유리 같아 중생이 다 보고 기뻐하리라,
또 맑고 밝은 거울에 모든 색상이 다 보이듯
보살은 깨끗한 몸에서 세간에 있는 것을 다 보리니,
오직 홀로 자신만 밝게 알고 다른 사람은 못 볼 곳이리라."

㉖ "3천세계 가운데 일체의 모든 중생(군맹群萌)
하늘, 인간, 아수라와 지옥, 아귀, 축생과
이와 같은 여러 색상(색과 모양)이 다 몸 가운데 나타나며,
모든 하늘 등의 궁전과 유정천에 이르기까지
철위산과 미루산과 마하미루산과

모든 큰 바닷물 등이 다 몸 가운데 나타나며,
모든 부처님과 성문과 불자(연각에 해당)와 보살(四聖의 體用)들이
홀로 있든 대중에 있든 설법함이 다 나타나리니,
비록 무루(無漏) 법성(法性)의 미묘한 몸을 얻지 못했으나
청정한 평상시의 몸에 일체가 그 속에 나타나리라."

㉗ "또 상정진아, 만약 선남자, 선여인이 여래가 멸도하신 후에 이 경을 받아 지녀 읽으며 외우며 해설하며 쓰면 1200가지의 뜻의 공덕(능력)을 얻으리니,
이 청정한 뜻(의근意根)으로 한 게송 한 구절만 들어도 헤아릴 수 없고 가(끝)없는 뜻을 통달하리니,
이런 의미를 알고 나서 한 구절 한 게송을 능히 펴 이르되 한 달 넉 달에 이르며 한 해에 이르러도, 무릇 설한 바의 법이 그 뜻을 따라 다 실상과 서로 어긋나지 아니하며,
만약 세속의 경서와 세간 다스리는 말(정치, 경제, 사회등)과 살아가는 생업(자생업資生業)등을 설하여도 다 정법에 따르며(順),

㉘ 3천대천세계의 6취(6도)중생의 마음의 행함과 마음의 움직임(동작)과 마음의 농담과 의논함을 다 알리니,
비록 무루(無漏)의 지혜를 얻지 못 했으나 그 의근(意根)이 청정함이 이와 같으면 이 사람의 생각하여 헤아려 말하는 말씀이 다

이는 불법(佛法)이라 진실이 아님이 없으며 또한 이는 먼저(과거) 부처님의 경 가운데 설하신 말씀이리라."

㉙ 그때 세존께서 이 뜻을 다시 펴시려고 게송으로 설하시되,

"이 사람이 뜻이 청정하고 밝으며 날카로워 탁한 더러움이 없어
이 미묘한 뜻(의근)으로 상, 중, 하의 법(3승법三乘法)을 알리니,
이에 한 게송만 들어도 무량한 뜻을 통달하여,
차례로 법과 같이 설하되, 한 달, 넉 달, 한 해에 이르리라,"

㉚ "이 세계 안팎의 일체 모든 중생들
하늘, 용과 인간과 야차, 귀신 등이
그 6취(지옥, 아귀 등)중에 있으면서 생각하는 약간의 종류를
법화경을 지닌 과보로 일시에 다 알며,

㉛ "시방의 수 없는 부처님께서 백복(백가지 복)을 장엄한 모습으로
중생을 위하여 설법함을 다 듣고 능히 받아 지녀
무량한 뜻을 생각하며 설법 또한 무량하되,
처음과 끝에 잊어버리거나 그릇됨이 없으리니, 법화경을 지닌 때문이라.

㉜ 모든 법의 모양을 다 알아 뜻을 따라 차례를 알며

이름과 글자 언어를 통달하여 아는 바와 같게 연설하리니,
이 사람이 하는 말은 다 이는 먼저(과거) 부처님 법이리니,
이런 법을 연설하기 때문에 대중을 두려함이 없느니라."

㉝ "법화경을 지닌 사람은 의근(意根뜻)이 깨끗함이 이와 같아
비록 무루(無漏)지혜를 얻지 못하여도 먼저 이와 같은 모양이 있으리라.
이 사람이 이 경을 지녀 희유한 땅(경지)에 편안히 머물러
일체중생이 환희하며 사랑하고 공경하게 되며,
능히 천만가지 좋은 착하고 교묘한 말로
분별하여 설법하리니 법화경을 지닌 때문이라."

법사공덕품. 제 19 종.
법사의 공덕을 설한 품. 제 19 끝.

상불경보살품 제 20

눈, 귀등 6근에 항상 공경심을 가지고 남을 가벼이 여기지 아니 하는 상불경보살에 대하여 설하신 품. 제 20.

【일여 품 해설 】

[1] 안으로는, 남을 가벼이 여기지 않는 깨달음(不輕之解)을 품고,
[2] 밖으로는, 가벼이 여기지 않는 경계(不輕之境 : 境=대상. 상대. 중생)를 공경하며,
[3] 몸으로는, 가벼이 여기지 않는 행(不輕之行)을 세우고,
[4] 입으로는, 가벼이 여기지 않는 가르침(不輕之敎)을 설함이라,
　그래서 사람들이 불경(不輕-가벼이 여기지 아니함)이라는 제목(目)을 만들었다.
[1]「가벼이 여기지 않는 깨달음(不輕之解)」이란,
　법화론(法華論 : 유식론과 함께 천친天親=세친이 지음)에 이르되「이 보살이 중생은 불성(佛性)이 있다는 것을 알고 감히 가벼이 여기지 않았다.」라고,
불성(佛性)에는 5가지가 있으니,
(1) 정인(正因)불성 (2) 요인(了因) (3) 연인(緣因) (4) 과(果) (5) 과과(果果)불성이다.

○ 5불성(佛性-3불성) :

(1) 정인(正因)불성-일체 사와 비(邪非삿됨과 비리)를 여의는 중정(中正중도의 바른)의 진여(眞如)다. 여기에 의하여 법신의 과덕(果德)을 성취하는 것. 본래 삼제(三諦). 삼천(일념三千)의 이치를 갖추고 있다는 것. 과거 미래(本當)를 통틀어 걸쳐있고(通亘),
(2) 요인(了因)불성-진여의 이치를 비추어 아는 지혜. 이것에 의하여 반야의 과덕(果德결과의 덕, 성불의 덕)을 성취 하는 것. 이치에 비추어 나타나는 지혜.
(3) 연인(緣因)불성-요인을 인연하여 도와서 정인을 개발하는 일체선근 공덕. 여기에 의하여 해탈의 덕을 성취 하는 것. 일으키는 연이 되는 모든 선행.(이상이 3인 불성) 연인(緣)과 요인의 불성(了佛性)은 종자(種子)가 본래 있는 것이지 금생에 만난(適今) 것이 아니며,
(4) 과(果)불성-보리의 지혜. 보리는 수행의 결과이며 그 것을 과(果)라하고 그 보리에 의하여 열반을 증득하면 과과(果果)라 한다.

⑸ 과과(果果)불성-4덕의 열반, 열반의 단덕(斷德)이다. 열반경에 불성이란 인(因)이 있고 인인(因因)이 있고 과(果)가 있고 과과(果果)가 있다.

인(因)이 있다는 것은 12인연이요 인인(因因)이란 곧 지혜다. 과(果)가 있다는 것은 아뇩다라삼막삼보리요 과과(果果)란 곧 무상(無上)대반열반이다. 과불성(果性-果佛性)과 과과불성(果果性-果果佛性)은 미래에 얻을 것이 결정(定當得之)된 것이 결코(決) 헛되지 않으니. 이 명칭이 「가벼이 여기지 않는 깨달음(不輕之解)이다.

[2] 장차 깨달아(解) 남을 겪어 봄(歷人)으로써 저들 역시 이와 같을 것이니 이 명칭이 「가벼이 여기지 않는 경계(중생)를 공경하는 것(敬不輕之境)」이다.

[3] 이런 대상(境 : 중생)을 공경하기 때문에 명칭이 「가벼이 여기지 않는 행(不輕之行)」이다.

[4] 이런 말(語)을 설하기(宣) 때문에 명칭이 「가벼이 여기지 않는 가르침(不輕之教)」이다.

옛적 헐뜯든 이들이 이것(不輕가벼이 하지 아니 함)으로 그 사람을 지목하였고(目人), 지금의 경가(經家 : 경을 연구하는 사람)도 이것으로 품의 제목(目品)을 정하였다.

이품은 사람을 끌어 증인(證)으로 삼고 5품(五品)의 공덕(功德)이 심오함(深)과 6근(六根)의 과보(報)가 중함(重)을 증명(證)하였다.

부처님은 옛적에 수희(隨喜)하여, 현생과(現 : 6근이 청정함을 얻고 다시 수명이 늘어나니 곧 이것이 현재 과보現報다) 차생(生다음생 : 명을 마친 후 다시 2천억의 일월등명불을 만나니 곧 이것이 다음 생의 과보生報다)과 그 후생의 과보(後 : 이 인연으로 다시 2천억 운자재등왕불을 만나고 또 천 만억의 부처님을 만나니 곧 후보後報다)를 얻는다는 것을 알게 하여, 유통(流通)할 사람을 널리 모은 것(募)이다.

묘락대사가 말하되 「"정인(正因)불성은 (과거 미래를) 통틀어 걸쳐있다(通亘)" 라고 한 것 등은, 성품의 덕(性德)은 미혹과 깨달음(迷悟)의 인과(因果)에 통하여 있기 때문이다.」 라고,

「연인, 요인불성(緣了)은 종자가 본래 있는 것이지」 라고 말한 것은, 도로 성품의 덕(性德)에 관계된 2인(二因-緣,了)을 밝힘으로 새로운 훈습(新熏)에 대함으로써 덕을 닦아(修德) 성취하기 때문이다.

이 3가지가 인(因)이 되어 인을 바꾸어(轉因) 과를 이루며(成果성불), 과(果) 중의 보리와 열반을 「과불성(果性결과의 불성), 과과불성(果果최후과)」 이라 한다.

만약 성품에 대한 수행을 말(辯)한다면, 단지 이것은 연인과 요인불성(緣了)으로 덕을

닦아(修德) 과(果성불)에 이르면 명칭이 보리와 열반이 되고, 요인(了)은 단지 지혜(智)일 뿐이며 지혜의 명칭이 보리니 곧 이것은 과불성(果性)이다.

연인(緣)은 단지 끊는 것(斷)이니 끊는 것(斷)의 명칭이 열반이니 곧 과과의 불성(果果性)이다.

말한 대로 「중생은 다 인(因수행하고)과 과(果깨닫는)의 불성이 있다.」 고 한 것은, 즉 5가지 불성(五佛性)이 다 중생에게 있다는 것이며 단지 인(因)에 머무는 날에만 과(果)불성의 명칭이 인(因)이고, 과(果)에 있을 때는 인(因)을 붙잡아야 하니(攬) 명칭이 과(果)다. 명칭은 비록 서로 별개(互得)지만 그 법은 항상 같다(恒如).

「현생(現)과 차생(生)과 그 후생의 과보(後報)를 얻는다.」 고한 것은,

경문(文)에 「명을 마칠 때에 임하여, 위음왕불이 법화경을 설하는 것을 다 듣고 (이 경을 얻어들어) 6근이 청정하여 (신통력 때문에) 수명이 더 늘었으니(臨命終時,具聞威音王佛說法華經(得聞此經),六根,(淸)淨,(神通力故,)增益壽命) 곧 현생의 과보(現報)요,

명이 끝난 뒤에 다시 2천억 부처님을 만났는데 똑같이 명호가 일월등명(日月燈明)불이니, 곧 다음 생의 과보(生報)며, 이 인연으로 또 2천억 부처님을 만났는데 똑같이 명호가 운자재등왕(雲自在燈王)이고 또 천 만억 부처님을 만났으니 곧 후생의 과보(後報)다.

현생의 과보(現報) 중에서 6근이 청정함(六根淨)을 얻었으니, 이런고로 경을 홍통(弘經)하는 그 공덕이 얕지 않다.

이 3가지 이익을 설한 것은 그 뜻(意)이 유통(流通)하는 데 있다. 옛 시절에 가벼이 여기지 않은(不輕) 3가지 과보(三報)가 이렇듯 완연한데 오늘날에 어찌 (경을)유통하지 않으리오. 일여 끝.

① 그때 부처님께서 득대세보살마하살에게 이르시되

"네 이제 반드시 알라. 만약 비구, 비구니, 우바새, 우바이가 법화경 지닌 사람을 만약 악한 말로 꾸짖어 비웃으면 큰 죄보 얻음이 앞(비유, 법사품)에서 말한바와 같으며,

그 얻는 공덕도 앞으로 설하는 바와 같아 눈, 귀, 코, 혀, 몸, 뜻이 청정하리라."

② "득대세야, 지나간 옛적에 한량없고 끝이 없는 불가사의한 아승지겁을 지나 부처님이 계시되, 이름이 위음왕 여래, 응공, 정변지, 명행족, 선서, 세간해, 무상사, 조어장부, 천인사, 불세존이었으니, 겁의 이름은 이쇠요, 나라 이름은 대성이라,

③ 그 위음왕불이 그 세상에서 하늘, 인간, 아수라를 위하여 설법하시되, 성문을 구하는 이를 위해서는 4제법(고, 집, 멸, 도)을 마땅히 설하여 생, 노, 병, 사를 건너 마침내 열반케 하시고,

벽지불을 구하는 이를 위해서는 마땅히 12인연법을 설하시고, 모든 보살을 위해서는 아뇩다라삼먁삼보리를 인연하여 6바라밀법을 마땅히 설하여 마침내(구경究竟) 부처님 지혜가 되게 하시더니.

④ 득대세야, 이 위음왕불의 목숨이 40만억 나유타 항하사 겁이었으니 정법이 세간에 머문 겁수는 한 염부제의 작은 먼지 수 같고,

상법(정법과 비슷한 법)이 세간에 머무는 겁수는 4천하의 작은 먼지 수 같더니,
그 부처님께서 중생을 요익하게 하신 그런 후에야 멸도 하시니라.
정법과 상법(정법이 멸한 뒤 천년간)이 멸하여 다한 후에 이 국토에 또 부처님이 나시니, 또 이름이 위음왕여래, 응공, 정변지, 명행족, 선서, 세간해, 무상사, 조어장부, 천인사, 불세존이었으니, 이와 같이 차례로 2만억 부처님이 다 같은 한 이름이었으니,

⑤ 최초의 위음왕 여래는 이미 멸도 하여 정법이 멸한 뒤에 상법 중에서 증상만의 비구가 있어 큰 세력이 있더니, 그때 한 보살의 비구가 있으되 이름이 상불경이라.
득대세야, 어떤 인연으로 이름이 상불경인가?
이 비구는 무릇 보는 이가 비구거나 비구니거나 우바새거나 우바이거나 모두 다 절하고 찬탄하여 이렇게 말 하되,
「내 그대를 깊이 공경하여 감히 가볍게 업신여기지 아니 하노니, 어째서냐? 그대는 다 보살도를 행함에, 반드시 부처(본래 불성을 가지고 있음으로)되리라.」 라고."하니
이 비구는 오로지 경을 읽고 외우지는 아니하고 오직 예배만하며 멀리서 4부 대중을 보아도, 또 일부러 가서 예배하며 찬탄하여 이 말을 하되
「내 그대들을 감히 업신여기지 아니하노니 그대들은 다 반드시

부처되리라.」"라고 함이라.

【일여집주】 총 과단(總科)에는 득실(得失)을 쌍으로 밝혀 말하고, 지금은 처음으로 믿음에 나아간 사람의 이득(得)을 논하였다.

〔적문(迹門) 개권현실(開權顯實)의 사일(四一네 개의 하나)〕

[1] 정설(正說 : 正宗分)의 광대한 핵심(宏宗 : 廣은 寬大宗은 尊高)을 얻고 유통(流通 : 유통분)의 미묘한 이익을 얻음으로 명칭이 상불경(常不輕)이며 이것은 인일(人一사람)이요,

[2] 「무릇 보는 것이 있는 것(凡有所見)」이라 함은 이것은 이일(理一이치)이요,

[3] 「모두 다 절하고(皆悉禮拜)」라 함은 이것은 행일(行一행동)이며,

[4] 「이렇게 말 하되(而作是言)」는 이것은 교일(敎一) 이다.

여기 이것이 적문(迹門)의 개권현실(開權顯實)의 사일(四一가르침)이다.

〔본문(本門) 개근현원(開近顯遠)의 사일(四一)〕

[1] 「멀리서 보아도(乃至遠見)」에서부터 아래는 본문(本門)의 이일(理一)이요,

[2] 「일부러 가서 예배하며(故往禮拜)」는 본문의 행일(行一)이요,

[3] 「이 말 하되(而作是言)」는 이것은 교일(敎一)이며,

[4] 인일(人一)을 생략(少人一 : 작게 함)하였으니, 그 뜻(義)을 알 수 있을 것이다.

여기 이것이 본문(本門)의 개근현원(開近顯遠 : 근성,근래의 성불)을 열어 구원(구원성불)을 나타낸 사일(四一)이다.

「오로지 경을 읽고 외우지는 아니하고 오직 예배만 행하였다.(不專讀誦經典,但行禮拜)」라고 한 것. 이것은 이 처음으로 수희(隨喜)한 사람의 지위(位)다.

일체 법(一切法)은 다 안락한 성품(安樂性)이 있고 다 하나의 실상(一實相)임을 수희(隨喜)하는 것이요, 일체 사람은 다 3가지 불성(三佛性)이 있음을 수희하는 것이다.

[3가지 불성(三佛性)] 은,

[1] 경전을 독송하면 곧 요인불성(了因性)이요,

[2] 다 보살도를 행하면 곧 연인불성(緣因性)이며,

[3] 감히 경만(輕慢)하지 않고 또 깊이 공경하면 곧 정인불성(正因性)이다.

남을 공경(敬人)하고 법을 공경(敬法)하여 언쟁하여 다툼(諍競)을 일으키지 않으면 곧

수희(隨喜)의 뜻(意)이다.

[3가지 사실(三事)]

[1] 또 업신여기지 않고 깊이 공경하면 여래의 자리(如來座)요,

[2] 때리고 욕함을 참으면 여래의 옷이며,

[3] 자비심으로 항상 행하여 (그것이)바뀌지 않으면(不替) 여래의 방(室)이다.

[4안락행(四安樂行)]

[1] 또 깊이 공경함은 의업(意業)이고,

[2] 업신여기지 않는 말은 구업(口業)이며,

[3] 일부러 가서(故往) 예배하는 것은 신업(身業)이다.

[4] 이 3가지가 자비(慈悲)와 함께하면 곧 서원안락(誓願安樂)이다.

이와 같은 3가지와 4가지(여래좌, 의, 실의 3과 4안락행)가 어찌 유통함의 미묘한 이익이 아니겠는가?!

묘락이 이르되 「"정설(正說)의 광대한 근본(宏宗)을 얻는다." 는 것은, "광대함(宏)" 은 관대(寬大)하다는 것이며 "종(宗)" 은 높고 존귀한 것(尊高)이다.」 라고,

본문과 적문(本迹)의 두 문장에서 사일(四一)과 3불성(三佛性)은 정설(正說)의 광대한 근본(大宗)으로 실상(實相)에 지나지 않는다.

실상은 단지 상주(常住)하는 불성(佛性)으로 이것은 최상의 으뜸(宗極之宗)을 가리키는 것이지 근본적인 체(宗體)의 근본(宗)이 아니다.

한 대(一代)에 비록 설했을지라도 혹자는 겸(兼)하고 혹자는 끼고(帶) 혹자는 순수한 소승교(純小教)이고 혹자는 잡다하게 문(門 : 本, 迹)을 보조(助)했고 혹자는 억제(抑)하고 혹자는 덮었다(覆).

경문이 관대(文寬)하고 사실이 광대(事廣)하다.

가르침마다 같지 않고 맛마다(味味) 뜻(意)이 다르니(別) 불경(不輕)은 단지 「나는 깊이 그대들을 공경하며~ 반드시 부처되리라.(我深敬汝等,不敢輕慢,所以者何,汝等,皆行菩薩道,當得作佛)」 까지 24자(字)만을 선언(宣)한 것이다.

자세히 인과(因果)를 기술하면 인(因)은 벌써 3불성(三性)이라 했고 과(果)는 곧 3덕(三德)이다. 하물며 사일(四一)을 겸하여 자타(自他)를 이익 함이랴!

바로 3인(三因)을 가리켜(指) 이로써 상불경이 선언한 법을 위하니 그러므로 광대한 근본(宏宗)이라 말한 것이다. 끝.

⑥ "사부대중 가운데 성을 내어 마음이 좋지 못한 이는 험한 말로 꾸짖되 '이 지혜 없는 비구야 어디에서 왔느냐?' 라고 하니 (상정진이)스스로 말하되 '나는 그대를 업신여기지 않노라.' 라고 하고.

우리들에게 수기주면서 '반드시 부처 되리라.' 하지마는 '우리는 이와 같은 허망(거짓된)한 수기를 받지 않노라.' 라고. 하며

이렇게 여러 해를 지나며 항상 꾸지람을 당하여도 성을 내지 아니하고 항상 이 말을 하되 '그대는 반드시 부처되리라.' 고 하니,116)

이 말을 할 때 많은 사람이 혹은 매(막대기)며 기와, 돌로 던져 치면, 피하여 달아나 멀리 가 서서 오히려 고성으로 말하되 '내 그대들을 감히 업신여기지 아니 하노니 너희는 다 반드시 부처 되리라.' 라고."하며

"그가 항상 이런 말을 한 연고로 증상만의 비구, 비구니, 우바새, 우바이가 이름(별명)을 상불경이라 붙였느니라."

【일여집주】 이것은 헐뜯는 이들이 손실,손해되는 점을 밝혔다.

[1] 「성 내어 마음이 좋지 못한 이(有生瞋恚,心不淨者)」는 곧 사일(四一)을 받아들이지 못함이다.(일승의 도리.(理一).일승의 수행(行一).일승의 사람(人一).일승의 가르침(敎一)

(1) 「꾸짖는 것(罵)」은 지혜가 없음(無智)을 말하며 지혜는 이치를 아는 것이니 이

116) 여러 해(歷年)를 꾸짖어도 성(瞋恚)내지 않으니, 이것이 진실로 무아(無我)이시니라.

중생은 어리석고 미혹하여 능히 스스로 믿지 못함으로 상불경이 수기(記)함을 가지고 허망한 수기라 여기고(허황된 말이라 여기고) 보살은 대비(大悲)하여 (중생을) 버리지 않고 구원하여 제도함으로 피하여 달아나는 사이에도 오히려 짠히(간절하게) 그것을 보이셨다. 【계환】

미 말한 무지(無智)는 곧 이일(理一)을 받아들이지 못함이요,

(2) 「비구(比丘)」는 곧 인일(人一)을 받아들이지 못함이요,

(3) 「어디에서 왔느냐?(從何所來)」는 곧 행일(行一)을 받아들이지 못함이요,

(4) 「허망한 수기(虛妄授記)」라는 것은 곧 교일(敎一)을 받아들이지 못함이다.

[2] 「여러 해를 지나며 항상 꾸지람을 받되(經歷多年,常被罵詈)」라는 것은 개권현실(開權顯實)의 적문(迹)중의 사일(四一)을 받아들이지 못함을 맺는 것이다.(結)

[3] 「피하여 달아나 멀리 떨어져서 오히려 고성으로 말하되(避走遠住,猶高聲唱言)」라는 것도 역시 받아들이지 못함이니 이것은 본지(本地)의 사일(四一)인 개근현원(開近顯遠)을 받아들이지 못함이다.

「항상 이 말을 하는 연고로(常作是語故)」라고 하는 이것은 믿는 자가 깊이 믿어 멈추지 않는 것을 맺는 것이며,

「사부중이 불경(不輕)이라는 이름을 짓게 되었다.」는 이것은 헐뜯는 자가 헐뜯는 것을 멈추지 않는 것을 맺는 것이다.

○ 문 - 석가는 출세(出世성불)하고도 (설법을)주저(踟躕 : 머뭇거림)하여 설하지 않았고 상불경 보살은 하나라도 보면 잠깐이라도(造次) 말하는 것은 어찌 된 것이냐?

○ 답 - 석가(釋迦)가 교화한 이들은 옛적에 일찍 종자를 심었는지라(下種) 근본에 이미 선근(善)이 있기 때문에 소승으로 장차 보호하려고 하니 즉시 위하여 대승을 설하지 않았고,

불경(不輕)이 교화한 이들은 근본적으로 아직 선근(善)이 있지 않은지라 종자를 심어 주고자하기 때문에 대승 법(大法)으로써 강력하게 다스린 것이다(强毒之).

⑦ "이 비구가 이미 명이 마치려고 할 때, 허공중에서 위음왕불의 선세(先世)에 설하신 법화경의 20천 만억 게송을 다 듣고 다 능히 받아 지녀, 즉시 위와 같이 안근(眼根)이 청정하며 귀, 코, 혀, 몸, 뜻의 근(根)이 청정함을 얻으니,

이 6근의 청정함을 얻고 나서 수명을 다시 더하여 200만억 나유타 해를 널리 남을 위하여 이 법화경을 설하거늘,

그때에 증상만의 사부대중인 비구, 비구니, 우바새, 우바이가 이 사람을 천히 여겨 불경(不輕)이라 이름 지은 사람들은, 그가 큰 신통력(몸의 업이 청정하여짐)과 요설변재력(입의 업이 청정하여 짐)과 큰 선적력(善寂力뜻의 업이 청정하여짐)을 얻음을 보며,
그 설하는 말을 듣고 다 믿고 복종하여 따르더니, 이 보살이 또 천 만억 중생을 교화하여 아뇩다라삼먁삼보리에 머물게 하니라."

⑧ "목숨을 마친 후에 2000억의 부처님을 (얻어)만나니 다 이름이 일월등명이었으니,
그 법 가운데 이 법화경을 설하더니 이 인연으로 또 2000 만억 부처님을 만나니 한가지로 이름이 운자재등왕(불)이었으니,
이 모든 부처님 법 가운데서 받아 지녀 읽고 외워 모든 사부대중을 위하여 이 경전을 설한 연고로, 이 눈이 청정하며 귀, 코, 혀, 몸, 뜻의 모든 근(뿌리)이 청정함을 얻어 사부대중 가운데 설법하되 마음에 두려울 것이 없더니,
득대세야, 이 상불경보살마하살이 이와 같은 약간의 모든 부처님을 공양하여 공경하고 존중하며 찬탄하여 모든 선근을 심어 (수명을 다한) 뒤에 또 1000 만억의 부처님을 만나, 또 모든 부처님 법 가운데 이 경전을 설하여 공덕을 성취하여 마땅히 부처님이 되었느니라."

⑨ 득대세야, 뜻에 어떠하냐? 그때의 상불경 보살이 어찌 다른 사람이리요. 곧 내 몸이 그이라.

만약 내가 숙세(전생)에 이 경을 받아 지녀 읽고 외워 남을 위하여 설하지 아니하였다면 아뇩다라삼먁삼보리를 능히 빨리 얻지 못하였으리라.

내가 먼저(과거) 부처님께 이 경을 받아 지녀 읽고 외워 남을 위하여 설한 연고로 아뇩다라삼먁삼보리를 빨리 얻었느니라.

⑩ 득대세야, 그 때에 사부대중인 비구, 비구니, 우바새, 우바이는 성내어 나를 천히 여긴 때문에 200 억겁을 항상 부처님을 만나지 못하며,

법을 듣지 못하며 스님을 보지 못하고 1000겁을 아비지옥에서 큰 고통을 받다가, 이 죄를 마치고 또 상불경보살의 아뇩다라삼먁삼보리의 교화를 만났느니라.

득대세야, 너의 뜻은 어떠하냐? 그때의 사부대중인 이 보살을 항상 가벼이 여기던 이들이 어찌 다른 사람이리요.

오늘 이 모임 가운데 발타바라 등 500 보살과 사자월 등의 500 비구와 (비구)니(尼)와 사불(우바새 이름) 등의 500 우바새로 다 아뇩다라삼먁삼보리에서 물러나지 않는 이가 이들이라.

득대세야, 마땅히 알라. 이 법화경이 모든 보살마하살을 가장 요익하게 능히 아뇩다라삼먁삼보리에 이르게 하나니, 이러므로 모든

보살마하살이 여래가 멸도 하신 뒤에 항상 반드시 이 경을 받아 지녀 읽고 외우며 해설하고 쓸지니라.

⑪ 이때 세존께서 그 뜻을 거듭 펴려 하사 계송으로 설하시되,

"과거에 부처님이 계시되, 이름이 위음왕 이시라.
신통과 지혜 무량하여 일체를 거느려 인도하심이라.
하늘, 인간, 용, 귀신이 모두 공양 하시니라.

⑫ 이 부처님이 멸도 하신 후에 법이 다하려 할 때
한 보살이 있으되 이름이 상불경이라.
그때에 모든 사부대중이 법을 헤아려 집착하거늘(四悉檀을 모름. 불성을 모르고 헛된 가르침에 묶임)
상불경보살이 그곳에 가 말하되,
'내 그대들을 가벼이 아니 여기노니,
그대들은 도를 행하여 다 반드시 부처 되리라.' 하거늘,

⑬ 모든 사람이 듣고 나서 가벼이 여겨 헐뜯어 꾸짖거늘
상불경보살이 능히 참고 받더니,
불경은 그 죄가 끝나고117) 명을 마치려 할 때,
이 경을 얻어들어 6근이 청정하여

117) 四衆이 가벼이 여기고 그들에게 매를 맞음으로 전생 죄가 없어짐.

신통력 때문에 수명이 더 늘어서
또 모든 보살을 위하여 이 경을 널리 설하거늘,
법에 집착한 무리들이 다 보살의 교화를 받고
성취하여 불도에 머물게 되었느니라.
상불경이 목숨을 마치고 수 없는 부처님을 만나
이 경을 설한 연고로 무량한 복을 얻어
점점 공덕을 갖추어 불도를 속히 이루니라."

⑭ 그때 불경은 곧 내 몸이 그이요,
그때 사부대중 법에 집착한 사람이
상불경이 말하는 '그대들은 반드시 부처가 되리라.' 함을 들었으니,
이 인연으로 수 없는 부처님을 만나니,
이 모임의 보살, 500대중과 아울러 또 사부대중의 청신사, 청신녀가
오늘 내 앞에 법을 듣는 이라.
나는 전세에 이 모든 사람에게 권하여
제일의 법(제일의 법인 법화경)인 이 경을 듣고 받게 하고,
열어 보여 사람을 가르쳐 열반에 머물게 하여
세세에 이와 같이 경전을 받아 지녔느니라.

⑮ 억 억만 겁으로부터 불가사의(수의 단위)에 이르도록
때때로 이 법화경을 들으며,

억 억만 겁으로부터 불가사의에 이르도록

모든 부처님 세존께서 때때로 이 경을 설하시나니,

이러므로 수행자는(행자行者) 부처님이 멸도하신 후에

이러한 경을 듣고 의혹심을 내지 말고

응당히 한 마음으로 널리 이 경을 설하라.

세세에 부처님을 만나 속히 불도를 이루리라.

상불경보살품. 제 20종.

남을 가벼이 하지 않는 상불경보살에 대하여 설하신 품. 제20 끝.

여래신력품 제 21

여래 신통력을 설한 품 제 21

***[경이 모두 세 문단**
1, 서분(序分=서론-서품)은 한 품이요,
2, 정종분 (正宗分=본론)은 2 품에서 - 19품이요,
3,유통(流通分=결론)은 8품이라. (총28품)(-앞 계환 해석 참조)]

3, 유통분은 8 품이니 21 여래신력품부터 일으켜 내어(發起) 22촉루품에서 부촉하여(맡겨) 심으시고,(付授 : 수기로 부촉함) 그 나머지 6 품(23-28)은 앞의 법을 완전히 체득해서 닦은 경계를 나타내 보여 이 도를 유통하시니,

이름이 행(行실천)으로서 지혜에 맞는 항상 그러한 큰 작용((常然大用)의 문이니 대개 약왕과 묘음(妙音묘음보살)과 관음(觀音관세음 보살)과 묘엄(妙嚴묘장엄왕)이 교화한 자취가(化迹) 다 실상의 수행한 경계(行境)를 나타내어 앞의 지혜의 경계(智境)에 맞으사 보현의 상행(常行항상 한 실행)에 마침에 그러므로 이름이 상연대용(常然大用 : 항상 그러한 큰 작용)이시라. 계환

【일여 품 해설】 여래란 뜻은 위의 수량품의 해석과 같다. 신력(神力)의 신(神)이란 헤아릴 수 없음을 이름하고, 력(力)은 간용(幹用 : 힘의 작용, 능력)을 이름 한다. 헤아릴 수 없다 는 것은 곧 천연(天然)의 체(體)가 깊음이요. 간용은 곧 바뀌고 변하는 힘이 크다는 것이다. 이 가운데 깊은 법을 부촉하기 위하여 열 가지 큰 작용을 나타낸 것이다.
그러므로 (21)신력품이라 이름 한다.

이 품으로 부터 아래에 무릇 8품이 있으니 다 이 유통하기를 부촉 한 것이요. 지금 품은 보살이 경을 홍통하기를 명받았음을 밝히고 다음 품은 여래께서 이마를 어루만지시며 부촉하심이다.

묘락대사가 말하되 "신력이란 신(神)이 안에 있으니 곧 체(體몸)의 근본이다. 힘(力)을 간용이라 함은 곧 이것은 작용이다. 부처님께서 설하신 본적(本迹)의 설법(구륜口輪)의 힘의 작용(力用)을 앞에서 마치고 지금 다시 신륜(身輪 : 몸의 실천. 신통을 나타내어 중생을 교화는 신통=神輪)으로 이런 수승한 작용(作用)을 나타내어 중생에게 본적의 가르침을 유통하게 하심이라. 그러므로 체(體)가 깊고 힘이 크다[體深力大]고 말한다." 라고, 일여.

① 그때 1000세계 미진수(적은 먼지 같은)의 보살마하살이 땅에서 솟아 나온 이가 다 부처님 앞에 일심으로 합장하고 존안(尊顔)을 우러러 보고 부처님께 여쭈시되,

"세존이시여, 우리는 부처님께서 멸도 하신 뒤에 세존의 분신이 계시는 국토인 멸도 하신 곳에 마땅히 이 경을 널리 설하오리다. 왜냐하면, 우리도 또 이 진실로 좋은 큰 법을 스스로 얻어 받아 지녀 읽고 외우며 해설하고 써서 공양하고자 하나이다."

② 그때 세존께서 문수사리 등 헤아릴 수 없는 백 천 만억과 사바세계에 오래 머무르신 보살마하살과 여러 비구, 비구니, 우바새, 우바이, 하늘, 용, 야차, 건달바, 아수라, 가루라, 마후라가, 인비인(사람 같기도 하고 아닌 듯한)등 일체대중 앞에 큰 신통력을 나타내어, 넓고 긴 혀를(장광설長廣舌) 내시어 위로는 범천세계에 이르고 일체의 털구멍에서는 무량 무수한 색의 빛을 놓아 시방세계를 두루 다 비추시거늘,

많은 보배나무 아래에 사자좌 위의 모든 부처님께서도 또 이와 같이 넓고 긴 혀를 내시며 무량광명을 놓으시니,

③ 석가모니불과 보배나무 아래 많은 부처님께서 신통력을 나타내실 때, 100 천 년이 찬 후에야 도로 혀를 거두시고, 일시에 기침을 하시고 함께 손가락을 튕기시니, 이 두 음성이 시방의 모든 부처님

세계에 두루 이르며 땅이 다 여섯 가지로 진동하더니.

그 가운데 중생인 하늘, 용. 야차, 건달바, 아수라, 가루라, 긴나라, 마후라가, 사람인 듯 아닌듯한 이 들이 부처님의 신통력 때문에 이 사바세계에 헤아릴 수 없고 끝없는 백 천 만억의 많은 보배나무 아래 사자좌 위의 모든 부처님을 다 보며,

또 석가모니 부처님께서 다보여래와 함께 보배 탑 가운데 사자좌에 앉아 계심을 보며,

또 한량없고 끝없는 백 천 만억의 보살마하살과 또 모든 사부대중이 석가모니불께 공경하며 둘러싸고 있음을 보고, 이미 이를 보시고 다 크게 환희하여 미증유를 얻으니.

④ 즉시 모든 하늘이 허공중에서 큰 소리로 이르되

"이 무량무변 백 천 만억 아승지세계를 지나 나라가 있으되 이름이 사바(세계)라,

이 가운데 부처님이 계시되 이름이 '석가모니'시니, 오늘 모든 보살마하살을 위하여 대승경을 설하시니, 이름이 '묘법연화경'이니, 보살을 가르치는 법이며 부처님께서 보호하여 생각하시는 바라. (호념護念), 너희 반드시 깊은 마음으로 따라 기뻐하며 또 마땅히 석가모니불께 예배 공양할지니라." 하거늘,

저 모든 중생이 허공중의 소리를 듣고 합장하여 사바세계를 향하야 이와 같은 말을 하되,

"나무 석가모니불, 나무 석가모니불" 하고,
가지가지 꽃, 향, 영락, 번개와 또 여러 가지 장신구(몸을 꾸미는 것)와 진귀한 보배 미묘한 물건으로 다 함께 사바세계를 향하여 멀리서 흩으니,
흩은 물건들이 시방으로부터 오니 비유건대 구름 몰리듯 하여 변하여 보배장막이 되어 이 사이의 모든 부처님 위를 두루 덮으니, 그때 시방세계가 통달하여 막힌 데가 없어 하나의 불국토와 같더라.

⑤ 그때 부처님께서 상행 등 보살대중에게 말씀하시되
"모든 부처님의 신통력이 이와 같이 한량없고 가없으며 불가사의하니, 만약 내가 이 신통력으로 한량없고 끝없는 백 천 만억 아승지겁에 부촉(촉루囑累)하기 위한 연고로 이 경의 공덕을 설한다한들 오히려 능히 다 하지 못 하리라."

⑥ "요점만 말하건대, 여래의 일체 소유한 법과 여래의 일체 자재한 신통력과 여래의 일체 비밀하고 요긴한 법장과 여래의 일체 매우 깊은 일이, 다 이 경에서 펴 보여 나타내어 설하였느니라.
이런 고로 너희들이 여래가 멸도한 후에 반드시(應當) 일심으로 받아 지니고 읽고 외우고 해설하고 써서 말과 같이 수행하라.
있는(사는) 국토에서 만약 받아 지니고 읽고 외우며 해설하고 베

껴 써서 말과 같이 수행하며,

⑦ 만약 이 경권(경)이 있는 곳이 동산 가운데나 숲 가운데나 나무 아래거나 승방이거나 흰옷(세속)의 집이거나 전당(큰 집, 절, 궁전)에 있거나 산골이나 넓은 들이거나 이 가운데 다 반드시 탑을 세워 공양할지니,
왜냐하면, 이곳이 곧 이 도량이라.
모든 부처님께서 여기에서 아뇩다라삼먁삼보리를 얻으시며 모든 부처님께서 여기에서 법륜을 굴리시며(설법) 모든 부처님께서 여기에서 반열반(열반)에 듦을 반드시 알지니라."

⑧ 그때 세존께서 이 뜻을 다시 펴시려고 게송으로 설하시되,

"모든 부처님은 세간을 구하시는 분이시니, 큰 신통에 머물러
중생을 기쁘게 하기 위한 고로 무량한 신통력을 나타내시되
혀의 모양이 범천에 이르며 몸에 무수한 광명을 놓으시며,
부처님 도를 구하는 이를 위하여 이 희유(稀有)한 일을 나타내시되,
모든 부처님 기침 소리와 또 손가락 튕기시는 소리가
시방의 나라에 두루 들리니, 땅이 다 여섯 가지로 진동 하니라.
부처님이 멸도 한 뒤에 능히 이 경을 지니는 까닭으로

모든 부처님께서 다 환희하여 무량한 신통력을 나타내시니라.

⑨ 이 경을 부촉(촉루)하시려고 받아 지니는(수지受持) 이를 찬미(讚美)하되
무량겁 동안에도 오히려 능히 다 하지 못 하리니,

⑩ 이 사람의 공덕은 가없고 다함이 없어
시방의 허공 같아 가히 끝을 찾지 못 하리라.
능히 이 경 지니는 사람은 곧 이미 나를 보았으며
또 다보불과 모든 분신을 보았으며
또 내가 오늘날 모든 보살을 교화함을 보았느니라.
능히 이 경을 지니는 사람은 나와 또 분신(分身)과
멸도 하신 다보불과 일체를 다 기쁘게 하며,
시방 현재 부처님과 아울러 과거, 현재, 미래불을
또 보며 또 공양하며 또 환희를 얻게 하리라.

⑪ 모든 부처님께서 도량에 앉아 얻으신 비밀하고 긴요한 법을
능히 이 경을 지니는 이는 오래잖아 또 반드시 얻으며,
능히 이 경을 지니는 이는 모든 법의 뜻에
이름자와 말씀을 자유자재 하되,(요설樂說) 다함이 없어
바람이 허공중에서 일체 막힌데 없듯 하여,

여래께서 멸도 하신 후에 부처님이 설하신 경의
인연과 차례를 알아 뜻에 따라 진실과 같이 설하되
일월 광명이 능히 모든 어둠을 없애듯 하며,
이 사람이 세간에 행하여 능히 중생의 어두움을 없애고
무량한 보살을 가르쳐 필경에는 일승에 머물게 하리니,
이러므로 지혜 있는 이는, 이 공덕의 이로움을 듣고
내가 멸도 한 후에 이 경을 반드시 받아 지닐지니,
이 사람은 불도에서 (마음을)결정하여 의심이 없으리라."

【일여집주】 묘락이 이르되 「이것은 4가지 법(四法)을 모두 마무리하여(總結) 송(頌)한 것이다. "만약 능히 지니면" 이라 한 것은 이 4법(수지,독송,해설,서사함)을 지님을 말한다.」 라고.

여래신력품. 제 21 종.

여래의 신통력을 설한 품. 제 21 끝.

촉루품 제 22

부처님이 묘법을 번다하게 선전하라고 부촉하신(累囑) 품 제22

【일여 품해설】 옛 자은 규기(慈恩窺基 : 법상종)대사와 안국섭(安國涉 : 안국사, 利涉)대사가 함께 이품을 권발품 뒤로 옮기게 하였다. 만약 이(二十二품)에 있으면 여덟 가지가 서로 어긋나고 열 가지 옳지 못한 말씀이 있다.

형계(荊溪 : 담연) 존자의 문구기(文句記)의 글 가운데 하나하나 서술하여 논파하였으나 글이 많아 기록하지 아니한다.

지금 바로 해석하면 촉(囑)이란 부처님의 부촉(부탁)하신 것 ,루(累)란 네가 바쁘게(煩) 선전하라는 것이다. 이것은 성인의 취지를 따라 이름을 얻은 까닭으로 촉루라고 말한다.

또 촉이란 이 부촉하신 것을 이마로 받드는 것이요. 루(累)는 달갑게 여기고 수고로워 하지 아니함이니 이것은 보살이 공경하고 순종함을 따라 이름을 얻은 고로 촉루라고 말한다.

또 촉은 여래 금구(金口 : 입)로 부촉 하신 것이다.

누(累)는 보살의 단심(丹心속에서 울어나는 마음, 성심誠心)으로 정수리에 받들어 인다(頂荷)는 뜻이다. 이것은 주고받음으로 따라서 의논(論)을 모은 고로 촉루라고 한다.

또 여래께서 몸소 자리에서 일어나 손을 펴 이마를 어루만져 주시며 얻기 어려운 법을 주시니 대중이 몸을 굽혀 합장하고 세존의 분부하신 바와 같이 자세히 받들어 행함에 마땅히 은근히 주고받은 고로 촉루품이라 한다.

묘락대사가 말하되,

"바로 품을 해석하는 가운데 또한 실단(悉檀 : 성취함)을 갖추었으니 첫째는 이름을 얻음에 대하여 품을 해석한다. 이름을 얻어 사물을 구별하니 곧 세계실단(世界悉檀)이다. 또 누(累)란 연이어서 미친다는 뜻이다.

번이(煩爾)의 이(爾)란 곧 너다. 말하면 너가 후대에 이어가라(累汝後代) 함이니 대루(帶累 : 連坐=이어감)와 같다. 이것은 여래께서 때에 맞게 교화하심에 겸손한 말씀을 보인 것이다.

또 삼세(三世)에 법을 전하여 끊어지지 않게 함이다. 삼세가 같지 아니함을 세계 실단이라 한다.

또 보살이 공경하고 순종하여 후세에 선포(宣布)하여 사람에게 선(善)이 생기게 함은 곧 위인(爲人) 실단이다.

또 금구(金口)로 부촉하심에 보살이 이마로 받들어 짐을 이고 후세에까지 잃어버리지 않게 하니 그 잃어버려 악하게 됨을 다스리는 것을 대치(對治) 실단이라 한다.

또 은근(慇勤:간곡. 부지런히)히 주고받아 후대 사람이 뜻을 받들어 주(住 : 十住)에 들어가게 하며 주(住)에 들어가면 진여(眞如)를 깨달으니 곧 제일의(第一義)실단이다." 라고 하였다.

끝

① 그때 석가모니불께서 법좌(法座)로부터 일어나 큰 신통력을 나타내시어 오른 손으로 무량한 보살마하살의 정수리를 어루만지시고 이 말씀을 하시되,
"나는 한량없는 백 천 만억 아승지겁에 이 얻기 어려운 아뇩다라삼막삼보리의 법을 닦고 익혀 오늘 너희에게 부촉하노니, 너희는 반드시 일심으로 이 법을 유포하여 널리 더 이익 되게 하라."

② 이와 같이 모든 보살마하살의 정수리를 세 번 어루만지시고 이 말씀하시되,
"나는 한량없는 백 천 만억 아승지겁에 이 얻기 어려운 아뇩다라삼막삼보리의 법을 닦고 익혀서 오늘 너희에게 부촉하노니,
너희는 반드시 받아 지녀 읽고 외워, 이 법을 널리 펴 일체중생들로 하여금 듣고 알게 하라."
"왜냐하면, 여래는 대 자비가 있고 여러 가지 아낌이 없으며, 또 두려울 바가 없어 능히 중생에게 부처님의 지혜와 여래의 지혜와 자연의 지혜를 주나니, 여래는 이 일체중생의 큰 시주(施主)시니, 너희 또한 반드시 여래의 법을 좇아 배워 인색한 마음을 내지 말지라."

③ "미래의 세상에 만약 어떤 선남자, 선여인이 여래의 지혜를 믿는 이 있거든, 반드시 이 법화경을 연설하여 듣고 알게 할지니, 그 사

람이 부처님의 지혜를 얻게 하기 위함이라.
만약 중생이 믿고 받지 않는 이가 있거든, 반드시 여래의 나머지 깊고 미묘한 법 중에서 보이고 가르쳐 이롭게 하며 기쁘게 할지니라.
만약 능히 이와 같이 하면 곧 모든 부처님의 은혜를 이미 갚은 것이 되리라."

④ 그때에 모든 보살마하살은 부처님께서 이 말씀하심을 듣고 다 큰 환희심이 그 몸에 두루 가득 하여 더욱 공경하여 몸을 굽히고 머리를 숙여 합장하고 부처님을 향하여 함께 소리 내어 아뢰되,
"세존께서 분부(칙령)하심과 같이 반드시 다 받들어 행하오리니, 오직 그렇게 하오리니 세존이시여, 원하옵건대 염려 마옵소서."
모든 보살마하살대중은 이와 같이 세 번 반복하여 함께 소리 내어 말씀하되,
"세존께서 분부하심과 같이 반드시 다 받들어 행하오리니, 오직 그렇게 하오리니 세존이시여, 원하옵건대 염려 마옵소서."

⑤ 그때 석가모니불께서 시방에서 오신 여러 분신 부처님을 각각 본토에 돌아가시게 하시려고 이 말씀을 하시되,
"모든 부처님들께서는 각각 편할 대로 하시고(편안함을 따르시고), 다보불탑은 도로 (돌아가시어) 전과 같이 하소서.(본래 오기 전 같이)" 라고.

이 말씀을 설하실 때, 시방의 무량한 분신의 모든 부처님이신 보배나무 아래 사자좌 위에 앉아 계시는 이와, 그리고 다보불과 아울러 상행 등의 가없는 아승지 보살대중과 사리불 등 성문과 사부대중과 일체세간의 하늘, 인간, 아수라 등이 부처님께서 설하시는 바를 듣고 다 크게 기뻐하시니라.

촉루품. 제 22 종.

묘법을 이어가게 선전하라고 부촉하는 품. 제 22 끝.

약왕보살본사품 제 23

약왕보살의 본사(과거세 인연, 행적)를 설 하신 품. 제 23.

【일여집주】 제2과 약왕보살본사품 아래 5품은 남을 교화함(化他)에 대하여 유통할 것을 권한 것이다.

[1] 약왕품(藥王品 23)은 남을 교화(化他)하는 법사(法師)를 권면(勸힘쓰도록)함을 밝혔다.

오직 대법(大法)이 크게 널리 퍼지기(大得弘宣)를 원하며, 크게 중생(衆生)이 큰 넉넉한 이익(大饒益)을 얻기를 원하니, 그래서 그 신력(神力 : 신통, 원력)을 다하며 그 육체와 생명(形命)을 다하여(盡) 은은(殷殷 : 부지런히)하고 건건(虔虔 : 정성을 다함)하되 뜻(志)은 오히려 아직 멈추지(已) 아니하니 바라는 것(庶)은 제자(弟子)들이 법을 높이 받들어(宗法) 스승과 같게 하려는 것이다.

내가 너희에게 밝음(明)을 전하니 너희는 다시 밝음을 전하여 밝고 밝음이 그침이 없게 함이 스승의 뜻(志)이다. 그러므로 알라 ! 이 품(品)은 법을 홍통하는 법사를 격려(勵)하는 것임을! (경문이 4)

[2] 묘음품24, 관음품25, 두 품은 타방(他方)의 보살(大士)이 명(命)을 받들어 경을 홍통함을 밝혔다. 널리 나타내는 색신(普現色身 : 관음, 묘음 등 여러 가지 몸을 나타내는 것)은 그 모습(形)이 정해진 기준이 없어(無定準) 소와 양의 눈(牛羊眼 : 어리석음)으로는 볼(看) 수 없으며 범부의 어리석은 상식(凡愚識)으로도 헤아릴(度) 수 없다.

들은 곳(所聞處)을 가볍게 여기는 생각(輕想)을 내지 말 것이니, 가볍게 생각하면 법이 마음에 물들지(染) 못한다.

그러므로 알라! 두 품(二品)은 법을 받는 제자를 격려(勵)하는 것임을!

[3] 다라니품(陀羅尼品)은 악한 세상(惡世)에 경을 홍통함(弘經)은 기쁘되 괴로움과 어려움(惱難)이 많아 주문(呪)으로써 그들을 보호하여 도(道)를 유통(流通)하게 함을 밝힌 것이다.

[4] 묘장엄왕품(妙莊嚴王品27)은 사람이 (경을) 보호하는 것(人護)을 밝혔다, 앞품(다라니품)은 주문(呪)으로 (사람을)보호하는 것(呪護)을 설한 것이고 지금 품은 사람이 (법-법화경을)보호하는 것(人護)을 설한 것이니, 사람이 보호하는 것도 오히려 그러한데(좋은데) 주문으로 보호함은 더욱 좋을 것이니 널리 유통하기를 권한 것이다. 일여

【일여 품 해설】 관경(觀經 : 觀藥王藥上菩薩經)에 말하되, "(약왕은) 옛날에 성광(星光)이라 이름 하였는데 존자(尊者) 일장(日藏)을 따라 부처님의 지혜(智慧)에 대한 설법을 듣고 설산(雪山 : 히말라야)위의 약을 가지고 여러 스님께 공양하며 『원컨대 나는 미래세에 능히 중생의 몸과 마음의 두 가지 병을 고쳐줄 수 있게 하여 지이다.』 라고 하니, 온 세상이 환희하며 이름을 약왕이라 하였다."

지금 이 경문에 일체중생 희견 보살(一切衆生 喜見 : 약왕의 前身)이 갑자기 한 몸(一身)을 버리고 다시 두 팔을 태워(소신 공양) 삶(생명)을 가벼이 하고 법을 중히 여겨 생명을 버리고 도를 얻었음(道存)을 밝히었다.

옛 일을 들어 지금을 나타낸 고로 본사품(本事品본래의 일을 설한 품)이라 하였다.

이 아래 5품은 다 남을 교화하여 유통하는 것이니 자세히 열거하면 다음과 같다.

지금 밝히건대 방편품은 삼승(三乘)을 열어 일승을 나타내어(開三顯一) 원교의 깨달음의 원인(圓因 : 원교를 깨닫는 원인이 되는 가르침)을 밝히고 끝내었다.

안락행품에서는 승승의 법(乘乘之法 : 첫째의 승(乘)은 타는 것. 배우는 것. 행하는 것. 깨닫는 것. 다음의 승(乘)은 일승 = 일승을 타는 법, 일승을 설법하는 법. 일승을 깨닫는 법. 곧 일승에 오르는 것.)을 밝혀 마쳤고 이품 아래는 승승의 사람(乘乘之人 : 일승을 설하는 사람. 일승에 오른 사람, 일승을 깨달은 사람)을 밝혔다.

그러므로 「십이문논(十二門論)」에 이르되 "대승이란 보현 문수 같은 대인이 타는 것이다(大人所乘 : 대인이 설하는 것)." 라고.

약왕은 고행으로 승(乘 : 일승)을 타고(오르고, 행하고, 배우고) 묘음 관음보살은 삼매로써 승을 타고 다라니는 총지(總持 : 많은 뜻을 가지고 있음으로 총지라 한다)로써 승을 타고 (총지의 뜻을 가지고 일승에 오른다) 묘장엄은 서원(誓願)으로 승을 타고 보현은 신통으로 승을 탄다. 이렇게 해석하면 남을 교화하여 유통하는 뜻에 있어서 편리해진다.

묘락대사가 이르되,

『약왕품은 유통하는 뜻이 편하다고 하는 것은 부처님이 촉루(부촉)하시고 나니 대사(大事 : 生死一大事)의 공이 끝남이라.

중생이 각각 편벽 되게 좋아하는 것을 따르는 고로(중생의 수준에 따르는 것) 일승에 오르는 것(乘乘)이 같지 아니하다.

진여 실상(實相)은 타는 바(배우는. 깨닫는)의 본체(體)요. 일승의 인과(因果=인에서 과에 이르는 것)는 타는 바의 일(事)이요(행하여야 할 일) 고행 등은 일승을 타는 인연(緣=보조-補助)이다. 중생의 근기에 맞게 따르는 것이니 그러므로 법을 펴는 자가 인연을 따라 하는 것이 같지 않다.

그러나 타는 바의 체는 다 묘법이다. 일실(一實 : 진여의 실체, 실상)에 의하여 인과를 세우는 까닭으로 타는 것(所乘 : 대승=법화경)을 타고 중생(物)을 이익 하게 하는 고로 그러므로 승승(乘乘=이승에 오르다. 일승을 설함)이라 말한다.』 일여.

① 그때 수왕화보살이 부처께 여쭈시되

"세존이시여, 약왕보살이 어떻게 사바세계에 노니시며, 세존이시여, 이 약왕보살이 얼마만한(若干) 백 천 만억 나유타 수의 어려운 행과 고행이 있었나이까?(얼마만 한 고행이 있었습니까?)

거룩하신 세존이시여, 원하오니 조금만 풀어 말씀하소서.

모든 하늘, 용, 귀신, 야차, 건달바, 아수라, 가루라, 긴나라, 마후라가, 사람인 듯 아닌듯한 이들과 또 다른 국토에서 오신 보살들과 이 성문대중이 들으면 다 환희하오리다."

② 그때 부처님께서 수왕화보살에게 말씀하시되

"이미 지나간 과거 한량없는 항하사(갠지스 강 모래 수 같은) 겁에 부처님이 계시되,

이름이 일월정명덕 여래, 응공, 정변지, 명행족, 선서, 세간해, 무상사, 조어장부, 천인사, 불세존이셨으니,

그 부처님께서 80억의 대 보살마하살과 72항하사의 큰 성문대중을 거느렸으며

부처님 수명은 4만 2천겁이시고 보살의 수명도 또한 같았느니라.

그 나라에는 여인과 지옥, 아귀, 축생, 아수라 등과 또 여러 가지 어려움이 없고,

땅은 평평하여 손바닥 같고 유리로 이루어 졌고, 보배나무로 장엄하고 보배장막이 위에 덮이고 보배 꽃과 번(휘장)을 드리우고 보

배병과 향로가 나라의 경계(국경)에 두루 가득하고 칠보로 대(자리)를 만들고,

한 나무에 한 대(臺보대)로, 그 나무와 대(臺)의 거리가 한 화살길이라(화살의 사정거리-120보),

이 모든 보배나무에 다 보살, 성문이 그 아래 앉으며 보배의 대 위에 각각 백억의 모든 하늘이 하늘 풍류(음악)를 울려 부처님을 노래 불러 찬탄하며 공양하시더니."

③ "그 때 저 부처님께서 일체중생희견보살과 또 많은 보살과 모든 성문의 대중을 위하여 법화경을 설하시거늘,

이 일체중생희견보살이 고행을 즐겨 익혀 일월정명덕불의 법 가운데서 정진하며 두루 다녀 일심으로 부처님을 찾아(구불求佛) 12000해를 채우고 나서 현일체색신삼매(실상을 증득하여 행하는 삼매)를 얻었고,

이 삼매를 얻고 나서 마음이 크게 기뻐 곧 생각하여 말하되

"내가 현일체색신삼매를 얻음이 다 이 법화경을 들은 힘이니, 내 이제 반드시 일월정명덕불과 또 법화경에 공양하리라." 하고,

④ 즉시 이 삼매에 들어 허공중에 만다라꽃, 마하만다라꽃과 가루로 만든 검은 전단향을 뿌려 허공중에 가득히 구름 같이 내리며, 또 바다의 해차안(이 쪽 언덕, 묘고산의 남쪽 언덕에 나는)전단향을 뿌리니, 이 향 6수(銖: 1냥이 24수=4분의 1냥)의 값이 사바세계와 맞먹는 것으로 부처님

께 공양하고, 이 공양을 하고 나서 삼매로부터 일어나 스스로 생각하여 말하되,

'내가 비록 신통력으로 부처님께 공양하였어도 몸으로써 공양함만 같지 못하다.'하고, 곧 여러 가지 향, 전단과 훈육(유향)과 도루바(풀향)와 필력가(정향)와 침수향과 교향(膠香)을 먹고,

또 첨복의 모든 꽃 향유를 마시고 1200세를 채우고 나서 향유를 몸에 바르고 일월정명덕불 앞에서 하늘의 보배 옷으로 제 몸에 감고 모든 향유를 붓고 신통력의 서원으로써 제 몸을 태우니(燒身공양), 광명이 80억 항하사 세계를 다 비추니라.

⑤ 그중에 모든 부처님께서 동시에 찬탄하여 말씀하시되

"착하고 착하다, 선남자야. 이것이 진실한 정진이며 이 이름이 진실로 여래를 법으로 공양 함이니,

만약 꽃과 향과 영락과 태우는 향, 가루 향, 바르는 향과 하늘비단, 번개(기와 일산)와 또 바다 이쪽 언덕의 전단향과 이와 같은 등 가지가지 온갖 물건으로 공양하여도 능히 (이를)미치지 못 할 것이며,

가령 나라, 성(城), 처자를 보시하여도 또 (이에)미치지 못 할 것이니. 선남자야, 이 이름이 제일의 보시니 모든 보시 중에 가장 높고 가장 위니 모든 여래를 법으로 공양하는 까닭이라."

⑥ 이 말씀하시고 각각 잠잠(묵연默然)하시니라.

그 몸이 불붙음이 1200년. 이를 지난 후에야 그 몸이 다 하니라(없어지니라). 일체중생희견보살이 이와 같은 법공양을 하시고 목숨을 마친 후에, 또 일월정명덕불의 나라 가운데 태어나, 정덕왕가에서 가부좌를 맺고 홀연히 화생(化生)하여, 즉시 그 아버님을 위하여 계송으로 설하되

"대왕이시여, 이제 마땅히 아시옵소서. 저는 저곳에 두루 다녀
즉시 일체현제신삼매를 얻어 큰 정진을 부지런히 행하여 사랑하는 몸을 버려 세존께 공양하였사오니,(소신공양) 위없는 지혜를 구하기 위함이옵니다."라고

⑦ 이 게송을 말씀하고 나서 아버지께 말씀하되 "일월정명덕불이 지금도 예와 같이 계시니, 제가 선세에 부처님께 공양하여 해일체중생어언다라니를 얻었고, 또 이 법화경의 800천 만 억 나유타 견가라(숫자.수천조) 빈바라(숫자) 아축바(숫자)등의 게송(32자가 1게송)을 들었사오니,

대왕이시여, 내가 이제 마땅히 이 부처님께 도로 공양하오리다."라고

아뢰고 나서, 곧 칠보대에 앉아 허공 높이 칠 다라수를 올라 부처님께 가서, 머리와 낯으로 발에 예배하고 열 손가락을 합하여(합

장) 게송으로 부처님을 찬탄하되,

"용안(얼굴)이 매우 기묘하시며 광명이 시방에 비추시니 제가 옛적 일찍 공양을 하였고 오늘 또 돌아와 몸소 뵈옵나이다."라고.

⑧ 그때 일체중생희견보살이 이 게송을 설하고 부처님께 여쭈오되
"세존, 세존이시여, 아직도 예와 같이 세간에 계시옵니까?"
그때 일월정명덕불이 일체중생희견보살에게 말씀하시되.
"선남자야, 내 열반 할 시절이 다 이르렀으며 멸하여 다할 시절이 이르니 너는 자리를 편안히 펴라. 나는 오늘 밤에 반드시 반열반 하리라."
또 일체중생희견보살에게 분부 하시되, "선남자야, 내 부처님 법으로써 너에게 부촉(촉루)하며 또 모든 보살, 큰 제자와 아뇩다라삼먁삼보리의 법과 또 3천 대천의 칠보의 세계와 모든 보배나무 보배 대(자리)와 공급하고 시봉하는 모든 하늘을 다 네게 부촉(맡김)하며,
내가 멸도 한 후에 있는 사리를 또 너에게 부촉하노니, 반드시 유포하여 공양을 널리 베풀어 약간(몇) 1000 탑을 세울지니라."
이와 같이 일월정명덕불께서 일체중생희견보살에게 분부 하시고 밤 뒷부분에(초, 중의 후분) 열반에 드시거늘.

⑨ 그때 일체중생희견보살이 부처님 멸도 하심을 보고 슬프고 서러워 부처님을 연모하여, 곧 바다 이쪽 가(해차안海此岸)의 전단향으로 가리(쌓다. 난가리, 나무 쌓는 것)를 만들어 부처님 몸에 공양하여 태우고, 불이 꺼진 뒤에 사리를 모아 8만 4천의 보배 병(甁)을 만들어 8만 4천의 탑을 세우니,
높이가 3세계(世界=3천세계)요, 표찰(탑 꼭대기의 당간)을 장엄하되 여러 가지 번개(幡蓋)를 드리우고 많은 보배 방울을 달았느니라.
그때 일체중생희견보살이 또 스스로 생각하여 말하되 '내 비록 이 공양을 하였으나 마음에 아직 흡족하지 못하니, 내 오늘 반드시 다시 사리(내 사리)를 공양하리라.' 하고,
곧 모든 보살과 대 제자와 하늘, 용, 야차 등 일체대중에게 말하되 "너희 반드시 일심으로 생각하라. 내 오늘 일월정명덕불 사리에 (내 사리를) 공양하오리라."

⑩ 이 말을 하시고 곧 8만 4천 탑 앞에 백가지 복을 장엄한 팔을 태워, 7만 2천해를 공양하여 무수한 성문을 구하는 대중과 한량없는 아승지 사람으로 아뇩다라삼먁삼보리의 마음을 내게 하여 다 현일체색신삼매에 머물게 하니라.
그때 모든 보살, 하늘, 인간, 아수라 등이 그가 팔이 없음을 보고 근심하며 슬퍼서 이런 말을 하되
"이 일체중생희견보살은 우리 스승이라 우리를 교화하시는 분이시

니, 오늘 팔을 태워 몸이 완전하지 못 하시도다.(불구자)." 하더니,

⑪ 이때 일체중생희견보살이 대중 가운데 이런 서원을 세워 말하되 "내 양팔(아집, 법집)을 버렸으니(사捨베풀다. 보시하다) (이 공덕으로) 반드시 부처님의 금색의 몸을 얻으리니, 만약 진실하여 허망하지 않다면 (진실 이라면), 나의 양팔이 도로 옛날 같이 (회복)되어 지소서."라고 이런 맹서를 하자 자연히 도로 회복되니 이 보살의 복덕과 지혜, 순후(淳厚)함이 이룬 것(所致)이니라.
그때를 당하여 삼천대천세계가 6종으로 진동하고 하늘에서 보배 꽃이 비 내리더니, 일체의 인간과 하늘이 미증유(未曾有)를 얻었느니라.

⑫ 부처님께서 수왕화보살에게 말씀하시되 "너의 생각은 어떠하냐? 일체중생희견보살이 어찌 다른 사람이리오!
지금 약왕보살이 그이니라.
그 몸을 버려 보시한 것이 이와 같이 한량없는 백 천 만억 나유타 수이니라."

⑬ "수왕화야, 만약 발심하여 아뇩다라삼먁삼보리를 얻고자하는 이가 있으면, 능히 손가락 발가락 하나라도 태워 부처님 탑에 공양하면, 나라, 성(國.城)과 처자와 그리고 3천대천국토의 산, 숲, 하

천, 연못, 모든 진귀한 보물로 공양하는 이 보다 더 나으리라."

⑭ "만약 또 어떤 사람이 3천대천세계에 가득한 칠보로 부처님과 또 큰 보살과 벽지불과 아라한에게 공양하여도, 이 사람이 받는 공덕은 이 법화경을 받아 지니되 하나의 4구게(句偈)를 지니는 것 보다 못하니(하나의 4구게를 지님이) 그 복이 가장 많으니라."

⑮ "수왕화야, 비유컨대 일체의 시냇물, 개울물, 강물과 모든 물중에 바다가 제일이 듯, 이 법화경도 또한 이와 같아 모든 여래께서 설하신 경중에 가장 깊고 크니라.
또 토산(人乘), 흑산(天乘), 소철위산, 대철위산과 10보산(이 셋은 二乘)과 많은 산중에 수미산(一乘)이 제일이 되듯, 이 법화경도 또한 이와 같아 모든 경중에 가장 그 위(최상)가 되느니라."

또 많은 별 중에 월천자(달)가 가장 제일이 듯, 이 법화경도 또 이와 같아 천 만 억 가지 모든 경전(경법) 중에 가장 밝게 비추느니라.
또 일천자(日天子태양)가 능히 모든 어둠을 없애듯, 이 경도 또 이와 같아 능히 일체 좋지 못한(불선不善) 어둠을 없애느니라.

⑯ 또 모든 소왕(小王작은 왕) 가운데 전륜성왕이 가장 제일이 되듯,

이 경도 또한 이와 같아 많은 경중에 가장 존귀하니라.

또 제석이 33천중에 왕인 것과 같이 이 경도 또한 이와 같아 모든 경중에 왕이라.

또 대범천왕이 일체중생의 아버지인 것과 같이 이 경도 또한 이와 같아 일체의 어질고 성스러운 이와 배우는 이와 배울 것이 없는 이와 그리고 보살의 마음을 일으키는 사람의 아버지라.

⑰ 또 일체 범부들 중에 수다원, 사다함, 아나함, 아라한에서 벽지불(연각)이 제일이 듯,

이 경도 또한 이와 같아 일체 여래께서 설하신 것과 보살이 설한 것과 성문이 설한 것과 모든 경법 중에 가장 제일이니,

능히 이 경전을 받아 지니는 이가 있으면 또한 이와 같아 일체중생 가운데 또 제일이 되리라.

일체 성문, 벽지불 중에 보살이 제일이듯, 이 경도 또 이와 같아 일체 모든 경법 중에 가장 제일이니라.

부처님께서 모든 법의 왕이 됨과 같이 이 경도 또 이와 같이 모든 경중에 왕이라.

⑱ 수왕화야, 이 경은 능히 일체중생을 구원하며 이 경은 능히 일체중생으로 온갖 고뇌를 여의게 하며 이 경은 능히 일체중생을 크게 이익 되게 하여 그 소원을 충만하게 하니,

맑고 시원한 연못이 능히 일체의 모든 목마른 사람을 만족하게 함과 같으며,
추운 사람이 불을 얻음과 같으며 벌거벗은 사람이 옷을 얻음과 같으며 상인이 물주를 만남과 같으며,
아들이 어머니를 만남과 같으며 나루에서 배를 만남과 같으며 병든 사람이 의원을 만남과 같으며 어두움에 등불 얻음과 같으며,
가난한 이가 보배를 얻음과 같으며 백성이 어진왕을 만남과 같으며 장사하는 길손이 바다를 얻음과 같으며 횃불이 어두움을 없앰과 같이,"
"이 법화경도 또한 이와 같아 능히 중생을 일체의 괴로움과 일체의 병을 여의게 하며 능히 일체 생사에 얽매임을 끊어 주느니라.

⑲ 만약 사람이 이 법화경을 듣고 스스로 쓰고 만약 남을 시켜 쓰게 하면, 얻는바 공덕은 부처님의 지혜로 많고 적음을 헤아려도 그 끝을 찾지 못하리라.(끝없음)
만약 이 경전(經卷)을 써서 꽃, 향, 영락. 사르는 향, 가루 향, 바르는 향, 번개(幡蓋: 기와 일산, 양산), 의복과 가지가지의 등(燈)인 소등(차조기), 기름등과 모든 향 기름등, 첨복 기름등, 수만나 기름등, 바라라 기름등, 바리사가 기름등, 나바마리 기름등으로 공양하면 얻는 바의 공덕이 또한 그지없으리라.(끝없으리라).

⑳ "수왕화야, 만약 어떤 사람이 이 약왕보살본사품을 듣는 이도 또 한량없고 끝없는 공덕을 얻으리니,
만약 여인이 약왕보살본사품을 듣고 능히 받아 지니는 이는 이 여인이 몸을 마치면 뒤에 다시 받지 아니하리라."

㉑ "만약 여래께서 멸도하신 후, 후 500세(500 × 5=2500년의 뒤500년)중에 만약 어떤 여인이 이 경전을 듣고 설함과 같이 수행하면, 이 목숨을 마치고는 즉시 안락세계 아미타불께서 큰 보살대중에게 둘러싸여 머무시는 곳에 가서 연꽃 가운데 보배자리 위에 태어나,
또 다시는 탐욕의 괴롭힘(시달림,보챔)이 되지 아니하며(탐욕에 이끌리지 아니하며) 또 성냄과 어리석음의 보챔이 아니 되지 아니하며 또 교만과 질투와 여러 가지 때(번뇌)의 보챔(시달림)이 되지 아니하며 ,
보살의 신통과 무생법인을 얻으리니, 이 법인을 얻어 눈이 청정하여 이 청정한 눈으로 700만 2000억 나유타 항하사 같은 모든 부처님 여래를 보리라.

㉒ 이때 모든 부처님이 멀리서 모두 찬탄하여 말씀하되
"착하고 착하도다. 선남자야,
네 능히 석가모니불 법 가운데서 이 경을 받아 지녀 읽고 외우며 생각하여 남을 위하여 설하나니, 얻는 바의 복덕이 한량없고 가없어 불이 능히 태우지 못하며 물도 능히 떠내려 보내지(표류) 못하

리니,

너의 공덕을 1000 부처님이 모두 설하여도 능히 다 못하리라."

너는 오늘 이미 모든 마(魔)와 도적을 능히 깨뜨렸으며 생사의 군사를 무너뜨렸으니, 모든 나머지 원수와 도적도 모두 다 꺾어 없어 졌느니라.

선남자야, 백 천의 모든 부처님이 신통력으로 너를 함께 지켜 호위하나니, 일체세간과 하늘과 인간 가운데 너 같은 이 없으니 오직 여래만은 제외하느니라.(여래만 제외하고 너가 제일이다)

그 모든 성문이며 벽지불이며 내지 보살의 지혜와 선정도 '더불어 너와 같은 이 없느니라.' 하시니라.

㉓ 수왕화야, 이 보살이 이와 같은 공덕과 지혜의 힘을 이루니라.

만약 사람이 이 약왕보살의 본사품을 듣고 능히 따라 기뻐하여 거룩하다고 찬탄하는 이는, 이 사람이 현세에 입 안에서 항상 푸른 연꽃의 향기가 나고, 몸의 털구멍 속에 항상 우두전단의 향기가 나며 얻는 바의 공덕은 위에서 설한 바와 같으리라.

㉔ 이런고로 수왕화야, 이 약왕보살본사품을 네게 부촉(촉루)하노니, 내가 멸도한 후, 후 500년 가운데 널리 펴 유포하여 염부제(염부세계)에서 단절되어 악마와 악마의 백성과 모든 하늘, 용, 야차, 구반다(귀신이름) 등이 그들 마음대로 하지 못하게 하라.

수왕화야, 너는 반드시 신통력으로 이 경을 수호하라.

왜나하면 이 경은 곧 염부제 사람들의 병에 좋은 약이 되나니, 만약 사람이 병이 있어 이 경을 들으면 병이 곧 없어져서 늙지 않고 죽지 않으리라.

수왕화야, 네가 만약 이 경을 받아 지니고 있는 이를 보거든, 반드시 청련화에 가루 향을 가득 담아 그 위에 공양하여 뿌리고, 뿌리고 나서 이런 생각으로 말하되, '이 사람이 오래지 않아 반드시 풀을 깔고 도량에 앉아 여러 가지 악마의 군사를 깨뜨리고 반드시 법 소라를 불며 큰 법 북을 쳐 일체중생이 늙고 병들고 죽는 바다(생사고해)를 건너 벗어나게 하리라.' 고 하라.

그러므로 불도를 구하는 사람은 이 경전을 받아 지니고 있는 사람을 보거든 반드시 이와 같이 공경하는 마음을 낼지니라.

㉕ 이 약왕보살의 본사품을 설하실 때, 8만 4천의 보살이 해일체중생어언다라니(일체중생의 말을 아는 다라니)를 얻었느니라.

다보여래께서 보탑 중에서 수왕화보살을 칭찬하여 말씀하시되 "착하고 착하도다. 수왕화야, 네 불가사의한 공덕을 이루어 능히 석가모니불께 이와 같은 일을 물어, 한량없는 일체중생을 이익 되게 하도다." 라고.

약왕보살본사품. 제 23 종.

약왕보살의 전생 일을 설한 품. 제 23 끝.

묘음보살품. 제 24.

묘음보살이 묘법을 미묘한 음성으로 근기 따라 설법한 품. 제 24.

【일여 품 해설】 (묘음보살이) 옛날 운뢰음왕(雲雷音王) 부처님에게 10만 가지 기악(伎樂 : 음악)을 받들어 (연주하여) 올렸고 지금은 타방 국토에서 여행하며 교화함에(유화遊化) 음악이 스스로 따르며, 아주 옛날에는 팔만 사천 보배 발우를 받들어 올렸고
(과거 묘음보살이 칠보발우를 운뢰음왕 여래에게 바치고 그 과보로써 지금은 정화수왕지불의 세계에 태어나 큰 보살이 됨),
지금은 약간(爾許)의 도기(道器=도 닦을 그릇이 되는 사람)가 있는 사람의 권속이 에워쌌다.(사바세계에 올 때 팔만 사천 보살이 따름)

⊙ (묘음보살은)[정화수왕지불 국토의 보살로 지금 석가모니 부처님을 뵙기 위하여 왔음으로 타토(他土)에 유화(遊化)한다하고 사바세계에 올 때 백 천 가지 음악이 저절로 울렸다고 한 것.]

옛날에는 일체중생어언(語言)다라니(중생의 언어를 아는 다라니)를 얻었고 지금은 보현색신(보현색신 삼매)으로써 묘음성(妙音聲 : 미묘한 음성)으로써 두루 시방에 설하여(吼) 이 가르침을 널리 펴니 그러므로 묘음 품이라 한다.

이 품은 보살이 생각하기 어려운 힘으로 중생의 류(類)를 따라 이 경을 유통하는 것을 밝혔다.

중생은 다만 그 자취(줄기)만을 보고 그 뿌리(근본)를 헤아리지 못함이라. 곧 이것은 남을 교화하는 문 가운데 둘째의 뜻이다.

묘락대사가 이르되,

『이 글은 세 가지 해석을 갖추었으니,

[1] 첫째는 인연이요,

[2] 둘째는 옛날에 얻었다(昔得)고 하는 아래는 교(教)에 대한 것이요,

[3] 셋째는 이 품(此品)의 아래는 본문과 적문이다.

오직 관심(觀心)이 없고 인연에 관한 것은 매우 간략하나 또한 뜻은 바로 세웠다. 음악은 세계실단이요, 스스로 따랐다(自隨)함은 위인(爲人)실단, 발우를 받들어 올렸다(奉鉢)함은 대치(對治)실단, 도기(道器)는 제일의(第一義)실단이다.』라고 하였다. 일여.

① 그때 석가모니불께서 대인(大人) 상(相-32상)인 육계상(肉髻相)으로 광명을 놓으시며, 또 미간의 백호상(白毫相)으로 광명을 놓아, 동방 108 만억 나유타 항하사 같은 여러 부처님 세계를 다 비추시니,
이 수(數)를 지나 세계가 있으되 이름이 정광장엄이요, 그 나라에 부처님이 계시되 이름이 정화수왕지 여래, 응공, 정변지, 명행족, 선서, 세간해, 무상사, 조어장부, 천인사, 불세존이라 하시니,
한량없고 끝없는 보살대중이 공경하여 둘러쌌거늘 그들을 위하여 설법하시더니, 석가모니불의 백호상(白毫相눈썹사이의 흰털)에서 광명이 그 국토를 두루 비추시거늘,

② 그때 일체 정광장엄국 가운데 한 보살이 계시되 이름을 묘음이라 하시니, 오래 이미 많은 덕의 뿌리를 심어 한량없는 백 천 만억 모든 부처님을 공양하고 친근하여, 심히 깊은 지혜를 다 성취하여 묘당상(妙幢相)삼매, 법화(法華)삼매, 정덕(淨德)삼매, 숙왕희(宿王戱)삼매, 무연(無緣)삼매, 지인(智印)삼매, 해일체중생어언(解一切衆生語言)삼매, 집일체공덕(集一切功德)삼매, 청정(淸淨)삼매, 신통유희(神通遊戱)삼매, 혜거(慧炬)삼매, 장엄왕(莊嚴王)삼매, 정광명(淨光明)삼매, 정장(淨藏)삼매, 불공(不共)삼매, 일선(日旋)삼매를 얻었으니, 이와 같은 등 백 천 만억 항하사 같은 여러 가지 큰 삼매를 얻었더니.

③ 석가모니불의 광명이 그 몸에 비추시거늘, (묘음보살이)곧 정화수왕지불에게 말씀 여쭈되 "세존이시여, 제가 반드시 사바세계에 가서 석가모니 부처님께 예배하고 친근하여 공양하고, 또 문수사리 법왕자보살, 약왕보살, 용시보살, 수왕화보살, 상행의보살, 장엄왕보살, 약상보살을 뵙겠나이다."라고 하니

④ 그때 정화숙왕지불께서 묘음보살에게 말씀하시되 "너는 저 나라(사바세계)를 가볍게 여겨 하열(下劣)하다는 생각을 내지 말라.
선남자야, 저 사바세계는 높고 낮고 평탄하지 않으며 흙과 돌 모든 산에 더러움이 가득하고, 부처님의 몸은 작고(사바세계 佛身은 隱勝現劣=훌륭한 면은 숨기고 열등한 것만 나타냄) 모든 보살대중도 그 모양이 또한 작은데, 네 몸은 4만 2천 유순이요 내 몸은 6백 80만 유순이며 네 몸이 제일 단정하여 백 천만가지 복의 광명이 특별히 미묘하니,
그러므로 네가 가서 저 나라를 가벼이 여겨 부처님과 보살에게나 또 국토에 하열하다는 생각을 내지 말라."
묘음보살이 그(정화숙왕지)부처님께 여쭈시되 "세존이시여, 제가 오늘 사바세계에 나아감이 다 이는 여래의 힘이시며 여래의 신통유희(神通遊戲)시며 여래의 공덕과 지혜의 장엄이시나이다."

⑤ 이에 묘음보살이 자리에서 일어나지 않은 채 몸이 움직이지 않고 삼매에 들어 삼매의 힘으로 기사굴산 법좌에서 거리가 멀지 않은

데에 8만 4천의 온갖 보배연꽃을 변화로 만드시되,
염부단금으로 줄기를 만들고 백은(白銀)으로 잎을 만드시고 금강으로 꽃술(터럭)을 만드시고 견숙가보배로 그 받침대(대)를 만들었거늘,
그때 문수사리 법왕자가 이 연꽃을 보시고 부처님께 여쭈시되,
"세존이시여, 이는 어떤 인연으로 이런 상서로움이 먼저 나타나되, 약간 천만가지 연꽃을 염부단금으로 줄기를 만들고 백은으로 잎을 만들고 금강으로 꽃술(수염)을 만들고 견숙가보로 그 대(받침)를 만들었나이까?"
그때 석가모니불께서 문수사리에게 말씀하시되, "이는 묘음보살마하살이 정화숙왕지불의 나라에서 8만 4천의 보살에 둘러싸여 이 사바세계에 와서, 내게 공양하고 친근하며 예배하고자하며 또 공양하여 법화경을 듣고자함이니라."

⑥ 문수사리가 부처님께 여쭈되 "세존이시여, 이 보살이 어떤 선한 공덕을 심었으며 어떤 공덕을 닦았기에 능히 이런 큰 신통력이 있으며 어떤 삼매를 수행하였나이까?
원하오니 우리를 위하여 이 삼매의 이름을 말씀하옵소서.
우리도 또 부지런히 닦아 행하고자하오니, 이 삼매를 행하여야 능히 이 보살의 몸 모양의 크고 작음과 위엄스런 거동으로 나아가고 멈춤(거동)을 보리이다.

오직 원하오니 세존께서 신통력으로 저 보살을 오게 하여 저로 하여금 볼 수 있게 하소서."

그때 석가모니불께서 문수사리에게 말씀하시되 "이 멸도한지 오래이신 다보여래께서 반드시 너희를 위하여 그의 모습을 나타내시리라."

⑦ 그때 다보불께서 그 (묘음)보살에게 말씀하시되

"선남자야 오라, 문수사리 법왕자가 네 몸을 보고자하도다."

그때 묘음보살이 그 나라에서 사라져 8만 4천의 보살과 다 함께 떠나오시니,

지나오는 모든 나라가 여섯 가지로 진동하고 모두 다 칠보연꽃 비를 내리고 백 천 가지 하늘음악이 연주하지 않아도 저절로 울리더니.

이 보살은 눈이 넓고 커 푸른 연꽃잎과 같으시며, 바로(꼭) 백 천 만의 달을 합하여도 그 면모가 단정함이 또 이(달)보다 나으며,

몸이 진금색이시고 한량없는 백 천 가지 공덕으로 장엄하여 위덕(威德)이 치성(熾盛)하시고 광명이 비치시며 모든 모양이 갖추어져 나라연의 견고한 몸과 같으니,

⑧ 칠보대에 들어가 허공에 떠올라 땅에서 7 다라수를 떨어져 여러 보살대중이 공경하여 둘러싸고 이 사바세계 기사굴산에 옴이라.

도착하고 나서 칠보대에서 내려, 값이 백 천이나 되는 영락을 가

지고 석가모니불 처소에 가서 머리와 낮으로 발에 예배하시고 영락을 받들어 올리시고, 부처님께 사뢰되

"세존이시여, 정화수왕지불께서 세존께 안부를 물으시되 병은 적으시며 시름도 적으시며 기거(起居)가 가볍고 편안하시며 안락하게 다니시나이까? 아니옵니까?

사대(四大)는 조화롭나이까? 아니옵니까?

세간 일은 참을 만 하나이까? 아니옵니까?

중생은 쉽게 제도하나이까? 아니옵니까? (중생들은)

탐욕, 성냄, 어리석음, 질투와 인색하고 교만함이 많지 않나이까? 아니옵니까?

부모에 불효하며 사문을 공경하지 않으며 삿된 견해는 없나이까? 아니옵니까?

착한 마음이 있나이까? 아니옵니까?

5정(情=희, 노, 애, 락, 욕)을 거두(섭攝)나이까? 못하옵니까?

세존이시여!

중생이 능히 모든 마와 원적(怨賊)을 항복받나이까? 아니옵니까?"

멸도하신지 오래된 다보여래께서는 칠보탑 중에 계시면서 오셔서 법을 듣나이까? 아니옵니까? 라고 (문안드리라고 하였습니다.)

⑨ 또 다보여래께 문안 여쭈시되 "편안하시며 시름은 적으시며 감인

세계(사바세계)에는 오래 머물만하나이까 아니옵니까?"라고 이렇게 (문안드리라고 전하였나이다.)

"세존이시여, 제가 이제 다보부처님의 몸을 뵙고자 하옵나니 오직 원하옵건대 세존께서 나로 하여금 (다보불을)뵙게 하여주소서."118)

그때 석가모니불께서 다보불게 말씀하시되 "이 묘음보살이 서로 뵙고자 하나이다." 라고 하니

그때 다보불께서 묘음에게 말씀하시되 "좋다, 좋다. 네 능히 석가모니불을 공양하고 또 법화경을 듣고 문수사리 등을 아울러 보기 위하여 일부러 와서 여기에 이르렀구려." 라고

⑩ 그때 화덕보살이 부처님께 여쭈시되 "세존이시여, 이 묘음보살이 어떤 선근을 심었으며 어떤 공덕을 닦으시어 이런 신통력이 있나이까?"

부처님께서 화덕보살에게 말씀하시되 "과거에 부처님이 계시었으되 이름이 운뢰음왕 다타아가도 아라하 삼먁삼불타 이셨으니, 나라이름은 현일체세간 이요, 겁의 이름은 희견 이었는데,

묘음보살이 1만 2천해에 10만 가지 음악으로 운뢰음왕불께 공양하시며 8만 4천의 칠보의 바리(밥그릇)를 아울러 받들어 올리니, 이 인연과보로 이제 정화수왕지불의 나라에 나서 이 신통한 힘이

118) ◉(분신들은 이미 흩어지고 탑은 닫히어 옛과 같이 되고 다보불은 탑안에 계시니 원하옵건대 보여주시어 저로 하여금 친견하게 하여 주소서 라고 함)

있느니라.

화덕아, 네 뜻에 어떠하냐? 그때 운뢰음왕불 처소에 묘음보살이 음악으로 공양하며 보배 그릇을 받들어 올린 이가 어찌 다른 사람이리오. 오늘에 이 묘음보살마하살이 그이라.

화덕아, 이 묘음보살이 이미 일찍 한량없는 여러 부처님을 공양하고 친근하여 덕의 뿌리를 오래 심었으며 또 항하사 등 백 천 만 억 나유타 부처님을 만났느니라.

⑪ 화덕아, 너는 단지 묘음보살의 그 몸이 여기에 있다고 보지만 이 보살은 가지가지 몸을 나타내 곳곳에 모든 중생을 위하여 이 경전을 설하나니,

혹 범천왕의 몸을 나타내며 혹 제석천의 몸을 나타내며 혹 자재천의 몸을 나타내며 혹 대자재천의 몸을 나타내며 혹 하늘 대장군의 몸을 나타내며 혹 비사문천왕의 몸을 나타내며,

혹 전륜성왕의 몸을 나타내며 혹 여러 소왕(小王)의 몸을 나타내며 혹 장자(長子)의 몸을 나타내며 혹 거사의 몸을 나타내며 혹 관리(재관宰官)의 몸을 나타내며 혹 바라문의 몸을 나타내며,

혹 비구, 비구니, 우바새, 우바이의 몸을 나타내며,

혹 장자, 거사의 부녀(婦女)의 몸을 나타내며 혹 관리의 부녀의 몸을 나타내며 혹 바라문의 부녀의 몸을 나타내며 혹 동남, 동녀의 몸을 나타내며

혹은 하늘, 용, 야차, 건달바, 아수라, 가루라, 긴나라, 마후라가, 사람인 듯 아닌듯한 이 등의 몸을 나타내어 이 경을 설하며,
온갖 지옥, 아귀, 축생과 또 많은 어려운 곳을 다 능히 구원하여 건지며,
이에 왕의 후궁에게도 변화로 부녀의 몸이 되어 이 경을 설하느니라."

⑫ 화덕아, 이 묘음보살은 능히 사바세계에서 모든 중생을 구호하는 자이니, 이 묘음보살이 이 같은 가지가지 변화로 몸을 나타내어 이 사바국토에 있으면서 모든 중생을 위하여 이 경전을 설하되,
신통변화와 지혜에는 감소함이 없으니, 이 보살이 약간의 지혜로 사바세계를 밝게 비춰 일체중생이 각각 아는 바를 얻게 하며, 시방의 항하사 세계 가운데에도 또한 이와 같이하니,
만약 성문의 모습으로 득도할만한 이는 성문의 모습을 나타내어 위하여 설법하며, 벽지불의 모습으로 득도할만한 이는 벽지불의 모습을 나타내어 위하여 설법하며, 보살의 모습으로 득도할만한 이는 보살의 모습을 나타내어 위하여 설법하며, 부처님의 모습으로 득도할만한 이는 부처님의 모습을 나타내어 위하여 설법하여,
이 같이 가지가지로 제도할만한 바를 좇아 모습을 나타내어, 이에 멸도로 득도할만한 이는 멸도를 나타내 보이느니라.
화덕아, 묘음보살마하살이 큰 신통과 지혜의 힘을 이룬 그 일이

이와 같으니라.

⑬ 그때 화덕보살이 부처님께 여쭈시되 "세존이시여, 이 묘음보살이 선근을 깊이 심었거니와,
세존이시여, 이 보살이 어떤 삼매에 머물기에 능히 이와 같이 계시는 곳에 변화로 나타나 중생을 제도하여 해탈케 하시나이까?"
부처님께서 화덕보살에게 말씀하시되 "선남자야, 그 삼매의 이름이 현일체색신(現一切色身)삼매니 묘음보살이 이 삼매 중에 머물러 능히 이와 같이 한량없는 중생을 요익(饒益)하게 하느니라."

⑭ 이 묘음보살품을 설하실 때 묘음보살과 함께 오신 8만 4천인이 다 현일체색신삼매를 얻었으며, 이 사바세계에 한량없는 보살도 또 이 삼매와 또 다라니를 얻으니라.
그때 묘음보살마하살이 석가모니불과 또 다보불탑에 공양을 하시고 나서 도로 본토로 돌아가니, 지나시는 모든 나라가 여섯 가지로 진동하고 보배연꽃 비가 내리고 백 천 만억 가지가지 음악이 울리더니,
이미 본국에 이르자(도착하자) 8만 4천의 보살에게 둘러싸여 정화숙왕지불 처소에 나아가 부처님께 아뢰오되,

⑮ "세존이시여, 제가 사바세계에 도착하여 중생을 넉넉히 이익 되

게 하고 석가모니불을 뵈었사오며, 또 다보불탑을 보고 예배하고 공양하였으며 또 문수사리 법왕자보살을 보았으며, 또 약왕보살과 득근정진력보살과 용시보살들을 보았으며, 또 이 8만 4천 보살로 하여금 현일체색신삼매를 얻게 하였나이다."

이 묘음보살(妙音菩薩)래왕품(來往品) 을 설하실 때 4만 2천 천자가 무생법인을 얻고 화덕보살이 법화삼매(법화경에 의하여 실상중도를 관하는 것)를 얻으니라.

묘음보살품. 제 24 종.

묘음보살이 묘법을 미묘한 음성으로 근기 따라 설한 품. 제24 끝.

관세음보살보문품. 제 25.

관세음보살이 시방중생의 소리를 듣고 넓은 문(온갖 방편 법)으로 구제하시는 것을 설하신 품. 제 25.

【일여 품해설】 비화경(悲華經)에 이르되 『과거 산제람(刪提嵐 : 과거 세계의 이름) 세계 선지겁(善持劫 : 겁의 이름)의 때 부처님이 출현하여 계시었으니, 이름이 보장(普藏)이요 전륜왕(轉輪王 : 훌륭한 임금)이 계셨으니 이름을 무량정(無量靜)이라 하였다.

첫째 태자가 석달(三月)동안 부처님과 비구승에게 공양하여 보리심을 발하되, "만약 중생이 삼악도(三惡道) 등의 고뇌를 받음에 대개 능히 나를 생각하고 나의 이름을 부르면 내가 천안(天眼 : 하늘의 눈), 천이(天耳 : 하늘의 귀)로 그들을 위하여 (그들의 고통을) 듣고 돌보아 주어서 고통을 면치 못하면 나는 끝내 위없는 보리(도)를 이루지 아니 하리이다." 라고.』 하였다.

보장불(普藏佛)이 이르시되, 『네가 일체 중생을 보고 온갖 고통을 끊어주고자 하는 고로 지금 너의 이름을 관세음(觀世音)이라 하리라.』 라고.

또 「대비경(大悲經)」에 이르되, 『이 보살의 불가사의한 위신력이 이미 과거무량겁 중에 부처가 되어 이름을 정법명 여래(正法明)라 하였다. 대비의 원력(願力)으로 중생을 안락하게 하고 현재에 보살이 되었느니라.』 라고 하였다.

「별행현(別行玄 : 관음玄義)」에 이르되, 『관세음(觀世音)이란 서방국토(西土 : 인도)의 바른 발음으로는 아야바루길지륜(阿耶波婁吉地輪 : Avalokitesvara아바로키테스바라) 여기(중국)에서는 관세음이라고 한다.』 라고 하였다.

능과 소(能所 : 主,客)에 원융(圓融)하고 유무(有無)에 겸하여 통달(暢)하며 정성(正性 : 聖性=無漏智의 종자=번뇌를 끊는 것)을 다 비추어 그 본말(本末)을 관찰하는 고로 관(觀)이라 부른다.

세음(世音 : 세상의 소리)이란 이는 보는 바의 경계(대상), 만상이 유동(流動)함이 특별히 달라(隔別 : 각각) 같지 아니함에 같은 음성과 다른 음성(殊唱)이 함께 고통을 여이고 보살의 넓은 자비로 일체를 널리 구원하여 다 해탈하게 하는 고로 관세음이라 한다.

이것은 곧 경계(대상)와 지혜(境智 : 남과 나) 둘을 다 들어 능과 소(能所)를 합하여 표시함이다.

보문(普門 : 넓은 문)의 보(普)란 두루 하다(徧)는 뜻, 문이란 능히 통하는 것을 말한다. 절대의 실상(一實相 : 진여)을 사용하여 열 개의 넓은 문(十普門)을 열 되 장애(障碍) 되는 것이 없다. 그러므로 보문이라 한다. 이것은 전체적인 해석이다.

또 이 제목을 해석하면 전체적인 해석(通)이 있고 개별적인 해석(別)도 있다. 전체적(通)인 것이 **열쌍(十雙)**이 있고 다른 것(개별적인 것)이 **다섯쌍(五雙)**이 있다.

열쌍이란?

[1] 첫째 사람과 법(人法),

[2] 둘째 자와 비(慈悲),

[3] 셋째 복과 지혜(福慧),

[4] 넷째 법신과 응신(眞應),

[5] 다섯째 약과 구슬(藥珠 : 중생의 고통을 없애려고 화현한 약수왕신(藥樹王身)과 약을 주려고 화현한 여의주(如意珠)왕신의 두 가지 몸),

[6] 여섯째 명현(冥顯 : 冥界와 顯界=저승과 이승),

[7] 일곱째 권실(權實 : 방편과 진실),

[8] 여덟째 본적(本迹 : 본문과 적문=뿌리와 줄기),

[9] 아홉째 연료(緣了 : 緣因과 了因=연은 일체 선근, 요는 지혜),

[10] 열째 지,단(智斷 : 智德 =지혜를 비춰 보는 것. 斷德+번뇌를 끊는 것)이다.

(위에 10가지를 다시 보면)

[1]<u>관세음(觀世音)</u> 이란 사람이요, <u>**보문**(普門)</u>이란 법이다.

이 품에 두 번의 문답이 있다. 앞의 문답에 의하여 관세음이 사람임을 논하고 뒤의 문답에 의하여 보문이 법임을 논한다.

[2] 또 <u>관세음</u>이란 대비로 괴로움을 뽑아주니 앞의 문답에 의하여 백 천 가지 고뇌가 모두 해탈을 얻는다.

보문(普門)이란 대자(大慈)로 즐거움을 주고 뒤의 문답에 의하여 마땅히 제도함을 얻어(得度) 법을 설하는 것이다.

[3] 또 관세음이란 지혜로 장엄하나니 지혜는 능히 의혹(惑 : 번뇌)을 끊어 밝을 때는 어두움이 없는 것과 같다.

보문이란 복덕으로 장엄하나니 복은 능히 분단생사(分段生死 : 범부들의 생사)의 수명(단명함)을 무루혜명(無漏慧命 : 부처님 지혜의 생명=무궁함)으로 바꾸나니 여의보주가 보배 비를 내리는 것과 같다.

그러므로 알라 ! 앞의 문답은 근기에 따라 고통을 뽑아주나니 이것은 지혜의 장엄이요, 뒤의 문답은 수능엄삼매(首愣嚴定)에 머물러 널리 몸(色身)을 나타내나니 이것은 선정(禪定)의 장엄이다.

[4] 또 관세음이란 관이 경계(대상)와 일치하나니(觀冥於境 : 冥-어두움=분별이 없음) 곧 진신(眞身 : 法身)이다.

보문이란 응하는 것(所應 : 중생)을 따라 나타나니 곧 응신(應身)이다.

[5] 또 관세음이란 약수왕(藥樹王)은 온몸의 병을 고치는 것을 비유하고 보문이란 여의주 왕이 원하는 뜻대로 주는 것을 비유함이다.

[6] 또 관세음이란 남모르게 이익 되게 하되(冥作利益) 보고들을 수 없으며 3독(毒) 7난(難 : 불, 물, 바람, 칼과 막대기로 맞는 것, 악귀, 옥에 가두어지는 것, 원수와 도적의 난)을 다 여의고 2구(求 : 藥을 구하고 수명이 길기를 바라는 것)의 두 소원을 다 만족하는 것이다.

보문이란 나타내어 이익 되게 하니 눈으로 33종의 성용(聲容 : 성인의 모습)을 보고(중생을 위하여 관세음이 33종의 모습을 나타낸 것), 귀로 십구존(十九尊 : 비구, 비구니 천용 팔부 등)의 가르침을 듣는 것이다.

[7] 또 관세음이란 스스로의 뜻에 따라 설하여(隨自意 : 부처님이 깨치신 대로 설함) 실지(實智=참다운 지혜)를 비추는 것이다.(보여 알게 함)

보문이란 다른 사람의 뜻을 따라 설하여(隨他意) 권지(權智 : 方便智)를 비추는 것이다.

[8] 또 관세음이란 본제(本際 : 진여)를 움직이지 않은 것이요, 보문이란 자취(迹 : 행적)를 방원(方圓 : 모나고 둥근 것=중생의 근기에 맞추어 나타냄)에 맡기는 것이다.

[9] 또 관세음이란 근본은 요인종자(了因種子 : 깨침의 종자)요

보문이란 근본은 연인종자(緣因種子 : 了因을 돕는 종자=모든 선행)이다.

[10] 또 관세음이란 구경은 이 지혜의 덕(智德 : 본래 가진 지혜)이다.

(14일 밤의 달은 관음보살의 지혜(미완성)며, 15일은 부처님 지혜(완성 : 원만)에 비유)다.

보문 이란 구경의 단덕(斷德=번뇌를 끊는 것)이다.

(29일 밤 달의 기울어진 빛(邪輝 : 번뇌)이 장차 다하여 가는 것으로 29일은 관세음의 경지, 30일은 번뇌가 다한 부처님의 경지를 비유.)

경문의 두 문답은 한량없는 뜻을 함축하고 있으나 간략히 열 쌍(雙)을 쓰는 것이니 품의 통명(通名 : 전체적인 이름)을 해석함이 그 뜻이 이와 같다.

곧 이것이 사람과 법(人法)을 모아서 제목을 관음 보문품이라 이름하고 나아가 지단(智斷)을 합하여 제목을 관세음보문품이라 이름 하나 요점을 따라 말하면 다만 사람과

법을 가지고 이름 한 것이다.

개별적으로 다섯가지(五雙)를 논하면,

[1] 관(觀)이란, 관에 여러 가지 종류가 있으니 말하면,

(1) 석관(析觀, 析空觀 : 사물을 분석하여 실체가 없음을 아는 관법-소승관법), 이란 색(色)을 멸하여 공에 들어가는 것이요,

(2) 체관(體觀 : 體空觀=體色入空觀=사물 그대로 전체가 공이라고 하는 관법 :대승관법), 이란 색(色) 그대로(卽)가 공이라고 하는 것이요,

(3) 차제관(次第觀),이란 석관(析觀)에서 나아가 원관(圓觀)에 이르는 것이요,

(4) 원관(圓觀) 이란 곧 석관이 실상이요 나아가 차제관도 또한 실상이라고 하는 것이다.(원만하게 두루 관하는 것이다.)

지금은 3관에서 골라 오직 원관 만을 논하는 것이다.

[2] 세(世)란, 세간에도 여러 가지가 있다. 말하면 유위세간(有爲世間)과 무위세간(無爲)세간, 이변세간(二邊世間)과 부사의세간(不思義)이다.

유위세간이란 삼계의 세간(三界世)이다. 무위세간이란 유여(有餘) 무여(無餘)의 두 열반이다.

이변(二邊)세간이란 생사와 열반이다. 부사의 세간이란 실상의 경계(實相境)이다. 지금 모든 세간을 골라 버리고 다만 부사의(不思議)세간만을 취한다.

[3] 음(音)이란, 근기(機)이다. 기(機)에도 여러 가지가 있으니 사람과 하늘의 근기(人天機), 이승(二乘)의 근기, 보살의 근기, 부처님의 근기이다.

사람과 하늘의 근기란 모든 악을 짓지 않고 모든 선을 받들어 행하는 것이요, 이승(二乘)의 근기란 생사를 싫어 두려워하고 무위(無爲)를 좋아 숭상하는 것이다.

보살의 근기란 남을 앞세우고 자기는 뒤에서 자비와 인(仁)과 겸양(讓)하는 것이다.

부처님의 근기(佛機)란 일체제법 가운데서 다 평등하게 보는 것(等觀)을 가지고 들어가 일체에 걸림 없는 사람이(一切無碍人) 한 길에서 생사를 벗어나는 것(一道出生死 : 생사를 한길로 보면 그 생사 두 길에서 벗어나는 것이다)이다.

지금은 모든 소리의 근기(機)를 골라 버리고 오직 부처님 음성의 근기(佛音機 : 법화경에 의하면 모든 근기가 부처님의 근기를 가지고 있다)만을 가지고 맞게 베풀어 이 근기에 맞는 인연을 가지고 하는 고로(중생이 원하는 소리를 따름) 관세음이라 이름 한다.

[4] 보(普)란, 두루 널리 미친다(周徧)는 뜻이다. 모든 법은 한량없어 만약 넓지 아니하면 곧 편법(偏法 : 한쪽에 기울어진 법)이다.

만약 넓으면 곧 이것이 원만한 법(圓法)이다.

그러므로 **사익경(思益經)에 이르되,** 『일체법은 사법(邪)도 되고 일체법은 정법(正)도 된다.』 라고

간략히 10법에 대하여 넓음(普)을 밝히니 이 뜻을 터득하고 나면 일체법을 분류하는데 이 보(普)가 아닌 것이 없으리라. 말하자면,

(1) 자비보(慈悲普자비가 넓다.), **(2)** 홍서보(弘誓普서원이 넓다.)
(3) 수행보(修行普수행이 넓다.) **(4)** 단혹보(斷惑普번뇌를 끊음이 넓다.),
(5) 입법문보(入法門普법문에 들어감이 넓다) **(6)** 신통보(神通普신통이 넓다.)
(7) 방편보(方便普방편이 넓다.), **(8)** 설법보(說法普설법이 넓다.)
(9) 성취중생보(成就衆生普중생을 성취시킴(득도)이 넓다.),
(10) 공양제불보(供養諸佛普제불에게 공양함이 넓다.)가 그것이다.

(1) 자비보(慈悲普자비가 넓다)란, 처음 인간과 하늘(人天)에서부터 끝에 보살에 이르기까지 다 자비가 있으나 그러나 보(普 : 자비가 넓음)가 있고 불보(不普 : 넓지 못함)가 있어서 생법(生法 : 중생과 법=衆生緣자비 -중생이 일으키는 자비)자비와 법연(法緣)자비(聖者들이 일으키는 자비)의 두 가지 인연(因緣)은 자비의 체(體)가 이미 편벽되어 인연을 대함이 넓지 못하여 보(普)라 말하지 아니하고 무연자비(無緣 : 無緣자비=부처님만이 가지신 자비=위의 두 자비와 합하여 三緣자비라 한다)는 실상과 함께 체가 같고 그 이치가 이미 원융하여 자비가 두루 하지 아니함이 없어서 마치 자석이 쇠를 끌어당기듯이 마음대로 서로 상응하는 것이다.

이와 같이 두루 일체중생에게 자비의 훈기로 젖게 하는 것을 자비보라 이름 한다.

(2) 홍서보(弘誓普서원이 넓다)란, 홍(弘)이란 넓다는 것이요 서(誓)란 만든다(制)는 뜻이다. 중요한 마음을 만들어 가는 고로 홍서(弘誓 : 서원을 넓게 한다)라 말한다.

홍서는 사제(四諦)와 연관하여 일어나니 만약 유작(有作)사제, 무생(無生)사제, 무량(無量)사제의 세 가지 사제에 대하여는 법을 다 수용 하지 못함으로 보(普)라 하지 아니한다.

만약 무작(無作)사제에 대하여서는 홍서보(弘誓普)라 이름 한다.

◉ 【(1) 유작(有作)사제 : 소승의 사제 관(觀)으로써 구경이 아니라 후에 다시 닦아야 할 것이 있는 고로 유작(有作지을 것,닦을 것이 있는)사제라 하고,
(2) 무작(無作)사제 : 대승의 사제관으로 후에 다시 닦을 것이 없는 고로 무작(無作닦을 것이 없음)사제라 한다.
(3) 무생(無生)사제 : 생멸이 없다는 사제관,
(4) 무량(無量)사제 : 별교에서는 진여가 무명의 훈습에 의하여 미.오(迷悟) 인.과(因果)의 현상을 드러내는 것임으로 4제에도 한량없는 모양이 잇다고 말함. 현상계는 수명에서 생김으로 수명의

차별이 있고 따라서 사제도 수량의 차별(相)이 무량하다는 사제관. 】

(3) 수행보(修行普수행이 넓다)란, 예를 들면 부처님(석존)이 아직 정광불(定光佛 : 연등불)을 만나지 못한 그전에 무릇 닦은 바가 있어도 이치(진리)와 합당하지 아니하여 보(普)라고 하지 아니하고 수기(記)를 얻고 나서부터 부딪치는 일마다 곧 이치(진리)라(觸事卽理).

이지(理智 : 이치와 이치를 관하는 주체의 지혜)가 법을 거쳐(歷法) 수행하면 행이 보(普) 아닌 것이 없다.

(4) 단혹보(斷惑普번뇌를 끊음이 넓다)란, 만약 일체지(一切智 : 살파야 : 존재를 총괄적으로 아는 지혜). 도종지(道種智 : 보살이 중생을 교화하기 위하여 도의 종류를 아는 지혜)를 사용하여 사주(四住) 등의 혹을 끊어 가지를 자른 것과 같이하면 단혹보라 하지 않고 만약 일체종지(一切種智 : 부처님 지혜)를 사용하여 무명혹(無明)을 끊으면 5주(五住 : 4住에 無明住地를더 한 것)를 모두 다하여 뿌리를 제거한 것과 같으니 이것을 단혹보라 한다.

◉ [사주(四住 : 네 가지 번뇌. ① 見一切住地 : 욕계의 삿된 견해(見惑), ② 欲愛주지 : 욕계의 여러 가지 삿된생각. ③ 色愛주지 : 색계의 삿된 생각, ④ 有愛주지 : 無色界의 삿된 생각, 첫째가 見惑 뒤 思惑과 진사(塵沙 : 三惑의 하나)]

(5) 입법문보(入法門普법문에 들어 감이 넓다)란, 도전(道前 : 깨닫기 전)을 수방편(修方便)이라 하고, 도후(道後 : 스스로 證得한 후)를 입법문(入法門)이라 하는데, 만약 2승(乘)이 일심으로 한 선정에 들어가 일심으로 하나를 만들면 여러 가지 많은 것을 얻지 못한다.

또 선정에 얽매인 고로 보(普넓다)라 이름 하지 아니한다.

혹은 역별(歷別 : 隔離歷別=융통하지 못 하다는 뜻, 대 소승을 차별 번뇌와 보리를 차별함, 十地의 공덕이 각각 다름)의 여러 가지 경지(地)의 깊고 옅은 단계의 차별이 있음으로 또한 보(普)라 이름 하지 아니한다.

만약 왕삼매(王三昧 : 首楞嚴定=自性禪=마음의 실상을 관하여 밖에 구하지 않음을 자성이라 한다.)에 들어가면 일체 삼매가 다 그 가운데 들어가는 고로 입법문보(入法門普)라 이름한다.

(6) 신통보(神通普신통의 넓음)란, 큰 나한(大羅漢)은 천안(天眼)으로 대천세계를 비추고 벽지불(支佛)은 100 부처님(百佛)세계를 비추고 보살은 항하사 세계를 비추나 모두 경계를 인연함이(인식) 좁고 신통을 말하는 것도 또한 편벽하다.

만약 실상을 인연하여 닦으면 하나가 발하면 일체가 발한다. 상사(相似)의 신통도 위에 설함(법사공덕품의 六근 청정)과 같은데 하물며 진실한 신통이야 보(普)가 되지 않으랴.

(7) 방편보(方便普 : 방편의 넓음)란, 두 가지가 있는 데,

○첫째 도전(道前깨치기 전. 초지(初地)이전)의 방편은 수행중에 포함되고,

○둘째 도후(道後깨친 후)의 방편도 또한 둘이 있으니,

① 첫째는 법의 당체(法體)로 이 입법문보에서 설함과 같고,

② 둘째는 화용(化用 : 교화 작용)이니 지금 설하는 것과 같다.

근기에 맞게(逗機) 사물(物 : 중생)을 이롭게 함이 인연(조건)에 맞아 일시에 원만하고 두루 하여 비록 다시 가지가지로 움직인다(運爲)하여도 법성의 실제(法性實際 : 진리. 진여)에는 감손 되는 것이 없다. 이것을 방편보라 한다.

(8) 설법보(說法普설법의 넓음)란, 능히 한 묘음(妙音)으로 10법계(지옥, 아귀 등등)의 근기에 맞게 설하시어 그 맞는 종류를 따라 함께 해탈하게 하는 고로 설법보라 한다.

(9) 성취중생보(成就衆生普중생 성취가 넓음)란, 일체세간과 출세간에 있는 사업은 다 보살이 하는 것이요,(우물파고 배 만들며 神農氏가 약을 맛보고 구름 덮고 해 비추는 것) 나아가 일체 현성(賢聖 : 外典에는 聖賢이라함. 十住, 十行, 十回向을 三賢. 初地에서 十地 까지는 聖이라함.)에 까지도 이익을 끼쳐 삼보리(三菩提)에 들어가게 하는 것 이것을 성취중생보라 한다.

(10) 공양제불보(供養諸佛普제불에게 공양하는것이 넓음)란, 만약 외사공양(外事 : 물질을 공양하는 것,)을 지음에 일시(一時 : 한때), 일식(一食 : 한 끼 식사), 일화(一華 : 한 가지 꽃), 일향(一香 : 한 가지 향)을 가지고 널리 일체 부처님께 공양하되 앞에 하는 것도 없고 뒤에 하는 것도 없이 일시에 같이 공양한다.

한 티끌 속에서 가지가지 티끌이 나오는 것도 또한 다시 이와 같다.

만약 내관(內觀 : 觀法=자기 스스로를 관찰함)을 한다면 원만한 지혜(圓智 : 부처님 지혜)로 여러 가지 수행을 인도한다.

원지(圓智원만한 지혜)를 부처라 하고 여러 행(衆行)으로 원지를 도우니 곧 이것이 부처님을 공양하는 것이다.

만약 수행이 다른 지혜를 돕는 것을 공양보라 하지 아니하고 여러 행이 원지를 돕는 것을 이것을 공양보라 한다.

[5] 문(門)이란, 가(假)에서 공(空)에 들어가면 공은 통하고 가(假)는 막혔고 공에서 가에 들어가면 가는 통하되 공은 막혔으니 한쪽만 통하는 것은 곧 보가 아니요 막힌 고로 곧 문이 아니다.

중도(中道)는 공도 아니요, 가도 아니요 바로 실상에 통하여 이제(二諦 : 空, 假) 둘 다 비추는 고로(雙照 : 긍정) 보(普 : 넓다)라 이름하며 바로 통하는 고로 문이라 한다.

O 보문(普門넓은 문)이란 원만하게 두루 통하는 것이다.

곧 한량없는 뜻이 있으나 간략히 그 열 가지만 든 것이니 이로써 미루어 가히 알 것이다.

이 품은 보현(普現널리 나타내는)삼매로써 남을 교화하여 유통하는 것이다.

묘락대사가이르되, " '복은 능히 수명을 바꾼다.' 라는 것은 나한도 오히려 능히 복을 돌려 수명을 바꾸는데(福能轉壽 : 분단(分段)의 수명을 무루(無漏)의 혜명(慧命)으로 바꿈) 하물며 넓은 문(보문)으로 나타내 보임(示現)이리요, 불가사의한 복을 가지고 바꾸어 가지가지 지혜(種智=一切種智)를 이루니 곧 복과 지혜는 둘이 아니다. 이것을 이름 하여 바꾼다(轉)고 한다." 라고. 일여.

【계환 품해설】 홀로 내는 것(單發)이 소리(聲)요. 섞어 모은 것(雜比)이 음(音)이니, 세간의 많은 수고로운 잡소리를 가지른 하게 보아 다 구원(救)하니, 이름이 관세음이시고 묘하고 원만한(妙圓) 행이 일심으로부터 나와 응(應)하여 두루 하지 못함이 없으니 이름을 말하되 보문(普門)이라 하시니,

이를 앞품에 이어서 설한 것은 묘음이 모습을 나타내시어 설법하시며, 많은 어려움을 구제하심은 관음과 다름없으시되, 오직 간략하고 넓지 못하시며, 묘하고 원만치 못하거니와 관음은 이 행(圓妙의 행)을 여의지 아니 하사 능히 그들(중생)의 음성을 보시고 따라 메아리 같이 대답하여 대천(大千)세계에 두루 응하시되, 가며, 오시는 모습이 없으시니,

말하자면 자재(自在)하신 업과 넓은 문(普門)으로 보이심은 묘음(妙音)에서 더 나아가시니 그 실은 두 성인이 한 도(道)라. 서로 시작과 끝이 될 따름이라. 그래서 후에 관음의 덕을 칭송하시되, 묘음을 겸하여 말하시니, 여기서 두 성인이 한 도 인 것을 알리라.

묘음의 행에 더 나아가사 펴서 보문이 되시니, 이에 서로 시작과 끝이 되심을 알리로다.

대저 앞에 법을 체(體)하고자 하실 땐 모름지기 두 행을 겸하여 묘를 따라 넓혀서 시작이 있으며 끝이 있은 뒤에야 두루 갖추시니, 그러므로 묘음을 이어서 보문품을 설 하사 원행(圓行)이 유통 되니라.

문수가 화엄회상 끝에 법화(法化 : 정법의 교화)를 나타내시고 남쪽으로 인간을 지나 보조법계 수다라문(普照法界修多羅門)을 설하시니 앞의 법의 체용(體用)을 원만히 나타내심이라.

선재동자가 백 개의 성을 지나 보문국(普門國)에 다다라 아승지 법문을 이루어 능히 중생(諸有) 중에 그 몸을 널리 나타내니, 이것은 다 행으로 덕을 이루어 원만하고 넓게 하심이라. 저 법 펴신 차례를 보건대 이름과 뜻이 이와 완연히 같도다. 계환.

① 그때 무진의 보살이 곧 자리에서 일어나, 오른쪽 한쪽어깨를 벗어 들어내고 합장하고 부처님을 향하여 이 말을 사뢰되,
"세존이시여, 관세음보살은 어떤 인연으로 이름이 관세음이옵니까?"
부처님께서 무진의보살에게 말씀하시되,

"선남자야, 만약 한량없는 백 천 만억 중생이 온갖 고뇌를 받을 때, 이 관세음보살 이름을 듣고 일심으로 이름을 부르면, 관세음보살이 즉시 그 음성을 보시고(듣고) 모두 해탈을 얻게 하리라."

② "만약 관세음보살의 이름을 (마음에)지니는 이는 비록 큰불에 들어가도 불이 능히 태우지 못하리니, 이 보살의 위신력 때문이라. 만약 큰물에 떠내려가게 되더라도 그 이름을 부르면 곧 얕은 곳을 만날 것이며, 만약 백 천 만억 중생이 금, 은, 유리, 자거, 마노, 산호, 호박, 진주 등의 보배를 구하기 위하여 큰 바다에 들어가, 비록 검은 바람(태풍)이 그 배를 불어서 나찰국(바다 속에 식인(食人) 귀신이 사는 나라)에 불려서 떨어져도, 그 가운데 만약 한 사람이라도 관세음보살의 이름을 부르면 이 모든 사람들이 다 나찰의 재난을 벗어나리니, 이 인연으로 이름이 관세음이니라."

③ "만약 또 어떤 사람이 해를 입으려고 할 때 관세음보살의 이름을 부르면, 그 (상대가)잡은 칼과 몽둥이가 바로 조각조각 부러져 벗어

날 것이며,

만약 3천 대천국토에 중에 가득한 야차, 나찰이 와서 사람을 괴롭히고자 하여도, 그가 관세음보살의 이름을 부르는 것을 들으면 이 모든 모진 귀신이 오히려 능히 모진 눈으로 보지 못할 터인데, 하물며 또 해를 가하랴!

설사 또 사람이 죄가 있거나 죄가 없거나 수갑과 차꼬(족쇠)와 목칼과 쇠사슬에 몸이 얽매여도, 관세음보살의 이름을 부르면 다 끊어지고 허물어져 곧 벗어날 것이며,

만약 또 3천 대천국토에 그 가운데 가득 찬 원수와 도적이 있을 때 한 장사하는 주인(대표)이 있어 여러 상인을 거느리고 귀중한 보배를 지니고 험한 길을 지날 때, 그중 한 사람이 이렇게 소리쳐 말하되 '모든 선남자야, 두려워하지 말라. 너희 반드시 일심으로 관세음보살의 이름을 부르라. 이 보살이 능히 두려움 없음을 중생에게 베푸시나니, 너희 만약 이름을 부르면 이 원수와 도적에서 반드시 벗어나리라.'라고.

많은 상인이 듣고 다 소리 내어 말하되 '나무관세음보살'이라 하면, 그 이름을 부른 까닭에 곧 벗어나리라."

무진의야, 관세음보살마하살의 위신력이 높고 큼(외외巍巍)이 이와 같으니라.

④ "만약 중생이 음욕이 많아도 항상 관세음보살을 생각하고 공경하

면 곧 음욕을 여의며,

만약 성냄이 많아도 항상 관세음보살을 생각하여 공경하면 곧 성냄을 여읠 것이며,

만약 어리석음이 많아도 항상 관세음보살을 생각하고 공경하면, 곧 어리석음을 여의리니.

무진의야, 관세음보살이 이와 같은 등 큰 위신력이 있어 넉넉하게 이익 됨이 많으니 이러므로 중생이 항상 마음에 생각하느니라.

가령 어떤 여인이 아들을 구하고자하여 관세음보살께 예배하고 공양하면 곧 복덕과 지혜 있는 아들을 낳을 것이며,

가령 딸을 구하고자하면 곧 단정한 모습의 딸을 낳아, 덕의 근본을 일찍 심어 많은 사람이 사랑하고 공경하리니. 무진의야, 관세음보살이 이와 같은 힘이 있느니라."

만약 중생이 관세음보살을 공경하고 예배하면 복이 헛되게 버려지지 않으리니(당연唐捐), 이러므로 중생은 다 관세음보살의 이름을 받아 지닐지니라.

⑤ 무진의야, 만약 사람이 62억 항하사(福田이 많음을 가리킴) 보살의 이름을 받아 지니고, 또 몸이 다하도록(시간의 많음을 가리킴) 음식과 의복, 침구와 의약(四事는 종자가 많음을 가리킴)으로 공양하면 네 뜻에 어떠하나?

이 선남자, 선여인의 공덕이 많으냐? 많지 않으냐?"

무진의가 말씀하되 "심히 많나이다. 세존이시여."

부처님께서 말씀하시되 "만약 또 어떤 사람이 관세음보살의 이름을 받아 지니되 한 때나마 예배공양하면 이 두 사람의 복이 바로 똑같아 다름이 없어 백 천 만 억겁에도 가히 다함이 없으리라."

무진의야, 관세음보살의 이름을 받아 지니면 이와 같은 한량없고 끝없는 복덕의 이익을 얻으리라.

⑥ 무진의 보살이 부처님께 여쭈시되 "세존이시여, 관세음보살이 어쩨서 이 사바세계에서 다니시며(노니시며),

어쩨서 중생을 위하여 설법하시며 방편의 힘은 그 일이 어떠하나이까?"

부처님께서 무진의보살에게 말씀하시되 "선남자야, 만약 어떤 국토에서 어떤 중생이 부처님의 몸으로 제도할만한 이라면 관세음보살은 즉시 부처님의 몸을 나타내어 설법하며,

벽지불의 몸으로 제도할만한 이라면 즉시 벽지불의 몸을 나타내어 설법하며,

성문의 몸으로 제도할만한 이라면 즉시 성문의 몸을 나타내어 설법하며,

⑦ 범천왕의 몸으로 제도 할 만 한 이는 곧 범천왕의 몸을 나타내어(나투어) 설법하며,

제석의 몸으로 제도를 할 만한 이는 곧 제석의 몸을 나타내어 설법하며, 자재천의 몸으로 제도를 할 만한 이는 곧 자재천의 몸을 나타내어 설법하며,

대자재천의 몸으로 제도를 할 만한 이는 곧 대자재천의 몸을 나타내어 설법하며, 천대장군(귀신을 통솔함)의 몸으로 제도를 할 만한 이는 곧 천대장군의 몸을 나타내어 설법하며,

비사문(4천왕 : 북방)의 몸으로 제도를 할 만한 이는 곧 비사문의 몸을 나타내어 설법하며,

소왕(小王)의 몸으로 제도를 할 만한 이는 곧 소왕의 몸을 나타내어 설법하며,

장자의 몸으로 제도를 할 만한 이는 곧 장자의 몸을 나타내어 설법하며,

거사의 몸으로 제도를 할 만한 이는 곧 거사의 몸을 나타내어 설법하며,

재관(宰官관리)의 몸으로 제도를 할 만한 이는 곧 재관(宰官)의 몸을 나타내어 설법하며,

바라문의 몸으로 제도를 할 만한 이는 곧 바라문의 몸을 나타내어 설법하며,

⑧ 비구, 비구니, 우바새, 우바이 몸으로 제도를 할 만한 이는 곧 비구, 비구니, 우바새, 우바이 몸을 나타내어 설법하며,

장자, 거사, 재관, 바라문의 부녀의 몸으로 제도를 할 만한 이는 곧 부녀의 몸을 나타내어 설법하며,

동남, 동녀의 몸으로 제도를 할 만한 이는 곧 동남, 동녀의 몸을 나타내어 설법하며,

천룡, 야차, 건달바, 아수라, 가루라, 긴나라, 마후라가, 사람인 듯 아닌듯한 등의 몸으로 제도를 할 만한 이는 곧 다 그 몸을 나타내어 설법하며,

집금강신(금강저를 잡은 신)으로 제도를 할 만한 이는 곧 집금강신을 나타내어 설법하나니.

무진의야, 이 관세음보살이 이와 같은 공덕을 성취하여 가지가지 모습으로 모든 국토에 노니시며, 중생을 제도하여 해탈케 하나니라."

"이러므로 너희들은 응당 일심으로 관세음보살께 공양할지니, 이 관세음보살마하살은 두렵고 위급하고 어려운 가운데 능히 두려움을 없게 하시니, 이러므로 이 사바세계에서 다 이름 하되 두려움을 없애주는 이라 하나니라."(관세음을 알면 두려움이 없다.)

⑨ 무진의 보살이 부처님께 여쭈시되 "세존이시여, 내 이제 반드시 관세음보살께 공양하오리다."하고,

곧 목에서 많은 보배구슬 영락이 값이 백 천량 금(金)이 나가는 것을 풀어 올리고 이 말씀을 하시되 "어진이시여, 이 법의 보시인 보배의

영락을 받으소서."하니
그때 관세음보살이 즐겨 받으려 하지 아니하시거늘,
무진의는 관세음보살께 다시 말씀 여쭈시되 "어진이시여, 저희들을 불쌍히 여기시는 연고로 이 영락을 받으소서."하거늘

⑩ 그때 부처님께서 관세음보살에게 말씀하시되 "이 무진의보살과 4부대중, 하늘, 용, 야차, 건달바, 아수라, 가루라, 긴나라, 마후라가, 사람인 듯 아닌듯한 이 들을 어여삐(불쌍히) 여기는 연고로 이 영락을 받으라."하시니,
즉시 관세음보살은 모든 4부대중과 그리고 하늘, 용, 사람, 사람인 듯 아닌듯한 이 등을 불쌍히 여겨 그 영락을 받아, 나누어 두 몫으로 만들어 한 몫은 석가모니불께 바치고 한 몫은 다보불탑에 바치시니라.
무진의야, 관세음보살은 이와 같은 자재한 신통력이 있어 사바세계에 노니시니라.

⑪ 그때 무진의보살이 게송으로 여쭈시되,

"세존께서 미묘한 상이 구족하시니 내 이제 거듭 저분을 묻겠나이다.
저 불자(佛子)는 어떤 인연으로 이름이 관세음이옵니까?"

미묘한 상이 구족하신 세존께서 게송으로 무진의에게 답하시되
"너는 관음의 행이 온갖 곳에 잘 응하여 나타남(응현應現)을 들어라.
큰 서원 깊음이 바다 같아 겁을 지나도 생각하지 못하리라.
많은 천억 부처님을 모시고 청정한 대원을 세웠느니라.

⑫ 내 너를 위하여 간략히 이르니 이름을 듣거나 또 몸을 보아
마음에 생각하여 헛되이 지나지 아니하면 능히 중생(諸有)의 고통을 멸하리라."
가령 (어떤 이가)해칠 뜻을 가지고 큰 불구덩이에 떨어뜨려도
저 관음을 염하는 힘으로 불구덩이가 변하여 연못이 되며,
혹 큰 바다에 표류하여 용, 물고기나 온갖 귀신의 난(難)에도
저 관음을 생각하는 힘으로 파도(波浪파랑)가 능히 빠뜨리지 못하며,

⑬ 혹 수미산 봉우리에서 남에게 떠밀려 떨어지게 되어도
저 관음 염(念)하는 힘으로 해가 허공에 떠있 듯 하며,
혹 악인에 쫓기어 금강산에 떨어져도
저 관음 염하는 힘으로 능히 한 털끝도 상하지 않으며,
혹 원수와 도적이 에워싸고 각각 칼을 잡고 가해하려해도
저 관음 염하는 힘으로 다 즉시 자비심을 일으키며,

⑭ 혹 임금의 난(반역)에 고통을 만나 형벌로 목숨을 마치려 할 때,
저 관음 염(念생각)하는 힘으로 칼이 이어서 조각조각 부서지며,
혹 간혀 목 칼 씌우며(枷鎖) 손발에 수갑(杻械)을 채워도,
저 관음 염하는 힘으로 풀어져 벗어나며,
저주와 여러 가지 독약으로 몸을 해치고자하는 자도
저 관음 염하는 힘으로 본인에게 되돌아가 붙으며,

⑮ 혹 악한 나찰과 독용(毒龍) 온갖 귀신 등을 만나도
저 관음 염하는 힘으로 그때 다 감히 해치지 못하며,
"만약 모진 짐승이 둘러 싸 어금니와 발톱이 날카로워 두려워도
저 관음 염하는 힘으로 (그들이)끝없는 곳으로 도망하며,
까치독사와 뱀, 살모사, 전갈 독 기운을 뿜어도
저 관음 염하는 힘으로 그 소리 좇아 스스로 되돌아가며,
구름에 뇌성벽력 우박 큰 비 퍼부어도
저 관음 염하는 힘으로 때에 맞추어 사라지며,

⑯ 중생이 곤액(困厄=곤고함과 재액) 입어 무량 고통 닥쳐와도
관음의 미묘한 지혜의 힘 능히 세간의 고통 구제하리.
신통력 구족하며 지혜, 방편 널리 닦아
시방의 모든 국토 몸 나타내지 않는 국토 없나니,
가지가지 모든 악도(악취) 지옥, 아귀, 축생들의

생, 노, 병, 사 그 고통을 점점 다 멸해 주리라.

⑰ 진실한 관(觀) 청정한 관, 광대한 지혜관과

비관(悲觀불쌍하게 보는 것), 자관(慈觀사랑으로 보는 것)을 항상 우러러 원할지니라."

때 없는 청정한 빛, 지혜의 태양이 모든 어둠 깨뜨리며,

재앙의 바람, 불을 항복시키며, 널리 밝게 세간 비추느니라.

대비한 몸의 계(戒)는 진동하는 우레요, 대자의 뜻은 미묘한 큰 구름이라.

감로의 법 비 내려 번뇌의 불꽃 끄시도다.

송사하는 관청의 땅. 두려운 군진(軍陣) 속에도

관음 염하는 힘으로 온갖 원망(怨) 사라지리라.

⑱ "묘음(妙音), 관세음(觀世音), 범음(梵音), 해조음(海潮音)은119)

저 세간음(세간의 소리)보다 수승하니, 이러므로 모름지기 항상 생각하여 생각 생각에 의심을 내지 말지니라." 관세음은 청정한 성인이시라.

고뇌 죽음 재액에서 능히 의지하여 믿음이 되며,(믿을 수 있으며)

일체 공덕 갖추어 자비로운 눈으로 중생을 보시어

복 쌓여 바다 같이 무량하니, 이러므로 마땅히 정례할지니라.

---

119) ◉ 묘음(妙音미묘한 소리, 설법이 걸리지 않음), 관세음(觀世音세간을 보는 소리, 소리를 따라 고통에서 구해줌으로), 범음((梵音)청정한 소리, 음의 성품에 집착함이 없음으로), 해조음은(海潮音조수소리, 응함이 시기를 잃지 않음으로 해조음(海潮音 : 조수의 소리. 조수 같이 시간을 어기지 아니 함)

⑲ 그때 지지보살이 즉시 자리에서 일어나 나아가 부처님께 말씀 여쭈시되 "세존이시여, 만약 중생이 이 관세음보살보문품의 자재한 업과 넓은 문으로 나타내 보이시는 신통력을 듣는 이는, 이 사람의 공덕이 적지 않음을 반드시 알 것이니라."

부처님께서 이 보문품을 설하실 때, 대중 가운데 8만 4천 중생이 다 무등등(無等等동등한 이가 없는 것과 같은)한 아뇩다라삼먁삼보리심을 내었느니라.

관세음보살보문품. 제 25 종.

관세음보살이 온갖 방편으로 중생을 제도하는 품. 제25 끝.

다라니품. 제 26.

다라니(總持)를 설하여 모든 마장을 물리치는 법을 설한 품. 제26.

【일여 품 해설】 다라니란 한자로 총지(總持 : 다 가졌다. : 能持-한없는 이치를 가졌다는 뜻)라 번역한다. 총지란 악을 일으키지 아니하고 선을 잃지 아니하는 것이다. 또 능히 막고 능히 가진다고 번역한다. 능히 선을 지니고 악을 막는 까닭이다.

또 이변(二邊둘)의 악(惡 : 양 극단, 선과 악, 有와 無등 둘 다 악으로 봄)을 막고 중도의 선(중도를 선으로 봄)을 지니는 것이다.

여러 경에 (못하게)막고, 금하는 법(開遮)을 쓰는 것이 같지 아니하며, 혹은 오로지,(다라니를)사용하여 병을 고치니 나달(那達)거사의 경우와 같다.(이 인연은 모든 글에 어떤 경의 글인지 검정하지 못 하였다. 고 하였다.)

혹은 오로지 법(경)을 지키니 이 글(다라니문)과 같고 혹은 오로지 다라니를 사용하여 죄를 없애니 방등(方等)다라니와 같다.

혹은 통용하여 병을 고치고 죄를 멸하고 경을 보호하니 청관음소복독해(請觀音消伏毒害)다라니와 같다.

혹은 대명주(大明呪) 무상주(無上呪) 무등등명주(無等等明呪 : 대품반야경 권지품)는 곧 병을 고치는 것이 아니요 죄를 멸하는 것도 아니요, 경을 보호하는 것도 아니다.

만약 통용하는 법이라면 또한 마땅히 겸할 것이요, 만약 개별적으로 논한다면 바라 건데 모름지기 경(법화경)에만 의할 것이요 이 가르침을 어기지 말라. 일여 끝.

(다라니품은 악한 세상에 경을 펴는데 5가지 주문으로써 보호하는 것을 밝힘.)

① 그때 약왕보살이 곧 자리에서 일어나 한쪽 오른쪽 어깨를 벗으시고 합장하고 부처님을 향하여 부처님께 여쭈시되,

"세존이시여, 만약 선남자 선여인이 법화경을 능히 받아 지니는 이가, 만약 읽고 외워 훤히 통달하며, 만약 경을 베껴 쓰면 얼마만한 복을 얻나이까?"

부처님께서 약왕보살에게 말씀하시되,

② 만약 선남자 선여인이 800만억 나유타 항하사 같은 많은 부처님을 공양하면 네 뜻에 어떠하냐? 그 얻는 복이 많으랴? 적으랴?

"심히 많으리이다. 세존이시여."

부처님께서 말씀하시되 "만약 선남자 선여인이 능히 이 경에서 이에 하나의 4구 게(偈)를 받아 지니고, 읽고 외우고 뜻을 알아 설함과 같이 수행하여도 공덕이 심히 많으리라."

③ 그때 약왕보살이 부처님께 여쭈시되 "세존이시여, 내 이제 반드시 설법하는 사람에게 다라니주를 주어 수호(守護)하오리다."하고, 곧 주문을 설하되,

아니1 마니2 마네3 마마네4 지례5 자리제6 사마7 사리다위8
선제9 목제10 목다리11 사리12 아위사리13 상리14 사리15
사예16 악사예17 아기니18 선제19 사리20 다라니21

아로가바사바자빅사니22 녜비제23 아변다라녜리제24 아단다바례수지25 구구례26 모구례27
아라례28 바라례29 수가치30 아삼마삼리31 못다비기리구제32
달마바리차제33 싱가열구사녜34
바사바사수지35 만다리36 만다락사야다37 우루다38
우루다교사리39 악사라40 악샤야다아41 아바로42 아마야나다야43

④ 세존이시여, 이 다라니 신주는 62억 항하사 같은 모든 부처님 말씀이시니, 만약 이 법사를 침범하여 헐뜯는(침훼侵毁) 이가 있으면 곧 이는 모든 부처님을 침범하여 헐뜯는 것이 되리이다.
그때 석가모니불께서 약왕보살을 찬탄하여 말씀하시되
"착하고 착하다 약왕아, 네 이들 법사를 가엽게 여겨 옹호하려는 까닭으로 이 다라니를 설하니 모든 중생이 이로움(요익饒益)이 많겠도다."

⑤ 그때 용시보살이 부처님께 여쭈시되 "세존이시여, 나도 또 법화경을 받아 지녀 읽고 외우는 이를 옹호하기 위하여 다라니를 이르노니,
만약 이 법사가 이 다라니를 얻으면 야차(사람 잡아먹는 신)며, 나찰(불법을 수호하는 악귀)이며 부단나(열병을 맡은 신)며 길자(시체에 붙은 신)며 구반다(사람 정기 빨아먹는 신)며 아귀(기갈 든 신) 등이 그 단점을 엿보고 찾아

도 능히 마음대로 하지 못 하리이다.(편안함을 얻지 못 하리이다)."하시고, 즉시 부처님 앞에 주문을 이르시되,

자례1 마하자례2 우기3 모기4 아례5 아라바제6 녜례제7
녜례다바제8 니지니9 위지니10 지지니11 녜례제니12
녜례제바지13

"세존이시여, 이 다라니 신주는 항하사 같은 모든 부처님 말씀이시며 또 다 따라 기뻐하시니, 만약 이 법사를 침범하여 헐뜯는(침훼侵毁) 이가 있으면 곧 이 모든 부처님을 침범하여 헐뜯는(침훼侵毁) 것이 되리이다."

⑥ 그때 비사문천왕인 세간 옹호하는 이가 부처님께 여쭈되
"세존이시여, 저도 또한 중생을 불쌍히 여겨 이 법사를 옹호하기 위한 까닭으로 이 다라니를 설하리이다."하고, 곧 주문을 설하되,

아리1 나리2 노나리3 아나로4 나리5 구나리6

"세존이시여, 이 신주(神呪)로써 법사를 옹호하며 저도 반드시 이 경을 지닌 이를 옹호하여 1백 유순(약 4천리) 내에 모든 근심(시름, 걱정)있는 사람이 없게 하리이다."

⑦ 그때 지국천왕이 이 대회 가운데 있더니 천 만억 나유타 건달바 대중과 함께 공경하여 둘러싸고 부처님 앞에 나아가 합장하고 부처님께 여쭈오되.

"세존이시여, 저도 또한 다라니 신주로써 법화경 지닌 이를 옹호하리이다."하고, 곧 주문을 설하되,

아가녜1 가녜2 구리3 건다리4 전다리5 마등기6 상구리7
부루사니8 알지9

"세존이시여, 이 다라니 신주는 42억의 모든 부처님 말씀이시니, 만약 이 법사를 침노하여 헐뜯으면 이 모든 부처님을 침범하여 헐뜯는 것이 되오리다."

⑧ 그때에 나찰녀들이 있었으니 첫째 이름은 남바요 둘째 이름은 비람바요 셋째 이름은 곡치요 넷째 이름은 화치요 다섯째 이름은 흑치요, 여섯째 이름은 다발이요 일곱째 이름은 무염족이요 여덟째 이름은 지영락이요 아홉째 이름은 고제요 열째 이름은 탈일체중생정기이니,

이 열 명의 나찰녀는 귀자모(鬼子母유아를 잡아먹는 악귀로 참회하고 부처님께 귀의함)와 아울러 그 아들과 또 권속과 함께 다 부처님 처소에 나아가 똑같은 소리로 부처님께 여쭈오되,

"세존이시여, 저희들도 또한 법화경을 받아 지니고 읽고 외우는 이를 옹호하여 그 근심을 없애주고, 만약 법사의 단점을 엿보고 찾는 이가 있으면, 마음대로 하지 못하게 하고자하나이다."하고, 곧 부처님 앞에서 주문을 설하되,

이제리1 이제미2 이제리3 아제리4 이제리5
니리6 니리7 니리8 니리9 니리10
루혜11 루혜12 루혜13 루혜14
다혜15 다혜16 다혜17 도혜18 로혜19

⑨ 차라리 내 머리 위에 오를지언정 법사를 괴롭히지 말며, 야차며 나찰이며 아귀며 부단나며 길자며 비다라며 건타(건달바)며 오마륵가(사람정기 빨아먹는 신)며 아발마라며 야차길자(마술 부리는 야차)며 인길자(마술사)며

열병이 1일, 2일, 3일, 4일, 7일에 이르며

항상 열병 앓으며 남자 형상이며 여자 형상(의 귀신)이며 남자아이 형상이며 여자아이 형상(의 귀신)이며 나아가 꿈속에서라도 또한 괴롭히지 말라. 하고,

⑩ 곧 부처님 앞에 게송으로 설하되

"만약 나의 주문에 순종하지 아니하고 설법하는 사람을 괴롭혀 어지럽게 하는 이는,
머리를 깨뜨려 일곱 조각을 만들어 아리수나무 가지 같게 하며
부모를 죽인 죄 같이 하며, 또 기름 짜는 재앙과[120] 같이 하며
말과 저울로 사람 속이는 이와 조달의 화합승을 깨뜨린 죄와 같이 하며,
이 법사를 범한 자는 마땅히 이와 같은 재앙을 얻으리라."라고.

⑪ 모든 나찰녀가 이 게송을 설하고 나서 부처님께 여쭈되
"세존이시여, 저희들도 또한 반드시 이 경을 받아 지녀 읽고 외우고 수행하는 이를 이 몸 스스로 옹호하여, 편안함을 얻어 모든 근심을 떠나며 많은 독약도 녹아지게 하리이다."
부처님께서 모든 나찰녀에게 말씀하시되 "착하고 착하도다. 너희들이 다만 능히 법화경의 이름만을 받아 지닌 이를 옹호하여도 복이 가히 헤아릴 수 없거늘, 어찌 하물며 다(구족하게) 받아 지니고 경권에 공양하되,
꽃, 향, 영락과 가루 향, 바르는 향, 태우는 향과 깃발과 일산, 기악(음악)과 가지가지 등을 켜되,
차조기 등과 기름 등과 모든 향유 등과 소마나화유 등과 첨복화유 등과 바사가화유 등과 이 같은 등(燈) 백 천 가지로 공양하는 이를 옹호함이라!

120) ◉(기름 짜는 재앙-기름 찌꺼기에 벌래생긴 것과 같이 짜서 기름 많이 나오게 하여 얻는 죄)

고제(나찰녀의 하나)여, 너희와 권속이 반드시 이와 같이 법사를 옹호할지니라."라고.

이 다라니품을 설하실 때 6만 8천인이 무생법인을 얻었느니라.

다라니품. 제 26 종.

다라니(총지摠持)를 설 한 품. 제 26 끝.

묘장엄왕본사품. 제 27.

약왕보살이 묘장엄왕의 본래인연(본사本事전생)을 밝힌 품.

(또 묘법의 공덕으로 몸과 마음을 꾸민다는 뜻) 제 27.

【일여 품 해설】 이품의 인연은 다른 경(약장藥藏보살경인데 경록에 실여있지 않다. 미상(未詳))에 나온다. (거기에 의하면) 옛날 부처님의 말법(末法)때에 네 비구니가 있었는데 법화경에 대하여 지극히 귀중(殷重)하게 생각하며 비록 비밀의 가르침(秘敎 : 법화경 : 숨겨 두었다가 끝에 가서 설하였음으로 비밀의 가르침이라 함)의 책을 펼지라도(卷舒 : 책을 펴 공부하는 것, 권은 옛 두루마리 책) 감로(甘露 : 하늘에서 내리는 이슬=부처님 교법. 법화경 도리)에는 아직 젖어들지 못하여 밤낮으로 성심을 다하여 잠시도 잊지 아니하다가 탄식하여 말하기를,

『진실로 우리들이 그 사람이 아닌가? (능력부족한가?) 땅(地 : 수행하는 장소)이 그곳이 아닌가?(좋지 못한가?)

세간은 번잡하여 고요하고 산란함이 서로 어긋나니(상대가 됨). 다만 한가함을 구하려함도 오히려 싫어하여 버리거늘 하물며, 도를 숭상함이랴?(어찌 도를 닦으랴?)』하고,

이에 계약을 산림에 맺었다. (산림에서 수도하기를 법과 마음으로 약속함)

그래서 뜻은 부처님의 지혜를 즐거워하며, 유거(幽居 : 깊은 곳에 가서 수도함)함에 날이 쌓이는 데 옷은 한 벌에 양식은 다 되어 (득도를)기다리자니 답답함이 많아 궁핍하지 않을 때가 없었다.

한 끼의 밥도 도로 토해내며, 만 리 길(수행의 길 : 죽음을 뛰어 넘는 수행)을 패하고 십일에 아홉 번 밥을 먹으니 (十旬九飯) 운소(雲宵 : 하늘같은 뜻. 하늘을 나는 뜻.구도의 뜻)의 뜻을 굽혀야 할 처지라 가히 말로 표현할 수 있으랴?

그때 한사람이 말하였다.

"우리들 넷이 곤궁하여 몸도 오히려 보존하지 못할 지경인데 법이 어디에 의지 할 것인가?

그대 세 사람은 다만 생명을 도에 받치고 아침(朝中 : 아침가세 일=오후에는 먹지 않았던 고로 아침 탁발하여 식사를 구하는 일)은 걱정 말라. 내 한사람이 이 몸의 힘을 다하여(捨 : 보시) 맹세코 삶에 필요한 것(생활 필수 품)을 공급하리라. " 하고,

이에 문(門閭 : 집의 문과 마을의 문)마다 석장을 울려(錫杖 : 석장 ; 고리 달린 지팡이를 울려 벌레를 쫓고 탁발을 알리는 것) 공양 구하기(탁발托鉢)를 계속 하였다.

봄부터 겨울까지 한 바퀴 돌면 다시 시작하여 종이 주인을 섬기듯이 다나 쓰나(세 사람이 좋게 대하든 막 대하든) 기뻐하거나 성내지 않았다.

세 사람은 그 정성을 펼칠 수 있어 (정성을 다해 수도하여) 공들인 것이 원만하여지고(功圓 : 도를 이룸) 사물을 판별하여서(事辨 : 중생 교화하는 일이 이루어짐) 한 세상에 끼친 이익이 무량한 생에까지 이르렀다.(구제하는 일)

한편 그 한 사람은(공급 하든 자) 자주 인간 세상에 들어가 여러 번 세상의 소리와 빛(聲色)을 만나니(현실에 부딪침) 구워지지 않은 그릇이 아직 불을 만나지 못하였으니 보호하여 유지하기가(持戒) 어려웠다. (미숙하여 세상의 물이 듦)

그러던 중 우연히 왕의 출행을 만나니 차마(車馬)가 병전(騈闐 : 늘어섬)하고 깃발(旌旗)이 빛남(赩赫 : 성한 모양)이라. 마음이 생기고 생각이 움직여 그 광영(光榮)을 사랑하였다.

(그 사람은) 그 동안 공덕을 닦은 훈기를 입어(熏修) 생각에 따라 과보를 받아 (죽어) 사람 가운데서나 천상에 태어나나 항상 왕이 될 수 있었다.

복은 비록 셀 수 없으나 또한 한정이 있음이라. 세 사람이 도를 얻고 나서 모여 의논하되,

『"우리가 새장(籠樊 : 농번=6도의 속박)을 면한 것은(해탈한 것은) 그 공이 이 임금(공급자가 환생하여 임금이 됨)으로 말미암은 것(전생)이니 그가 과보(전생의 과보)에 빠져서 유위(有爲 : 인위적으로 행하는 일. 세속의 영화)를 늘여 나가니, 여기에서(금생에서) 죽고 나면 다시 왕이 되지 못하고 바야흐로 불구덩이(지옥)에 떨어지리니 그러면 진실로 구제하기 어려우리라.

다행이 그가 아직 고통에 들어가지 않았으니 바로 어리석음을 열어 교화하여야(開化)하리라." 라고,

그중 한 사람이 이르되,

"이 왕이 애욕에 집착하고 또 삿된 견해를 가지고 있으니, 만약 사랑의 갈고리(인연)가 아니면 가히 건져 내지 못하리라.

그러니 우리 한 사람은 다정한 부인이 되고 두 사람은 총명한 아들이 되자 그러면(왕도) 아들이나 부인의 말을 반드시 순종하리라. 마땅히 그때 교화를 베풀 것 같으면 과연 삿된 것을 고칠 수 있으리라"』 라고,

그 옛날 부인이란 지금 광조장엄상(光照莊嚴相)보살이니 곧 묘음보살이요, 옛날 두 아들은 다만 약왕(藥王) 약상(藥上) 두 보살이라. 옛날에 왕은 지금 화덕(華德) 보살이다.

그러므로 석존이 눈썹 사이 백호(白毫)로 빛을 놓아 동쪽을 부르시니(묘음보살품 참조)

자대(紫臺 : 자금색의 대, 곧 칠보좌대)에 묘음이 올라 서쪽(사바세계)으로 인도 하셨고 신주(神呪 : 다라니품)로 경을 지키어 유통하여 큰 이익이 있게 하였다.

이런 사성(四聖 : 묘음, 약왕, 약상, 화덕보살)의 앞의 인연(前緣 : 전생)을 설한 까닭에 묘장엄왕본사품이라 하였다.

또 묘장엄이란 묘법의 공덕이 모든 근(根6근)을 장엄한 것이다. 이 왕은 지난날 묘법에 인연이 있어 도가 훈습(薰習 : 젖어들어)하여 때가 성숙하여 모든 근(根)이 청정하여 진 것이다. 생(生 : 生知,생이지지生而知之=타고난 지혜)은 비록 얻지 못하였다 하여도 그 이치(理)에 들어갈 때가 반드시 이르리라.

신령스러운 조짐이 감응하여 서로 통하여 아름다운 이름이 일찍부터 세워진 것이니, 예를 들면 선길(善吉 : 수보리)이 비록 무쟁(無諍 : 무쟁삼매)에 이르지 못하였으나 이미 (그전부터) 공생(空生 : 이름이 공생, 공의 도리를 깨달음) 이라고 이름 한 것과 같다.

그래서 아래 글에 이르되, 『청정공덕장엄삼매(淸淨功德莊嚴三昧)를 얻었다』 고 하였다.

이런 뜻의 까닭으로 묘장엄이라 이름 하였다. 앞품에는 주(呪)로써 (사람을)수호할 것을 설하고 지금 품은 사람이 (법을)수호할 것(선 지식이 법화경을 믿음을 예를 들어 권유 한 것)을 설하였다.

사람이 수호하는 것도 오히려 그러하거늘 주(呪)로서 보호하는 것이 더욱 좋을 것이라. 널리 유통(流通)할 것을 권한 것이다.

◉ 귀(晷 : 일월이 운행하는 것). 객(喀 : 토하는 소리, 나아가지 못하는 모양). 흡(噏 : 引-이끌다) - 일여(一如) 끝.

① 그때 부처님께서 모든 대중에게 이르시되 "지나간 옛 세상에 한량없고 끝이 없는 불가사의한 아승지겁을 지나 부처님이 계시되 이름이 운뢰음숙왕화지 다타아가도(여래) 아라하(응공) 삼먁삼불타(정변지)이시니,

나라이름은 광명장엄이요 겁의 이름은 희견이었으니.

저 부처님 법 가운데 왕이 있으되 이름이 묘장엄이요, 그 왕 부인은 이름이 정덕이었으니, 두 아들이 있으되 첫째 이름은 정장이요, 둘째 이름은 정안이었느니라.

② 이들 두 아들은 큰 신통력과 복덕과 지혜가 있어 보살이 행하는 바의 도를 오래 닦았나니 이른 바, 보시(단)바라밀(완성), 지계(시라)바라밀, 인욕(찬제)바라밀, 정진(비리야)바라밀, 선정(선)바라밀, 지혜(반야)바라밀, 방편바라밀과

자비(慈悲) 희사(喜捨)와 37품의 조도법(助道法도를 돕는 법)에 이르기까지 모두 다 밝게 통달하였으며,

또 보살의 정(淨)삼매와 일성숙(日星宿)삼매와 정광(淨光)삼매와 정색(淨色)삼매와 정조(淨照)명삼매와 장장엄(長莊嚴)삼매와 대위덕장(大威德藏)삼매를 얻어 이 삼매에 또한 다 통달하였느니라."

③ "그때 저 부처님께서 묘장엄왕을 인도하고자하시며, 또 중생을 불쌍히 생각하시는 연고로 이 법화경을 설하시더니,

그때 정장(淨藏)과 정안(淨眼) 두 아들이 그의 어머니 처소에 가서 열 손가락을 모아 합장하고 말씀하되 '원하옵건대 어머니께서 운뢰음숙왕화지 부처님 처소에 가소서.

우리도 또 반드시 모시고 따라가서 친근히 공양하고 예배하오리다.

왜나하면 이 부처님께서 일체의 하늘, 사람대중 가운데 법화경을 설하시니, 듣고 받드심이 옳으리이다.' 라고."

④ 어머니가 아들에게 말하되 '너희 아버지는 외도를 믿고 받아 바라문법에 깊이 집착하였으니, 너희들이 응당 가서 아버지께 말씀드리고 모두 다 같이 가야하리라.' 라고

정장과 정안이 열 손가락을 모아 합장하고 어머니께 말씀하되 '우리는 이 법왕의 아들인대 이 삿된 견해를 가진 집에 태어 낫나이다.' 라고.

어머니가 아들에게 말하되 '너희들은 마땅히 너의 아버지를 근심스럽게 생각하고, (아버지를)위하여 신통변화를 나타내어라.

만약 보시면 마음이 반드시 청정하여 혹 우리가 부처님 처소에 가는 것을 허락하리라.' 라고

⑤ 이에 두 아들이 그 아버지를 생각하는 연고로 허공 높이 7다라수를 솟아올라, 가지가지 신통변화를 나타내어 허공중에 다니고 머

무르며 앉고 누우며 몸 위로 물을 내뿜고 몸 아래로 불을 내뿜으며, 몸 아래로 물을 내뿜고 몸 위로 불을 내뿜으며, 혹 큰 몸을 나타내어 허공중에 가득하였다가, 다시 작게 나타나며 작았다가 다시 크게 나타나며,

공중에서 사라져 홀연히 땅에 있으며 땅에 들어가기를 물 같이하고 물을 밟되 땅 같이하여,

이와 같은 등의 가지가지 신통변화를 나타내니 그 부왕이 마음이 좋아져 믿고 알게 하였거늘,

⑥ 그때 아버지는 아들의 신통력이 이와 같음을 보고 마음이 대단히 환희하여 미증유를 얻어, 합장하여 아들을 향하여 말씀하되,

'너희 스승이 누구시며 누구의 제자이냐?'

두 아들이 말씀하되 '대왕이시여, 저 운뢰음숙왕화지불께서 지금 칠보의 보리수 아래 계시되 법좌 위에 앉아서 일체세간의 하늘, 인간대중 중에 법화경을 널리 설하시니, 이분이 저희들 스승이시며 저희는 이분의 제자이옵니다.'

아버지께서 아들에게 말하되 '내 이제 또한 너희 스승을 보고자하니 모두 다 같이 감이 옳도다.'라고.

⑦ 이에 두 아들이 공중에서 내려 그의 어머니 처소에 가서 합장하고 어머님께 아뢰되 '부왕께서 오늘 이미 믿고 아시니, 아뇩다라삼

막삼보리의 마음을 내셨나이다.'

'저희는 아버님을 위하여 이미 불사를 하였으니 원컨대 어머니께서 들어보시고 저 부처님 계신 곳에서 출가하여 수도하게 하여주소서.' 라고.

그때 두 아들이 그 뜻을 거듭 펴려 하야 게송으로 어머니께 말씀드리되,

'원컨대 어머니께서 저희를 놓아주시어 출가하여 사문(스님)이 되게 하여 주소서.

모든 부처님은 심히 만나기 어려우니 저희는 부처님을 따라 배우겠나이다.

우담발화 같이 부처님 만나기는 또 이보다 어려우며,

여러 가지 난(難8난)을 벗어나기 또한 어려우니 원컨대 저희 출가를 허락하여 주소서.' 라고.

⑧ 어머니가 곧 말씀하시되 '너희 출가를 허락하리라. 왜냐하면, 부처님은 만나기 어렵기 때문이니라.' 라고.

이에 두 아들이 부모님께 말씀드리되 '좋으시도다.(훌륭하시도다). 부모님이시여, 원하건대 이제 운뢰음숙왕화지불 처소에 가셔서 친근하고 공양하소서.

왜나하면, 부처님은 능히 만나기 어려우며 우담바라꽃 같으며 또

한 눈(외눈)의 거북이 (물에)뜬 나무의 구멍을 만남과 같으니, 우리는 숙세의 복이 깊고 두터워 나서 부처님 법을 만났으니,
이러므로 부모님께서 마땅히 저희들(원)을 들어주시어 출가하게 하여 주소서.
왜냐하면, 모든 부처님은 만나기 어려우며 (부처님을 만날)시기 또한 만나기 어려운 때문입니다.' 라고.

⑨ 그 때 묘장엄왕의 후궁 8만 4천인이 다 가히 이 법화경을 받아 지녔으며,
정안보살은 법화삼매를 오래 전에 이미 통달하였으며 정장보살은 이미 한량없는 백 천 만억 겁에 이 이제악취삼매(離諸惡趣三昧)를 통달하였으니,
일체중생으로 하여금 모든 악취(악도)를 여의게 하고자하는 연고라. 그 왕의 부인은 제불집삼매(諸佛集三昧)를 얻어 능히 모든 부처님의 비밀한 법장을 알더니,[121)]

⑩ 두 아들이 이와 같은 방편의 힘으로 제 아버지를 잘 교화하여 마음에 믿고 알아 불법을 좋아 즐기게 하거늘,
이에 묘장엄왕은 많은 신하와 권속과 함께 하며 정덕부인은 후궁 채녀(궁녀 : 采 採女. 뽑은 여자)와 권속과 함께 하며, 그 왕의 두 아들은

---

121) ◉ 법화삼매(묘법연화경으로 실상의 중도를 관하는 삼매) 이제악취삼매(離諸惡趣三昧-악도를 떠나는 삼매) 제불집삼매(諸佛集三昧 : 부처님 뜻을 모으는 삼매)

4만 2천인과 함께 일시에 부처님 처소에 가서, 머리 얼굴로 발에 예배하고 부처님 주위를 세 번 감돌고 한 쪽에 물러나 머물렀느니라.

그때 저 부처님께서 왕을 위하여 설법하여 보이고 가르쳐 이롭게 하고 기쁘게 하시니 왕이 크게 기뻐하니라.

그때에 묘장엄왕과 그 부인이 목에 진주, 영락이 값이 백 천이나 되는 것을 풀어 부처님 위에 뿌리니,

허공중에 변화하여 네 기둥의 보배 대(臺-누대)가 되니, 대 가운데 큰 보배 상(床)이 있으되 백 천 만의 하늘 옷을 폈거늘, 그 위에 부처님이 가부좌를 틀고 앉아 큰 광명을 놓으시거늘.

⑪ 그때 묘장엄왕이 이런 생각을 하되, '부처님의 몸은 희유하여 장엄함이 남달리 특별하여 제1의 미묘하신 색(몸)을 성취하셨도다.' 라고.

"이때에 운뢰음숙왕화지불께서 사부대중에게 말씀하시되 '너희 이 묘장엄왕이 내 앞에 합장하고 선 것을 보느냐? 못 보느냐?

이 왕이 내 법 가운데 비구가 되어 불도를 돕는 법을 정성껏 부지런히 닦아 익혀 반드시 성불하여 이름이 사라수왕이리니, 나라의 이름은 대광이요, 겁의 이름은 대고왕이리라.

그 사라수왕불은 한량없는 보살대중과 또 한량없는 성문이 있고 그 나라는 평평하고 바르리니 공덕이 이와 같으리라.' 하시니,"

그 왕은 즉시 나라를 아우에게 맡기고 부인과 두 아들과 아울러 모든 권속과 함께 불법 중에 출가하여 수도 하니라,

⑫ 왕이 출가하여 8만 4천년을 항상 부지런히 정진하며 묘법화경을 수행하여 이 기간이 이미 지난 후에 일체정공덕장엄삼매를 얻어, 곧 허공에 높이 7 다라수를 올라 부처님께 여쭈시되 '세존이시여, 이 저의 두 아들은 이미 불사(중생구제)를 하여 신통한 변화로 저의 삿된 마음을 돌이켜 부처님 법 가운데 편안히 머무르게 하여 세존을 뵙게 하니,

이 두 아들은 이는 저의 선지식(바르게 인도하는 이)이라.

숙세의 선근을 일으켜 내고자하여 저를 요익(饒益)하려는 연고로 저의 집에 와 태어났나이다.' 라고.

⑬ 그때 운뢰음숙왕화지불께서 묘장엄왕에게 말씀하시되 '이와 같고 이와 같이 그대가 말한 바와 같으니라.

만약 선남자, 선여인이 선근을 심으면 세세에 선지식을 얻나니, 그 선지식이 능히 불사하여 보이고 가르치고 이롭게 하고 기쁘게 하여 아뇩다라삼먁삼보리에 들게 하느니라.

대왕이여 마땅히 알라, 선지식은 이는 큰 인연이니 이른 바 교화하고 인도하여 부처님을 만나 보게 하여 아뇩다라삼먁삼보리의 마음을 발하게 하느니라.

대왕이여, 그대 이 두 아들을 보느냐? 못 보느냐? 이 두 아들은 일찍 65(60-6바라밀. 5-5位=內凡, 外凡등, -석문달의 해석)백 천 만억(行具萬善修德)나유타 항하사의 모든 부처님을 이미 벌써 공양하였으며 친근하고 공경하였으며 모든 부처님 처소에서 법화경을 수지하여 삿된 견해의 중생을 불쌍히 여겨 바른 견해에 머물게 하였느니라.

⑭ 묘장엄왕이 곧 허공중에서 내려와 부처님께 말씀 여쭈시되

'세존이시여, 여래께서는 심히 희유하여 공덕과 지혜의 연고로 정수리 위 육계(肉髻)의 광명이 밝게 비치시며, 그 눈이 길고 넓고 감청색이며 눈썹 사이의 털 모양은 희기가 백옥과 달 같으며, 이는 희고 가지런하고 조밀하여 항상 광명이 있으며 입술 빛이 붉고 좋아 빈바의 열매 같사옵니다.' 라고.

⑮ 그때 묘장엄왕이 부처님의 이와 같은 등의 무량 백 천 만억 공덕을 찬탄하고, 여래의 앞에 일심으로 합장하고 또 부처님께 말씀 여쭈되,

'세존께서는 미증유(未曾有일찍 있지 아니 하심)하사 여래 법이 불가사의한 미묘한 공덕을 구족하게 이루어, 가르치는 계(戒)의 행함이 편안하고 상쾌하고 좋으시니.'

'저는 오늘부터 다시는 제 마음이 행함을 따르지 아니하고, 삿된 견해(邪見), 교만, 성냄, 모든 악한 마음을 내지 아니하오리다.' 라

고. 이 말씀을 여쭙고 부처님께 예배하고 나오니라.'

⑯ 부처님께서 대중에게 말씀하시되 "뜻에 어떠하냐? 묘장엄왕이 어찌 다른 사람이리요 지금 화덕보살이 그이요, 그 정덕부인은 지금 부처님이 앞에 광명을 비춘 장엄상보살이 그이니,
묘장엄왕과 그리고 모든 권속을 불쌍히 여기는 연고로 저 가운데 태어났느니라. 그 두 아들은 지금의 약왕보살과 약상보살이 그이라."

⑰ 이 약왕, 약상보살이 이와 같은 모든 공덕을 성취하여 이미 무량한 백 천 만억 모든 부처님 처소에서 많은 덕의 근본(뿌리)을 심어 불가사의한 모든 착한 공덕을 성취하였으니,
만약 어떤 사람이 이 두 보살의 이름자를 아는 이가 있으면 일체 세간의 모든 하늘과 인민들이 또한 응당 예배할지니라.

부처님께서 이 묘장엄왕본사품을 설하실 때, 8만 4천인이 티끌(塵-번뇌)을 멀리하며 때(垢-번뇌)를 여의어, 모든 법 가운데 법의 눈이 청정함을 얻었느니라.

묘장엄왕본사품. 제 27 종.

묘장엄왕의 전생을 설한 품. 제 27 끝.

보현보살 권발품. 제 28.

보현보살이 중생에게 부처님의 가르침을 권하여 발심하게 하여 그들을 도와준다고 설하신 품. 제 28.

【일여 품 해설】 『대론(大論 : 대지도론大智度論)』과 『관경(觀經 : 관무량수경觀無量壽經)』에 다 변길(徧吉 : 遍故普, 吉故賢이라함=두루함으로 넓고 길함으로 어지니라)이라 이름 하였다.

이 경에서는 보현(普賢)이라 하니 다 한어(漢語)이다. 범음(梵音)은 필수발타(必輸跋陀) 중국에서는 보현(普賢)이라 한다.

비화경(悲華經)에 이르되, 『나는 예오(穢惡 : 더러움)의 세계에서 보살도 행하여 (그 세상을)엄숙하고 청정하게 하리니 나의 행함은 반드시 꼭 모든 보살보다 뛰어 나리라.』 하였다.

보장불(宝藏佛)이 말씀 하셨다. 『이 인연으로 지금 네 이름을 고쳐 보현이라 하리라.』 라고.

지금 등각(等覺 10지위의 등각)의 위(位)를 논하면 많은 것을 항복한(衆伏) 정상(頂上)에 있어 도로써 항복 받아(伏道) 두루 덮은 고로 이름을 보(普)라 하고 도를 끊어(斷道 : 滅道=번뇌를 끊는 階位)겨우 다하여 비교 할 곳이 조금도(幾거이) 없어 끝을 이웃하여(끝에 가까움) 궁극점(極)에 닿으니(際) 그래서 현(賢)이라 이름 한다.

권발(勸發)이란 법을 연모하는 말이다. 멀리 저 국토(동방)에 있으면서 자세히 이 경을 듣고 시말(始末=처음과 끝. 전체)을 이미 두루 다 알고 스스로 수행하고 남도 교화하여(自行化他) 길이길이 멈춤이 없는 고로 동으로부터(보현은 동방보살이라) 서방으로 향하여 와서 권발 한 것이다.

이 글에 4실단의 뜻이 갖추어 졌으니 경문에 이르되,

『나는 법화경에 공양하기 위한 까닭으로 스스로 그 몸을 나타내리니 만약 나의 몸을 보면 크게 환희하오리다.』 라고 한 것은,

(1) 세계 실단(世界悉檀성취-세계의 성취)이다.

[실단(世界悉檀)-범어 siddhānta의 음사(音寫).성취, 배품. 곧 중생의 수준에 따라 즐겁게 설법하여 교화하는 방법이다. 혜사(慧思515-577)는 실(悉)은 다함(皆)의 뜻, 단(檀)은 dhānta의 음사(音寫).곧 단나(檀那)니 보시의 뜻이라 하였다.]

『나를 봄으로 더욱 또 정진하여 곧 삼매와 다라니를 얻으리이다.』 라고 한 것은,

(2) 이것은 위인(爲人)실단이다.(사람의 성취이다.)

『이 다라니를 얻은 고로 비인(非人)이 능히 파괴할 자가 없을 것이요 또 다시 여인에게 유혹하여 어지럽힘을 당하지 아니 하리이다.』 라고 한 것은,

(3) 이것은 대치(對治)실단이다. (상대하여 고쳐주는 것이 성취된 것이다)

『삼천세계(三千 : 三千大千세계) 먼지 알 같은 보살이 보현의 도를 갖추리이다.』 라고 한 것은,

(4) 이것은 제일의(第一義) 실단이다.(진리,도의 성취이다)

이와 같이 밝힌 문장은 곧 4실단으로 와서 권발 한 것이다.

○ 위에서 유통을 가려 셋으로 하였으니 분별 공덕품 19 번째 항의 게송으로부터 그 뒤 3품 반(19항부터 : 분별공덕품의 반이다 : 수희, 법사, 상불경을 합하여 3품 반이다)은 경의 힘이 큼을 들어 유통하기를 권하였고, 「약왕품」 아래 5품은 보살의 교화하는 도력(道力)의 큼을 들어서 유통을 권하였다.

이 한 품은 보현의 서원(誓願 : 맹서)의 힘이 큼을 들어서 유통을 권하신 것이다.

일여 끝.

① 그때 보현보살이 자재하신 신통력과 위대하신 덕의 이름이 들림으로써, 대 보살이 무량무변하여 가히 수로 헤아릴 수 없는 이들과 함께 동방으로 부터 오시니,

지나시는 모든 나라가 널리 다 진동하고 보배 연꽃비가 내리고, 한량없는 백 천 만억의 가지가지 기악(음악)이 울리며,

또 무수한 모든 하늘, 용, 야차, 건달바, 아수라, 가루라, 긴나라, 마후라가, 사람인 듯 아닌듯한 이들과 대중이 둘러싸고 각각 위덕과 신통력을 나타내시어, 사바세계의 기사굴 산중에 도착하여, 머리와 낯으로 석가모니불께 예배(예수禮數)하고 오른쪽으로 일곱 번 감돌고, 부처님께 여쭈시되

② "세존이시여, 제가 보위덕상왕불의 나라에서 이 사바세계에서 법화경을 설하심을 멀리서 듣고, 한량없고 끝없는 백 천 만억 모든 보살대중과 함께 와서 듣고 받들고자하오니, 오직 원하되 세존께서 반드시 (저이들을)위하여 설 하옵소서,"

만약 선남자, 선여인이 여래께서 멸도하신 후에는 어찌하여야 능히 이 법화경을 얻겠나이까?

③ 부처님께서 보현보살에게 말씀하시되,

"만약 선남자, 선여인이 네 가지 법을 이루어야 여래가 멸도한 후에 반드시 이 법화경을 얻으리니,

첫째는 모든 부처님께서 보호하고 생각하셔야 되고(護念)
둘째는 많은 덕(덕의 뿌리를)을 심어야 하고,(植衆德本)
셋째는 정정취(正定聚)[122]에 들어야 하고,
넷은 일체중생을 구원할 마음을 내어야 하느니라.
선남자, 선여인이 이와 같이 네 법을 이루어야 여래가 멸도한 뒤에 반드시 이 경을 얻으리라."

④ 그때 보현보살이 부처님께 여쭈시되 "세존이시여, 후 500세에 흐리고 악한 세간 중에 이 경전을 받아 지니는 이가 있으면,
저는 반드시 수호하여 그 근심(쇠환衰患심히 괴로움)을 없애어 편안하게 하며, (마들이)마음대로 하려고 기회를 엿보고 찾아도 마음대로 할 수 없게 하오리니,
악마며 악마의 아들이며 악마의 딸이며 악마의 백성이며 마가 붙은 이며 야차며 나찰이며 구반다(사람 정기 먹는 귀신)며 비사사며 길자(시체에 붙은 귀신, 마술의 신)며 부단나며 위타라 등 여러 가지 사람을 괴롭히는 자가 다 마음대로 하지 못하게 하오리이다."

⑤ 이 사람이 걷거나 서서 이 경을 읽고 외우면 내 그때 여섯 어금니를 가진 흰 코끼리 왕(백상왕(白象王)석존의 태몽의 코끼리)을 타고 큰 보살 대중과 그곳에 가서 내 몸을 나타내어 공양하고 수호하여 그의 마음을 편안하게 위로하리니, 또한 법화경에 공양하기 위한 때문이

---

122) ◉정정취(正定聚반드시 깨달을 것이 결정된 무리)

옵니다.

이 사람이 만약 앉아 이 경을 사유(思惟)하면, 그때 내 또 흰 코끼리 왕을 타고 그 사람 앞에 나타나리니,

그 사람이 만약 법화경에 한 구절이나 한 게송이라도 잊은 데가 있다면, 내 반드시 가르쳐 더불어 읽고 외워 도로 통달하게 하리이다.

그때에 법화경을 받아 지녀 읽고 외우는 사람이 나의 몸을 보고, 심히 크게 환희하며 더욱 또 정진하여 나를 본 까닭으로 곧 삼매와 다라니를 얻으리니,

이름이 선다라니와 백천만억선다라니와 법음방편선다라니와 이러한 등의 다라니를 얻으리이다.

⑥ 세존이시여, 만약 뒤 세상 후 500세에 탁하고 악한 세간 중에 비구, 비구니, 우바새, 우바이가 (법화경을)구하여 찾는 이와 받아 지니는 이와 읽고 외우는 이와 베껴 쓰는 이가, 이 법화경을 닦아 익히고자하면 3.7일 동안 일심정진 해야 할 것이니,

3.7일이 차고나면 저(보현)는 반드시 여섯 어금니의 흰 코끼리를 타고 한량없는 보살이 나를 둘러싸고 일체중생이 즐겨 보고 싶은 몸으로 그 사람 앞에 나타나 그들을 위하여 설법하여, 보이고 가르치고 이롭게 하고 기쁘게 하고 또 다라니 주문을 주리니,

이 다라니를 얻은 연고로 사람 아닌 이들이 능히 무너뜨릴 자가

없으며, 또 여인의 유혹과 어지럽힘이 되지 아니하고, 내 몸이 또 스스로 이 사람을 항상 옹호하리니,
오직 원컨대 세존께서 저의 이 다라니 주문을 설하는 것을 허락하소서. 하고,

⑦ 곧 부처님 앞에서 주문을 설하되,

아단지1 단다바지2 단다바제3 단다구사례4 단다수다례5 수다례6 수다라바지7 못다바선녜8 살바다라니아바다니9
살바바사아바다니10 수아바다니11 싱가바릭사니12
싱가녈가다니13 아승기14 싱가바가지15
제례아타싱가도략 아라제 바라제16
살바싱가지 삼마지가란지17 살바달마 수바릭찰제18
살바살타 루다교사락 아로가지19 싱아비기리지제20

"세존이시여, 만약 보살이 이 다라니를 들으면 보현의 신통력인 줄 반드시 알 것이며, 만약 법화경을 염부제123)에 행하여 받아 지니는 이가 있으면 반드시 이 생각을 하되 '다 이는 보현의 위신력이라.' 고 할 것이오이다."

⑧ 만약 받아 지녀 읽고 외워 바르게 생각하고 기억하여 그 옳은 뜻

123) (염부제閻浮提 수미산의 4대주 중에 남쪽 주(洲).수미산을 중심으로 인간 세계를 동서남북 4주로 나눈 가운데 남쪽의 주.)

을 알아 설함과 같이 수행하면, 이 사람은 보현의 행을 행하여 한량없고 끝없는 모든 부처님 처소에서 선근을 깊이 심어, 모든 여래께서 손으로 그 머리를 어루만져 주시는 것이 됨을 반드시 알지니라.

만약 오직 베껴 쓰기만 하여도 이 사람이 목숨을 마치면 반드시 도리천상에 태어나리이다,

그때에 8만 4천 천녀(天女)가 많은 음악을 울리며 맞이하며, 그 사람이 곧 칠보관을 쓰고 채녀(궁녀)중에서 쾌락을 즐기리니,

어찌 하물며 받아 지녀 읽고 외워 바르게 생각하고 기억하여 그 옳은 뜻을 알아 설함과 같이 수행하는 사람이랴!

만약 사람이 받아 지녀 읽고 외워 그 옳은 뜻을 알면 이 사람이 목숨을 마치면 일천 부처님께서 손을 내밀어 두렵지 아니하게 하여, 악취(악도)에 떨어지지 아니하고, 곧 도솔천상의 미륵보살 처소에 가리라.

(그)미륵보살이 32상이 있으시고 큰 보살대중에게 함께 둘러싸였으며 백 천 만억 천녀(天女)와 권속이 있는데 그 가운데 태어나리라. 이와 같은 등의 공덕의 이익이 있으니

⑨ 이러므로 지혜로운 이는 반드시 일심으로 스스로 쓰며 사람을 시켜 쓰게 하며 받아 지녀 읽고 외워 바르게 생각하고 기억하여 설함과 같이 수행할 것이다.

⑩ 세존이시여, 내 오늘 신통력의 연고로써 이 경을 수호하여, 여래 멸도하신 후에 염부제 안에 널리 유포하게 하여 끊어지지 않게 하리이다.

⑪ 그때 석가모니불께서 찬탄하시어 말씀하시되,

좋다, 좋다,(훌륭하다) 보현아, 네 능히 이 경을 보호하고 도와 많은 중생을 안락하고 이익 되게 하니, 네 이미 불가사의한 공덕을 성취하여 깊고 큰 자비로 오랜 먼 옛 부터 내려오면서 아뇩다라삼먁삼보리의 뜻을 내어 능히 이 신통의 서원을 세워서(신통력으로 이 경 수호하리라는 서원) 이 경을 수호하나니, 내 반드시 신통력으로써 보현보살의 이름을 능히 받아 지니는 이를 수호하리라.

⑫ 보현아, 만약 받아 지녀 읽고 외워 바르게 생각하고 기억하여 이 법화경을 닦아 익혀 쓰는 이 있으면,

반드시 알라, 이 사람은 곧 석가모니불을 뵙고 부처님 입으로부터 이 경전을 듣는 것과 같으며,

반드시 알라, 이 사람은 석가모니불께 공양함이며,

반드시 알라, 이 사람은 부처님이 찬탄하여 '착하다' 할 것이며,

반드시 알라, 이 사람은 석가모니불이 손으로 머리를 어루만져 주신 것이 되며,

반드시 알라, 이 사람은 석가모니불이 옷으로 덮어 줌이 되느니라.

⑬ 이와 같은 사람은 다시는 세간의 낙(樂)을 탐착하지 아니하며 외도의 경서(經書)와 수필(手筆=詩文)을 좋아하지 아니하며,
또한 그 사람과 여러 악한 사람, 백정이며 돼지, 양, 닭, 개를 기르는 이며 사냥하는 이며 여색을 자랑하여 파는 이를 친근함을 기뻐하지 아니하며,
이 사람은 마음과 뜻이 바탕이 곧아 바르게 기억하고 생각함이 있으니 이 사람은 삼독에 괴롭히지 아니하며,
또한 질투(嫉妬)와 아만(我慢)과 사만(邪慢7慢의 하나 : 덕 없이 덕이 있는 듯 높은 체함)과 증상만(增上慢못 깨치고 깨친체함)에 시달리지 아니하니, 이런 사람은 욕심이 적고 만족을 알아 능히 보현의 행을 닦으리라.

⑭ 보현아, 만약 여래가 멸도한 후, 후 500세(2500년 후)에 만약 사람이 법화경을 받아 지녀 읽고 외우는 이를 보거든,
반드시 이 생각을 하되 '이 사람은 오래지 않아 반드시 도량에 가서 모든 마의 무리를 깨뜨리고 아뇩다라삼먁삼보리를 얻어, 법륜을 굴리며 법 북을 치며 법 소라를 불며 법 비를 내려 마땅히 하늘과 인간 대중 가운데 사자의 법 자리 위에 앉으리라.' 할지니라.
보현아, 만약 뒷세상에 이 경전을 받아 지녀 읽고 외우는 이는 이 사람은 다시는 의복, 침구, 음식, 생활용품을 탐착 아니 하고 소원이 헛되지 않으며 또 현세에 그 복의 과보를 얻으리라.

⑮ 만약 사람이 (법화경을 지닌 이를)경멸하여 헐뜯어 말하되 '너는 미친 사람이라 공연히 이런 행을 하니 끝내 얻는 것이 없으리라.' 하면, 이와 같은 죄의 과보는 반드시 세세에 눈이 멀고, (이와 달리)만약 공양하여 찬탄하는 이 있으면 반드시 금세에 나타나는 과보를 얻을 것이며,

⑯ 만약 또 이 경을 지닌 이를 보고 그 허물을 들어내면, 사실이거나 사실이 아니거나 이 사람이 현세에 문둥병을 얻고, 만약 경멸하여 웃는 이 있으면 반드시 세세에 이가 성글고 빠지며, 입술은 추하고 코는 납작하며 손과 발(다리)이 굽고 비틀어지며,
눈이 사팔뜨기 되며(繚戾) 몸에 냄새나 더러우며 모진 부스럼(악창)에 고름과 피며 배에 물이 차고 숨이 차며 여러 모진 중병이 있으리니.
이러므로 보현아, 만약 이 경전을 받아 지닌 이를 보거든, 마땅히 일어나 멀리 가서 맞이하여 반드시 부처님을 공경함과 같이 할지니라.

⑰ 이 보현보살권발품을 설하실 때 항하사 같은 한량없고 가없는 보살이 백 천 만억 선다라니를 얻었으며, 삼천대천세계의 티끌 같은 모든 보살이 보현의 도를 갖추었느니라.
부처님께서 이 경을 설하실 때, 보현 등의 모든 보살과 사리불 등

의 모든 성문과 또 모든 하늘, 용, 사람, 사람인 듯 아닌듯한 이 등, 일체의 대회(大會큰 모임에 참가한 대중이)가 다 크게 환희 하여 부처님의 말씀을 받아 지니고 예배하고 갔느니라.

보현보살 권발품. 제 28 종.

보현보살이 권하여 보리(도)심을 내게 하는 품. 제 28 끝.

부록

묘법연화경 귀경게(妙法蓮華經 歸敬偈)
(묘법연화경에 귀의하여 공경하는 시)

대광지대흥선사 삼장사문 불공(705-774) 봉 조역
大廣智大興善寺 三藏沙門 不空 奉 詔譯

석가모니 부처님께 귀의하나이다.
방광(方廣)의 대승경전을 설하사 매우 깊고 가장 훌륭하고 진실한 가르침을 모든 보살을 위하여 열어보이셨나이다.

귀명석가모니불 선설방광대승전 위제보살이개시 심심최승진실교
歸命釋迦牟尼佛 宣說方廣大乘典 爲諸菩薩而開示 甚深最勝眞實教

내 이제 위대한 가르침의 왕[大教王]께 의지하여 여래의 성도(成道) 법을 두루 비추리니
만약 이 훌륭한 뜻에 의거하여 닦는다면 현세에 위없는 깨달음을 이루 리이다.

아금의어대교왕 편조여래성도법 약능의차승의수 현세득성무상각
我今依於大教王 遍照如來成道法 若能依此勝義修 現世得成無上覺

1. 연기법을 설한 처음 「서품」에 귀의하나이다.
방광 속에 인과의 일을 나타내시니 복덕과 지혜가 구경에 이르는 일승실상의 수승한 뜻에 들어가는 문이십니다.

귀명연기초서품 광중능현인과사 복덕지혜지구경 일승실상승의문
歸命緣起初序品 光中能顯因果事 福德智慧至究竟 一乘實相勝義門

2. 훌륭하고 교묘한 「방편품」에 귀의하나이다.
매우 깊고 헤아리기 어려운 여래의 지혜는 언어도단(言語道斷언어의 길이 끊어지고)이요 마음의 경계를 떠났으니 그러므로 방편으로 삼승을 설 하시도다.

귀명선교방편품 심심난측여래지 언어도단이심경 시고방편설삼승
歸命善巧方便品 甚深難測如來智 言語道斷離心境 是故方便說三乘

3. 불난 집에 비유하신 「비유품」에 귀의하나이다.
사리불은 먼저 보리의 수기를 받았으나 중생은 삼계의 고통을 깨닫지 못하니
부처님께서 세 가지 수레로 유인하사 벗어나게 하시 도다.

귀명화택비유품 사리선수보리기 유정不각삼계고 불이삼차유령출
歸命火宅譬喩品 舍利先授菩提記 有情不覺三界苦 佛以三車誘令出

4. 싫어하여 뉘우치는 「신해품」에 귀의하나이다.
낮은 가르침[乘]에 머물렀음을 부끄러워하고 깊이 갈앙하는 마음과 만나기 어렵다는 마음 낸다면 우리들 모두 위없는 보배 얻으리이다.

귀명염회신해품 어자열승이괴치 심생갈앙난조우 아등함획무상보
歸命厭悔信解品 於自劣乘而愧恥 深生渴仰難遭遇 我等咸獲無上寶

5. 병을 치료하는「약초유품」에 귀의하나이다.
눈 어두운 장부에게 지혜의 눈 생기게 하고 태양 같은 지혜의 빛 얻게 하시나니
위없는 가르침으로 선교방편 얻으리이다.

귀명요질약초품 생맹장부개혜안 이획지광여일륜 어무상승득선교
歸命療疾藥草品 生盲丈夫開慧眼 而獲智光如日輪 於無上乘得善巧

6. 최초의 「수기 품」에 귀의하나이다.
사대 성문(수보리,가섭,목련등)이 다함께 수기를 받잡고 모두 세존을 받들어 섬기니 미래세에는 모두 보리 과를 증득하리라.

귀명최초수기품 사대성문동기전 각수봉사제세존 당래함증보리과
歸命最初授記品 四大聲聞同記前 各隨奉事諸世尊 當來咸證菩提果

7. 「화성의 교묘한 비유품」에 귀의하나이다.
부처님께서는 은근히 옛 인연 설하시며 변화한 성을 나타내 보이심은 방편으로 잠시 고단한 상인을 머물러 쉬게 하고자함일 뿐 위대한 열반에 이름이 궁극의 의도였나이다.

귀명화성교유품 불은근설석인연 위권지식시화성 지대열반위구경
歸命化城巧喩品 佛慇懃說昔因緣 爲權止息示化城 至大涅槃爲究竟

8. 「오백제자수기품」에 귀의하나이다.
거룩한 성문승께도 수기 주시며 곧 몸 안에 여래장(여래 계심)을 바로 깨닫게 하셨나니 값 매길 수 없는 보배 구슬을 이제야 깨닫나이다.

귀명오백제자품 대성문승함수결 즉오신중여래장 무가보주금각지
歸命五百弟子品 大聲聞乘咸授決 則悟身中如來藏 無價寶珠今覺知

9. 「수학무학 인기 품」에 귀의하나이다.
부처님께서 아난다와 라후라에게도 수기하시니 곧 법왕은 편당이 없음을 나타내셨나니 점차 정성[定性]과 부정성[不定性]으로 섭수하시나이다.

귀명수학무학품 불기아난라후라 칙표법왕무편당 점섭정성급부정
歸命授學無學品 佛記阿難羅睺羅 則表法王無偏黨 漸攝定性及不定

10. 경을 전하는 「법사품」에 귀의하나이다.
만약 미래의 모든 유정(有情) 가운데 이 「이 법화경」을 한 구절 한 게송 이라도 지니는 이는 부처님께서 저들에게 모두 수기를 주시나이다.

귀명전경법사품 약유미래제유정 지차법화일구우 불개여피이수기
歸命傳經法師品 若有未來諸有情 持此法華一句偶 佛皆與彼而授記

11. 「다보불탑 품(견보탑품)」에 귀의하나이다.
정토에 모이신 모든 부처님을 나타내 보이시고

귀명다보불탑품 시현정토집제불
歸命多寶佛搭品 示現淨土集諸佛

12. 제바달다에게도 부처님이 된다는 수기 주시며 용녀가 위없는 깨달음을 이룸도 설하셨나이다.

제파달다수불기 용녀득성무상각
提婆達多授佛記 龍女得成無上覺

13. 「권지경전 품」에 귀의하나이다.
이모인 대애도와 야수다라가 수기를 받고 모든 대보살과 성문들께서 말법 시대에 이 가르침을 수지하길 다 권하고 발원하였나이다.

귀명권지경전품 이모야수몽기별 제대보살급성문 함원말법권지차
歸命勸持經典品 姨母耶輸蒙記莂 諸大菩薩及聲聞 咸願末法勸持此

14 「수행하는 안락품」에 귀의하나이다.
경을 설하시되 먼저 안락행에 머문다면 현세에 수승한 과보를 얻고 불 보리에서 물러나지 않으리라 하셨나이다.

귀명수행안락품 설경선주안악행 현세획득수승보 어불보리불퇴전
歸命修行安樂品 說經先住安樂行 現世獲得殊勝報 於佛菩提不退轉

15.「종지용출품」에 귀의하나이다.
8 항하사 보살이 경을 수지하기 원하여도 여래께서 비밀한 뜻을 허락지 않으심은 보살이 솟아 나올 것을 보이고자 하신 까닭이었습니다.

귀명종지용출품 팔항보살원지경 여래밀의이불허 위현용출보살고
歸命從地涌出品 八恒菩薩願持經 如來密意而不許 爲顯湧出菩薩故

16.「여래수량품」에 귀의하나이다.
부처님은 이미 끝없는 겁 전에 성도하셨으며 미친 아들 고치려고 열반을 나투시지만 항상 영축 산에 계시어 멸하지 않으시나이다.

귀명여래수량품 불이성도무변겁 위치광자현열반 상주영산이불멸
歸命如來壽量品 佛已成道無邊劫 爲治狂子現涅槃 常住靈山而不滅

17「분별공덕품」에 귀의하나이다.
무수한 미진수의 보살 대중들이 부처님 수명 무량하다는 설법 듣고
각각 제 지위를 뛰어넘어 보리를 깨달았나이다.

귀명분별공덕품 무수미진보살중 문불선설수무량 각초지위증보리
歸命分別功德品 無數微塵菩薩衆 聞佛宣說壽無量 各超地位證菩提

18.「수희공덕품」에 귀의하나이다.
세간과 출세간의 복 다 헤아린다 해도 만약 이 가르침의 한 구절, 한 게송만이라도 듣는 공덕은 그를 훨씬 뛰어넘어 속히 무상도 깨닫나이다.

귀명수희공덕품 교량세출세간복 약문차경일구게 초피속증무상도
歸命隨喜功德品 校量世出世間福 若聞此經一句偈 超彼速證無上道

19. 「법사공덕품」에 귀의하나이다.

만약 능히 이 경전을 수지하면 현재 부모로부터 받은 몸으로 신통 얻고 육근이 청정하여 지리이다.

귀명법사공덕품 약능수지차경전 어현부모소생신 획득신통정육근
歸命法師功德品 若能受持此經典 於現父母所生身 獲得神通淨六根

20. 「상불경 보살품」에 귀의하나이다.

지난 옛날 난행과 고행의 업으로 이 경 듣고 수명 더 늘어나고 무량무변한 중생들이 해탈 얻게 하였나이다.

귀명불경보살품 왕음난행고행업 득문차경증수명 도탈무량무변취
歸命不輕菩薩品 往音難行苦行業 得聞此經增壽命 度脫無量無邊聚

21 「여래신력품」에 귀의하나이다.

부처님께서 넓고 긴 혀의 모습 나투시어 주저하고 믿지 않는 이들 맑은 믿음 갖게 하시니 이 단엄한 모습 뵈옵고 불도를 얻었나이다.

귀명여래신력품 불현광장지설상 유예불신령정신 견시서상획불도
歸命如來神力品 佛現廣長之舌相 猶豫不信令淨信 見是瑞相獲佛道

22. 최후의 「촉루품」에 귀의하나이다.

여래께서 모든 보살에게 부촉하시되 마땅히 미래의 말법시대에 아낌없이 설하여 유통하게 하셨나이다.

귀명최후촉루품 여래부촉제보살 당어미래말법시 류통선설무린석
歸命最後囑累品 如來付囑諸菩薩 當於未來末法時 流通宣說無吝惜

23. 「약왕보살본사품」에 귀의하나이다.

법을 구하고 삼매를 구하기 위해 정명불께 몸 태워 공양하셨으니 만나기 어려운 경중의 왕께 존경심(殷重) 표하나이다.

귀명약왕본사품 위구법고병삼매 소신공양정명불 난우경왕표은중
歸命藥王本事品 爲求法故幷三昧 燒身供養淨明佛 難遇經王表殷重

24. 『묘음보살품』 에 귀의하나이다.
저 부처님의 국토에서 이 땅에 오시어 『묘법연화경』을 들으시고
근본 가르침(本-本門) 듣고 나서 본래의 국토로 돌아가셨나이다.

귀명묘음보살품 종피불찰래차토 이청묘법연화경 기문본이환본국
歸命妙音菩薩品 從彼佛刹來此土 而聽妙法蓮華經 旣聞本已還本國

25 「관세음보살보문품」에 귀의하나이다.
보살의 한량없는 자비와 해탈 설하시어 모든 재난 다 없애 주시고
항상 여환정(如幻定-제법이 환幻과 같음을 깨닫는 삼매-원각경의 여환삼매)에 머무심을 나투시었나이다.

귀명관음보문품 설시보살비해탈 실개제유제재난 현현상주여환정
歸命觀音普門品 說是菩薩悲解脫 悉皆除遺諸災難 顯現常住如幻定

26. 「다라니묘품」에 귀의하나이다.
두 보살님과 두 천왕과 나찰녀가 제각기 진언을 설한 것은
경을 수지하는 법사를 옹호하기 위함입니다.

귀명타라니묘품 이보살급이천왕 병라찰녀설진언 위호지경법사고
歸命陀羅尼妙品 二菩薩及二天王 幷羅刹女說眞言 爲護持經法師故

27. 「묘장왕엄왕품」에 귀의하나이다.
약왕보살, 약상보살의 본래 인연과 이 두 보살 선지식으로 인해
보리 도에서 물러나나 (법을)잃지 않음을 설하셨나이다.

귀명묘장엄왕품 약왕약상본인연 유사이사선지식 이불퇴실보리도

歸命妙莊嚴王品 藥王藥上本因緣 由斯二士善知識 而不退失菩提道

28.「보현보살권발품」에 귀의하나이다.

만약 이 『묘법연화의 가르침』을 3, 7일 동안 오로지 지니고 익히면 보현 보살이 청정한 법신을 나투리라. 하셨나이다.

귀명보현권발품 약유어차연화경 어삼칠일전지습 보현위현정법신
歸命普賢勸發品 若有於此蓮華經 於三七日專持習 普賢爲現淨法身

최후로(다시)「촉루품」에 귀명하나이다.

여래께서 모든 보살에게 부촉하사오대 마땅히 미래의 말법시대에 이 가르침 널리 유통시켜 펴되 아낌없이 하라고 하셨나이다.

귀명최후촉루품 여래부촉제보살 당어미래말법시 유통선설무린석
歸命最後囑累品 如來附囑諸菩薩 當於未來末法時 流通宣說無吝惜

끝

법화선원 마하사 출판 책명 2015년 현재

권수	출판 책명		판형	면수	가격권당	편역자	비고
1	**사경용** 한자풀이 **법화삼부경**	**묘법연화경 전 12권**	4×6배판	총2415쪽	10,000원	김진철	출간
2		**무량의경 1권**	4×6배판	216	10,000원	〃	〃
3		**관보현보살행법경1권**	4×6배판	192	10,000원	〃	〃
4	**사경용** 한자풀이	**금강경** 외 8종	4×6배판	170	10,000원	〃	〃
5	〃	**명심보감**	4×6배판	246	10,000원	〃	〃
6	〃	**천자문**	4×6배판	46	3,000원	〃	〃
7	〃	**사자소학**	4×6배판	52	3,000원	〃	〃
8	〃	**계몽편**	4×6배판	73	3,000원	〃	〃
9	한자풀이	**노자, 장자**일부.(합본)	4×6배판	155	10,000원	〃	〃
10	〃	불교-**금강경.**	〃	217	10,000원		
11	〃	불교**초발심자경문**, 기타7종 유교-**천자문**, 기타5종합본.		317	10,000원	〃	〃
12	한자풀이	**중용, 대학(합본)**	〃	110	10,000원	〃	〃
13	한자풀이	**법화삼부경.5가해** 1권	4×6배판	2604	100,000원	〃	〃
14	국역	**세종왕조국역장경.** **묘법연화경**. 1권.계환해, 일여집주	〃	1890	100,000원	〃	〃
15	국역	알기쉬운**묘법연화경** (5가해)	4×6배판	700	20,000원	〃	〃
16	국역	**법화론 소, 호** 길장,(세친, **법화경**논,**우바제사**해설)	신국판	522	15,000원	〃	〃
17	국역	8만 대장경 분석**천태사교의**	신국판	439	15,000원	〃	〃
19	한자풀이	지옥,극락가는 길 **정토3부 경**(미타삼부경)	4×6배판	360	10,000원	〃	〃
20	〃	단번에 깨닫는 **6조단경**	4×6배판	326	10,000원	〃	〃
21	우리말	**묘법연화경**	4×6배판		15,000원	〃	〃
22	국·한 번역	**법화경 예규**	〃	200	8,000원	〃	〃
23	동국대 영인본	**세종왕조국역장경.** **묘법연화경**. 1권	4×6배판	781	15,000원	백성욱 박사	〃
24	시·수필	**빙선(氷船)에 의지하여**					근간
25	동서고전 경전번역	유불선, 기독교, **도통길라잡이**					〃
26	증보	불교**초발심자경문, 외**7종 유교-**천자문, 외6**종합14종.	4×6배판	367	15,000원	김진철	출간
27	국역본	법화삼매경. 송 지엄 역 법화 유의(遊意)1권 수(隋), 길장 지음, 2권 합본	4×6배판				근간

역자소개

김진철 (법명 : 백우(白牛). 당호(堂號) 현공(玄空))
경주 생
소백산 입산
동국대 불교학과 졸
도서출판 법화원
법화 선원 마 하 사 창립

역서

동국대학 역경원 동참 역경
한자풀이(字解)--
불교 =사경용-(법화삼부경 전14권(묘법연화경 전12권+ 무량의경. 행법경 각 1권])
우리말 묘법연화경. 묘법연화경 우바제사. 세종왕조 국역장경 묘법연화경 국역. 법화삼부경, 정토 3부경 국역. 길장의 법화론 소. 천태사교의. 알기쉬운 묘법연화경 5가 해. 초발심자경문(천자문 신심명, 무상게, 법성게, 반야심 경등 13종 합본) 금강경. 법화 유의(遊意)1권. 수(隋) 길장 지음,
법화삼매경. 송 지엄 역. 역출(譯出)
유교 =한자풀이(字解) 천자문, 사자소학, 명심보감, 계몽편, 중용, 대학. 역출
선도 =노자, 장자(일부) 번역 합본, 등 다수 번역 출간(譯出).

우리말 묘법연화경 **값 15,000.**

불기 2557 계사(2013) 10월 1일 초판 발행.
불기 2559 을미(2015) 3월 25일 재판 발행.
편집 번역 백우(白牛) 김진철
서울 동작구 동작동 329 신동아 1003호. 법화선원 마하사, 본도량
전화 02-591-4170. HP 010-8008-4170
경기도 용인시 수지구 고기동 158-6 법화선원 마하사, 제2도량
전화 010,5393 8937. 031,261 4088
발행인 김원범. 이승용.(경기도 성남시 분당구)
발행처 도서출판 법화원(法華園)
서울 동작구 동작동 329 신동아 1003호
전화 02-591-4170. HP 010-8008-4170

출판등록 2002,1,8 제15-599호
ISBN 978-89-90440-30-3-03220
홈페이지 법화선원 마하사

지로 국민은행 527801-01-032001